경호실무 I

경호실무 I

장명진 지음

이담 Books

머리말

먼저 저자는 『경호실무』를 1994년 초판 출간 이후 2010년 개정 7권을 집필 완료하여 이렇게 책을 다시 출간하게 된 것을 매우 기쁘게 생각한다.

그동안 경호산업은 양적·질적 양 측면이 고르게 눈부신 성장을 해 왔다. 서비스제도에 필요한 각종 법률과 교육은 물론 경호서비스에 필요한 다양한 서비스제도와 더불어 첨단 경호장비 등을 이용한 경호서비스는 사회적 인식을 새롭게 하는 계기가 되고 있으며. 이로 인한 수요는 계속적으로 증가되어 앞으로도 경호는 민관분야에서 더욱더 전문화되어 갈 것으로 생각하며 특히 민간경호서비스는 계속적으로 발전되고 성장 확대될 것으로 본다.

과거에는 경호에 대한 직무영역이 크게 인식되거나 전문화된 지식이 발전되지 않아 전문가 집단이라는 인식이 부족했으나 최근 경호에 대한 지식 기술 등이 체계화되면서 사회 전반에 걸쳐 인식이 바뀌어 가고 있다.

그러나 다소 아쉬운 점은 경호전공학과 또는 관련학과에서는 산업현장에서 필요한 인적 자원 개발이 늦어지면서 아쉬움을 남긴다.

그러나 우리나라의 경호산업이 전반적으로 빠르게 성장하면서 세계적인 수준의 경호서비스로 세계화에 시도하려는 기업들이 늘고 있다. IT, 정보통신, 반도체, 통신, 우주항공, 선박, 건설, 원전, 태양광, 철강, 바이오 등이 이미 세계시장에 진입한 것과 같이 우리나라 경호산업이 세계시장에 진입할 날도 그리 많이 남지 않은 것 같다.

경호산업 또한 매년 25% 이상 크게 성장하고 있어 특기적성에 맞는 예비경호원들에게는 큰 기회가 될 것으로 생각한다. 물론 자신이 목표로 하거나 진로를 희망하는 분야가 약간씩 다르기는 하겠지만 민, 관 모든 분야에서 계속적으로 수요는 늘 것으로 전망되며, 앞서 설명한 바와 같이 보다 전문화된 인적 자원을 선호하리라 생각한다. 따라서 현재 경호원으로 근무하고 있거나 아니면 향후에 직업으로 선택하고자 한다면 전문가적인 지식과 기술을 습득하라 권한다. 아울러 젊고 패기 있는 젊은이들에게는 더 큰 꿈을 위해 미래가 더 크게 열려 있는 해외진출도 적극적으로 권하고 싶다.

끝으로 2011년 개정판 출간에 도와주신 한국학술정보(주) 사장님과 임직원 여러분을 포함해 출판에 도움을 주신 모든 분들에게 감사드리며 이 기쁨을 아내와 하리, 하라 두 아들과 나누고자 한다.

2010. 11.

장명진

차 례

제1장
경호일반

C · O · N · T · E · N · T · S

제2장
경호실전

C · O · N · T · E · N · T · S

C · O · N · T · E · N · T · S

제5장
경호협상

제**1**장

경호일반

제1절 경호의 개요

1) 경호의 의의

경호란 신변위협에 대한 위해(危害) 환경이 작용된 경우 이에 대한 적합한 경호기법을 활용하여 경호대상에 대한 신변보호 및 심리적 불안, 초조, 긴장감 등 3대 요소를 제거하는 것으로 이에 대한 정보 및 첩보를 토대로 시간, 거리, 각도를 기본개념으로 경호계획을 수립하여 1인 또는 보통 2인 이상을 호위(경호), 수행하는 상태를 말한다.

2) 경호(Escort)의 정의

경호란 경호대상자(의뢰자)의 신변에 직접 또는 간접적으로 가해지는 위험을 방지하고 제거하기 위해 경호활동에 필요한 정보, 첩보수집, 인원 및 장비 운영을 통한 경계활동까지를 포함하여 경호대상 인물의 생명과 신체 안전을 도모하는 것을 말한다.

3) 경호의 목적

경호의 목적은 경호대상자의 신변안전을 보장하고 경호대상자의 공포 심리에서 오는 긴장, 불안, 초조 3대 요소를 해결해 줌으로써 경호대상자가 자신의 집무에만 전념할 수 있도록 하거나 자유로운 활동을 최대한 확대해 주는 것을 목적으로 한다. 또한 경호대상자의 품위 및 편의를 제공할 수 있는 의전 서비스 활동에 각별한 행동을 취하여 경호대상자의 품격을 높여 줌으로써 경호대상자의 직업에 따른 비즈니스에도 도움이 되도록 하는 데 있다.

4) 경호교육의 목적

경호교육의 목적은 각개 경호원으로 하여금 강인하고 자신 있는 경호원으로서 그리고 경호조의 일원으로서 부여된 임무를 효과적으로 수행할 수 있도록 숙달시키는 것이다. 또한 각개 경호원으로 하여금 위해자 및 테러범들에게 범죄테러 목적을 무산시키거나 격퇴시킬 수 있는 경호기술과 육탄 경호정신을 함양하여 완벽한 경호임무를 완수할 수 있도록 교육하는 데 그 목적이 있다.

5) 경호대상

의뢰자 또는 지시자가 일신상의 보호관리를 받아야 할 사람을 경호주체인 경호원 및 경호기관 또는 경호회사에서 그 대상을 지정한 인물(사람)을 말한다.

6) 경호원(The Bodyguard)의 정의

경호원은 일신상의 보호관리를 받아야 할 경호대상자를 보호하고 지켜 주는 사람을 말하며, 포괄적인 경호활동을 통하여 안전을 제공함으로써 경호대상자의 심리적 안정은 물론 위기의식 및 공포조성에서 오는 긴장, 불안, 초조 3대 요소를 해결해 주는 보호대상의 방패막이다.

① 경호원의 임무

경호원은 경호업무를 의뢰 또는 명령받아 이를 수행하는 자를 말한다. 경호원은 경호목적상 경호에 대한 전문지식과 이를 뒷받침할 수 있는 기초체력 유지를 하여 충분한 경호 자질을 키워야 하며, 특히 경호무술과 같은 호위무술을 익혀 두어야 한다. 또한 범죄·테러심리 및 각종 경호장비 운용을 효과적으로 활용할 수 있도록 평소 노력하여야 한다. 특히 사설 경호원은 국민의 생명과 재산을 보호하고 사회 공공질서를 위한 경호 임무라 하더라도 이는 국가가 직접 수행하는 민생치안을 위한 활동보다는 제한적이고 부분적이라는 차이가 있다. 그러나 민생치안을 위한 주체가 누구든 간에 국민의 생명과 재산을 보호하고 사회 공공의 안녕 질서를 유지하여야 한다는 궁극적인 목표는 동일한 것이다. 아무튼 경호원은 맡은 바 책임을 다하여 경호대상의 신변안전과 활동범위에서 최대한 자유를 제공해 주는 것이 그 임무임을 알아야 한다.

② 경호원의 자세

경호원은 경호대상의 신변보호 활동으로 임무를 수행한다. 따라서 경호원은 임무를 수행함에 있어 경호대상자의 품위를 지켜 주고 행동을 최대한 자유롭게 하는 범위에서 경호임무를 수행해야 하고 또한, 품위 유지에 있어 언행과 의복은 단정히 하여 경호대상 인물에게 피해가 되는 일이 없도록 항상 주의해야 한다.

심적 상태	⇨ 의뢰자 또는 지시자로부터 선택된 자라는 자부심을 갖고 근무한다. ⇨ 의뢰자 및 경호대상자의 분신으로 생각하고 근무한다. ⇨ 나는 의뢰자나 다른 동료에게 부담을 절대 주지 않는다. ⇨ 경호대상자의 신변경호를 위하여 어떠한 희생도 감수한다. ⇨ 근무 전후에는 반드시 예상 상황을 예견, 반성하고 분석하여 실수를 방지한다.

③ 경호원의 수칙

㉠ 경호임무에 필요한 각개 동작의 제반 지식과 기술을 습득하여 여하한 형태의 상황에도 임무를 완수할 수 있는 자신력과 준비를 갖추어야 한다.

㉡ 육탄 경호정신이 충실하고 어떠한 상황에도 적응할 수 있도록 제반 경호기술이 숙달될 때까지 훈련하여야 한다.

㉢ 경호임무에 있어 조 일원으로 활동하게 되므로 합심 단결하고 상호 노력하여 최대의 경호 능력을 발휘할 수 있도록 해야 한다.

㉣ 경호원인 동시에 비서 또는 안내원으로서 경호대상에 대한 업무 파악과 행사 일정 등을 사전에 알아 두어 준비하는 능력을 갖추어야 한다.

④ 바람직한 경호원상

㉠ 신뢰할 수 있는 경호원

㉡ 규율관념이 투철한 경호원

㉢ 동작이 기민하고 빈틈없는 경호원

ⓔ 침착하고 친절한 경호원

　　　ⓜ 일을 능숙하게 처리하는 경호원

　　　ⓗ 양식을 갖춘 경호원

　　　ⓢ 책임감이 강한 경호원

　　　ⓞ 일을 확실히 실행하는 경호원

　　　ⓩ 몸을 아끼지 않는 적극적인 경호원

　　　ⓒ 예의 바른 경호원

　　⑤ 경호 5대 정신

　　　㉠ 의전 정신: 최고의 예의를 갖춘다.

　　　㉡ 삼 불문율: 보고, 듣고, 말하지 않는다.

　　　㉢ 긴장 자세: 위험에 방심하지 않는다.

　　　㉣ 보호 관찰: 경호대상에 대하여 시선을 집중한다.

　　　㉤ 초인 정신: 육탄 경호 임무를 완수한다.

7) 경호원에게 요구하는 능력

　경호원은 경호대상에 대한 신체·생명의 위협으로부터 방어·보호를 유지할 수 있는 다양하고도 충분한 전문가적인 능력을 갖추어야 한다.

　그리고 평소에는 경호대상이 업무편의를 위하여 사무, 행정, 비서업무를 경호원에게 위임할 때를 대비하여 일반적으로 요구되는 위임업무를 수행할 수 있도록 해야 하며 경호대상의 수준에 따르는 다양한 능력과 품위 유지에 필요한 격식과 세련된 매너 등을 갖추었을 때 비로소 경호원에게 요구되는 능력이 있다고 할 수 있다. 따라서 본 장에 들어가기에 앞서 몇 가지를 소개하고자 한다.

(1) 경호기법에 대한 전문가적 지식

　경호원은 다른 전문 직종과 같은 전문직이기 때문에 이에 종사하는 경호원은 업무수행에 필요한 특별한 전문가적인 지식이 요구된다.

특히 위해 환경에 대한 정보수집 및 분석력에 뛰어나야 하며, 분석된 정보에 의한 경호대책을 세워 경호업무 실행과정에서 일어나는 위해 환경으로부터의 안전조치를 최상으로 유지시키며 변화하는 경호환경에서 가장 합리적이고, 적절한 경호조치로 경호안전과 경호 의전상에 아무런 문제가 없도록 해야 하며, 보다 더 치밀하고 세련된 경호업무 수행을 위해 다양한 전문가적인 지식을 반드시 갖추어야 한다.

(2) 감정조절

감정이란 인간에게 있어 매우 특별한 것이다. 그러나 이 같은 특별한 감정을 자기 스스로 조절할 능력을 상실할때에는 그것이 무엇이든 성공적인 의미로 생각되거나 긍정적인 결과로 이루어지지 않는다.

즉 감정조절 능력의 상실이란 결과적으로 모든 것에 대한 실패의 의미와 결과로 나타나는 것이 특징이다. 특정상황에서 문제해결에 대한 적시성, 효과성, 효율성, 적정성을 고려한 판단에서 합리적인 결과를 얻어 내기 위해서는 침착하고 냉철한 감정을 유지해야만 한다.

특히 경호라는 환경에서는 다양하고도 두려운 위기상황이 발생되어 긴장, 초조, 불안의 심적 상태를 갖기도 하며, 때에 따라서는 모욕감, 모멸감 등 수치스러움으로 인하여 자존심이 매우 상하고 흥분하여 이성을 상황이 일어나기도 한다.

이같이 감정기복이 심한 특수한 환경을 극복하여 경호업무를 자유자재로 수행하기 위해서는 상황과 상대에 따라 자기 자신에 대한 스스로의 감정조절 능력이 크게 요구된다.

특히 위기의식을 느끼는 공포분위기의 상황과 일촉즉발의 위기의식을 느낄 때일수록 냉철함을 잃지 말아야 한다. 따라서 이 같은 감정조절 능력을 향상시키기 위해서는 자기개발을 위한 노력을 생활화해야 하며 매사 자연스럽게 보이도록 평소 훈련되어야 함을 잊지 말아야 한다.

충분한 훈련이 되지 않았을 때에는 경호원의 행동에 대하여 누가 보아도 부자연스럽게 보일 수 있으며, 결정적인 시점에서는 어떤 형태로든 실수하게 된다는 것을 명심하고 자신의 판단능력 개발과 자기 스스로 감정조절이 가능하도록 반복 훈련해야 한다.

(3) 테러 및 범죄에 대한 지식

경호원에게 적을 안다는 것은 매우 중요한 것으로 얼마만큼 아느냐에 따라 경호원의 수준을 정하는 기준이 될 뿐만이 아니라 경호대상의 안전을 가늠하는 척도가 된다.

따라서 경호원은 테러리스트 또는 범인의 위험과 전략에 대하여 분석할 수 있어야 하며, 이들에 대한 위험예측 능력을 갖추어야 한다.

(4) 무기 및 장비조작

경호원은 호신용 권총에서부터 각종 공격용 무기 조작기술에 능숙해야 하며, 감시장비, 감지장비, 통신장비, 방호장비, 이동(수송)장비의 운용효율을 높일 수 있는 운영능력을 갖추고 있어야 한다.

특히 경호장비에 대한 정보(장비의 종류, 장비의 제원)를 정확히 파악하고 있는 것이 중요하다.

(5) 격투호위호신 능력

경호원은 무기를 사용하지 않는 상황에서 범죄 및 테러범들을 제압할 수 있는 격투호위호신 능력에 대한 뛰어난 실력을 갖추어야 한다.

따라서 합기도나 태권도ㆍ경기화된 무술보다는 경호직무환경에 적합하도록 특화된 경호무술을 수련하여 익혀 두는 것이 좋다.

경호무술은 크게 두 가지 상황에서 사용에 관점을 둔다. 첫 번째는 생명에 위협이 현저하게 있을 때 가능한 한 선제공격을 통한 과감한(위해기도자 제거) 제압, 두 번째는 생명의 위협은 없지만 공갈, 협박과 같은 환경 또는 우호적인 상대의 경호방해로부터 안전지대로의 피신을 위한 최소한의 실력행사를 통한 위기극복 수단으로 사용된다.

만약, 이 같은 능력이 없는 상황이라면 무리한 물리적 수단이나 무기를 사용하게 됨으로써 일어날 수 있는 과잉방어 또는 업무상 과실이라는 법률상의 실정법 위반과 같은 여러 예기치 않은 상황이 일어날 수도 있다.

(6) 구급처치

상처보호나 심폐소생술(CPR) 같은 구급처치에 대해서도 알아 두어야 한다.

경호원의 의무는 경호대상에 대한 생명을 안전하게 지켜 주는 데 있기 때문에 인위적 또는 자연적으로 올 수 있는 위험에 대비하여 표준적인 구급처치 이외에도 경호대상의 주치의가 권하는 상비약 등을 이용한 응급처치에 필요한 지식을 사전에 갖도록 한다.

(7) 경호차량 운전기술

경호원은 경호차량 운전기술도 갖추고 있어야 한다. 경호원은 상황에 따라서 운전원을 겸할 수도 있으며, 만약의 경우를 대비하여 경호차량 운전기술을 겸비한다는 것은 대단히 중요하다.

범죄 및 테러범들의 미행 또는 고속강습의 습격에 대한 방어는 물론 회피하는 기술도 배워야 한다. 또한 비상시를 대비하여 자동차의 정비기술 등을 겸비하는 것이 매우 중요하다.

(8) 팀 리더 자격 겸비

경호원이 복수로 조를 이루어 경호해야 하는 경우에는 반드시 조장 또는 팀장이 선임되어 경호업무를 수행하게 된다. 따라서 리더는 평균 이상의 풍부한 경험과 뛰어난 팀 리더 지휘능력을 갖추어야 하며, 조직 내 팀워크를 최대한 발휘할 수 있도록 솔선수범의 자세와 책임능력에 탁월해야 한다.

(9) 경호계획 수립

경호원은 반드시 업무에 들어가기에 앞서 업무 중 일어날 수 있는 모든 예상 상황에 대하여 분석하고 판단해야 한다.

그리고 반드시 취약요소에 대해서는 대책을 강구해야 하며, 이것이 충족되었을 때 비로소 경호대상에 대한 안전조치가 확보될 수 있다.

이 같은 경호운용을 하기 위해서는 착오를 일으킬 수 있는 문제분석에 대한 면밀한 대책과 또 경호 실시과정에서의 착오로 인한 실수를 대비하여 축차적으로 예비계획에 따른 조치가 이루어지도록 보다 세밀한 계획을 실현해야 한다.

실현할 수 없는 계획은 오히려 즉흥적으로 경호하는 것보다 비효율적이기 때문이다.

(10) 외국어와 업무보조

최고의 경호원들은 대부분 사회유명 인사인 정치인, 경제인, 종교지도자, 관료 및 연예인 에 대한 경호업무를 수행하게 된다. 따라서 경호대상은 업무의 편의를 위해 경호원에게 일반적인 업무보조의 역할을 기대하고 있으며, 상황에 따라서는 외국인과의 접견과정에서 통역 및 안내업무 또는 간단한 의사전달을 맡기는 경우가 많다.

이 같은 환경으로 경호원들의 외국어 회화와 비서업무 수행능력 등이 요구된다.

(11) 경호대상에 대한 심성

경호원은 무엇보다도 경호대상에 대한 충성심, 사랑, 존경 등이 크게 요구된다. 자신의 생명을 경호대상과 함께하거나 바꿔야 하는 운명적인 순간이 얼마든지 있기 때문이다.

아무리 전문가적인 지식과 훈련이 잘 되었다 하더라도 맹목적인 충성, 사랑, 존경이 없다고 한다면 위기 시에 경호대상을 보호한다는 것은 현실적으로 불가능한 것이다. 위기시에 인간은 누구나 본능적으로 자신을 먼저 보호하려는 자세를 가지며, 자신의 평상시 의지와는 달리 운동신경에 의하여 제어되기도 한다.

따라서 경호원 자신의 심성에 의하여 본능적으로 경호작용이 우선 작용되도록 평소에 의식반사 훈련 또한 해야 한다.

8) 경호 및 경호관계법 활용

경호직무 수행과정에서 적용될 수 있는 경호법률 및 규정, 관련 법률 및 규정 등 법률규정에 대해 분석하고 행정적 절차에 의한 유관기관과의 상호연계 및 협조체계를 구축하는 근거로 사용한다.

(1) 경호법률

경호직무분야의 정부·민간기관의 조직 및 직무수행자에 대한 법률적 권한과 임무에 있어 직접적으로 적용되는 법률 및 규정 등의 법규를 분석하여 현장실무에 적용함으로써 업무와 임무 수행의 당위성과 효율성을 제고하고 직무수행자의 신분과 권리를 보장하고 보호할 수 있도록 한다.

- 국제협약
  - 항공보안 및 안전 관련 국제협약
  - 항만(해운)보안 및 안전 관련 국제협약
  - 국제테러대응 관련 국제협약
  - 산업기술보안 관련 국제협약
  - 국제범죄 관련 국제협약

- 정부·민간의 경호법(국방·치안·안보·산업보안·안전관련)
  - 군(관계)법·령 및 관련 규칙 및 규정 확인 적용
  - 국가정보원(관계)법·령 및 관련 규칙 및 규정 확인 적용
  - 경찰(관계)법·령 및 관련 규칙 및 규정 확인 적용
  - 대통령경호실법·령 및 관련 규칙 및 규정 확인 적용
  - 국가보안법·령 및 관련 규칙 및 규정 확인 적용
  - 통합방위법·령 및 관련 규칙 및 규정 확인 적용
  - 교도소(관계)법·령 및 관련 규칙 및 규정 확인 적용
  - 항공안전 및 보안에 관한 법률·령 및 관련 규칙 및 규정 확인 적용
  - 경비업법·령 및 관련 규칙 및 규정 확인 적용
  - 청원경찰법·령 및 관련 규칙 및 규정 확인 적용
  - 통신비밀보호법·령 및 관련 규칙 및 규정 확인 적용
  - 산업기술유출방지 및 보호에 관한 법률·령 및 관련 규칙 및 규정 확인 적용
  - 기타중요시설의 방호에 관련법·령 및 관련 규칙 및 규정 확인 적용
  - 기타 정부·민간기관의 경호직무수행자에 대한 관계법·규정 확인 적용
  - 공인탐정에 관한 법률(입법추진)

(2) 경호관계법

경호직무 수행과정 중 관련되어 적용될 수 있는 법률 및 규정 등의 현안 관련 법규를 분석 적용함으로써 경호조직이 추진하고 진행하는 사업 및 업무가 원활히 진행될 수 있도록 하고 업무와 임무의 효율성을 증대시켜 성과 및 기대효과를 최대한 극대화할 수 있도록 한다.

- 형법(형사소송법)·령 및 관련 규칙 및 규정 확인 적용
- 민법(민사소송법)·령 및 관련 규칙 및 규정 확인 적용
- 노동법·령 및 관련 규칙 및 규정 확인 적용
- 소방법·령 및 관련 규칙 및 규정 확인 적용
- 도로교통법·령 및 관련 규칙 및 규정 확인 적용
- 해상교통안전법·령 및 관련 규칙 및 규정 확인 적용
- 선박 및 해상구조물에 대한 위해행위의 처벌 등에 관한 법률
- 철도 및 철도차량 안전 관련 법률·령 및 관련 규칙 및 규정 확인 적용
- 보안 관련법·령 및 관련 규칙 및 규정 확인 적용
- 정보 관련법·령 및 관련 규칙 및 규정 확인 적용
- 집회(공연) 및 시위 관련 법률·령 및 관련 규칙 및 규정 확인 적용
- 신용정보보호법·령 및 관련 규칙 및 규정 확인 적용
- 지적재산권(신지식재산권)보호 관련법률·령 및 관련 규칙 및 규정 확인 적용
- 영업비밀보호 관련법률 및 관련 법령 확인 적용
- 정보통신 기반보호 관련법률 확인 적용
- 기타 경호직무와 관련된 법·령 및 관련 규칙 및 규정 확인 적용

제2절 경호의 사회적 구분

경호는 그 주체에 따라 크게 두 가지로 구분된다. 첫째는 국가기관에 의해 실시하는 공경호와 둘째는 민간 사설기관에 의해 실시하는 사경호로 나뉜다. 우선 경호처, 경찰청 등 국과기관에 의해 실시되는 공경호는 정부조직법과 그 관계직무법에 의해 대통령을 포함한 국가 중요요인을 경호한다. 다음으로는 경비업법에 의해 허가된 경호회사 또는 필요에 의해 기업이나 개인이 고용하여 최고경영자 및 중요 임원과 과학자, 연구원 등을 경호한다. 공경호와 사경호의 가장 큰 차이점은 공경호에서 실시하는 경호는 인력 및 필요한 정보예산이 정부에서 집행되며, 경호에 필요한 정부조직과 관계 법률적 권한을 가지고, 보다 체계적이고 광범위한 활동으로 효율적인 경호활동 운용이 가능하다.

25

그러나 사경호는 공경호와 달리 그 비용이 수익자 부담의 원칙에 따라 사용자가 비용을 부담해야 한다는 것이며, 경호원 또는 경호회사의 활동은 공경호와 달리 사회적·법률적 역량이 제한적이어서 광범위한 활동이 크게 제한된다는 것이다. 이러한 차이는 사경호에 있어 매우 어려운 문제가 되고 있다.

먼저, 경호에 필요한 사전 정보수집에 필요한 정보망 구축과 경호업무에 필요한 정부부처 협조가 거의 불가능한 것이 현실이며, 그 모든 것을 사용자를 위하여 충족하려면 많은 비용을 예상해야 하기 때문에 공경호와 똑같은 범죄 위해가 있어도 상당 부분 축소 계획, 축소 경호를 할 수밖에 없다.

따라서 사경호에 있어 그 경호대상의 신변보호 및 유지라는 차원은 그 위험의 정도가 공경호보다 높다. 이런 사경호 업무는 그 경호원의 자질과 능력에 따라 안전이 크게 좌우된다고 볼 수 있다.

특히, 사경호는 사용자의 직업별·상황별에 따라 문제될 수 있는 부분들로 인하여 신변보호의 예방적 활동과 의뢰자의 성격에 따른 적절한 경호서비스에 어려운 점이 많으며, 무엇보다도 경호 실행에 필요한 사전 준비 시간이 일반적으로 공경호보다 부족하다는 것이다.

따라서 예측 가능한 위험과 유형에 대하여 사전 분석하고 언제나 위급상황에 대비해야 하므로 경호원 능력과 경륜이 매우 중요하다.

1) 공경호(公警護)

(1) 국가통수권자 또는 중요요인 보호

공경호는 과거 역사 이래 국가통수권자 또는 국가 중요요인을 보호하기 위해 국가 주체인 정부가 경호기관을 두어 왔으며, 경호에 소요되는 인적 자원 및 경호장비 등의 운영 비용을 정부 예산으로 집행하고 있으며, 오늘날에도 전과 동일하다. 즉 사경호와 다른 것은 경호비용을 그 개인이 지불하지 않는 것이다.

현재 공경호는 호신장비, 통신장비, 감시장비, 방호장비, 호송장비, 탐지장비 등 많은 첨단장비들을 운영하고 있으며 경찰청, 국정원 등 정부 경호 유관기관인 정부의 정보기관을 통해 위해첩보 및 정보 수집활동으로 예방 경호활동을 폭넓게 실시하고 있다.

또한, 국내 주요 인사 해외방문 시, 또는 외국 주요 인사 방한 시에는 정부관계부처 간 경호에 필요한 정보교류 및 지원을 하고 있다.

공경호의 위험은 국가통수권자 암살 및 국가 중요 요인에 대한 테러이며 이러한 위험은 국가권위에 대한 도전으로 체제붕괴 또는 전복을 노리는 것으로 정치적 목적에 대한 테러위협이 가장 높다고 할 수 있다.

우리나라 공경호의 대표적인 기관으로는 청와대 경호처를 들 수 있다. 경호처는 대통령 경호를 맡고 있는 기관으로서 대통령경호실법에 근거해 설치된 기관으로 가장 잘 이루어져 있다. 특히 정부는 대통령 및 그 가족의 신변보호를 위해 청와대 경호실법을 제정하고 정부 각 부처의 국가 안보 관계자를 중심으로 한 대통령 경호 안전대책위원회를 구성, 청와대 경호처 소속하에 두고 있기도 하다.

국가 중요 인사에 직간접으로 가해지려는 위해를 사전에 제거하여 신변안전을 도모하는 경호경비 활동은 국내외적으로 증대되고 있는 테러의 위협과 맞물려 그 중요성이 더욱 강조되고 있다.

특히, 국가원수의 안전은 국가의 안보와 직결되는 만큼 대통령을 비롯한 방한하는 각국의 국가원수에 대한 경호활동은 더욱 강조되고 있다.

'96년도에도 미·러 등 강대국들이 테러행위를 근절하기 위하여 상호공조 체제를 강화하고 강력히 대처하고 있는 가운데, 터키 '데미럴' 대통령의 회교원리주의자에 의한 권총저격 사건과 프랑스 '뤼페' 총리의 민족분리단체인 '코르시카 민족해방전선'에 의한 폭탄테러 사건 등 세계전역에서 각국의 주요 인사에 대한 테러행위가 그치지 않고 있다.

더욱이 6·25전쟁 이후 북한의 개방정책에 따라 정치·경제·사회·문화 등의 교류가 활발해지면서 60년간 냉전체제에 있었던 과거사의 책임문제와 급변하는 환경에 혼란을 겪는 다양한 이념·문화 등의 갈등으로 새로운 위협주체가 형성되고 있어 사회불안 요인은 과거보다 오히려 급속히 증가되고 있는 현상이 일어나고 있다.

특히 국가 중요 요인을 목표로 하는 테러의 위험이 크게 증가되고 있는 상황이다. 경찰은 이 같은 경호경비의 중요성을 깊이 인식하고 완벽한 경호경비 임무를 수행하는 데 최선을 다하고 있으며 2010년에도 G20회원국 정상과 같은 중요인사 방한에 따른 경호경비를 수(數) 회나 실시하기도 하였다.

※ 대통령 경호 안전대책위원회(구성)
청와대 경호처장, 외교통상부 영사교민국장, 행정자치부 경찰청 제3부장, 법무부 출입국관리국장, 문화관광부 관광국장, 건설교통부 수송기획관, 국가정보원 제1국장, 관세청지도국장, 합동참모국장, 국군 기무사령부 보안처장, 육군본부 헌병감, 수도방위 사령부 작전참모로 구성되어 있다.

---

(2) 정부기관 경호의 예

대통령 경호처의 경호방식은 3선 경호원칙으로 숙소 또는 행사장 등을 1선으로 경호실에서 하고 2선은 군·경 특수부대, 3선은 일반경찰이 한다.

① 대통령 경호처, 22특경대, 101경비대, 육군 수방사 헌병단, 338경비대, 88지원대, 55경비대대, 90통신대, 27특공대
② 경찰청 경호과
③ 국회 경비대

※ 참고
(1996년 12월 15일) 30경비단 해체 제1경비단 창설
30경비 33군 헌병대 통합 제1경비단 창설
(배경: 12·12군 쿠데타 모의장소인 육군수도방위 사령부 이전)

(3) 공경호 분류 및 대상자

① 일반(군외)

구분	대상자
1급	㉠ 대통령 ㉡ 이에 준하는 귀빈
2급	㉠ 국회의장 ㉡ 국무총리 ㉢ 대법원장 ㉣ 외국의 대사, 공사 ㉤ 이에 준하는 귀빈
3급	㉠ 국회의원 ㉡ 각부 장관 ㉢ 군 장성급 장교 ㉣ 외교사절 ㉤ 국내 저명인사

② 군내(3급의 군장성급 장교)는 다음과 같이 세분할 수 있다.

구분	대상자		
가급	㉠ 국방장관	㉡ 4성 장군	㉢ 이에 준하는 귀빈
나급	㉠ 국방차관	㉡ 3성 장군	㉢ 이에 준하는 귀빈
다급	㉠ 1·2성 장군	㉡ 부대방문 주요 인사	

2) 사경호(私警護)

(1) 일반국민들의 개인 신변보호

그동안 우리나라 사회인식은 경호라 하면 청와대 경호를 연상하고 국가 통수권자나 또는 국가 중요 인사 경호와 같은 특정 정부요인만을 위한 경호라고 인식하는 것이 거의 상식화되어 왔다.

8·15해방 이후 우리나라 근대사는 정치·경제·사회가 매우 불안한 시대를 맞이했으며, 국가안보 및 경제성장을 위하여 강력한 통치 수단이 5·16군사쿠데타 이후 박정희 전

대통령에 의하여 시작되었으며 노태우 군사정권 때까지 모든 국책사업에 일관되게 강경 책을 써 왔다.

따라서 그에 따르는 시위 폭동과 같은 부작용도 적지 않았다. 이 외에도 대북 관계에 따른 북한의 대남 공작에 의한 각종 테러 등의 위협이 증가하는 등 결국 이와 관련 청와 대 경호를 강화시켰고, 청와대 경호는 대통령 신변보호를 넘어 정치·경제·사회에 많은 영향력을 행사하는 또 하나의 정부 주요 권력기관으로 알려지게 되는 계기가 되었던 것이다.

이러한 경호는 오늘날 정치·경제·사회의 큰 변화로 사회 일반 국민들이 그 개개인의 신변보호를 위해 경호원을 찾게 됨으로써 경호산업의 상업화가 이루어지게 되었다.

경호의 상업화는 사용자 그 개인이 비용을 부담하는 것으로 이를 상품화한 것이다. 즉 수익자 부담원칙에 따라 공급자의 서비스 산업이 된 것이다.

우리나라 민간경호의 상업화는 1988년 올림픽이 끝난 1989년에 처음 등장했으며, 본격 적인 발전은 1996년 7월 1일 경비업법에 포함하는 신변보호법률 시행으로 본격화되었다 고 할 수 있다. 2010년 현재 주식회사 탐경을 비롯해 전국 450여 개 업체가 경호업을 허가 받았으며 현재 경호업을 전문업으로 하는 전문회사는 전국적으로 50여 개 회사로 알려져 있다.

29

(2) 사경호에 대한 필요성

국민의 생명과 재산을 보호하는 임무는 국가에 의한 군·경이 전담하는 것이 원칙이나 산업사회의 발달과 사회기능의 다변화에 따른 사회조직 기능의 분화, 전통적인 도덕상실, 과학문명의 발달로 인한 인구증가, 국제화 등으로 사회의 제반 변화와 더불어 여러 가지 범죄 발생요인으로 야기되고 있다.

특히 우리나라는 1998년 IMF시대를 거쳐 이후 2008년 국제금융위기 등 기업 구조조정 으로 인한 대량실업 사태는 새로운 형태의 범죄를 낳고 있으며 생계형 범죄가 급속히 늘 어나고 있다. 이 같은 범죄는 조직범죄 형성을 이루고 있으며 외국에서나 일어나는 인질· 납치·유괴 등으로 금전을 요구하는 잔악무도한 범죄로 계속 증가하고 있어 그 심각성은 민생안전에 큰 위협이 되고 있다.

사회 공공의 질서유지를 위해 전 경찰력이 동원되어 노력하고 있지만 흉포한 폭력과 고도화된 계획범죄는 날로 양적 증대와 그 유형의 다양화·첨단화 그리고 조직화 등으로 인하여 경찰의 치안활동은 그 한계에 부딪혀 있다.

따라서 미확인의 위험을 느끼고 있는 특정 개인의 안전까지 경찰력이 유지해 줄 수는 없는 일이다. 그러나 국민 개개인은 사회불안 공포에서 자신의 안전이 보장되기를 바라는 현실에서 민간 사설경호는 꼭 필요한 새로운 서비스 산업으로 요구받고 있다. 비록 수요자 부담으로 이루는 경호 서비스이지만 앞으로 더욱더 국민생활 안정에 커다란 기여를 하게 되리라는 확신을 한다.

3) 세계의 정부경호조직

테러집단의 전술 중에는 '중심고리전법'이라는 것이 있다. '사태가 위급할수록 적장 또는 참모부를 중심 고리로 삼아 여기에 공격력을 집중한다'는 것이다. 이러한 전술적인 이유 때문에 세계 각국의 대통령은 정치적 목적의 테러범이나 광신자들의 표적이 되고 있으며 이것을 막기 위한 경호팀의 역할은 점점 증대하고 있다.

1981년 '사다트' 이집트 대통령이 암살되고, '레이건' 미 대통령과 교황 '요한 바오로 2세' 등 세계 지도자들에 대한 암살미수 사건이 일어났으며 82년에는 '마이클 페이건'이라는 한 남자가 영국 '엘리자베스 여왕' 침실에까지 침입하여 세계를 놀라게 한 일이 있는 이래 각국의 대통령이나 수상들의 안전을 위한 경호팀의 경호방법과 무장속도가 더욱 가속화되기 시작했다.

근래의 테러공격은 최첨단무기를 동원한 공격형태를 지니고 있어 이에 대한 대비책에 고심하고 있으며 테러의 공격을 무산시킨다는 것은 거의 불가능에 가까워 위해 환경으로부터 안전을 지켜야 한다거나 이 같은 위해 정보 및 첩보를 근거로 한 대책마련을 위한 경호유관 기관을 방대한 조직으로 운영하는 것으로 예방경호에 역점을 둔 경호조직 운영을 최선책으로 삼고 있기도 하다.

(1) 미국

가장 완벽한 경호로 알려진 미국의 비밀경호실(secret service)은 위조지폐 등 통화사범 단속반에 그 기원을 두고 있고 지금도 재무부 산하기관이다. 미국에는 연방정부에 3개 경

호팀이 있으며, 각 주의 통화사범 단속반이 대통령 행사 시마다 경호를 맡는 연방 경호체제를 채택하고 있어, 한국과는 달리 거대한 경호조직에 비해 백악관 경호실이 정치적 권한을 행사할 소지가 거의 없다.

비밀경호국은 국장 밑에 부국장이 있으며 각부 운영은 관리부, 수사부, 경호운영부·감찰부 등으로 구성되어 있다.

백악관 주위에는 2.4m 높이의 철책이 둘러쳐져 있고 음파 광선 행동탐지기 등 각종 레이더 시설과 곳곳에 저격병이 숨어 있다. 외출 시는 위장 리무진이 함께 따라다니며 대통령 전용비행기는 열추적 미사일 요격장치 등 최신장비로 중무장되어 있고 '레이건' 전 미대통령은 종종 방탄조끼까지 착용했던 것으로 알려졌다.

(2) 영국

영국의 '찰스' 황태자 결혼식에 경호요원이 5천 명이나 동원되어 화제를 불러일으킨 적이 있지만 미국식 경호가 요인의 신변보호를 노골적으로 드러내는 데 비해 영국의 경호는 엄격히 하되 일반시민의 눈에 위협적으로 보여서는 안 된다는 원칙을 두고 있다.

영국 여왕의 경호기관은 내무성 소속의 수도경찰청에 있는 작전부 및 외교관 경호대가 담당하고 있다.

버킹엄궁전에는 정부 경찰관 60명과 전통 의장복을 입은 근위병이 경계하며 의식적인

행사에는 중세적 화려한 복장을 한 근위의 의장병들이 기마를 타고 여왕의 마차를 호위한다.

영국 수상 경호는 런던지역 내에서는 런던 경시청 특수업무국 특수부 VIP 경호관에서 담당하나 지방여행 시는 지역 경찰국 특수부에서 근접경호와 외곽경호를 담당하고 런던 경시청 특수경찰 요원은 조정관으로 1명 정도가 수행한다.

지역설정은 그 지역 경찰이 가장 잘 알고 있다는 원칙에서 나온 것으로 경호 외 분권화와 책임제로 실시하도록 하고 있다.

영국의 경호요원 선발기준
• 성품이 경호원으로 적격자임을 증명하는 신원증명
• 연령은 남자가 19~30세 이하, 여자가 20~35세 이하, 경찰관의 경우는 40세 이하의 자
• 경찰관리자가 승인한 등록의사의 신체검사를 받아 경호 직무수행에 심신건강이 적당하다고 인정된 자
• 기타 경력에 대하여 요구가 있을 때 필요한 자료 제출
• 영국 경찰관 결격사유에 해당하지 않는 자

여왕의 경호원들

엘리자베스 여왕의 신변을 책임지는 경호원들은 런던 경찰청의 '왕족 외교사절 경호 및 요인 특별호위 전담반(Royalty and Diplomatic Protection Department, and Special Escort Group)' 소속 무장경관들이다. 1839년 빅토리아 여왕이 하이드파크에서 총을 든 괴한에게 저격당할 뻔한 사건이 발생한 뒤 부랴부랴 '왕실 경호 전담반'을 설치한 데서 시작됐다.

오토바이, 자동차 운전, 테러방지 훈련을 완수한 최고 엘리트들인 것은 물론, 각종 무기를 능숙하게 다루는 정예들이다. 여왕의 일거수일투족을 가장 가까이서 지켜보지만, 세계 최고 수준의 실력과 전통을 갖춘 경호팀답게 은퇴한 뒤 여왕의 사생활을 까발린 회고록을 써서 돈벌이를 한 사람은 아직 한 명도 없었다. 능력을 인정받아 여왕 등 왕실 가족의 경호를 맡게 되면 그때부터 더 어려운 훈련(?)이 시작된다. 일단, 양복 상의에 꽂은 손수건부터 넥타이, 구두, 바지 주름에 이르기까지 한 군데도 흠잡을 데 없는 단정하고 품위 있는 옷차림을 해야 한다.

사생활이 깨끗해야 되는 것도 불문율, 지난 1982년에는 여왕 경호원이 남자 매춘부들과 동성연애를 즐기다 들통 나 불명예 해직되기도 했다.

'심기를 거스르지 않도록' 자기가 보호할 사람의 독특한 성벽을 파악해 놓는 것도 경호원의 주요 임무이다. 여왕 모후(어머니)는 추운 날 야외에 나갔을 때 무릎에 덮은 모포가 늘어지는 것을 아주 싫어한다. 경호원은 주변에 테러리스트가 숨어 있지 않나 열심히 살피는 한편 모포가 늘어지지 않나 잘 지켜봐야 한다.

왕족들을 그림자처럼 따라다니다 보면 자기도 모르게 취미·성격·습관이 꼭 닮아 버리기도 한다. 93년 찰스 왕세자 경호원으로 근무한 콜린 트리밍 경위는 찰스를 경호하는 동안 옷 입는 취향은 물론, 습관까지 똑같아졌고, 나중에는 '아무래도 자기가 왕세자라고 착각하고 있는 것 같다'는 수군거림까지 들었다.

(3) 일본

일본은 그동안 3차례에 걸친 천황암살기도 사건이 발생하여 황궁 경비에 2백여 명의 '황궁 경찰본부' 소속 황실경찰이 높은 담으로 둘러싸인 내곽을 경비하고, 1천여 명의 황실 경호원들은 황궁 외곽에 24시간 상시 주둔하고 있어 지금까지 한 번도 침입을 받아 본 적은 없다.

이와 함께 주로 일본을 방문하는 외국요인 경호를 맡는 동경경시청 소속 경호부대인 '시큐리티 폴리스(security police)'가 있으며 약 4천 명에 달하는 폭동진압 경찰도 유사시 경호임무를 수행하도록 되어 있다.

빨간 넥타이 차림으로 유명한 시큐리티 폴리스는 'SP는 다섯 발의 총탄을 맞아도 쓰러지지 않는다'는 좌우명을 가지고 있을 정도로 완벽한 경호로 일본을 방문했던 세계 지도자들의 칭찬을 받기도 했다. 전두환 전 대통령이 84년 방일 때는 1급 테러대상자로 간주되어 이들과 함께 경시청이 동원한 경호병력은 2만 3천여 명이었다.

일본 경호요원 선발기준
▪ 신장 175cm 이상인 자 ▪ 유도 검도 3단 이상인 자 ▪ 사격술 및 영어가 상급 이상인 자

(4) 프랑스

프랑스 수상 관저인 엘리제궁을 지키는 것은 내무성소속 경찰 수십 명에 불과하지만 공식 행차 시에는 헌병대의 테러방지국(局)과 폭동진압경찰이 경호책임을 지도록 하고 있다. 평소의 경호는 소박하게 하고 있다.

오히려 몇 번의 위해가 있었던 바티칸 교황청의 경비가 의외로 삼엄하다. 역사적으로 스위스 용병이 경호를 맡아 온 것으로 유명한 바티칸은 지금도 그 전통에 따라 스위스인 비밀경호원을 두고 있다. 교황청을 출입하기 위해서는 최소한 6~7개의 검문소를 통과해야 할 정도로 까다로운 것은 오늘날 교황이 테러범들로부터 얼마나 위협을 받고 있는가를 말해 준다.

프랑스 경호요원 선발기준	
• 일반경찰에서 선발된 자	• 고졸학력 이상인 자
• 신장 171cm 이상인 자	• 나이 25~37세 특채

(5) 독일

독일은 세계대전을 치르고 동서 냉전시대에 분단된 국가로 대치되어 오면서 여러 형태의 테러가 발생되어 경호안전과 등을 설치, 운영하기 시작하였으며 1984년 통일된 이후 신나치주의자들의 테러양상이 과격화되면서 정부요인 경호에 대한 대책을 강화시키고 있다.

독일의 수상 및 각료에 대한 요인경호는 대통령의 경호를 담당하는 연방범죄수사국 경호안전과이다. 경호안전과는 경호 1, 2단으로 구분되는데, 경호 1단은 다시 연방대통령 경호담당, 연방수상 경호담당, 연방각료 경호담당, 기타 연방헌병기관 담당으로 구분되어

있다. 그리고 경호 2단은 외빈 및 독일대표부 경호담당, 정보담당, 대인감시담당으로 나뉘어 있다.

현재 경호안전과의 사법경찰 경호를 받는 독일수상은 도보 이동 시 3~6명의 수행경호를 받는다.

(6) 중동/아프리카

중동지역 국가들의 경호는 다른 지역 나라보다 훨씬 엄격한 보안조치와 경호방식의 호사스러움으로 유명하다. 이란의 '호메이니'는 대공포 등으로 중무장한 혁명수비대가, 시리아는 2만여 명의 친위대가 경호를 맡고 있으며, 이스라엘의 경호도 엄격하기로는 수위를 다툰다.

아프리카 리비아의 '카다피'는 방대한 보안기구를 직접 관장하는 한편 개인적으로는 동구권 고문관들의 경호에 의존하고 있으며, 특히, 여성들로만 구성한 여성경호대를 두어 운용하고 있다. 사우디아라비아 역시 최신병기로 중무장한 경호팀을 두고 있다. 필리핀의 '마르코스' 전 대통령도 사복경호원과 군·경찰 등으로 엄격한 경호체제를 유지하여 일반적으로 권력의 독재화와 경호가 비례하는 일면을 보여 주었다.

(7) 한국

청와대의 경호는 그 엄중함에 있어 세계의 어떤 국가와 비교해도 뒤떨어지지 않는다. 청와대 경호실의 특징은 수행경호를 맡는 경호공무원을 주축으로 군(특전사, 수방사 헌병단) 그리고 경찰 등 혼성 경호작전부대를 거느리고 있다는 것, 청와대의 자리는 흔히 천혜의 요새로 불린다. 경호경비 면에서 본다면 지형적으로 이만큼 완벽한 곳도 찾아보기가 쉽지 않다.

고려 때는 남경이라는 별궁이 자리 잡고 있던 곳이며, 조선시대에는 경복궁의 후원으로 예식장과 과학장으로 사용되었고 왕이 농사를 짓던 신천지로 사용되기도 한 곳이다. 일제의 조선총독부가 경복궁 안에 총독부청사를 신축하면서 총독관저로 지은 것이 지금의 청와대 본관, 해방 후에는 미군정장관의 관저로 이용되어 오다가 정부수립 후 대통령 관저로 사용하면서 경무대라 불렸고, 윤보선 전 대통령 시절 청와대로 개칭되었으며, 화강암 석조에 청기와를 덮은 본관에서 청와대라는 명칭이 유래되었다.

청와대 출입자들은 대통령을 제외하고는 모두 신분을 확인할 수 있는 출입증을 가슴에 달아야 한다. 이 출입증에는 각 출입자에게 허용되는 출입가능 구역을 표시하는 비밀표시가 있어 허용된 구역 외에 들어가면 침입으로 간주된다. 경호실 소속 관계요원들이라고 해서 누구나 청와대 내를 마음대로 활보할 수 있는 것은 아니다.

청와대 침투를 목적으로 한 북한 대남 공작의 대표적인 케이스가 김신조가 포함되었던 1·21사건이다. 한 경호관계자는 그들이 도중에 발각되지 않았다 해도 청와대의 경호방어선을 뚫을 수는 없었을 것이라는 확신을 가지고 있다.

대통령의 외유나 지방순시로 청와대를 비울 때는 수시로 특전사요원들이 가상적으로 침투하고 기타 경호병력들이 방어하는 경호훈련이 실시된다.

지금까지 수없이 실시된 이 훈련 중에 특전사요원들이 외곽경비선을 뚫고 들어온 적이 있지만 내곽경비선이 뚫린 적은 한 번도 없다는 것만 보아도 청와대가 얼마나 물샐틈없는 경비 속에 있는가를 짐작하게 해 준다.

더구나 이 훈련 중에는 청와대 작전부대들의 중화력이 사용되지도 않았다는 점을 고려할 때 청와대 경호경비선을 돌파한다는 것은 거의 불가능한 일일 것이다.

가끔 미군헬기들이 안개로 방향을 잃고 청와대 상공 비행금지구역으로 날아들어 오는 경우가 있었으나 지금까지 외부침입을 받아 본 적은 없다.

우리나라 대통령 경호기관은 대통령 직속의 특별기관으로 설치된 대통령 경호실 (Presidential Security Service)이다. 대통령 관저를 경호경비하기 위하여 경찰 등의 기관이 배치되어 있고, 그 하부조직으로 차장 1인과 행정처, 기획교육처, 경호처, 안전처, 통신처, 감사관, 청와대종합상황실이 있다.

청와대 경호요원 선발기준
▪ 특전사 또는 특수부대 장병들이나 육사출신 · ROTC출신 등 예비역 장교들 중 희망자 모집
▪ 대학에 추천을 의뢰하여 총장의 추천을 받은 사람들 중 선발
▪ 시험은 국어, 영어, 일반상식을 치르고 비공개로 함

(8) 북한

호위사령부는 군편제상 조선노동당 총서기 겸 국방위원장 경호전담기관이다. 호위사령부는 국가수반의 직속기관이면서 당의 직접적인 통제를 받고 있다. 현재 호위사령부의 편성은 사령부 본부 및 직할기관과 수도경비사령부, 평양방어사령부 등으로 되어 있다. 본부는 참모부 1총국(호위계획 및 조직과 호위업무의 총괄지도, 국장은 중장으로 보직), 2총국(호위행사에 조달할 물자 생산과 전용별장의 관리), 3총국(호위사령부 예화기관의 물자공급업무), 4총국(당서기 겸 국방위원장의 전용별장의 공사 등), 호위부 223처(금수산궁전관리), 55처(전시지휘소관리 등)로 편성되어 있다. 경호의 핵심부서는 호위부는 1 · 2 · 3 ·

4호위부와 행사안전부, 열차호위부, 경비운수부 등으로 편성되어 있으며, 호위부장은 소장으로 편제되며, 호위사령관은 대장으로 보직되어 있다. 북한요인경호는 4선 중첩경호기법을 채택하고 있다.

호위사령부 경호요원 선발은 신분별·임무별 구분해 뽑고 간부요원과 비간부요원으로 나누어 뽑는다. 특히 경호요원선발은 편제의 특성상 군 중심으로 조직되어 있음으로 신분별로는 군관, 하전사, 일반경비요원으로 구분 선발한다. 군사칭호는 병사, 하전사, 군관, 장령, 원수급으로 나눈다.

선발자격 요건은 정치·사상적 신원상의 요건과 학력상의 요건 그리고 신체상·건강상의 요건, 경력(가족배경, 근무경력) 등으로 나눌 수 있다. 군관선발자격 요건은 만 21~24세까지로 제한하고 있으며, 신원은 7촌까지 사상적으로 검증되어야만 선발될 수 있다. 참고사항으로 친척 중 과거 또는 현재에 호위사령부나 사회 안전성, 국가안전보위부 근무 여부 등을 고려한다. 학력은 고등중학교를 졸업한 자로서 학업성적이 양호하여야 한다. 특히 군관경호요원 선발은 인민무력성에서 직접 운영하는 특수학교인 만경대혁명학원에 입학시켜 8년간 체계적인 교육을 시킨 뒤 먼저 인민군 부대에 배치시킨다. 신체조건은 158㎝ 이상으로 심신이 건강하고, 신체조건이 양호한 자로 1·2차 정밀신체검사에 합격해야 한다.

제3절 경호산업의 발전

경호산업은 신변보호, 경호탐정, 경호협상, 경호컨설팅, 경호장비, 경호교육훈련 등 다양한 서비스 방향으로 발전되고 있으며 경호서비스 또한 특화된 전문직으로 개인경호 및 행사 경호 등과 사용자의 편의에 의한 비서, 운전, 가이드와 같은 전문서비스 지향으로 앞으로는 더욱더 전문화·세분화될 전망이다. 아울러 현재 경호서비스를 포함한 관련 산업은 매년 25%의 급속한 성장세를 보이고 있으며 2001년 이후 국내외 공통적으로 향후 유망직업 20위에 매년 랭크되고 있다.

1) 신변의뢰에 대한 목적

사람은 누구나 자신의 신변안전을 본능적으로 요구한다. 그러나 사회폭력 증가로 인한 개인의 공포 불안감은 언제 어디서 돌발적으로 그 위험이 있을지 모를 위협으로부터 쉽게 떨쳐 낼 수 없는 일이다.

과학문명의 발달로 우리의 사회생활에 편리와 안락함은 가져다주었지만 반면에 물질만능시대가 만들어 놓은 개인주의, 이기주의, 사회윤리 및 도덕성 상실, 이로 인한 부익부 빈익빈의 새로운 소외계층, 이에 따른 사회구조의 모순 등이 나타나면서 불특정 대상에게 일어나는 대인 범죄가 일반인들에게 큰 위협이 되고 있다. 따라서 여러 형태로 발전하는 것이 방범 시스템들이다.

건물 내·외벽에 여러 전자감지 장치를 설치하고 이를 관리하는 기계경비 시스템을 도입하는 것들이 그것이다. 그러나 이것은 100% 안전을 보장할 수 없다.

사람은 일정한 장소에 한정하여 머무를 수만은 없기 때문이다. 따라서 가장 큰 위험은 방범 시스템이 취약한 시설물 밖에 있는 공간으로 기계경비 및 시설경비 시스템으로 안전을 도모할 수 없는 공백 공간일 것이다. 특히 위치이동 시를 그 예로 들 수 있다.

2) 경호의뢰 동기(예)

① 사회불안으로 인한 심리(국가 치안문제)
② 자녀 등·하교 시 유괴, 폭력 우려(금전요구 및 각종 이권을 위한 위협 등)
③ 외국 출장 시(경제인·정치인·예술인·종교지도자 등)
④ 법정 증인으로 인하여 위협을 받는 자(살인, 폭력, 민사사건 등)
⑤ 의료 사고를 일으킨 의사(성형외과, 산부인과 등)
⑥ 기업경영인의 각종 이권 관계(사업 프로젝트 및 경영권 등)
⑦ 이혼소송을 앞두고 고민하는 자(재산분배·자녀양육 문제 등)
⑧ 혼인·이성문제를 앞두고 고민하는 자(애정·구애 등)
⑨ 회사 부도로 인하여 채무자 위협으로 고민하는 자(사업실패 등)
⑩ 이권을 위해 법정 소송을 제기하거나 소송을 담당한 변호사(패소·유도 등)
⑪ 대출상담을 하는 은행직원(대출관계자 및 지점장 등)
⑫ 책임배상보험사 담당직원(화재 또는 자동차 보상 문제 등)
⑬ 콘서트, 밤업소에 출연하는 연예인(탤런트, 가수, 영화배우, 코미디언 등)
⑭ 원초적 보호본능(안전으로 인한 활동영역 범위 확대 등)
⑮ 행사 분위기를 멋있게 조정하려는 심리(격조 높은 행사에 편의 제공)
⑯ 종교문제에 관련한 모든 문제
⑰ 정치문제에 관련한 모든 문제
⑱ 경제문제에 관련한 모든 문제

3) 경호산업의 주 잠재고객

사회 지도층이나 또한 상류 계층이라 할 수 있는 사람들은 계획범죄의 주된 대상이 되는 것이 일반적이다. 따라서 이들 계층은 상대적으로 그 위험이 높기 때문에 경호서비스의 주 고객이 될 것으로 보인다.

① 정치인 및 각료(정당대표자 국회의원, 대통령 및 정부각료 부처장 및 자치단체장)

② 경제인(대기업 총수 및 경영자 등)

③ 종교인(불교, 기독교, 천주교, 기타 신흥종교 지도자)

④ 과학자·엔지니어(유전공학, 기계공학, 우주공학, 반도체 전자, 정보통신, 핵 관련 학자 등)

⑤ 연예인(유명가수, 영화배우, 탤런트, 코미디언)

⑥ 체육인(축구, 야구, 농구, 골프, 수영, 무술, 권투선수 등)

⑦ 원초적 본능 욕구 일반인(원한 또는 충동적 범죄대상 우려)

⑧ 국제회의 및 체육문화행사, 결혼행사, 각종 리셉션 등

4) 경호원들의 고용과 사회진출

경호원들의 사회활동은 고용주와 경호원의 고용관계 및 심리에 의하여 두 가지의 형태로 발전되고 있다.

첫째는 경호산업의 상업화에 따른 기업형태로 경호회사가 고객을 많이 확보하여 경호서비스를 하기 위하여 경호원을 경호회사가 고용하는 형태로 발전하는 것이고, 둘째는 의뢰자의 요구에 따라 의뢰자가 경호원을 직접 고용하는 형태가 있다. 우리나라의 경우 경비업법이 정한 법률상의 한계가 있다는 것을 보여 주고 있다. 즉 사용자가 직접 경호원을 채용하는 경우에는 경비업법에 의하여 제한받지 않기 때문이다.

전 세계적으로 경호원을 의뢰자가 직접 개인 경호원으로 채용하는 예가 늘어나고 있으며, 앞으로는 더 많은 사람들이 믿을 만한 개인 경호원을 자신의 직원으로 채용하는 형태로 발전될 것으로 보인다.

미국의 팝가수 마이클 잭슨은 자신이 직접 채용한 경호원이 200명이나 되지만, 경호회사의 직원은 한 명도 없으며, 마돈나 또한 15명의 경호원이 있지만 경호회사에 의뢰한 것이 아니다.

가까운 일본의 경우에도 약 20만 명의 경호원이 활동하는 것으로 추정되지만 일본경시청에 허가된 600개의 경호회사가 2009년 채용해 운영하는 전체 경호원 수는 4,200여 명에 지나지 않고 있다. 그 비중이 높지 않음을 알 수 있다.

우리나라의 경우에도 유명 기업인과 종교인, 연예인 등을 보더라도 경호회사에 의뢰하

여 보호받는 경우가 극히 드물다. 연예인들의 경우 특별한 행사 등에 일시적으로 필요한 경우를 제외하고는 경호회사에 의뢰하지 않고 직접 채용하고 있다. 이처럼 대부분의 사람들은 믿을 만한 경호원을 개인 경호원으로 고용하기를 원하기 때문에 대부분의 경호원들이 경호업체에 유입되지 않고 활동하게 되는 것이다. 이미 알려져 있는 사실이지만 우리나라 H그룹의 권○○ 상무는 H그룹 총수의 경호원이다. 또 다른 H그룹의 계열사 이○○ 회장은 H그룹 총수의 경호원이며, A그룹 비서실장 또한 A그룹 총수의 개인 경호원이다.

이처럼 경호원들은 조직 내의 직함·직책이 있으며, 그 직책이 높은 것을 알 수 있다. 이 같은 현상을 보면 사용자가 경호원을 얼마만큼 믿고 신뢰하는지를 알 수 있다. 예를 들어 황영조 마라토너를 우리는 잘 알고 있다. 그러나 대부분의 국민들은 마라토너로만 알고 있지 소속사에서의 직책이 이사이며, 이사 예우를 받고 있다는 사실에 대해서는 잘 모른다.

프로야구나 프로축구 감독들에 대하여 감독으로만 알고 있거나, 연봉을 몇억 원 받는다는 정도만을 알 뿐, 소속사에서 이사급 예우를 받고 있다는 것을 잘 모르듯이 총수의 경호원은 그 호칭을 경호원이라 칭하지 않고 실장, 이사, 부장, 비서 등 다양한 직함을 사용하기 때문에 경호원이라는 인식을 하지 못한다. 경호원들은 대부분 고용주와의 인간적인 친밀도가 그 누구보다도 높다고 할 수 있다.

따라서 알 만한 사람들은 유명 인사들에게 자신의 능력을 가까이에서 입증할 수 있는 기회와 출세할 수 있는 성공률이 높은 경호원을 지망하기도 한다.

① 개인경호원 채용심리

　　㉠ 사회불안으로 인한 일반적 심리(공포·불안·초조)를 갖고 있으며 개인 경호원을 채용할 수 있는 경제적 여유가 있는 경우

　　㉡ 개인의 일신상 문제 노출을 기피하는 심리(보고, 들은 것)보안 유지

　　※ 의뢰자 즉 사용자가 직원으로 채용하는 사회 분위기로 정착됨

② 경호회사 의뢰심리

　　㉠ 조직 범죄단체로부터의 위협 상황으로 개인 경호원만으로는 불안한 상황

　　㉡ 개인 경호원을 채용하기 어려운 경제적 여건하에서 필요한 상황

　　㉢ 개인 경호원이 없거나 부족한 상황으로 일시적으로 필요한 경우

　　※일일 경호(한시적)업무는 경호업체에 의뢰하는 것이 경제적이며 효율적이다.

제4절 세계 경호의 역사

경호라는 개념은 과거 어디서부터 시작됐는지 짐작하기란 매우 어렵다. 그러나 국가라는 집단을 이루기 이전부터 이루어져 왔으리라는 추측과 이후 국가라는 커다란 고대국가 집단을 형성하는 과정에서 자연스럽게 공경호 개념으로 발전되었으리라는 추측을 할 수 있다. 공경호는 국가 체제유지에 필요한 중요 인물 보호에서 절대적으로 필요했으리라는 생각을 갖게 한다. 그러나 근대에 와서는 사회발달로 인한 사회구조 변화로 일반인들에게도 필요한 새로운 서비스산업으로 상업화가 시작되었다고 볼 수 있다. 과거 개인 사설경호원 운영에서 오늘날 경호서비스의 상업화로 발전하면서 서비스의 질을 높이려는 노력으로 경호 기술향상과 경호에 필요한 첨단 과학장비에 이르기까지 많은 발전을 하고 있는 것이 오늘날 경호산업이다.

1) 영국

☞ 18세기부터 상업화

영국은 전 세계적으로 가장 부유한 국가, 훌륭한 문화를 이룬 국가 중의 하나이다.

영국은 지구상의 현대문명을 선도적으로 이끌어 온 나라로 볼 수 있다. 이미 16세기 이전부터 산업사회 구조를 이루면서 주변 국가에 많은 영향을 주었으며, 20세기 중반에는 우리나라가 근대국가로 발전하는 데 커다란 영향을 갖게 하였다. 영국에서의 경호산업의 발달은 산업사회가 본격적으로 시작되던 18세기 무렵부터 경호산업의 상업화가 이루어졌다고 볼 수 있다. 산업사회는 정치 · 경제 · 사회를 여러 형태로 분화시켜 새로운 문제를 발생시킨다. 이 문제 중에 하나가 대인범죄의 양상으로 크게 나타나 일반시민의 공포·불안·심리로 인한 신변보호 요청이 늘어나 새로운 직업군을 탄생케 했던 것이다. 영국의 경호산업의 상업화 역사를 약 200년 전으로 보고 있으며, 현재 경호전문 서비스업체는 약 100여 개 업체 정도로 보고 있다.

2) 미국

☞ 인종 갈등으로 심화되면서

미국은 여러 인종이 모여 형성된 국가로서 인종 갈등으로 인한 여러 사회 문제가 발생되었다. 18세기에 영국의 물질문명이 들어오면서 미국은 비약적으로 산업사회로 변화되었으며, 이로 인한 인종갈등은 더욱더 심화되었다. 부익부 빈익빈으로 인한 상대적 빈곤감은 더욱더 인종갈등으로 격화되면서 개인의 안전도 위협받게 되었다.

이로 인하여 경호서비스 상업화가 이루어지는 기점이 되어 현재에는 500여 개가 되는 전문업체가 있으며, 큰 기업은 약 300명의 전문요원을 채용하여 공경호 의뢰도 도급받아 수행하는 업체도 있다.

미국의 경호업체들은 제3국에 지사를 두고 있으며 해외에 협력업체를 제휴해 100년의 역사에 비약적으로 성장해 나가고 있다. 또한 몇몇 업체는 탐정업무, 협상업무 등을 병행하고 있으며 용병파견업무를 하는 경호회사도 있다. 이러한 업무는 영화 같은 가상이 아니며 어디까지나 현존하고 있는 사실이며 앞으로는 더욱더 성장해가고 앞으로도 경호업체의 역할과 업무는 계속 확대되어 갈 것으로 전망한다.

미국도 한국처럼 경비업무라는 개념에서 시작되었다. 1833년 최초로 주(州) 단위의 경찰조직이 구성된 이후에도 10년 이상 계속되었다. 뉴욕시의회는 1844년 민간경비원과 경찰을 통합기로 결정하고 뉴욕시경찰로 발전시켰다.

골드러시 이후인 19세기 중엽 대륙을 횡단하는 금괴와 현금수송 역마차를 보호하기 위해 경비단이 조직됐는데 이것이 미국 최초의 경호경비 업체인 포커튼회사이다. 미국 시카고를 중심으로 철도경비용역 회사로 출발한 포커튼사는 현재 세계 최대의 보안전문 회사로 발전했다.

3) 일본

☞ 경제건설 발달과 함께 시작

일본은 제2차 세계대전에서 패전한 후 경제건설로 도약하던 1950년대부터 경호산업의 상업화가 시작되었다.

현재 일본의 전체 방범시장 중 약 0.5~1%를 이루고 있으며, 경호전문 업체는 100여 개를 이루고 있다. 또한 일본은 경호의뢰 회원제를 통하여 경호 서비스의 질을 높이려는 노력이 한창이다.

4) 한국

☞ 88올림픽 시점으로 상업화

우리나라의 민간경호산업이 시작되기 이전에는 시설경비개념에서 산업이 시작되었다. 1962년 석유저장시설경비를 시작한 범아실업공사가 근대적 경호경비업무의 시작으로 되었다.

이후 우리나라는 1988년의 88서울 올림픽을 시점으로 경호산업의 상업화가 시작되어 2010년 현재 주식회사 탐경을 비롯해 약 450개의 경호업체가 경찰청의 허가를 받아 활동하고 있다.

그러나 우리나라 경호산업의 상업화는 법률제정 전 과잉경쟁으로 인한 덤핑 경호 서비스 등으로 인하여 많은 문제점을 안고 있었다.

그러나 1996년 7월 1일 경비업법 법률시행 이후 50여 개 업체만이 전문업으로 기업을 운영해 과거와 같은 문제들로 인한 어려움은 점차 줄어들고 있어 조만간 선진국 수준의 민간 경호서비스가 우리나라에서도 이루어질 것이라 본다.

5) 러시아(구소련)

구소련은 공산주의국가 체제를 유지하며 통제된 사회국가로 일반범죄 및 국제범죄단체의 활동이 거의 불가능했다. 그러나 구소련이 붕괴되면서 민족 간의 갈등과 억압받았던 종교 활동, 사유 재산의 허용 등으로 정치 · 경제 · 사회 전반에 걸쳐 매우 과도기적 사회

문제를 가지게 되었다.

　이러한 사회문제는 새로운 기회를 잡으려는 기회주의자들로 인하여 무차별 테러, 폭력, 약탈 등이 반복되는 사회가 되면서 1993년에 들어서 경호산업이 상업화되었으며, 1998년 기준 3만 5천 개의 경호업체가 생겼고, 종사원은 300만 명에 이르고 있는데 상당부분은 마피아 같은 범죄단체가 운영하는 경호업체도 있는 것으로 알려지고 있다.

　현재 러시아 유명 경호회사로는 러시아 산업안전단이라는 경호회사가 널리 알려져 있다.

6) 한국의 경호산업의 역사

① 1989년 11월경 보디가드라인이라는 경호회사가 국내 최초로 서울 충정로에 설립된 것으로 알려지고 있으며 당시 사업등록을 하고 영업을 했었는지는 확인할 수 없으나 약 3개월 정도 영업 후 곧 폐업한 것으로 전해지고 있다.

② 현재 경호전문회사인 (주)탐경의 전신인 국제경호시스템이 1992년 3월 21일(사업등록번호: 216-95-04418) 정식으로 사업등록을 하여 서울시 중랑구 신내동 472-3 선릉빌딩에서 영업하였다. 이후 1996년 7월 1일 경비업법에 포함하는 신변보호법률이 시행하기 직전까지 일반사업자로 영업하다가 1996년 6월 경비업법 개정 후 (주)탐경으로 상호변경과 아울러 법인으로 전환하였다.

③ 1993년 3월 27일 한국경호센터가 서울시 강남구 역삼동에 설립되어 운영하다가 경비업법 개정의 영향과 경영악화 등 이유로 1996년 폐업되었다.

④ 경호원들의 권익신장을 위하고 회원 상호 간의 친목을 위해 설립된 국제경호협회가 1994년 10월 14일 국내 최초로 비영리사단법인으로 서울지방법원에 등기를 마쳤다.

⑤ 1994년 4월 3일 경호회사 백호기획이 서울시 송파구에 설립되었으며, 국내 최초로 잠실경기장에서 있었던 마이클 잭슨 내한공연 경호를 맡았다. 그러나 법개정 이후에도 허가받지 않고 계속 영업하다가 무허가 영업으로 문제되어 폐업하게 되었다.

⑥ 1995년 3월 10일 서울경호시스템이 서울시 영등포구 여의도에 사무소를 개설 운영하다가 1996년 경비업법 개정 후 법인전환을 하지 못해 폐업하였다.

⑦ 1995년 10월 서울시 강남구 삼성동에 미국계 경호회사인 웨스트코스트사가 외국계 경호회사로서는 국내 최초로 한국지사를 설립하였다. 그러나 경영악화 등 이유로

1996년 영업중지 후 1997년 곧 폐업하게 되었다.

⑧ 1995년 11월 6일 (주)한국경호경비시스템이 서울시 송파구 석촌동에 시설경비업체로 설립되었으나 시설경비업체에서 최초로 경호업에 진출하여 이후 시설경비업체와 (주)캡스 무인기계경비업체와 같은 대기업들이 경호서비스를 실시하는 계기가 되었다.

⑨ 국제경호시스템과 세계 160개 나라의 지사를 두고 여행정보를 제공하는 주식회사 ETN(한국지사)과 전략적 제휴를 통하여 해외여행자 회원에 대한 경호서비스를 1992년 4월 2일 국제경호시스템이 국내 최초로 실시하기 시작하였다.

⑩ 1994년 7월 20일 국제경호아카데미가 국내 최초로 서울시 중랑구에 문을 열어 국내에서는 처음으로 전문경호 요원을 체계적으로 양성하기 시작하였다.

⑪ 1994년 10월 23일 사단법인 국제경호협회에서 국내 최초로 경호원자격증 시험을 시행하여 경호원 1 · 2 · 3급 자격증을 발행하기 시작하였다.

⑫ 1994년 11월 15일 경호요원 필독서로 출판된 『경호실무』가 저자 장명진에 의하여 국내 최초로 출판되어 학문적 이론을 정립하고 경호요원의 전문화에 전기를 마련하였다.

⑬ 1994년 11월 교육부(현 교육인적자원부) 대학행정지원과에서 대학교 경호학과 및 관련학과 설치를 용인대 · 한서대 · 한국체육대학교에 국내 처음으로 승인했으며, 경호에 대한 학문적 이론서로 저자 장명진의 『경호실무』가 참고자료로 배부되었다.

⑭ 1995년 4월 13일 국제경호시스템이 경호업자 책임배상보험계약을 현대해상화재보험(주)과 국내 최초로 체결하여 경호업체에 대한 사회 신용향상과 일대 전환의 기회를 마련하는 계기가 되었다.

⑮ 1995년 3월 10일 국제경호시스템이 국내 최초로 신용카드회사이며, 공기업인 국민신용카드주식회사와 웰컴경호서비스에 대한 계약을 체결하여 경호서비스에 대한 대중화의 전기를 마련하게 되었다.

⑯ 1996년 7월 20일 (주)탐경이 국내 최초로 경호의뢰회원[(주)탐경 멤버십 회원카드]제를 실시하여 사전 계약절차 없이 경호서비스를 제공하고 경호서비스를 실시하지 않고도 회원가입비로 수익을 올리는 새로운 영업형태를 실시하였다.

⑰ 1996년 12월 7일 (주)탐경 멤버십 회원카드와 여행회원제를 운영하는 (주)상원인터라인과 국내 최초 회원공유 전략적 제휴를 통하여 새로운 해외여행자를 위한 경호서비스를 구축하였다.

⑱ 1997년 8월 12일 (주)탐경과 위더스 R&P(주)가 케이블 TV 광고계약을 체결하여 국내

최초로 케이블 TV 광고를 실시하였다.

⑲ 1998년 3월 20일 (주)탐경과 삼성카드주식회사와 경호서비스에 대한 할인서비스 전략적 제휴를 통하여 국내 최초로 고정고객을 안정적으로 확보하는 계기를 마련하는 새로운 영업을 시작하였다.

⑳ 1998년 12월 9일 의사책임배상보험 관련 대한내과개원의협의회와 국내 최초로 (주)탐경이 컨소시엄을 구성, 경호서비스를 제공하는 업무제휴를 체결했으며, 현대해상, 국제화재, 동양화재 등과도 전략적 업무협정을 맺었다.

㉑ 1999년 2월 20일 (주)탐경과 국제화재해상보험주식회사는 보험가입자에 대한 경호서비스를 제공하기로 하는 경호계약을 국내 최초로 체결하였다.

㉒ 2000년 10월 5일 (주)탐경은 한국컨벤션이벤트업 조합에 경호업계 최초로 정식조합원으로 가입하였다. 이로 인하여 국내의 국제 중요행사에 대한 수준 높은 경호서비스를 구축하여 기존 공경호 체제에서 사경호로 전환할 수 있는 환경을 마련하였다.

㉓ 2001년 2월 (주)티알아이와 (주)백두가 경호전문회사로는 국내 처음으로 합병을 선언하였으며, 각 사 시스템의 장점과 매출외형의 증가효과로 규모와 시스템 면에서 한 단계 높이는 계기를 만들어 큰 성장이 예상된다. 다른 경호회사들의 합병을 촉진하는 시초가 될 것으로 보인다.

㉔ 2002년 4월 LG텔레콤과 에스원이 전략적 제휴를 맺고 휴대전화를 통한 고객의 위치확인 서비스가 상용화되면서 이를 이용한 고객 신변보호 서비스를 제공하는 새로운 형태의 경호서비스가 등장하였으며 KTF, SK텔레콤 등이 이후 같은 방법의 서비스를 추진하였다.

㉕ 2002년 한일 월드컵 행사는 한국의 민간경호회사의 행사 경호수준을 세계에 알리는 계기가 되었다. 행사 경호를 주로 해 온 TRI는 월드컵행사 전 경기를 맡아 경호경비를 실시하여 안전한 월드컵에 기여하였다.

㉖ 국제경호협회 장명진 회장은 국가와 사회에 이바지한 공로를 인정받아 2002 대통령 표창을 수상하여 경호 관련 업계의 위상과 자긍심을 고취하는 계기가 되었다.

㉗ 국내 경호회사로서는 처음으로 요르단 황실 경호업무를 외국기업과 경쟁, 입찰하여 수주한 (주)NKTS사가 맡게 되어 국내 경호회사의 해외 진출 전기를 마련하는 계기가 되었다.

㉘ 여성경호 전문회사인 퍼스트레이디사는 2004홈쇼핑경호서비스 상품을 출시해 경호

서비스의 다변화를 이루는 전기를 마련했다.

㉙ 2000년대 들어 정부는 공공부분 전자입찰 제도를 도입하면서 경호도 나라장터를 통해 발주하기 시작했으며, 공공부문의 경호서비스를 민간부분으로 확대시키는 계기가 되었다.

㉚ 군부대 국회 등 경호직무에 관련하여 호칭되는 조직명 또는 종사원에 대한 호칭을 경호라고 칭하는 사례가 크게 증가하고 있다.

㉛ 언론보도, 영화, 드라마에서도 보디가드라고 표현했던 것들을 경호라는 내용으로 표현되고 있다.

㉜ 2010년 들어 국가 기관에서 제작 발표되는 산업 및 직업표준에서도 경호로 표기되기 시작했다(용역, 경비, 기타 등으로 분류표기 했었음).

왕과 세자 그리고 왕성을 호위하기 위하여 설치되었던 근대 이전 우리나라 경호조직은 매우 오래된 역사를 갖고 있다. 신라시대부터 고려시대, 조선시대에 이르기까지 왕을 호위하기 위한 전담 기관을 두고 있었음을 문헌을 통해 확인할 수 있었으며, 그 기원과 기관은 신라 진덕5년(651년)에 설치된 시위부(侍衛府), 고려 명종9년(1179년)에 설치된 서방(書房), 고종14년(1227년)에 설치된 도방(都房), 조선 태종7년(1407년)에 설치된 내금위(內禁衛), 태종18년(1418년)에 설치된 익위사(翊衛司), 인조(仁祖)원년(1623년)에 설치된 호위청(扈衛廳), 정조1년(1777년)에 설치된 숙위소(宿衛所), 고종31년(1894년) 호위청(扈衛廳) 등이 존재했음을 알 수 있었다.

7) 경호서비스의 현황

현재 한국의 경호회사들의 경호서비스는 개인 경호서비스에서부터 행사 경호서비스까지 폭넓은 경호서비스를 제공하고 있으며, 직업별 서비스로 정치인 경호, 경제인 경호, 연예인 경호, 종교지도자 경호 등 사회 VIP 경호를 제공하고 있으며, 행사 경호는 국제회의 행사 경호, 연예인 이벤트 행사 경호, 정치선거 행사 경호 등을 제공하고 있다. 또한 패밀리 경호 서비스로 학생경호, 주부경호, 직장여성경호 등을 제공하고 있으며, 특화된 통역가이드경호, 여행가이드경호, 비서경호, 운전경호 등으로 전문화된 경호서비스를 제공하고 있다.

그리고 경호컨설팅(위험진단)서비스 및 인질, 납치, 협박에 의한 경호협상 대행서비스 등을 제공하기도 한다. 이 외에도 불법도청 검색 및 제거업무와 증거 조사업무, 실종자 추적업무 등 보다 다양한 전문서비스로 경호산업의 업무를 확대하고 있다.

경호기계시스템도 첨단화되어 인공위성을 통한 위치확인 시스템이 개발되어 유괴 · 납치 등 위협에 노출되어 있는 사람을 대상으로 한 상용서비스가 곧 시작을 앞두고 있다. 앞으로 우리사회에 가장 가까이에 있는 경호산업이 될 것으로 기대된다.

8) 전쟁용병(경호) 서비스 시작

미국의 대이라크 공격 이후 전쟁용병이 50%를 차지하고 있고 2010년 종전 이후 100%를 전쟁용역(private military contractors) 비즈니스로 대체하고 있다. 이라크전 중후 '용병업'으로 불리기도 했던 이 사업은 최근 들어 이윤을 추구하는 미국의 비밀 부대로 간주될 정도로 국방부에 막강한 영향력을 행사하고 있다. 미국의 세계 경찰 노릇을 위해 반드시 필요한 전쟁 경호업체는 주로 3성, 4성 장군을 포함한 퇴역장교에 의해 경영되며, 일부는 포천 500대 기업의 자회사로 알려져 있다.

『뉴욕타임스』는 현재 미국 내 35개 업체가 '신종 전쟁 비즈니스'에 참여 중이며, 전 세계적으로 1,000억 달러의 시장을 형성한다고 추산했다. 널리 알려진 MPRI사의 경우, '사무실 ㎡당 장군의 수가 펜타곤(미 국방부)보다 더 많다'고 자랑할 정도이다.

51

이들 경호업체 직원들은 미국 내외에서 병참지원부터 전투훈련, 작전자문까지 온갖 일을 맡는다. 쿠웨이트에서 실전무기를 사용한 군사훈련을 시행 중인가 하면, 아프가니스탄에서 암살표적이 되는 요인을 경호하기도 한다.

지난 수년간 이들은 보스니아와 나이지리아 · 마케도니아 · 콜롬비아 등 세계의 분쟁지역을 누볐다. 지난 1991년 걸프전 당시 미국 군인 50명 중 1명은 민간인이었다. '96년 보스니아 평화협상 때는 이 숫자가 10명 중 1명으로 늘었다.

2003년 이라크전쟁 종식 이후 미국 경호회사인 다인코르인터내셔널사는 이라크 신정부에서 일할 이라크 경찰(3만 2천 명) 훈련용역을 2년간 8억 7천만 달러(약 7조 원)에 수주하였으며 또 다른 미국 경호회사 빈넬사는 이라크 군대훈련 계약을 수주하여 엄청난 수익을 올렸다.

2010년 현재 이라크에서 용병은 19만 명인데 미군과 연합군을 모두 합친 18만 명보다 많다. 아프가니스탄엔 10만 명의 용병이 있는데 전체 외국군 숫자와 비슷하다. 이 외에도

아프가니스탄 하미르카르자이 대통령은 미국 버지니아 주에 소재하는 딘코르 경호회사의 경호를 받고 있는 것으로 알려져 있다.

존 함리 전 국방차관은 "전쟁용역서비스는 반드시 필요하며, 앞으로 더 숫자가 늘 것"이라고 말했다. 미국 정규군의 수는 최근 10여 년간 50만 명이 줄었다. 그러나 전쟁용역 경호사업은 현실적인 필요성에도 불구하고 많은 문제를 일으킨다.

우선 이 부문의 호황은 워싱턴의 잦아진 군사개입과 음성적인 방위비 지출증가를 입증한다. 국방부가 이들을 선호하는 것은 단지 '경비절감' 때문만은 아니다. 군인과의 경계가 모호한 민간인을 이용하면 의회가 허용한 병력파견 상한선을 넘길 수 있다. 개입의 명분이 없는 분쟁에도 손을 쓸 수 있고, 문제가 발생했을 땐 시치미를 떼면 그만이다.

또 군사 전략가들은 전선에 배치된 이들이 실제 전투상황에서 계약내용을 충실히 수행할 것인지 의문을 던진다. 최전선의 민간인들이 취하는 태도에 따라 전투의 양상은 급변할 수 있다. 이들은 국가가 아닌 민간업체와 계약을 맺은 이유로 미군의 규율을 따르지 않는다. 전쟁경호업체 소속원들이 해외 작전지역에서 마약이나 매춘사업에 연루되고, 인종 청소와 같은 전쟁범죄에 연루되는 경우도 있다.

9) 로봇경호 전쟁서비스 시작

미래에는 경호든 전쟁이든 로봇서비스로 대체되리라 본다. 얼마 전 미국에서 만든 「아바타」라는 3D 영화가 국내관객 1,300만 명이나 모으는 흥행을 기록했다. 내용은 지구의 자원이 고갈되어 다른 행성의 자원을 확보하는 과정에서 그려지는 전쟁액션 영화였다.

이 영화에서 보여 주는 것 중 하나가 인간을 대신하는 '아바타'라는 로봇이었다. 다가오는 미래에서는 실현 가능한 설정이라고 생각한다. 물론 아바타 수준은 아니지만 아프가니스탄과 이라크에선 로봇이 전쟁의 주역을 맡고 있다. 공식적으로 이 두 나라 지역에서 활동하는 로봇이 지상로봇은 22가지 종류에 무려 12,000개나 된다.

2010년 한 해만 무인기 공습이 13차례 이어졌다. 한 번 출격에 8대 이상의 무인기가 동원돼 적군 50명 이상을 죽였다. 로봇대행은 전 세계적 현상으로 미국을 포함한 44개국에서 군사용 로봇이 쓰인다. 한국과 일본, 중국도 포함된다.

지난 10년간 전쟁 방식의 변화는 믿기 어려울 정도로 변화했다. 따라서 로봇의 역할 또한 계속적으로 확대될 것으로 보이며, 이로 인하여 앞으로 로봇이 무장 세력이나 위해기도자와 민간인을 어떻게 구분할지 로봇에 교전수칙이나 전쟁법규를 어떻게 입력할지, 불의의 사고가 발생하면 누가 책임질지 하는 것 같은 로봇 윤리문제들이 필요한 시기가 올 것으로 보인다.

경호임무든 전쟁이든 사람의 본능이나 감각, 인간관계에 의존하는 문제가 있다. 이 같은 문제를 모두 로봇이 할 수는 없어도 로봇의 기능을 살린 전쟁과 경호수행에 필요한 역할은 크게 그리고 빠르게 확대되어 갈 것으로 생각한다.

제5절 경호컨설팅

경호활동에 필요한 각종 위해 환경 및 위해 요소를 평가하고 진단하여 그에 대한 시설, 장비, 인적 자원, 보안시스템, 방범·방호시스템 운영 등의 방안을 마련하거나 통합적으로 진단하여 평가자문에 응할 수 있는 고도의 지식과 기술이 요구된다.

1) 안전진단하기

인적·물적 경호대상에 대한 물리적·기능적 결함과 위해 및 유해의 유무와 그 위험의 수준에 따른 방법, 형태 등에 대하여 분석, 확인하여 적절한 조치를 하기 위한 위험의 원인 등을 조사·측정·평가의 방법에 의하여 진단한다.

- 인적·물적 대상에 대한 안전진단을 실시하여 분석 확인
- 내부적 위험요인에 대한 안전진단을 실시하여 분석 확인
- 구조적 위험요인에 대한 안전진단을 실시하여 분석 확인
- 환경적 위험요인에 대한 안전진단을 실시하여 분석 확인
- 정보안전에 대한 진단을 실시하여 분석 확인
- 위해요소 및 유해요소의 종류, 방법, 수준을 분석 확인
- 종합 분석하여 취약요소를 도출

2) 취약요소에 대한 대응기술자문

안전(정밀)진단을 통하여 분석 확인된 취약(위험)요소에 대하여 예방, 방지, 보호, 보

안 등의 체계를 구축할 수 있는 인원·장비의 설치 및 운용과 안전유지 관리체계를 자문한다.

- 인적·물적 대상의 위해 및 유해의 유무와 위험수준을 구분
- 감소·제거·예방을 위한 보안조치를 자문
- 인적·물적 경호대상의 안전 및 유지관리 기본 계획서를 수립
- 인원·장비의 운용에 대하여 자문
- 인원배치 및 장비설치의 규모, 단위, 장소, 운영, 관리를 자문
- 유지관리체계를 자문(개발)
- 안전 및 유지관리에 관련된 정보체계를 자문(구축)

3) 경호컨설팅 서비스

경호컨설팅 서비스는 경호산업체 또는 컨설팅전문회사가 제공하는 컨설팅 서비스와 경호전문가에 의한 개인자격의 컨설팅서비스로 구분되며 경호조직 및 경호책임자가 경호업무의 원활한 수행을 위해 각종 계획을 기획하는 경호기획과 같은 통상적 업무가 아닌 개인, 단체의 요구에 의해 이루어지는 맞춤형 경호시스템을 구축하기 위해 진단·자문의 기본컨설팅부터 조직구성, 운영체계, 운영계획, 예산계획을 포함한 완벽한 경호시스템을 제안하고 구축하기까지의 모든 사항을 기획, 운영, 관리, 지시, 통제, 감독하여 경호컨설팅 서비스를 제공한다.

가) 경호계획수립 예

☞ 필수 요구사항

가)에 의한 답안 작성 시 다음 사항이 순서에 의해 필수적으로 포함되어야 한다.

① 목차
② 행사개요 - 또는 시설 및 경호대상자
    ㉠ 일반사항(일반개요, 규모, 진행 등)
    ㉡ 세부사항(장소, 시설현황 등)

③ 위해분석평가

　　㉠ 시설·구조적 위험 및 취약요소(시설구조적 환경, 외부적 환경, 내부적 환경)

　　㉡ 위해요소분석(행사 관련 직간접적 위해위험, 기타, 공격형태 및 유형)

　　㉢ 종합분석(위해수준, 예상분석)

④ 행사 경호 기본계획(일반계획)

　　㉠ 조직 구성 및 임무(행사 경호 조직표, 세부 조직표 및 임무)

　　㉡ 지휘/통신(내부, 외부)

　　㉢ 인적 자원 구성계획(요원선발기준 및 수준, 소요인원, 조편성 기본계획)

　　㉣ 인력운영 및 배치(기본원칙, 근무방침－시간, 장소, 인원)

⑤ 행사 경호 세부계획

　　㉠ 인력운영계획(배치계획, 시간별 운영계획)

　　　※ 배치요도[책임자급/일반요원(구역별, 조직별)/전체 배치도]

　　　※ 시간별 운영계획(행사진행시간, 경호활동시간, 활동중점사항 등)

　　　※ 근무지별 임무

　　㉡ 주요상황별 대응 계획

　　　※ 단계별 대응(수준, 단계, 조치, 사후관리)

　　　※ 위해 유형(테러, 범죄, 사고, 기타)

　　㉢ 통제지침(입출계획, 비표운영계획, 통제 장비 및 설치·배치 계획 등)

　　㉣ 안전관리계획(소방, 안전구조 등)

　　㉤ 장비운영계획(복장포함)

　　㉥ 교육훈련계획

　　㉦ 행사안전관리 협조사항

　　㉧ 행정사항 및 관계기관협조(요청)

⑥ 호위경호계획

　　㉠ VIP 수행경호계획(경호대상자 선정, 의전, 호위 계획)

　　㉡ 이동 간 경호계획(스케줄, 이동수단, 동선요도)

　　㉢ 숙소경호계획

⑦ 운영예산계

⑧ 기타 참고 사항

      ㉠ 행사진행계획서

      ㉡ 경호구역요도(전체 도면, 행사시설 도면, 구역별 도면)

나) 경호컨설팅 제안(예)

☞ 필수 요구사항

① 목차

② 개요(시설 및 보호대상자)

      ㉠ 일반사항(일반개요, 시설규모, 인적 사항 등)

      ㉡ 세부사항(장소, 시설현황, 주변사항 등)

③ 위해분석평가

      ㉠ 시설(구조) 및 신변의 위험 및 취약요소(외부적 환경, 내부적 환경)

      ㉡ 위해요소분석(직간접적 위해위험, 기타, 공격형태 및 유형)

      ㉢ 사건사례분석(사고사건 현황, 사례, 통계, 증가요인, 위해공격형태 및 유형)

      ㉣ 종합분석(위해수준, 예상분석)

④ 기본계획(일반계획)

      ㉠ 조직 구성 및 임무(조직표, 세부 조직표 및 임무)

      ㉡ 지휘/통신(내부, 외부)

      ㉢ 인적 자원 구성계획(요원선발기준 및 수준, 소요인원, 조편성 기본계획)

      ㉣ 인력운영 및 배치(기본원칙, 근무방침 - 시간, 장소, 인원)

      ㉤ 교육훈련계획(교육훈련구분, 교육훈련과정, 단계별 - 배치 전·후, 전환·충원 시)

⑤ 세부계획(운영계획)

      ㉠ 인력운영계획(배치계획, 근무계획)

        ※ 배치장소 및 인원, 근무방식, 근무지별 임무, 순찰방법 등

      ㉡ 주요 상황별 대응 계획

        ※ 단계별 대응(수준, 단계, 조치, 사후관리)

        ※ 테러, 범죄, 사고, 기타 상황별 대응 계획

      ㉢ 안전관리계획(소방, 안전구조 등)

      ㉣ 장비운영계획(복장포함)

ⓜ 행정사항(유관기관 협조·협력 사항)

　　　ⓗ 기타 관련 자료

　⑥ 견적서(관리자, 팀장, 팀원)

　⑦ 계약서(표준양식)

　⑧ 관련 자료(회사소개서 – 지명원, 기타 유인물, 소개자료)

제6절 경호직무능력표준

1) 경호직무능력표준의 의의

경호직무분야의 직무체계를 분석하여 정부기관 경호직무분야와 민간기관 경호직무분야로 구분하고 그 생산단위(정부조직단위, 사업·기업체단위 등)가 주로 수행하는 산업활동을 그 유사성에 따라 체계적으로 유형화하여 산업 분류화하였고, 이를 표준화하여 경호직무표준 산업분류를 제정(制定)하였으며, 각 생산단위에서 수입(경제활동)을 위해 경호직무종사자가 하고 있는 일에 있어 그 수행되는 일의 형태(직무영역)에 따라 체계적으로 유형화하여 직업 분류화하였고 이를 국내 경호직무분야의 직업구조 및 실태에 맞도록 표준화하여 경호직무표준 직업분류를 제정(制定)하였다. 또한, 경호직무분석을 통해 경호직무에 포함되는 일의 성질이나 성격 직무를 수행하기 위하여 직무수행자에게 요구되는 적성(適性) 등 관련된 중요한 모든 정보를 수집·분석을 통하여 직무능력모형을 체계적이고 과학적으로 유형화하였다. 이러한 과정을 통하여 경호직무분야의 산업, 직업, 직무를 파악하고 산업현장의 요구와 노동수요의 요구를 충족시킬 수 있는 인적 자원개발을 위한 기준 설정 산업현장에서 경제활동을 하는 직업인과 그 직업인이 자신에게 주어진 직책과 직무수행에 필요한 소양과 능력요소 그리고 지식, 기능, 지능, 기술, 도구, 태도, 체력 등을 통하여 교육·훈련의 방향을 제시함으로써 산업현장과 노동수요와 요구하는 능력을 교육시킬 수 있도록 하였다. 하지만 교육(학력)이 인적 자원의 지표로 인정받기에는 부족함이 있다. 자격검정제도를 통한 공식적이고 객관적인 인정절차가 수반되어야 하는데 이를 위해 자격검정수행에 필요한 수준별 응시자격, 승급규정, 출제기준, 검정기준, 검정과목으로 돌출하고 수준별 평가항목과 평가기준을 설정하여 지식영역, 기능영역, 행동영역, 인지적

영역으로 구분하여 평가할 수 있도록 하고 이를 표본으로 개인이 직무수행에 필요한 능력이 무엇인지 알려 줄 수 있도록 기준을 제시한다.

(1) 직무(Job)란

각 개인이 수행하는 일의 전체를 직무라 하는데 생산 활동에 종사하는 개별 종사자에 의하여 계속적으로 수행되었거나 또는 수행되도록 설정, 교육, 훈련된 업무 및 임무를 말한다.

(2) 직업이란

직업이란 이러한 유사한 직무의 집합체라 할 수 있다. 직업은 주된 임무 및 업무가 높은 유사성을 갖는 직무로 구성된다.

(3) 직능(직무능력)이란

직능이란 직무능력, 또는 직무수행능력이라 말할 수 있다. 직능은 특정 직무를 수행할 수 있는 능력이라 정의되는데 주어진 업무 및 임무 복잡성과 범위에 따라 수준을 정하고 생산된 재화 및 서비스의 종류에 의해 필요한 지식 및 기술의 전문성을 갖추는 것을 말한다.

(4) 경호자격제도의 정의

경호자격제도는 경호직무능력표준을 기준으로 경호직무분야의 경호직무수행에 필요한 지식·기술·소양 등의 습득정도를 직업 및 직무 수준별로 자격체계를 구축하였으며, 이를 경호자격제도 규정집에 정한 일정한 기준과 절차에 따라 평가하여 검증함으로써 인적자원의 지표로 활용하는 것으로 국제경호협회가 국제표준화를 제정한 경호전문가, 교육훈련전문가, 직무별전문가, 공통능력자격 등을 말한다.

(5) 경호직무능력표준(警護職務能力標準)의 정의

경호직무능력표준(KSS: Kyungho Skills Standard)이란? 경호직무분야의 산업현장에서 직무를 수행하기 위하여 요구되는 지식, 기술, 소양 등의 내용을 수준별로 체계화한 것이다.

또한, 경호직무능력표준을 바탕으로 산업현장에서 요구하는 교육훈련프로그램과 자격종목을 개발·신설하는 데 그 기준이 된다. 아울러, 자격의 수준체계에 따라 교육훈련(학교교육, 직업훈련)과 자격이 상호 연계될 수 있는 자격체제를 구축할 수 있다.

2) 경호직무분야의 산업영역분류

(1) 고려되어야 할 용어의 정의(사전적 의미에서)

① 경호(警護): 위험한 일이 일어나지 않도록 미리 조심하고 보호함
② 안전(安全): 위험이 생기거나 사고가 날 염려가 없음
③ 국방(國防): 외국의 침략에 대비 태세를 갖추고 국토를 방위하는 일
④ 치안(治安): 국가사회의 안녕과 질서를 유지·보전함
⑤ 공안(公安): 공공의 안녕과 질서가 편안히 유지되는 상태
⑥ 보안(保安): 안전을 유지함. 사회의 안녕과 질서를 유지함
⑦ 위험(危險): 해로움이나 손실이 생길 우려가 있음. 또는 그런 상태
⑧ 사회(社會): 공동생활을 영위하는 모든 형태의 인간 집단. 가족, 마을, 조합, 교회, 계급, 국가, 정당, 회사 따위가 그 주요 형태

(2) 경호직무분야 산업의 특성

다음 페이지의 표에서 나타난 산업영역의 분류는 국가행정부 당국이 관장하는 관(官)만을 지칭하여 산업영역으로 하고 그 조직과 구성원에 대한 직업과 직무를 제한적으로 나타냄에 따라 민간산업영역을 따로 분류하지 않고 있다. 다만, 정부의 조직부문에서 경호직무를 직접 맡아 하는 기관과 구성원에 대한 분류라는 점을 참고할 수 있다. 대신 한국표준산업분류[1]에서는 대분류 O. 공공행정 국방 및 사회보장 행정과 대분류 N. 사업시설관리 및 사업지원 서비스업에 세분류 경호·경비 및 탐정업을 분류하고 있다.

---

1) 한국표준산업분류: 1963년 광업제조업 제정을 시작으로 현재까지 9차례 개정을 이루고 있으며, 제5차 개정부터 7년을 주기로 조사하여 개정이 이루어지고 있다. 2007년 12월 9차 개정이 이루어졌다. 특히 할 만한 것은 사업서비스업에 경호라는 용어의 산업이 추가된 것이며 2005년 경호직무능력표준 제정에 따른 자료가 반영되었다는 점에서 경호직무능력표준 시안의 개발과 국가직무능력표준 지정의 중요성이 더욱더 강조되는 것이라 하겠다. 아울러, 6차 한국표준직업분류에 경호원이란 직업분류코드가 제정되는 과정에서도 반영됨.

① 지식기반산업(지식기반경제: knowledge based economy)

지식기반경제라고도 한다. 경호직무분야의 산업은 대표적 지식기반산업에 속하며 사회 안전을 제공하는 정부 · 민간의 서비스를 포함한다.

3) 경호직무(업) 지식기반서비스 제공 유형

우리나라의 경우 당국이 국가 간 직접적 경호산업 사업에 참여하는 것은 극히 일부로 제한되고 있으며, 국민에 대한 사회공공안전 서비스를 주목적으로 국가의 기초질서를 유지하고 국민의 생명과 재산을 보호하기 위한 역할에 치중되어 있다.

〈당국 주도의 경호직무서비스산업(9차 한국표준산업분류: 통계청)〉

대분류	중분류 – 소분류 – 세분류 – 세세분류
O. 공공행정, 국방 및 사회보장 행정	**84 공공행정, 국방 및 사회보장 행정**(Public administration and denfence; compulsory social security) 843 외무 및 국방 행정 8432 국방행정 84320 국방행정 844 사법 및 공공행정 질서 8440 사법 및 공공행정 질서 84401 법원/84402 검찰/84403 교도기관/84404 경찰/84405 소방서/84409 기타 사법 및 공공질서 행정

이에 따라 국민 개개인의 위험에 대해서는 수익자부담의 원칙에 의해 사업 서비스화되어 사회전반에 서비스가 제공되고 있다. 다만, 수요의 요구가 공급자인 사업서비스업자에게 집중되는 것이 아니라 수요자가 자구적으로 직접 선발한 인적 자원을 활용하여 경호직무를 수행하도록 하는 수요로 양분되고 있다.

〈민간 주도의 경호직무서비스산업(9차 한국표준산업분류: 통계청)〉

대분류	중분류 - 소분류 - 세분류 - 세세분류
N. 사업시설관리 및 사업지원 서비스업	**75 사업지원서비스업**(Business Support Service) 753 경호,경비 및 탐정업(Security, Guard and Detective Services) 7531 경호 및 경비 서비스업 75310 경호 및 경비 서비스업 7532 보안시스템 서비스업 75320 보안시스템 서비스업 7533 탐정 및 조사 서비스업 75330 탐정 및 조사 서비스업

4) 직무능력 모형

(1) 경호원(경호전문가)의 직무능력 모형

핵심능력 / **능력단위**

A 경호기획

| A-6 인원장비운용계획하기 | A-5 경호조사 계획하기 | A-4 보안수립 계획하기 | A-3 정보수집 계획하기 | A-2 지휘작전계획 획수립하기 | A-1 기초계획 수립하기 |

| A-7 수행경호 계획하기 | A-8 경호경비수립 계획하기 | A-9 인질/납치협상 계획수립하기 | A-10 경호운전계획 수립하기 | A-11 경호컨설팅 계획하기 |

B 경호법률 사무행정

| B-1 경호관계법 적용하기 | B-2 관련법 적용하기 | B-3 유관기관 협조하기 | B-4 경호서비스 행정하기 | B-5 사무행정하기 |

C 경호컨설팅

| C-1 안전진단하기 | C-2 취약요소에 대한 대응기술 자문하기 |

D 경호협상

| D-1 인질석방 요구하기 | D-2 납치석방 요구하기 | D-3 공갈협박위해감소 및 피해손실축소협상하기 |

E 수행경호

| E-1 선발경호하기 | E-2 1선 경호하기 | E-3 2선 경호하기 | E-3 3선 경호하기 | E-5 신변호위 경호하기 |

경
호
실
무
Ⅰ

F 행사경호

| F-1 행사 경호 준비하기 | F-2 현장답사하기 | F-3 안전조치하기 | F-4 행사 경호 작전계획 | F-5 현장지휘 운영하기 |

G 경호정보

| G-1 인적/물적 위해 요소 판단하기 | G-2 위해유형 판단하기 | G-3 위해수준 확인하기 | G-4 경호정보 분석하기 | G-5 역정보 확인하기 |

H 경호보안

| H-1 인원보안하기 | H-2 시설보안하기 | H-3 문서보안하기 |
| H-4 정보통신보안하기 | H-5 산업정보보안하기 | H-6 보안조사하기 |

I 경호조사

| I-1 위해시설 확인하기 | I-2 유해물질 확인하기 | I-3 유해인물 확인하기 | I-4 유해환경및 지형확인하기 | I-5 범죄성여부 확인하기 |

J 경호경비

| J-1 시설경비하기 | J-2 기계경비하기 | J-3 호송경비하기 |
| J-4 주차유도관리 경비하기 | J-5 출동순찰경비하기 | J-6 교도경비하기 |

K 경호장비

| K-1 통신장비설치 및 운용하기 | K-2 감시/감지/탐지장비 설치 및 운용하기 | K-3 방호장비설치 및 운용하기 |
| K-4 호송/수송장비 운용하기 | K-5 호신장비취급 및 조작하기 | |

L 로봇경호

| L-1 로봇장비경호운영하기 | L-2 로봇장비보안운영하기 | L-3 로봇장비경비운영하기 |

M 검색탐지

| M-1 도감청검색탐지하기 | M-2 폭발물검색탐지하기 | M-3 위험물질검색탐지하기 |

M-4 인원검색탐지하기	M-5 물품 및 물자 검색탐지하기	M-6 화물검색탐지하기

N 경호운전	N-1 방어운전하기	N-2 긴급피난운전하기	N-3 미행추적이탈하기

O 안전구조	O-1 재난안전관리하기	O-2 긴급구조하기	O-3 구급조치하기

(2) 경호사(교육훈련전문가)의 직무능력 모형

핵심능력　　　　**능력단위**

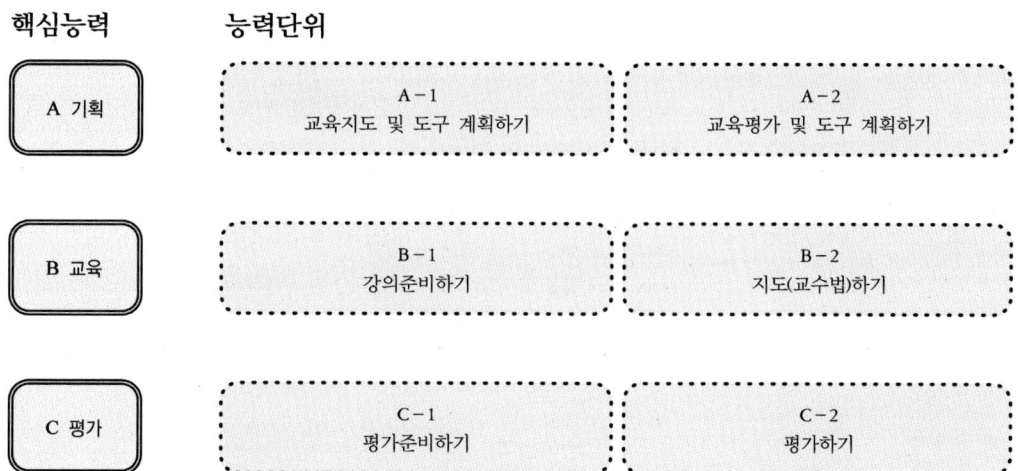

A 기획	A-1 교육지도 및 도구 계획하기	A-2 교육평가 및 도구 계획하기

B 교육	B-1 강의준비하기	B-2 지도(교수법)하기

C 평가	C-1 평가준비하기	C-2 평가하기

65

5) 제9차 한국표준산업분류 – KSIC(2011년 기준)

대분류	중분류	소분류	세분류	세세분류	비고
N 사업지원 서비스업(75) Business Support Services					
	75 사업지원 서비스업(Business Support Service)				
		753 경비, 경호 및 탐정업(Security, Guard and Detective Services)			
			7531 경비 및 경호 서비스업(Security and Guard Services)		
				75310 경비 및 경호 서비스업(Security and Guard Services)	
			7532 보안시스템 서비스업(Security Systems Service Activities)		
				75320 보안시스템 서비스업(Security Systems Service Activities)	
			7533 탐정 및 조사 서비스업(Detective and Investigation Services)		
				75330 탐정 및 조사 서비스업(Detective and Investigation Services)	
O 공공행정, 국방 및 사회보장 행정(84) Public administration and denfence; compulsory social security					
	84 공공행정, 국방 및 사회보장 행정(Public Administration and Defence; Compulsory Social Security)				
		843 외무 및 국방 행정(Foreign Affairs and Defence Activities)			
			8432 국방 행정(Defence Activities)		
				84320 국방 행정(Defence Activities)	
		844 사법 및 공공질서 행정(Justice, Public Order and Safety Activities)			
			8440 사법 및 공공질서 행정(Justice, Public Order and Safety Activities)		
				84401 법원(Courts)	
				84402 검찰(Prosecution Services)	
				84403 교도기관(Correctional Institutions)	
				84404 경찰(Police Protection)	
				84405 소방서(Fire Protection)	
				84409 기타 사법 및 공공질서 행정(Other Justice, Public Orderand Safety Activities)	

출처: 통계청(제9차 한국표준산업분류표) http://kostat.go.kr

〈제6차 한국표준직업분류(KSCO)와 국제표준직업분류(ISCO-08)와의 연계표(2011년 기준)〉

한국표준직업분류					비고	국제표준 (세분류)
대분류	중분류	소분류	세분류	세세분류(KSCO-세세분류)		

1. 관리자

13 전문서비스 관리직

    131 연구 · 교육 및 법률 관련 관리자

        1313 법률 · 경찰 · 소방 및 교도 관리자

				세세분류	비고	국제표준
				13131 법률 관리자	**교정, 법률, 경찰서장, 교도소장**	1349 그 외 전문 서비스업 관리자
				13132 경찰 관리자		
				13133 소방 관리자		
				13134 교도 관리자		

15 판매 및 고객서비스 관리직

    153 환경 · 청소 및 경비 관련 관리자

        1530 환경 · 청소 및 경비 관련 관리자

				세세분류	비고	국제표준
				15301 환경관련 관리자	**청소**	1219 그 외 경영지원 및 행정 관리자
				15302 청소관련 관리자		
				15303 경비관련 관리자		

4. 서비스종사자

41 경찰 · 소방 및 보안 관련 서비스직

    411 경찰 · 소방 및 교도 관련 종사자

        4111 경찰관

				세세분류	비고	국제표준
				41111 해양 경찰관		3355 경찰 수사관 및 형사
				41112 일반 경찰관		5412 경찰관

        4112 소방관

				세세분류	비고	국제표준
				41120 소방관		5411 소방관

        4113 소년보호관 및 교도관

				세세분류	비고	국제표준
				41131 소년보호관		5413 교도관
				41132 교도관		

    412 경호 및 보안 관련 종사자

        4121 경호원

				세세분류	비고	국제표준
				41210 경호원	**경호**	* **5414 경비원**

        4122 청원 경찰

				세세분류	비고	국제표준
				41220 청원 경찰		* **5414 경비원**

        4123 무인 경비원

				세세분류	비고	국제표준
				41230 무인 경비원		* **5414 경비원**

        4129 기타 경호 및 보안 관련 종사원

				세세분류	비고	국제표준
				41291 보안 관제원		* **5414 경비원**
				41292 유통 및 매장 감시원		**5419 그 외 보안 서비스 종사자**
				41293 주차 단속원		
				41299 그 외 경호 및 보안 관련 종사원		

9. 단순노무종사자

94 청소 및 경비 관련 단순노무직

    942 경비원 및 검표원

		9421 경비원	
		94211 아파트 경비원 94212 건물 경비원 94219 그 외 경비원	* 5414 경비원 $ 5153 건물 관리인

출처: 통계청(제6차 한국표준직업분류표) http://kostat.go.kr

〈한국고용직업분류 – 한국표준산업분류별(노동부 한국고용정보원)〉

대분류	중분류	소분류	직업명
사업서비스업			
	사업지원서비스업		
		기타 사업지원 서비스업	
			2322 – 33 도청탐지전문가
			0236 – 1 귀중품호송관리자
			2372 – 23 보안관제원
			1622 – 2 보안용역대리인
			4440 – 4 긴급대처요원
			4440 – 2 경호원
			4440 – 11 무인기계경비원
			4440 – 5 안전순찰원
			3110 – 14 호송경비관리원
			1322 – 25 보안시스템기술자
			0308 – 1 경호책임자
			9122 – 13 청원경찰
공공행정, 국방 및 사회보장 행정			
	공공행정, 국방 및 사회보장 행정		
		사회 및 산업정책 행정	
			3163 – 6 교통사고조사원
			2626 – 15 범죄문서감정관
			1134 – 7 거짓말탐지검사관
			1134 – 8 범죄심리분석관
			1322 – 57 범죄영상분석가
			1203 – 10 국가사이버안전요원
		외무 및 국방 행정	
		사회 및 산업정책 행정	
			1711 – 1 검사
			1712 – 1 판사
			4410 – 5 국제범죄전문가
			4410 – 7 형사
			4410 – 8 검찰수사관
			4410 – 3 몽타주제작전문가
			4410 – 1 경찰관
			4410 – 6 국가산업보안전문가
			4410 – 2 해양경찰관

4420 – 6 소방관
4410 – 4 화재감식전문가
4420 – 5 119구조대원
4430 – 1 교도관
4430 – 2 교회사
4430 – 3 분류사
1121 – 44 유전자감식수사연구원

출처: 노동부 한국고용정보원 http://www.work.go.kr

〈한국고용직업분류 – 한국표준직업분류별(노동부 한국고용정보원)〉

대분류	중분류	소분류	세분류	직업명
0 의회의원 고위임원직 및 관리자				
1 전문가				
2 기술공 및 준전문가				
3 사무종사자				
4 서비스종사자				
	44 보안서비스종사자			
		441 경찰종사자		
			4410 경찰종사자	
				4410 – 1 경찰관
				4410 – 2 해양경찰관
				4410 – 3 몽타주제작전문가
				4410 – 4 화재감식전문가
				4410 – 5 국제범죄전문가
				4410 – 6 국가산업보안전문가
				4410 – 7 형사
				4410 – 8 검찰수사관
		442 소방 및 응급구조 종사자		
			4420 소방 및 응급구조 종사자	
				4420 – 5 119구조대원
				4420 – 6 소방관
		443 교도 및 보도 종사자		
			4430 교도 및 보도 종사자	
				4430 – 1 교도관
				4430 – 2 교회사
				4430 – 3 분류사
		444 기타 보안서비스 종사자		
			4440 기타 보안서비스 종사자	
				4440 – 2 경호원
				4440 – 3 고속도로안전순찰원
				4440 – 4 긴급대처요원
				4440 – 5 안전순찰원
				4440 – 7 장내정리원

		4440 - 9 환경감시원
		4440 - 10 카지노안전관리원
		4440 - 11 무인기계경비원
		4440 - 12 공항보안검색원
		4440 - 13 공항세관원
		4440 - 14 출입국심사관
		4440 - 15 식품위생감시원

5 판매종사자

6 농업, 임업 및 어업 숙련종사자

7 기능원 및 관련기능 종사자

8 장치, 기계조작 및 조립 종사자

9 단순노무종사자

    91 서비스관련 단순노무 종사자

      912 건물관리, 경비 및 관련 종사자

        9122 수위, 경비 및 관련 종사자

          9122 - 2 경비반장

          9122 - 10 청원경찰

          9122 - 12 주차장관리원

          9122 - 14 경비원

출처: 노동부 한국고용정보원 http://www.work.go.kr

〈제9차 한국표준산업분류(KSIC) – 국정분야〉

대분류	중분류	소분류
■ 국정분야		
• 공공질서 (사회질서 및 국민생활안전을 위한 검찰·경찰·해경·계도·교정 등에 관한 분야)		
	• 해상경비	
		– 해양주권수호
		– 대간첩작전
	• 장비관리와 정비창	
		– 장비관리
		– 정비창
	• 해상안전	
		– 해상구조
		– 해상범죄
	• 국제범죄의 대책 및 수립	
		– 범죄피해자지원
		– 마약단속
		– 지적재산권보호
		– 민생침해사범단속
		– 국제범죄조직대처방안 수립
		– 부정부패사범단속
		– 부정부패방지법 제정

경
호
실
무
I

- 형사법제의 제정
  - 사면법 제정
  - 행형법 제정
  - 검찰청법 제정
  - 헌병과 국군정보기관의 수사한계에 관한 법률
  - 특정범죄가 중처벌에 관한 법률 제정
  - 특정경제범죄가 중처벌 등에 관한 법률 제정
- 교정활동
  - 수용자 관리
  - 교정 시설
- 경찰행정
  - 경찰관련법
  - 경찰체제
  - 경찰교육
- 생활안전
  - 생활안전관련법령
  - 생활안전활동
  - 중요사고
- 범죄수사
  - 범죄사건
  - 과학수사
  - 범죄수사관련법령
- 경비활동
  - 대테러
  - 경비관련법령
  - 사회 안전
- 정보활동
  - 종합정보체제
  - 사이버경찰활동
- 보안활동
  - 외사경찰
  - 보안관련법령
  - 정보보안
- 교통안전
  - 도로교통법
- 교육과 국제협력
  - 국제협력활동
  - 해경교육

71

출처: 나라기록원(국정분야) http://contents.archives.go.kr/

6) 경호직무능력요구수준

(1) 요구수준

가) 호위경호(요인경호 및 경호작전지휘)

VIP요인에 대한 선발경호, 근접경호, 행사 경호 등의 수행과 경호작전 지휘업무를 수행할 수 있는 고도의 지식과 기술을 갖추어야 한다.

(2) 직무능력의 평가요구 수준

가) 경호작전지휘 능력

최고경호책임자로서 경호대상자의 스케줄(개인, 행사, 사회활동, 이동계획)에 의한 경호행사활동 단계인 경호계획, 준비단계, 경호작전전개, 경호작전 임무완수의 전 단계에 이르러 지휘, 통제, 지시할 수 있는 능력을 평가한다.

☞ **최고경호책임자의 경호작전 지휘활동 절차**
- 경호정보조사계획 및 지시
  - 위해정보확인
    ※ 인적·물적 위해요소, 유형, 수준 확인 지시
  - 유해조사
    ※ 유해 시설, 물질, 인물, 환경 및 지형 확인 지시
- 위해정보분석
  - 종합분석
- 경호계획서 수립을 통한 경호조직의 역할과 임무 부여(교육훈련)
- 경호작전지휘
  - 지휘관제(경호현장 상황별 지휘, 경호작전 실행 통합 지휘·감독)
  - 조직관리 및 운영

나) 경호조직 운영관리능력

최고경호책임자로서 경호대상자의 신체 및 생명, 재산을 보호하기 위해 필요한 경호조직을 구성하고 이를 운영·관리할 수 있는 경영 능력을 평가한다.

☞ **최고경호책임자의 경호조직 운영 및 관리 업무능력**

- 조직구성
  - 경호조직 업무분장 및 총괄 지휘·관리(업무분장의 예)

조직구분	업무구분
경호기획지원팀	• 경호계획수립을 위한 제반 활동 • 경호법률, 사무행정 지원 • 경호장비 관리 • 경호운전, 경호행사 지원
호위경호팀	• 경호대상자에 대한 호위경호업무(선발경호, 근접수행경호) • 행사 경호 및 의전업무
보안안전팀	• 경호정보 수집 및 보안 • 안전점검, 검사, 유지활동(검색탐지 및 선발경호지원) • 시설(사업체, 자택)보안 및 안전관리 업무

- 인적 자원관리업무
  - 인적 자원 선발 및 정원관리(인사관리)
  - 교육훈련(교육기획, 직무향상교육, 전문위탁교육)
- 조직 및 현장 관리감독
  - 근태관리
  - 순회점검
  - 근무일지 확인·점검
  - 근무계획 조정·관리
  - 근무자 복제관리

(3) 경호작전계획수립

경호대상자의 스케줄에 의해 계획된 각종 경호행사[2]와 행사 경호 시 경호행사의 안전

---

[2] 여기서 경호행사란 경호대상자가 주관하게 되는 비즈니스 및 사회활동 등의 안전대책과 경호대상자의 호위경호를 위해 경호조직이 경호업무를 수행하는 것을 말한다. 일반적으로 행사 경호는 행사를 주관하는 측에서 행사의 원활한 진행과 안전을 위해 주요 요인의 경호와 행사의 안전대책 활동 등의 경호를 필요로 하는 것을 말한다.

대책과 요인경호에 필요한 계획을 수립할 수 있는 능력을 평가한다.

☞ **경호대상자(VIP, 요인)의 사회활동을 중심으로 한 경호작전계획의 수립절차**
- 경호대상자 일정
  - 세부일정(행사 및 스케줄)
  - 성격 및 특이사항
- 선발경호계획
  - 신변위해분석(사안별)
  - 안전점검, 안전검사, 안전유지
  - 종합분석
- 기본계획수립
  - 조직 구성(단위, 인적 자원구성, 임무)
  - 이동 간 경호계획(스케줄, 이동수단, 동선요도)
- 세부운영계획수립
  - 인력운영계획(배치 및 근무계획)
  - 주요 상황별 대응 계획
    ※ 단계별 대응(수준, 단계, 조치, 사후관리)
  - 장비운영계획(복장 포함)
  - 행정사항 및 관계기관협조
  - 운영예산계획

(4) 경호기획

　경호를 위해 임무 및 책임을 정하고 경호계획에 따라 수단 및 실시방법 등을 구체화하기 위하여 경호계획을 수립하는 것으로서 성공된 경호작전수행을 위한 예상될 수 있는 모든 가능성에 대한 대안을 준비하기 위하여 경호계획 및 작전계획을 수립하고 문제에 대한 진단과 분석 그리고 평가를 통해 확인함으로써 실수를 0% 방비하는 것으로 경호상 필요한 모든 계획을 완벽하게 수립할 수 있는 고도의 지식과 기술 요구된다.

7) 직무능력의 평가요구 수준

(1) 경호행정계획 능력

경호 작전에 필요한 전술·전략 외 경호조직의 관리·운영에 필요한 지식, 기술, 기능, 장비, 인적 자원, 시설, 법률, 관리, 예산 기초계획수립

- 경호임무분야에 따른 업무 성격 분석·파악
- 임무에 따른 경호조직을 선정하고 지원체계 계획
- 경호조직의 규모와 인적 자원의 기술능력을 파악·분석
- 경호법 및 관련 법률 분석·적용
- 유관기관 선정·협조 체계구축
- 경호현장 상황에 따른 비상계획 및 지원을 위한 조직 선정
- 경호조직 운영을 위한 예산을 산출하고 확보하여 지원
- 경호조직 국제관계 계획 수립
- 경호조직운영규정, 윤리규정, 교육, 자격제도 등의 제·개정

(2) 지휘작전계획 능력

통상 또는 일정기간에 집중적으로 벌이는 경호작전을 실현하기 위하여 필요한 조치나 방법을 강구하고 경호활동의 전체 행동을 통일하고 투입 전·후 인원, 장비, 시설의 모든 사항을 성공적으로 명령하여 움직일 수 있도록 기획

- 통합경호본부 운영계획
- 경호작전 운영계획
- 경호조직의 직무수행을 위한 절차, 규모, 방법 등의 기본계획
- 경호직무수행을 위한 각 조직의 관리, 감독, 지휘계획
- 유관기관의 지원에 따른 지휘계획

(3) 경호정보(수집)계획 능력

경호직무수행에 있어 정보수집의 필요가 있다고 판단되는 정황, 환경에 대하여 수집,

정리하고 그에 관한 지식 또는 보고내용을 구성하여 검색 자료화할 수 있도록 기획

- 정보수집 대상의 지정 및 수집운영계획
- 정보수집(첩보) 인원 및 필요 장비의 지원계획
- 정보 자료화 및 검색화계획
- 수집(첩보)정보 분석 및 관리계획
- 역 감시 시스템운영계획
- 필요 예산계획
- 정보수집을 위한 유관기관 협조 및 행정지원계획

(4) 경호보안(수립)계획 능력

민간, 정부기관의 경호직무분야를 통틀어 사회의 안녕과 질서를 지키고 인적·물적 경호대상의 안전을 유지하기 위한 각급의 제도나 계획을 이룩하도록 하여 필요한 대책을 수립하도록 기획

- 비밀취급인가 및 취소 등 관리계획을 수립한다
- 인원, 시설, 통신, 정보통신, 산업보안 운영계획을 수립
- 보안사항 기초조사계획
- 보안교육계획
- 필요 예산계획
- 유관기관 행정협조 및 지원계획

(5) 인원장비운용계획 능력

경호작전 및 활동에 필요한 인원·장비 등에 대하여 각 요소에 그 기능을 발휘하여 쓸 수 있는 계획을 기획

- 소요인원을 산출
- 소요장비를 산출
- 임무에 따른 조편성계획
- 임무지별 장비운영계획
- 임무에 따른 교육계획

- 경호장비 관리(유지, 보수, 보관, 출납)계획
- 인원장비운용 예산계획

(6) 호위경호계획 능력

요인에 대한 신체·생명·재산을 보호하기 위하여 범죄·테러·사고 등 위험을 예방·방비하기 위한 각급의 경계활동 및 의전에 이르기까지 포괄적으로 기획
- 경호대상의 위해등급에 따른 경호계획
- 경호대상에 따른 경호계획
- 이동경로 및 방법에 따른 사전답사, 배치, 수행계획
- 이동수단에 따른 경호계획
- 시설 및 장소에 따른 경호계획
- 시설, 공간, 장소에 따른 안전검사, 점검, 유지계획
- 경호위해 수준에 따른 경호계획
- 공적, 사적 경호주체에 따른 경호계획
- 경호유관기관 협조에 따른 경호계획
- 수행경호에 필요한 인원, 장비계획
- 경호대상의 활동범위에 맞는 의전계획
- 호위경호계획에 필요한 예산계획
- 호위경호를 위한 유관기관 협조체계
- 기타 행정지원계획

(7) 경호경비(수립)계획 능력

인적·물적 경호경비대상에 혹시 있을 수 있는 만일의 사태에 대비하여 경계하고 지키기 위한 경호경비를 기획
- 부여된 경비업무를 위한 기본계획
- 경비대상을 분석 확인
- 분석결과에 따른 경비형태를 구분하여 설정
- 시설, 장비, 인력, 경비시스템 설치·배치·구축 계획

- 운영, 관리감독, 기타지원 계획
- 경호경비 예산계획
- 경호경비 유관기관 협조체계
- 기타 행정지원체계

(8) 경호조사계획 능력

경호대상에 대한 유해요소(인물, 물체, 시설, 물질, 물품 등)를 확인하고 각종 사건 사고에 대한 법률적 증거수집 및 탐정수행을 통한 경호조사계획을 기획
- 인적 경호대상에 대한 유해요소를 경호조사 계획
- 물적 경호대상에 대한 유해요소를 경호조사 계획
- 유해시설 경호조사 계획
- 유해인물에 대한 경호조사 계획
- 유해물질에 대한 경호조사 계획
- 유해환경 및 지형에 대한 경호조사 계획
- 증거수집 및 조사활동에 필요한 장비운용 계획
- 경호조사 활동에 연계된 유관기관협조 체계
- 경호조사 활동에 필요한 예산 산출

(9) 인질 · 납치 협상계획 능력

테러 및 범죄 유형에 따른 요인납치, 유괴, 인질 등에 따른 경호대상자(피랍자)의 신체 및 생명의 안전을 보장하고 조기 귀환을 위한 협상을 할 수 있도록 기획
- 언론통제 · 대책 계획을 수립
- 협상전문가 선정 및 협상팀 구성
- 인질 · 납치범 및 조직 정보수집 · 조사 계획
- 관계기관과의 협조 및 행정지원 체계
- 협상진행계획
- 인질교환계획
- 인질 구조 · 구출 작전계획

- 필요 예산계획
- 협상종결 사후계획

(10) 경호운전계획 능력

운전 중 테러 및 돌발 상황에서 경호대상의 안전을 확보하여 필요한 조치를 취할 수 있도록 기획
- 차종을 선택
- 경호운전요원 선정
- 이동 경로의 선정 및 안전조사 계획
- 기상변화에 따른 악천후로부터 안전운행 계획
- 취약 지역 및 요소에 대한 안전유지 계획
- 안전수칙 및 사고 시 비상처리 계획
- 교통 통제·유도 및 관계기관 행정협조 계획
- 차량점검·관리·보안 계획
- 필요 예산계획

8) 경호서비스료 산출

(1) 행사 경호1일 서비스료(예)

① 소요예산/인력, 장비 비

구분	항목		내역	금액	비고
1. 인력	경호원인건비	경호1급	1일 300,000×5명×4일	6,000,000	
		경호2급	1일 200,000×11명×4일	8,800,000	
		경호3급	1일 100,000×28명×4일	11,200,000	
		안전요원	1일 60,000×133명×3일	23,940,000	
2. 장비	호신장비	가스총	1일 5,000×7개×3일	105,000	
		충격기	1일 5,000×3개×3일	45,000	
		3단봉/1자봉	1일 2,000×34개×4일	204,000	
	경호차량	수행차량 – 승용차	1일 150,000×1대×4일	600,000	
		인력수송차량(버스)	1일 350,000×2대×3일	2,100,000	
	방벽경비장비	바리게이트	1조 40,000×120조	4,800,000	
		펜스	1조 30,000×170조	5,100,000	
		차단봉	1개 3,000×100개	300,000	
	통신장비	무전기	1대 12,000×60대	720,000	
	기타	차량유도등	1일 1,000×250개×3일	750,000	
		호루라기			
		휴대용랜턴			
		피복(유니폼)	1일 1,000×147벌×3일	441,000	
3. 식대	도시락 (전일세팅인원)	중식, 석식	1식 4,500×일일2식×191명×3일	5,157,000	
		중식, 석식	1식 4,500×일일2식×44명	396,000	
4. 관리비	전일세팅비용	교육/통신/인건비	5%	3,300,800	
5. 기업이윤	1, 2, 3, 4항		10%	7,395,880	
6. 총액	89,853,148원(부가가치세 별도)				

경
호
실
무

Ⅰ

(2) 요인경호의(예)

① 소요예산/인력, 장비 비

구분	항목		내역(평균연봉)	금액	비고
1. 인력	총괄팀장	직급(실장)	연봉 98,400,000	98,400,000	
	호위경호팀	팀장	연봉 39,600,000×4명	158,400,000	
		부팀장	연봉 34,800,000×4명	139,200,000	
		팀원	연봉 27,600,000×12명	331,200,000	
2. 장비	호신장비	가스총	대당 450,000×25대	11,250,000	
		충격기	대당 320,000×25대	8,000,000	
		3단봉/1자봉	개당 80,000 ×30개	2,400,000	
		방탄복	벌당 980,000×25벌	24,500,000	
	경호차량	VIP차량(방탄차량)	대당 650,000,000	650,000,000	
		경호차량(방탄처리)	대당 345,000,000×3대	1,035,000,000	
	통신장비	무전기	대당 580,000×25대	14,500,000	
		차량용	대당 2,580,000×5대	12,900,000	
	검색장비	휴대용 검색기	대당 1,450,000×2대 대당 280,000×5대	4,300,000	
		차량 검색경	대당 440,000 ×2대	880,000	
	탐지장비	도청탐색 개인장비(몰카)	대당 298,000×3대	897,000	
		전문장비(도청)	대당 34,000,000×1대 대당 780,000×3대	36,340,000	
	기타	차량관제GPS 경호대상자GPS 안전가방 차량용 라이프켓	대당 480,000×5대 개당 720,000×2대 개당 440,000×5개 개당 100,000×4개	6,440,000	
3. 운영비	기타운영비		연 58,000,000	58,000,000	
4. 총액	2,592,607,000원				

81

(3) 보안서비스 견적서의 예

① 소요예산/인력, 장비 비

구분			산출내역	월평균 금액(1인 기준)	비고
(A) 직접 노무비	급여 / 수당	1) 기본급여	(시급)×(시간)×(근무日)	–	
		2) 시간외 수당	(150%)×(시간)×(근무日)	–	
		3) 국경/공휴수당	–	–	
		4) 월차유급수당	×8	–	
		5) 자격수당	–	–	경호3급
		6) 위험수당	–	–	
		7) 체력단련비	–	–	
		8) 가족수당	–	–	
		9) 직무수당	–	–	
		10) 직책수당	–	–	
		11) 기타수당 교통보조	–	–	
		11) 기타수당 품위 유지	–	–	
		12) 소계	1)~11)	–	
	보험 / 기타	13) 년차유급수당	–	–	1년 단위
		14) 상 여 금	1)×(400)%×1/12	–	
		15) 퇴직적립금	{12)+13)+14)}×1/12	–	
		16) 국민연금	{12)+13)+14)}×(4.5)%	–	
		17) 건강보험	{12)+13)+14)}×(2.385)%	–	
		18) 고용보험	{12)+13)+14)}×(0.7)%	–	
		19) 산재보험	{12)+13)+14)}×(0.6)%	–	
		20) 소계	13)~19)		
		21) 계	12)+20)		
(B) 간접비		22) 장애인고용부담금	–	–	
		23) 임금채권보장기금	–	–	
		24) 위험부담금	{12)+13)+14)}×(5)%	–	
		25) 교육훈련비	–	–	
		26) 피복비	–	–	
		27) 장비 및 장구류	–	–	
		28) 제세공과금	{21)~27)}×1/100	–	
		29) 복리후생비	{21)~27)}×1/100	–	
		30) 일반관리비	{21)~27)}×(4)%	–	
		31) 소 계	22)~30)		
32) 합계			21)+31)	–	
33) 이익준비금			32)×(10)%		
총계			32)+33)	–	
기타			▶ 부가가치세 별도		

경
호
실
무

Ⅰ

제2장
경호실전

제1절 경호실전

경호실전이란 경호원이 보호 유지해야 할 경호대상에 대한 신체 및 생명보호 유지를 위한 모든 준비과정과 실시과정에서 필요한 요령으로 전문가적인 기술지식을 말하며 실질적 의미에서의 경호실전은 경호대상 인물을 중심으로 인간 방호벽을 구축하는 단계부터 시작된다.

인간 방호벽은 테러 및 위해기도자의 접근을 차단하는 직접적인 효과뿐 아니라 테러 및 위해기도자들이 함부로 테러를 감행하려는 의도를 스스로 포기하도록 유도하는 데 간접적 효과가 큰 것이며, 경호대상에 대해서는 안전하게 보호되고 있다는 심리적 안정감을 줌으로써 일하는 능률을 높이는 데 있다.

1) 경호 위해(危害) 숙지 사항

위해환경은 직접 또는 간접적 영향에 의하여 조성되며 위해기도자에 의한 공격시점이 특정 시와 때를 가리지 않는다는 것이 가장 큰 문제이다. 또한 이미 범죄를 진행했거나 범죄에 착수하려는 자는 매우 극단적이며 범행목적을 위한 수단으로 그 어떤 희생도 무릅쓰고 목적 달성을 위해 맹신하는 경향이 매우 강하다. 때에 따라서는 범행대상 외에 일반인의 희생을 요구하는 경우도 있다. 이렇게 범죄 및 테러를 목적으로 하는 개인 또는 단체는 시와 때와 장소를 가리지 않고 소기의 목적 달성을 위한 냉엄한 자세로 이를 이행하는 것이 특징이라 할 수 있다.

또한 범죄 위협에 있어 개인 또는 단체는 고도로 숙련된 인력과 첨단과학 장비 등을 동원, 공격하는 유형을 보이기 때문에 경호임무에 있어 이에 대처할 수 있는 호신 능력과 이에 상응하는 첨단경호 과학 장비 운용에 관한 것들을 평소 숙달해야 하며 무엇보다도 강한 정신력을 바탕으로 침착, 과감, 기민한 자세로 경호임무를 수행해야 한다.

2) 경호정보 분석

인적·물적 경호대상에 가해지는 위험에 대한 원인, 수준, 테러 및 범죄기도자에 대한 정보수집, 분석, 평가 등을 통한 위해기도 수준, 수단, 시기, 규모 등을 평가하고 경호상 필요한 모든 정보를 제공하여 예상될 수 있는 위험에 대비 또는 제거하여 불필요한 유무형적 위험을 사전에 방지할 수 있는 계획을 수립, 지시, 통제 관리할 수 있는 고도의 지식과 기술을 요한다.

(1) 인적·물적 위해요소 분석

인적·물적 지정 경호대상에 대한 위험이나 사고·재해의 유무를 분석할 수 있다.
- 보호적 인적·물적 위해요소
- 방어적 인적·물적 위해요소
- 공격적 인적·물적 위해요소
- 자연적 위해요소
- 인위적 위해요소
- 환경적 위해요소
- 지형적 위해요소
- 재해적 위해요소
- 폭력적 위해요소
- 비폭력적 위해요소
- 심리적 위해요소

(2) 위해 유형 분석

경호대상에 대한 직간접적 위해의 이유와 방법의 유형을 분석하여 위해기도의 원인과 방법을 판단할 수 있다.

- 사회적 환경에 의한 위해성을 분석
- 정치적 환경에 의한 위해성을 분석
- 경제적 환경에 의한 위해성을 분석
- 법률적 환경에 의한 위해성을 분석
- 문화적 환경에 의한 위해성을 분석
- 이념적 환경에 의한 위해성을 분석
- 조직적 위해성을 분석
- 계획적 위해성을 분석
- 우발적 위해성을 분석
- 직접적 위해성을 분석
- 간접적 위해성을 분석

(3) 위해수준 분석

인적·물적 경호대상에 대한 직접적 또는 간접적 위해 위험이 될 수 있는 위해요소와 위해율에 대한 첩보 및 정보를 분석하여 경호대상에 대한 경호등급을 결정하기 위한 위해수준을 판단할 수 있다.

- 경호대상의 사회적·정치적·경제적 영향력과 가치를 판단
- 경호대상의 국내적·국외적 영향력과 가치를 판단
- 경호대상의 위해율에 따른 경호등급을 분석 판단
- 위해요소 및 위해율의 표준치를 비교 판단
- 테러(용의자)범 및 테러(범죄)조직의 경력, 성향, 테러방법, 테러목적 등을 확인
- 테러(용의자)범 및 테러(범죄)조직의 위해위험 등급 판단
- 위해 가해 준비단계를 확인
- 위해 가해 실행단계를 확인
- 재위해 가해 가능성을 확인
- 폭력적 수치 및 등급 분석 확인
- 법률적 위반행위 및 수준 분석
- 범죄성 인정 여부의 정도 분석

- 위해 위협의 지속성 정도 분석
- 신체 및 생명 위협에 따른 위험률

(4) 요인경호 위해분석(예)

가) 위해 분석

⇨ **직접적(위해·유해)**

- 정치적 영향력(정치·경제·사회·이념·종교적인 영향력이 테러 및 범죄의 원인이 됨)
- 비즈니스 관계에서의 적대적·배타적 신체 위협 위해위험
- 가족관계(상속, 재산분쟁 등)
- 납치범죄(경제적 이익을 취하기 위한 자 또는 단체의 납치표적)
- 법률분쟁(민형사)
- 각종 이권
- 재산상 위해(산업스파이, 공갈협박행위 등)
- 기타(치정관계, 개인신변사항)

⇨ **간접적(잠재적 위험)**

- 테러 관련 사고(인적 대상 사건, 미상물체발견, 전화폭파협박, 생화학물질테러 등)
- 안전 관련 사고(화재사고, 정전사고, 가스누출사고 등)
- 자택 및 가족대상 범죄(강도, 납치, 협박 등)

〈위해분석 예〉

위해요소	위해요인	위해 유형(예상)	위해등급
환경적 위해요소	• 외환위기 이후 기업인에 대한 위화감 조성 • 현직 경제단체장에 대한 공공연한 테러위협 • 테러위험이 고조된 이후 테러시도 사례발생(2회)	• 납치테러 • 살해위해기도 • 차량피습	A등급
내부적 위해요소	• 긴축경영 방침에 따라 사내 해고노동자가 늘어남 • 해고노동자의 극심한 반발 • 노조－무조건 해고철회 총파업 결의	• 감금사태 • 신변위협 • 자택습격	B등급
외부적 위해요소	• 사내노조 민주노총과 연대(강성노조양상) • 회사주관행사 및 참석예정 행사일정 외부노출 • 행사일정 노출에 의해 테러위험 상승	• 일정노출에 의한 테러기도	A등급상향 ↑ 행사일정노출

인적 위해요소	• ○○○계열사 부도 후 무조건 배상요구 • 회사, 자택, 행사장 출현 오물투척 시도	• 명예회손 • 품위손상	C등급
가족 위해요소	• 부모, 부인, 자녀 무분별 전화협박 발생 • 자녀 납치위협	• 납치범죄 • 공갈협박 • 자택침입	A등급
통상적 위해요소	• 범죄위험	• 강도, 절도	C등급

나) 종합 분석

경호대상자에 대한 신체·생명 또는 심리적 위해요소와 재산상 손실의 위해요소가 되는 각종 요인을 도출하여 현재의 위해수준에 따른 위해등급을 분석하여 종합적으로 평가한다.

〈종합분석 대책〉

위해등급	위해위협 유형	안전대책 및 조치
A등급	• 테러: 납치테러, 살해, 고속강습(차량) • 가족대상 테러위험 고조 • 일정노출에 의해 테러위험 고조	• 경호조직개편(조직확대, 인력충원) • 경호대상자 및 가족 경호계획 수립 • 경찰협조, 공조경호, 경비협조(회사·자택)
B등급	• 사내감금, 출입통제, 업무방해 등 • 노조연대에 따라 강성노조활동 • 자택 및 행사장 기습시위 정보입수	• 사내보안팀 인력충원 • 전문회사에 경호 인력 확충(회사·자택) • 경찰협조
C등급	• 테러 및 범죄 위험 예방 • 안전사고, 재해 예방 • 위해용의자 신상 확보(타협조정절충)	• 위해기도자 차단(전담 감시조 운영) • 회사 및 자택 통상 경호경비체계 구축

3) 경호종류 및 분류

요즘 우리생활은 사회구조 변화에 따라 직업선택의 다양화를 갖고 있으며, 치열한 환경 속에서 숨 돌릴 수 없는 내외적 경제사회의 급속한 변화에 발맞추어 살아가고 있다. 그리고 우리사회는 많은 인간관계와 더불어 이로 인한 상대적·정신적 스트레스 및 뜻하지 않은 예측할 수 없는 각종 돌발 사태로 신변의 위협이나 긴장·불안·초조와 같은 위기 위급을 느끼는 시간이 날로 늘어나고 있으며, 그 계층 또한 다양하게 번져 가고 있다.

(1) 경호 종류

직업분류상 개인 경호	각종 행사 경호	기타 경호 유형
· 정치인 경호 · 경제인 경호 · 연예인 경호 · 사회 지도층 인사 경호 　(사회단체장, 종교지도자 등) · 개인 일반경호 · 주부, 미혼여성, 학생 등 · 기타	· 국제회의 행사 경호 　(정치 · 경제) · 문화 · 체육 행사 경호 · 선거 유세장 행사 경호 · 연예 이벤트 행사 경호 · 종교행사 경호 · 각종 개인 · 단체행사 경호	· 긴급동행 경호 · 관광가이드 경호 · 통역가이드 경호 · 패밀리 경호

(2) 대상 분류

구분	대상
1급	· 정치인: 국회의원 및 광역시, 지방자치단체장 이상 · 경제인: 대기업 대표자 · 연예인: 가수, 영화배우, 탤런트, 모델 등(유명 연예인) · 사회 단체장: 종교지도자(불교, 천주교, 기독교, 신흥종교 등)
2급	· 정치인: 시, 군, 구 지방자치단체장 이상 · 경제인: 대기업 경영진(이사) 및 중소기업 대표 · 유명 정치 · 경제 · 사회지도층 인사의 가족
3급	· 정치인: 시, 군, 구 지방자치단체의원 이상 · 경제인: 대기업 간부 및 중소기업 경영자 이하 · 사회 일반인 및 직장 여성 등

(3) 상황 위해도 분류

구분	위해도
1급	· 원한 관계가 성립된 위급 상황 · 위협이 현저히 가해지고 있는 상황(폭력조직원에 의한 공갈 · 협박 등) · 국내외적 사회영향에 큰 중요행사
2급	· 원한 관계가 형성된 상황 · 정치 · 경제 · 사회에 경쟁관계가 가속화되는 상황
3급	· 원한 관계에 있는 주변 가족상황 · 정치 · 경제 · 사회에 경쟁관계가 가속화되는 상황에서 주변 가족상황 · 기타

4) 직종별 경호 구분

경호임무는 경호 대상자의 사생활을 보고 · 듣고 · 말하지 않는 삼대 불문율로 의뢰자
와 경호대상에 대한 프라이버시를 완벽하게 지키며 과묵하고 성실하게 경호대상자의 민

음직한 비밀 경호원이 되어야 한다. 특히 사회 유명 정치인, 경제인, 연예인, 종교지도자 등에 대한 경호활동은 직업적 특성을 고려하여 보다 더 신중을 기하여야만 한다.

(1) 정치인 경호

정치인은 국가정책 사업을 수행하는 정부 중요 요인으로 일정이 매우 바쁘다. 따라서 인물의 안전이 크게 요구된다. 또한 그 일정이 각종 정부부처회의 참석, 업무 결재, 시찰, 일반행사 참석 등으로 매일 바쁜 일과를 보내게 된다. 따라서 이 같은 일정에 차질이 없도록 수행 경호를 해야 하며 필요에 따라 비서 또는 보좌관 기능을 수행할 수 있도록 업무를 파악해야 한다.

(2) 경제인 경호

경제인은 기업의 대표자 또는 임원진을 말한다. 이들은 자본주의 경제를 이끌어 가는 경제인들이다. 경제가 살아야 사회가 안정되고 국가체제도 유지되기 때문이다. 과거에는 사상·이념·종교·인종·갈등과 같은 이유로 전쟁과 끝없는 테러 등이 반복되어 왔다. 그러나 냉전시대가 종료되면서 세계는 무역 전쟁이라는 새로운 경제전쟁에 돌입하여 어느 때보다 경제인들의 역할이 중요시되고 있다. 기업의 대표자 또는 경영진들의 해외 출장도 빈번해지면서 이들의 안전과 편의제공을 통한 업무 효율을 높이는 경호원들의 역할이 점진적으로 확대 요구된다. 따라서 경제인 경호 시에는 그 나라의 풍습과 지리·언어를 가능한 한 익혀 두어 보다 품위 있게 보좌하여 신변보호를 보다 더 돋보이게 경호임무를 수행해야 한다. 또한 비서나 보좌관이 필요한 상황에서 사무 보조할 수 있는 자질을 겸비해 두도록 해야 한다.

(3) 연예인 경호

유명 연예인은 각종 행사와 TV출연 일정 등으로 바쁘기 때문에 경호임무를 수행하는 데 많은 어려움이 뒤따르게 되어 있다. 연예인이라는 특정한 직업이기 때문에 많은 청중 앞에 설 기회가 많으며 열광적인 팬들의 기습적인 접근이 수없이 손쉽게 일어나기 때문이다. 또한 연예인은 연예인의 특유하고 세련된 스타일로 인해 의상과 외모를 신변경호

이상으로 신경 써야 한다. 그리고 연예인의 활동을 지원할 수 있는 매니저 경호역할도 할 수 있도록 방송섭외 방법 및 스케줄정리 요령 등을 익혀 두어야 한다.

(4) 종교지도자 경호

종교지도자는 신앙생활의 선구자이며 신앙인들의 정신적 지도자로 신앙 이념을 가르치고 이끄는 사람을 뜻한다. 과거 종교는 국가체제유지 수단이기도 했으며 중동지역에서는 아직도 이슬람 종교 사회국가 건설을 목적으로 하는 과격 단체들이 활동하고 있다. 현재에는 종교 이념이 분화되면서 많은 신흥종교가 탄생됐다. 종교 이념 갈등에서 오는 여러 유형의 문제들로 인하여 종교지도자에 대한 테러 위협이 계속 증가되고 있다. 대표적으로 천주교 교황인 교황바오로 2세는 여러 차례 테러상황에서 모면해 왔다.

(5) 가이드 경호

가이드 경호는 안내경호라는 뜻으로 그 나라의 풍습, 지리, 언어 등을 익혀 두어 경호대상의 편의를 돕기 위하여 관광가이드 역할과 통역 역할을 통해 의뢰자의 서비스 만족을 충족시키는 경호를 뜻한다. 외국인 내국 관광객 또는 내국인 해외관광 그리고 비즈니스 관계, 비즈니스 내한 외국인, 해외로 출장 가는 내국인 등에 대한 가이드 경호를 들 수 있다.

(6) 패밀리 경호

패밀리 경호는 가족의 모든 사람과 재산을 보호하는 것으로 인위적 재난, 자연적 재난으로부터 안전을 책임지는 경호를 말한다. 가족 경호는 인위적 위험에 대비하여 가족 중 어떤 사람이 외출(쇼핑, 학교 등교, 모임 참석) 시에 동행 경호를 해야 하며 외출이 없을 때에는 경호, 경비, 순찰 활동을 해야 한다. 또한 자연적 위험에 대비하여 비상식량, 연료, 통신수단 등을 강구하여 유사시를 위해 준비하는 업무를 포함할 수 있다.

(7) 긴급동행 경호

긴급동행 경호는 상황 파악 및 위해도에 대한 사전 정보가 부족한 상태에서 임무 수행을 해야 하기 때문에 경호원의 명석한 판단과 신속한 상황 대처 능력을 통해 안전을 보장할 수밖에 없는 경호다. 따라서 긴급동행 경호는 경호원의 침착, 신속, 과감한 경호기술과 풍부한 경험이 크게 요구된다.

(8) 행사 경호

행사 경호에는 행사진행에 따른 경호 대책이 있어야 하며 행사규모에 따라 많은 경호 인원과 장비가 소요된다. 또한 행사 분위기를 멋있게 조정하며 언제 어느 때 야기될지 모르는 위험 사태에 예방적 효과와 더불어 행사의 격을 높이도록 힘써야 한다.

5) 경호의 5대 원칙

경호대상 인물의 안전을 위한 목적을 보다 효과적으로 달성하기 위해서는 다음과 같은 원칙하에서 실시하는 것이 좋다.

(1) 자기희생의 원칙

경호를 이루는 환경은 자연적 · 인위적 위험이 경호원 자신의 생명을 위협하기도 한다. 이러한 위험에서 경호대상의 안전을 위하여 어떠한 자기희생의 대가를 치르더라도 보호가 유지되어야 하며, 경호대상 인물을 위한 육탄 방어정신을 가져야 한다.

(2) 자기 담당구역 책임의 원칙

최초 경호계획에 따라 지시받은 각개 임무별 지침에 의하여 자신이 담당하는 책임구역을 어떠한 상황하에서도 책임구역 내에서 발생하는 사건에 대해서는 그 담당 책임자가 해결해야 한다는 원칙을 말한다. 즉 자신의 책임구역이 아닌 다른 지역에서 발생되는 문제에 대하여 책임질 수도 없고, 인근 다른 경호조에서 도움을 청한다 해서 자기의 책임구역을 이탈해서는 안 된다는 원칙을 말한다.

(3) 하나의 통제된 지점을 통한 접근의 원칙

통제된 지점을 통한 접근의 원칙은 경호대상과 일반인을 분리, 출입통제를 통하여 경호대상에 불순분자의 접근을 제한하는 원칙을 말한다. 여러 개의 통로와 출입문은 용의자의 접근이 용이하므로 분리 통제하며 경호상 꼭 필요한 통로를 개방하여 출입통제 효율을 높이고 경호대상에 접근하는 모든 사람은 반드시 경호원들에 의하여 인지되고 허가되는 과정으로 접근이 이루어지도록 해야 한다는 원칙을 말한다.

(4) 보안 유지의 원칙

귀빈과 수행원, 행사, 세부일정 그리고 적용되고 있는 경호경비 상황에 관한 정보의 유출은 엄격히 통제되어야 한다는 원칙을 말한다. 경호요원은 이러한 정보를 인가된 자 이외의 사람에게 유출하거나 언급해서는 안 된다. 인쇄 및 출판 업무를 대행하는 것에 관해서도 특별한 주의가 이루어져야 한다. 인가된 자 이외의 사람에게 정보가 유출되는 것은 완전무결해야 하는 경호임무에 불리한 영향을 미칠 수 있다.

경호의 모든 업무는 보안과 잠시도 단절되어서는 안 되는 매우 중요한 연관성을 갖고 있으며 성공적인 임무수행을 위해 보안에 충실해야 한다. 기밀 누설 시는 테러범에게 음모의 준비시간을 주게 되므로 위험을 초래케 된다.

① 보안 유지 시 유의사항
    ㉠ 행사 목적, 일정, 코스 등을 극비로 하고 동정 계획 등의 누설방지
    ㉡ 도로정비 등의 기타 조사과정에서 행사 누설방지
    ㉢ 행사보고 및 협조과정에서 보안 유지
    ㉣ 비표관리를 철저히 하고 가능하면 단일 비표로 통일
    ㉤ 통신규정 준수
    ㉥ 행사의 동원인원에 대한 통제로 철저히 이행
    ㉦ 경호경비 요원의 노출 시는 타 임무 및 행사로 위장
② 보안 조치
    ㉠ 계획작성 단계로부터 통신 및 인원에 대한 보안조치가 이루어져야 하며 특히, 귀빈행차의 시간계획에 대한 보안 유지를 철저히 해야 한다.
    ㉡ 계획작성에 필요한 협조 및 지시를 위한 유·무선 통신은 반드시 음어화한다.
    ㉢ 경호에 관한 모든 계획은 비문으로 분류하여 관리한다.

ㄹ 경호경비 및 행사에 관한 일체의 기밀 누설을 방지한다(아치 설치, 식장 준비, 환경정리 등).

　　　ㅁ 행사 일정표의 등사 및 복사를 엄금하고 반드시 타자 혹은 필기로 작성한다. 또한 경호 계획서 작성 중 폐지된 휴지는 반드시 소각을 원칙으로 한다.

　③ 경호 보안의 3요소

　　　ㄱ 귀빈 또는 대상인물이 누구인지 몰라야 한다.

　　　ㄴ 행사 경호 일정을 몰라야 한다.

　　　ㄷ 행사코스 및 체류지를 몰라야 한다.

(5) 위험 요소로부터 안전 유지의 원칙

경호대상자를 암살 또는 범행을 가할 가능성이 있는 개인 또는 단체들로부터 떼어 놓는 원칙이며 다음 사항을 고려해야 한다.

첫째, 코스는 비공개되어야 한다.

둘째, 행사예정 장소는 일반 대중에게 비공개한다.

셋째, 대중에게 노출된 도보 행차는 가능한 한 제한한다.

6) 경호의 성공 요소

(1) 주도면밀한 계획과 실시

경호계획에 필요한 사전 첩보·정보수집활동을 실시하여 기본계획을 완성하고 경호대상 인물의 활동·일정 등을 토대로 제반 사항을 파악한 후 필요한 관계기관과 부서에 협조를 협의한다.

또한 세부계획에 따른 필요 인원과 장비·소요 예산 비용을 판단하고 실천 가능한 경호계획을 완성한 후 경호원에 대한 각개 임무를 부여하여 교육을 실시한다. 그리고 가능한 예행연습을 통하여 경호 문제점을 보완하고 단계적으로 모든 세부사항을 준비하고 실시함으로써 최고의 예방경호가 가능하다.

(2) 보안 유지

경호에 있어 100%의 안전 경호는 경호계획 수립 단계부터 인원·장비에 대한 작전계획에 대하여 보안 조치가 철저히 이루어져야 하며 특히 경호대상의 행차계획에 대한 보안 유지가 철저히 이루어짐으로써 예방경호가 가능하다.

(3) 지휘체제 단일화

경호대상 인물의 사회 역량이 적거나 위해도가 적을 경우에는 자체 지휘 계통에 의해 실시해도 가능하겠으나 대상 인물이 사회 지도층 인사로 사회 역량이 크거나 위해도가 높고 또는 행사 규모가 커 광범위한 지역 또는 대규모의 경호로 민관이 합동 경호를 실시해야 할 경우에는 경호대상을 중심으로 각 조장 그리고 각개 경호원에 이르기까지 단일 지휘체제로 단일화해야 한다.

(4) 집중적 경호망 구성

예상되는 위험 요소 및 상황에 대비하기 위하여 경호대상을 중심으로 해서 그 위해도에 따라 중첩 경호망을 구성함은 물론 경호대상 인물에 접근 가능한 모든 통로를 통제하고 접근자는 경호원이 인지하고 확인하여 허가되는 과정으로 계획, 실시하도록 해야 한다.

(5) 유능한 경호원 선발

경호계획이 아무리 완벽하게 계획되었다고 해도 이를 각개 임무로 실천하는 경호원들의 직업의식이 결여되어 있다거나 장비운용기술 미숙과 사건발생 상황에서 명철한 판단력의 부족으로 인하여 경호를 실패할 가능성이 높다.

따라서 경호원 자격 부족으로 인한 실패 가능성에 대한 대책은 최초 경호요원 선발 시 직업의식이 투철하고 희생정신이 강하며 경호기술 능력이 탁월한 사람으로 선발하고 가능한 한 경험이 풍부한 경호원을 선출한다. 또한 기능에 따라 적재적소에 적격 경호원을 배치함으로써 경호 활동에 능률을 높일 수 있도록 해야 한다.

7) 경호 실행 형태

(1) 노출 경호

복장을 단정히 하고 경호대상의 중심에서 공개적으로 경호하고 귀빈이나 일반 군중 또는 관객들이 볼 때 경호대상의 신변을 보호하기 위한 경호원임을 쉽게 알아볼 수 있도록 실시하는 것으로 예상될 수 있는 범행 기도, 불순분자의 접근에 위엄을 과시할 수 있는 경호 방법이다.

노출된 경호의 예로 명찰 또는 비표 등을 달고 출입을 관리 통제하는 경호경비 등을 들 수 있다. 이는 신분이 노출된다는 단점이 있긴 하지만 질서 유지 및 출입 관리에는 효과적이다. 따라서 행사 경호에 채택하여 운용하면 좋다.

(2) 비노출 경호

범행 기도, 불순분자 또는 일반 군중들이 경호원임을 인식지 못하도록 자유 복장으로 실시하는 경호 형태로 때와 장소·행사의 성격 등을 고려하여 비밀리에 경호하는 방법을 말한다. 그 예로 행사의 성격에 따라 경호원이 노출됨으로써 행사 분위기를 다소 긴장시키거나 경직시킬 수 있는 경우가 있다.

(3) 혼합 경호

행사의 성격 규모 또는 상황에 따라 위엄을 과시할 필요가 있는 경우와 비밀리에 실시할 경우를 구분, 노출과 비노출 경호를 각각 필요한 부분에 혼용하며 실시하는 경호 형태를 말한다.

☞ **3대 에스코트 원칙**
① 육상 에스코트: LAND ESCORT
② 공중 에스코트: AIRCRAFT ESCORT
③ 해상 에스코트: OVERSEAS ESCORT

※ 국가 주요 인물 또는 이에 준하는 외국인사에 대한 공경호에 많이 운용된다.

8) 3선 경호 개념

　3선 경호는 경호작전지역이 크고 경호대상의 인물 정도가 매우 중요할 때 실시하는 경호작전 개념으로 대통령경호 또는 이에 준하는 외국의 내빈을 대상으로 하는 공경호 개념이다. 그러나 사경호로도 응용하여 운영하기에 좋은 개념이다. 경호환경에서 경호조의 각 조 활동을 명확히 하여 실시함으로 세밀한 작전을 이룰 수 있으며, 인원 및 시간을 효과적으로 단축시킬 수 있다.

　경호대상 인물을 중심으로 1선, 2선, 3선으로 중첩경호를 실시함으로 경호대상자에 대한 접근을 방지할 수 있으며 사태발생 시 대응이 용이하고 경호책임지역 및 구분을 분명히 구분하여 줌으로써 지휘, 통제는 물론 제대별 또는 개인에게 효과적인 경호가 될 수 있을 뿐만 아니라 책임의식을 고취시킴으로 임무에 완벽을 기할 수 있다. 책임지역을 구분 시에는 인원·장비지역의 특징을 고려하여 명확한 지역 및 선 개념으로 구분하여야 한다.

　① 제1선(수행 경호)
　　　㉠ 권총 유효 사정거리 및 폭발물 투척거리를 고려, 50m 반경을 맡음
　　　㉡ 사주경계 및 경호대상자를 중심으로 인간 방호벽 구축
　　　㉢ 인가자 외 출입통제
　② 제2선(근접 경호)
　　　㉠ 경호대상 인물로부터 50m 외곽 경계 및 개인화기 유효 사정거리 고려, 1,000m 반경을 맡음
　　　㉡ 사주경계 및 불심 검문검색과 경호대상자에게 접근 가능한 통로통제
　　　㉢ 통로통제 시 방호벽 설치
　　　㉣ 중요지점 경호요원 배치 원칙
　③ 제3선(외곽 경호)
　　　㉠ 1,000m 반경 이상으로 개인화기 이상 유도탄 등에 의한 공격을 맡음
　　　㉡ 행사에 영향을 주는 요소 제거
　　　㉢ 외곽 경계 및 연도 경호경비

9) 주변 환경에 따른 경호구분

(1) 시설 건물 등에서 경호

시설과 건물이 밀집된 곳에서 경호하기란 매우 어려운 점이 많다. 시야 반경이 좁아 근거리로 접근하는 용의자(범인)를 경계하기 어렵고 또한 원거리 경계가 어렵기 때문에 많은 필요 인력이 요구된다. 시설, 건물 등에서 경호임무를 수행할 때에는 접근로를 차단하고 유사시 이와 같은 시설을 은폐·엄폐용으로 이용하여 경호대상에 대한 신변 위협으로부터 보호할 수 있도록 한다.

① 사무공간경호

　　㉠ 경호대상의 소재 또는 활동을 공개하지 않는다.

　　㉡ 우편물 기타 배달물품은 반드시 위험 여부에 대해 점검 후 전달한다.

　　㉢ 경호대상의 외부인 접근을 엄격히 제한한다.

　　㉣ 경호대상의 외부노출은 최단시간을 지향한다.

　　㉤ 경호대상에 대한 인물정보 제공 시에는 최근의 사진을 피하고 오래되고 낡은 사진을 제공한다.

　　㉥ 경호대상이 사무공간에 혼자 있도록 허용해서는 안 된다.

　　㉦ 직무 중 외부에 노출되지 않도록 커튼이나 차단막 등을 이용해 가린다.

　　㉧ 도·감청에 노출되지 않도록 정기적인 탐색과 방청 장비를 작동시킨다.

② 주택공간경호

　　㉠ 우선 사무공간경호와 같이 원칙에 준해 주택공간에 대한 경호를 실시하도록 한다.

　　㉡ 주택경호는 경호대상의 가족까지 고려한 경호기획하에 이루어지도록 해야 한다.

ⓒ 주택선택은 도·감청·위험 등을 고려해 새 주택사용을 원칙으로 한다.

ⓔ 이전 사용자 또는 방문자가 있었던 집은 내구조 및 보안시설에 대한 보안이 노출되어 취약할 수 있다.

ⓜ 가능한 한 공공주택보다는 외부인의 접근을 원칙적으로 차단 가능하도록 독립된 주택을 선택하도록 한다.

ⓗ 각종 보안장치 등을 설치하여 외부인의 접근을 차단하고 보안이 유지되도록 한다.

ⓢ 외부의 물리적 공격에 대비한 방벽 울타리 등을 설계, 시공하도록 한다.

ⓞ 자가발전 시설과 공기정화 시설 등을 설계, 시공한다.

ⓩ 방호차단이 무너질 것에 대비한 기밀식 출입구 안전 미니 방호가옥을 설계, 시공한다.

ⓒ 주택을 관측하기 좋은 근거리 지형에 노출되지 않도록 설계, 시공한다.

ⓚ 비상시 모든 안전장치는 중앙통제시스템으로 작동되도록 하고 경호대상에 대한 지문 생체 및 음성인식으로만 작동하도록 한다.

③ 숙소경계

ⓖ 주택에 방문하려는 시설수리공, 전자제품 AS사원 집배 및 택배원, 공무상 내방자, 가족의 친인척 친구 등은 모두 신원확인 절차를 밟도록 한다.

ⓛ 출입문을 열 때에는 반드시 금속탐지문형 전용 출입문을 이용하도록 한다.

ⓒ 외부인의 출입허용은 사전에 초청되거나 경호대상이 허락한 대상을 제외하고는 일몰 후에는 출입을 원칙적으로 제한한다.

ⓔ 집 안 근무자 채용 시에는 사전에 신원조사를 해야 한다.

ⓜ 의심되는 인적 대상에 대해서는 경호대상에게 보고해야 하며, 의심점에 대한 특이행동의 상세 내용을 전달해야 한다.

ⓗ 가옥 열쇠와 보안장치는 철저하게 관리해야 한다.

ⓢ 가구 전자제품 기타 진열품의 변동에 대해 안전 여부를 철저하게 검사해야 한다.

ⓞ 경호대상과 경호원과 비상연락망을 위한 비상호출시스템을 구축해야 한다.

(2) 장소 이동 시 경호

도보 및 차량 이동 시 경호는 매우 취약하다. 장소 이동구간의 지형 및 지대 등 상황이 경호상 불리할 수 있으며 용의자에게 이러한 점은 반대로 유리하기 때문에 공격기회를 쉽게 가질 수 있다.

따라서 테러목적을 갖고 있는 자는 경호대상이 다음 이동장소를 미리 알아 공격기회를 만들어 보다 효과적인 테러방법을 선택할 수 있기 때문에 경호원은 공격자보다 매우 불리하다. 예를 들어 경호대상자가 확연히 신체 전부가 노출된 상태에서 테러범이 현대화된 저격용 총을 이용하여 저격을 가할 수도 있으며 또한 다리나 절벽 등에 폭파물을 설치하여 직접 폭파, 살상 및 장애물을 만들어 경호대상을 납치할 수 있다. 그러므로 먼저 경호 선발조를 편성하여 저격을 가할 수 있는 지리적 입지를 확인하고 기타 취약지역에 대하여 예방해야 한다. 또한 출발 전 꼭 차량 안전점검을 통하여 차량 고장으로 경호업무에 차질이 없도록 한다.

① 도보 및 차량이동 착안사항

　　㉠ 동선이 비노출되도록 한다.
　　㉡ 경호대상 신분이 노출되지 않도록 한다.
　　㉢ 승차위치가 노출되지 않도록 한다.
　　㉣ 출발 및 도착시간 예상동선 등을 불규칙하게 운영한다.
　　㉤ 이동 시 경호대상이 혼자 이동하지 않도록 한다.
　　㉥ 이동 시 경호대상에 대한 방벽기능을 최대한 확보하도록 한다.
　　㉦ 이동 시 대체수단을 강구한다.
　　㉧ 이동 시 어떠한 경우에도 멈추지 않도록 한다.
　　㉨ 위험 인지 시 안전지대로 긴급 조치하도록 한다.
　　㉩ 비상통신망 유지와 비상사태 발생 시 경호 지원되도록 조치한다.
　　㉪ 경호대상 부상 시 긴급구조를 위한 응급조치와 신속한 후송과 수술을 집도할 수 있는 근접병원을 확보하도록 한다.

101

(3) 공공장소에서의 경호

공공장소에서의 경호는 많은 사람들이 밀집되어 있어 그 어떤 장소보다 많은 어려움을 안고 있으며 돌발적인 사태가 일어날 경우 인명 손실이 클 수밖에 없다. 또한 공공장소에서 돌발적인 사태가 일어날 경우 용의자들이 혼란한 틈을 이용하여 도주할 수 있기 때문에 경호원들은 범인 색출에 예리한 판단을 가져야 한다. 그리고 범인이 도주 실패 시 인질극이 예상되기 때문에 이를 주의하며 아무리 위급한 상황이라 하더라도 경호대상을 보호하는 데 최선을 다해야 한다.

① 주의 경계의 특징

    ㉠ 신원 미확인 군중 속에서는 위해기도자에 대한 사전 차단이 어렵다.

    ㉡ 경호대상과 군중의 신체접촉은 가능한 한 제한한다.

    ㉢ 원거리 노출이 되지 않도록 동선을 고려한다.

    ㉣ 경호대상의 참가를 방문지 직전까지 보안한다.

    ㉤ 동선은 가능한 한 유자형을 피한다.

    ㉥ 동선을 따라 사전 대형을 갖추어 이상 유무를 점검하고 위해기도자를 식별하여 사전에 접근을 차단한다.

    ㉦ 비노출경호원을 군중으로 신분을 위장하여 최근접 엄호를 한다.

    ㉧ 각종 비상상황에 대비한 시나리오에 의하여 조치한다.

(4) 집단사태의 경호

   집단사태라 함은 '다중이 집합하여 폭행, 협박, 손괴 행위를 하는 사태'를 말하는데 이런 집단사태에 대한 경호대책은 시설이나 기관 내부자들에 의해 발생하는 경우와 외부 침입자들에 의해 발생하는 경우 등으로 나누어 그 대책을 마련해야 한다.

   이 같은 집단상황은 단순 행동에 그치지 않고 시설물의 파괴나 방화, 인질, 감금, 폭행 등으로 상황이 확대될 수 있기 때문에 사건 초기에 진압해야 하며 초기 진압이 불가능한 경우 피해를 줄이기 위한 조치로 출입구 봉쇄, 교통 차단을 하며 긴급히 관계기관 등에 연락하여 집단사태를 진압하도록 적극적으로 노력해야 한다.

① 착안사항

    ㉠ 경호대상에 대한 위해기도자의 접근 및 포위되기 전 벗어나도록 한다.

    ㉡ 경호대상에 대한 동선이 차단되어 포위된 경우 과감하게 최단시간에 가용 · 가능한 수단을 동원하여 긴급 이탈하도록 해야 한다.

ⓒ 완전하게 차단된 경우 긴급구조가 이루어질 때까지 인벽을 구축해 경호대상을 엄호한다.

(5) 재해 경호

재해경호란 천재지변인 폭풍우, 지진 또는 화재, 해일, 수재 등에 의하여 일어나는 비상재해에 대처하여 경호대상의 생명, 신체, 재산을 보호하기 위한 경호를 말한다. 재해는 자연적이거나 인위적인 것을 막론하고 불시에 일어나는 재난이기 때문에 항상 주의해야 한다. 때문에 경호원은 그날의 일기를 항상 알고 보다 합리적인 조치로 피해의 극소화에 힘써야 한다. 예를 들어 일반 가정(패밀리 경호)을 경호 시 폭풍, 태풍 대책의 첫째는 가능한 한 물이 스며들지 않는 견고한 콘크리트 구조물로 된 안전한 장소로 피신하도록 돕는다. 피난용 제반시설을 유사시에 유효하게 활용하도록 평소에 준비한다.

① 착안사항

ⓖ 긴급구호장비 확보
ⓛ 비상식량 및 비상연료 확보

103

(6) 비공식 경호

경호대상은 공식활동 중에도 경우에 따라 비공식활동을 하는 때가 있다. 사무공간, 출장지 주택공간 등에서 개인적 사교나 오락, 운동, 쇼핑 등을 즐길 수도 있다.
경호대상에 대한 일반인들의 시선이 주목되지 않도록 비노출경호를 원칙으로 한다.
ⓖ 경호대상과 일행처럼 행동하는 경호원을 최소화한다.
ⓛ 쇼핑, 운동 등은 함께하는 것처럼 행동한다.
ⓒ 사교 등지에서는 주변사람들이 의식하지 않도록 주의한다.
ⓔ 대중교통을 이용할 때는 노선을 확인하고 승하차 시 주의한다.
ⓜ 택시를 타는 경우에는 운전자의 얼굴이 면허번호 사진과 일치하는지를 확인한다.
ⓗ 비행기를 이용할 때는 비행직전 마지막 순간까지 기다렸다가 예약한다.
ⓢ 비행기 예약 시에는 가능한 한 가명을 이용하도록 한다.
ⓞ 경호대상의 직함이나 직위 등이 제한되어야 한다.

ⓩ 경호대상의 비서진 또는 가족에게는 가능한 한 직후 상황을 전달한다.

10) 대상별 경호대책

(1) 저명인사

사회적 공인, 귀빈이나 정치인, 경제인과 같은 신분을 갖고 사회적 역량을 보이는 인물들은 상대적으로 많은 사람들과 어울리는 환경에서 그와 반대되는 정치 · 경제 · 환경 또는 경쟁 관계로 인한 여러 유형의 문제 쟁점이 발생되면서 이를 해결하려는 방법이 신변위협 수단으로 나타날 확률이 높다.

또한 이 같은 위험은 광범위한 환경에서 예기치 않은 위험으로 발생한다. 그 이유는 범죄 이후 파생되는 문제를 최소화하려는 의도에서 비공개적이면서 우연 사고로 위장하게 된다. 따라서 일반범죄 스타일과는 다른 수단의 공격위험이 가해질 수 있다. 이러한 범죄는 완벽한 범죄를 위하여 조직적 범죄 계획을 수립하여 잘 훈련된 전문 테러리스트를 운용할 가능성과 과학화된 첨단장비를 동원한 범죄를 실행할 수 있다. 따라서 이에 대한 경호대책이 크게 요구된다.

☞ 대책
· 정부 관계기관과(경찰) 협조
· 정보, 인원, 장비 확보 등
· 사전정보 첩보활동 확대 유지
· 장비 선택에 최고 성능 및 첨단과학 장비 동원계획
· 평소 잘 훈련된 전문 경호원 운영
· 수행 경호 기본 원칙

---

(2) 주부 및 직장 여성

범죄 대상이 되는 가장 큰 이유는 여성은 신체적인 나약함과 선천적으로 정신적 공포, 불안감으로부터 나약한 점을 들 수 있다. 따라서 범죄로부터 경제적 이익 및 성적 욕구에 의한 범죄 대상이 되기 쉽다.

일반적으로 이러한 범죄는 강도 및 성폭행 범죄로 면식이 없는 것이 특징이다. 그러나 원한 및 분노에 의한 범죄는 면식범으로 근친 간 또는 가까운 주변인물인 경우도 있다. 여성 심리는 남성과는 달리 뚜렷한 목적 없이 변덕스러운 자기표현과 거리 배회(쇼핑) 등 여성 본능적 행동으로 동행경호가 매우 어렵다.

☞ 대책
· 성격분석(선천성 성격 및 공포 불안 정도)
· 위험요소 설명(위해 요소)
· 자유분방한 행동 절제 요청(시야 반경 유지)
· 장난 금지 요구(속임수)
· 사적 공간 유지(행동자유 반경 보장)
· 주변인물 신원 파악(가족 · 친지 · 친구 · 동료 등)

---

(3) 학생

학생의 가장 큰 위험은 학내 및 학교 주변에서 일어나는 학원폭력을 들 수 있으며 부유층 또는 사회지도층 자녀로 부모의 사회활동과 관계되는 동기로 인하여 그 자녀가 범죄 대상이 되는 위험이다. 이러한 범죄 유형은 납치 · 인질 등으로 나타나며 범법자가 자녀를 통하여 그들의 목적을 자녀에 대한 부모의 애정을 담보로 효과적으로 이룰 수 있다고 보기 때문에 이루어진다.

경호 활동에 있어 학생들은 반항기적 성격으로 간섭을 매우 싫어하기 때문에 안전 활동에 많은 어려움을 갖게 된다. 특히 여학생은 공포 · 불안 요소가 발생하면 심각한 우울 증세를 보여 자칫 예측 불허한 상황을 일으킬 수 있는 가능성도 배제할 수 없다.

☞ 대책
· 위험요소 심리적 부담감을 갖지 않도록 설명
· 가능한 한 친한 친구와 등 · 하교할 수 있도록 조치
· 대상인물과 마음이 통하도록 자유로움과 즐거움을 유도
· 구조음 신호발신 장치를 신체에 장착(없을 때 호루라기 등 대체)

---

11) 경호근무 시 유의 사항

① 각 개인 임무 숙지

㉠ 위해환경에 대한 지속적인 정보 및 첩보분석

　　㉡ 경호대상자 활동을 최대한 허용하여 경호상 꼭 필요한 부분은 협조 요청

　　㉢ 보안장비운용 철저 및 이상 유무확인 철저

② 보안 유지

③ 책임구역 이탈 금지

④ 경호 보디랭귀지 사용

⑤ 출입관리 시 신속 정확 및 예의 준수

⑥ 유사시 선조치, 후보고

⑦ 사고 발생 시 육탄경호 책임완수 → 경호원은 총을 뽑아 쏘는 것보다 경호대상을 보호하는 것이 최우선 임무다.

⑧ 경호 직업관 충실

※ 1991년 레이건 미 전 대통령 힐튼호텔 사건에서 맥카이 요원이 가능한 한 최대로 몸을 날리며 범인을 겨냥한 실화가 있었다(레이건 경호원들은 꼿꼿이 대응함).

12) 경호원의 기본 숙지 사항

① 주변 상황에 맞는 복장을 착용할 것

② 허가된 시간 이외 식사, 담배, 커피를 마시지 말 것

③ 불필요한 무기를 노출시키지 말 것

④ 조장의 허락 없이 책임구역을 떠나지 말 것

⑤ 책임지역을 깨끗이 정리할 것

⑥ 경호장비, 무전기, 전화, 내부 통화장치 등을 조작할 수 있을 것

⑦ 기타 경호요원과 출입 허가자를 확인할 수 있을 것

⑧ 경호대상과 그 가족 및 수행요원을 인지할 수 있을 것

⑨ 항시 경호대상의 소재를 파악할 것

⑩ 경호대상의 시간계획을 숙지할 것

⑪ 책임구역에 특별히 지시된 사항을 염두에 둘 것

⑫ 사용되는 무전 암호를 숙지할 것

⑬ 조와 인접조 및 경호원 위치를 파악할 것

⑭ 인접지역 및 조의 활동 및 계획을 숙지할 것

⑮ 교대 시 후임자에게 책임구역 경호 상황을 정확히 인계할 것

⑯ 신체 감각기관을 사용한 위험을 인지할 것

⑰ 비상경보를 울리거나 지원요청, 경호조치 개시 또는 자력으로 위험요소 제거 및 제재 조치를 할 것

⑱ 경호력의 과시로 잠재 공격력 제거할 것

⑲ 지정된 통로를 이용토록 접근장소 통제할 것

⑳ 방문자 및 관람요원 통제요령을 숙지할 것

13) 경호계획

경호계획은 모든 비상사태를 예견하고 대비하는 경호계획 수립이 경호의 기초가 되며 계획은 분명하고 적절하게 수립되어 모든 참여자가 이해할 수 있어야 한다. 경호에 필요한 제대편성 및 이에 소요되는 장비는 행사규모 및 경호 유형을 기초로 판단하여 구체적으로 각자의 책임지역과 근무 수칙을 명확히 하여 사고 또는 비상사태 발생 시 당황하지 않고 대처할 수 있도록 하여야 한다.

① 경호계획의 목적

경호계획을 수립하는 목적은 예상되는 도발적인 상황을 예방하고 또한 상황 돌발 시 신속히 대처할 수 있는 계획을 수립함으로써 만일 일어날 수 있는 인명 및 재산 피해 규모를 최소화할 수 있기 때문에 항상 경호계획을 세워야 할 필요가 있다. 경호에 있어 궁극적인 최대 목표는 암살, 납치, 혼란, 신체적 상해로부터 경호대상자를 보호하는 데 있다.

② 경호임무 성공 기본요소

경호임무에 필요한 직간접 상황과 선·후조치 상황 그리고 각개 임무별 상황에 따라 행동요령이 다음과 같이 요구된다.

　㉠ **계획 수립**: 모든 형태의 경호임무는 사전에 신중하게 계획되어야 한다. 예기치 않은 상황 변화의 가능성 때문에 융통성 있는 계획이 필요하며 귀빈의 안전에 영향을 미칠 수 있는 악천후 기상, 가능성 있는 위협 및 불손 행위 등과 경호환

경을 극복하기 위해서는 예비 및 우발 계획이 준비되어야 한다. 예를 들어 각종 사태에 대비하여 A계획, B계획, C계획에 따라 대응, 조치한다는 식의 경호대책을 수립할 필요가 있다.

☞ 경호계획 기본 수립표

구분	A계획 이동 전	B계획 이동 중	C계획 이동 후
A안 실행계획	A실행계획 B예비계획 C기만계획	A실행계획 B예비계획 C기만계획	A실행계획 B예비계획 C기만계획
B안 예비계획	A실행계획 B예비계획 C기만계획	A실행계획 B예비계획 C기만계획	A실행계획 B예비계획 C기만계획
C안 기만계획	A실행계획 B예비계획 C기만계획	A실행계획 B예비계획 C기만계획	A실행계획 B예비계획 C기만계획

ⓒ **경호수립 참고 사항:** 경호계획에 앞서 경호대상의 개인 신상과 불안 요소를 정확히 파악해야 할 필요가 있다. 아래와 같이 면밀히 파악한 이후 경호계획을 수립할 수 있도록 한다.

위 상황을 정확히 파악하고 경호계획을 수립한다. 경호대상의 신분에 맞는 경호계획을 수립해야 하는 데 국가 주요 인사나 저명한 사회지도층 인사, 연예인, 일반인 등 모두에게 동일한 천편일률적인 경호계획이 통용되는 것은 아니며 각각 상황과 대상에 맞는 효과적인 경호계획이 수립되어야 한다. 그러기 위해서는 경호대상의 신상과 상황의 실태를 충분히 파악하는 것이 무엇보다 중요하다. 그 실태 파악은 어떤 점에 착안하여 어떤 방법으로 무엇을 좀 더 보충해야 하는가를 알아 완벽한 경호계획을 수립한다.

③ 계획수립 시 유의사항

현지 조사 후 상황에 적합한 계획 수립 및 시행가능 여부를 고려하여 사전 관계자와 협의를 이루고 행정상 협조 여부 등에 대한 가부와 경호조직의 지휘체계 등에 대하여 명확히 해야 한다.

ㄱ **요원 숙식에 관한 계획 수립:** 동원 장비, 검색 장비, 통신 장비, 교통통제 장비 등 동원에 관하여 검토 예비요원을 확보하는 융통성 있는 계획을 수립한다.

ㄴ **예행연습 계획 수립**

ⓐ 필히 책임 구역과 조장(책임자) 명시

ⓑ 계획은 계속 확인, 점검하여 미비점 보완

ⓒ 대상 인물에 대한 위해도에 따라 경찰 합동으로 계획 수립(행정협조사항)

④ **경호계획에 필요한 정보**

ㄱ **대상 인물 정보**

ⓐ 대상 인물에 관한 신상(직업 · 직위 · 성격 · 인상착의 · 건강 등)

ⓑ 대상 인물의 대인관계(집무실 · 자택 · 관계부처 및 거래처)

☞ **경호 대상자의 신상 파악**
· 경호대상의 성명, 주소, 생년월일, 성별
· 가족 관계
· 사회활동
· 직위, 직책 등
· 직업 또는 생활 습관(성격)
☞ **경호대상의 불안 요소**
· 신변 위협을 가하는 상태
· 신변 위협을 가하는 목적
· 신변 위협을 가하는 용의자 개인 또는 조직 확인

☞ **VIP경호대상에 대한 개인신상 정보(예)**

성명	주탐경	생년월일	19○○년 ○○월 ○○일
직업	경제인	직책	대표이사
회사명	서비스	회사자산	100억 원
본관	결성	현주소	중랑구 망우1동 ○○번지
신장(cm)	175	몸무게	70kg
혈액형	A	최종학력	○○대학원(졸)
병역(계급)	병장(만기)	주요 경력	○○대 국회의원, ○○장관
운동	등산	부인(생년월일)	20○○년 ○○월 ○○일
부인출신지	충남(○○)	부인학력	○○대학(졸)

성명	주탐경	생년월일	19○○년 ○○월 ○○일
결혼기념일	○○년 ○○월 ○○일	자녀	남○ 여○
재산	○○억	어린 시절 포부	기업인
어린 시절 별명	대장	성격 장점/단점	낙천적/너무 솔직함
좋아하는 가수/노래	○○○/○○○	좋아하는 배우	○○○/○○○
아호	운곡	종교	불교
취미	독서	골프핸디	안 함
담배	금연	주량	금주
좋아하는 음식	김치찌개	가훈	정직/최선
좌우명	후회 없는 삶	존경하는 인물	세종대왕/아버지
애독서	회고록/명상록	저서	○○○/○○○
외국어능력	보통	좋아하는 색상	빨강

ⓛ **경호 시 가족에 관한 정보관리:** 가족들 개개인의 특징을 적은 카드를 갖추어 놓아둔다. 이러한 가족 기록카드를 작성할 때는 다음의 항목을 기록해 둔다.

ⓐ 이름, 애칭이나 집에서 부르는 이름을 포함한다.

ⓑ 특징적 상처, 흉터, 이것은 옷에 감추어져 보이지 않은 것도 기록한다.

ⓒ 생년월일과 출생 장소

ⓓ 특별히 앓았던 병명, 의료행위 시 주의해야 할 사항

ⓔ 휴가 별장에 관한 구체적 사항

ⓕ 사무소의 주소와 전화번호

ⓖ 평소 잘 다니는 테니스장, 댄스홀, 음악서클 등 레크리에이션 활동에서 만나는 교사와 친구의 이름과 전화번호, 연락처

ⓗ 이발소·미용실이나 저녁식사를 하는 장소가 고정되어 있으면 그 장소, 시간, 일시, 전화번호

ⓘ 자동차 검사증 번호, 차의 특징, 면허증 번호

ⓙ 주로 다니는 곳, 은행 관계, 변호사, 전문 의사, 단골약국, 친한 친구 등의 이름과 주소, 전화번호

ⓚ 개인의 버릇, 언어능력, 학력, 병역, 화기취급의 숙련도, 운동능력, 시력, 주량 특별히 좋아하는 색 등

ⓛ 겸손, 남성 또는 여성다움, 공격적, 친질성, 회의적, 신중성 등 개인의 성격

ⓜ 자택이나 별장의 간단한 취급방법, 주소, 전화번호

ⓝ 카드에 쓰인 가족 전원의 최근 사진, 안경을 썼을 때와 쓰지 않았을 때의 모습

ⓞ 할머니·할아버지가 있으면 다른 도시에서 살고 있는 손자들의 정보도 기입

이상에 열거한 기재사항은 매년 변경사항이 있을 때는 기록을 수정해서 보관한다.

ⓒ **주변인물 정보**

ⓐ 직원 및 수행원 신상

ⓑ 경호대상자가 면담할 대상의 신상

ⓒ 경호대상자의 가족 신상

ⓓ 공적인 업무 또는 사적인 관계로 자주 만나는 사람의 신상

ⓡ **일정 정보**

ⓐ 출발 및 도착일시

ⓑ 방문 지역의 지리적 특성

ⓒ 각 방문 지역에서 수행원이 투숙할 숙소의 명칭과 위치

ⓓ 기동 방법 및 수단

ⓔ 경호대상자가 참석하는 모든 행사와 활동 범위에 대한 완전한 목록

ⓕ 경호대상자가 방문하게 되는 지역에서 경호대상자를 환대하기 위하여 종사
　　되는 모든 의전관 및 관료의 성명, 주소, 전화번호

ⓖ 모든 행사 장소, 행사에 참여하는 손님, 위원 및 기자의 명단

ⓗ 기상변화에 따른 장소변경 계획

ⓘ 경호대상자 및 수행원들의 편의를 위한 시설, 즉 휴게실·화장실·분장실·
　　전화 및 인터폰 시설 등의 위치

ⓙ 경호대상자가 증정하는 또는 경호대상자에게 증정되는 선물증정 행사(감사패·
　　위촉패·상패·꽃다발 등)

ⓜ **기타**

ⓐ 행차에 수반되는 언론의 취재범위

ⓑ 임무상 출장, 파견 또는 기타 지출을 위해 적절히 제공되어야 하는 비용에 관
　　한 사항

ⓒ 경호에 영향을 줄 수 있는 해당 지역의 우발 상황

ⓓ 해당 장소의 지도 및 건축물에 대한 설계도면

ⓔ 경호대상자를 공격 가능한 개인 또는 단체

ⓕ 출입이 허가된 자와 허가되지 않은 자

이 모든 사항들을 토대로 경호대상자에 대한 가능성이 있는 위협요소를 확인하고 면밀히 검토하여 문제점을 보완하여 경호계획을 실시하도록 한다.

☞ 첩보수집
· 정치 · 경제 · 사회 · 문화 등 각 분야별 경호와 유관한 첩보
· 연도변, 행사 주변의 제반정황에 관한 첩보
· 행사 참관자, 주민, 전과자, 체류 외국인 및 해외 교포의 특이한 동향 첩보
· 거동 수상자에 관한 첩보
· 행사 당일 연도변과 행사장 일대 상황

---

⑤ 경호의뢰자에게 확인해야 할 사항(계약에 포함되어야 할 사항)

일반적으로 경호회사에 경호의뢰 시 의뢰자들 대부분 경호의뢰절차 및 사용서비스에 관한 인식이 없어 경호회사나 경호원에 대하여 예기치 않은 오해 등이 발생될 수 있다. 따라서 공경호와는 달리 별도로 민간경호는 사전에 확인해 두어야 할 사항들이 있다. 이 중 중요한 것들을 다음과 같이 몇 가지로 요약해 둔다.

▪ 경호대상은?(개인 또는 단체)

▪ 직업 또는 지명도는?(정치인, 경제인, 연예인, 종교인, 주부, 학생, 일반인 등)

▪ 경호요청 기간은?(1일, 1주일, 1달, 1년 또는 그 이상)

▪ 일일경호 시간은?(주간, 야간, 1시간, 8시간, 16시간, 24시간 등)

▪ 위해 존재 및 수준은?(개인, 범죄조직, 정부기관, 단체 등)

▪ 직접 또는 간접 위해 동기는?(개인원한, 기업운영, 외교적 원인 등)

▪ 경호형태는?(노출, 비노출 또는 혼합형태 등)

▪ 경호대상 주변인물에 대한(가족, 동료 등) 위해 가능성은?

▪ 경호 외 특별한 능력을 요구하는가?(호신장비, 감시장비, 감지장비, 방호장비, 통신장비, 방탄차량, 감청장비, 폭탄제거장비 등)

▪ 정부기관의 협조요청사항이 요구되는가?(경찰, 소방 등)

- 경호대상의 경호요청 전 상황은 어떠했는가?
- 경호대상에 대한 위해 수준은?(A급, B급, C급 등)
- 은폐 및 복제경호기법과 같은 특별한 경호가 요구되는가?
- 의뢰인 및 경호대상이 위법성에 대한 것을 요구하는가?
- 경호배상보험이 요구되는가?(보증보험, 공제가입, 공탁, 보증서 등)
- 경호대상에게 문제발생 시 경호주체에 대하여 책임을 요구하는가?(책임범주)
- 경호요원에 대한 외모나 경력 등에 대한 특별한 수준을 요구하는가?
- 경호요청에서 투입 시까지 준비시간이 충분한가?
- 경호업무에 필요한 권한을 의뢰자가 충분하게 위임하는가?
- 경호에 필요한 정보를 의뢰자가 성실하고 충분하게 제공해 주었는가?
- 경호대상이 경호업무에 대한 일반적인 특성을 얼마나 이해하고 있는가?
- 경호비용은?(예산이 얼마인가 등)
- 경호비용과 요청하는 경호수준이 일치하는가?
- 경호비용을 정당하게 의뢰자가 지불할 의사를 갖고 있는가?

⑥ 우발 사태 대비책

㉠ 자연사고

발생	보안 조치
· 경호대상자의 건강(심장마비, 뇌출혈 등)	→ 인공호흡 및 병원 후송조치
· 교통사고(충돌, 추락사 등)	→ 안전지대 탈출 및 구조요청
· 시설물 결함(엘리베이터, 에스컬레이터 등)	→ 기계결함, 전기 구조요청
· 건축물 결함(건축물 붕괴)	→ 대피방법 및 구조요청
· 지진(화산폭발, 땅 함몰 등)	→ 행동요령 및 구조요청
· 화재(누전, 방화 등)	→ 전화요령 및 구조요청
· 가스 누출(폭발, 화재)	→ 대피 및 구조요청
· 태풍(강풍, 회오리, 우천)	→ 행동요령 및 후발계획

㉡ 인위적 사고

발생	조 치
· 군중의 폭동화	→ 전 경호요원 비상사태로 전환
· 조직 테러 발생	→ 보호 조치(방어, 탈출)
· 경호요원 사망 및 도망 시	→ 예비경호요원 투입
· 질서혼란 시	→ 인원 및 차량통행 방지
· 경호유관 첩보입수 시	→ 경찰 관계기관 요청

14) 위해율을 감소시키는 3대 원칙

경호대상에 대한 위험은 항상 잠재되어 있어 매우 위험한 상황에 직면해 있다고 보아야 한다. 그리고 경호대상에 대한 위험은 대부분 공격적 위험으로 상황에 따라서는 사전에 인지하기가 어렵기 때문에 예방적 경호조치가 가장 중요하다고 할 수 있다. 위험의 형태는 직간접적 위험과 유·무형적 위험 그리고 수단에 따른 다양한 위험이 존재해 있다.

이 같은 위험으로부터 단기적·중기적·장기적 위험에 대비하고 특히 초단기적 위험에 대한 위험적 요소는 위해 환경에 가능한 한 경호대상을 노출시키지 않는 원칙을 세우는 것이다. 그러나 경호환경의 변화에 따라 완벽한 경호조치를 세운다는 것은 거의 불가능할 수도 있다. 하지만 시간, 거리, 각도 등에 따라 물리적 위험을 공간적 개념에서 감소시킬 수 있다.

☞ **3대 원칙**
- 시간＝대상＋위험＋거리(축소·확대)＋속도＋공간
- 거리＝대상＋위험＋공간(축소·확대)＋시간＋각도
- 각도＝대상＋위험＋거리(축소·확대)＋공간＋시간

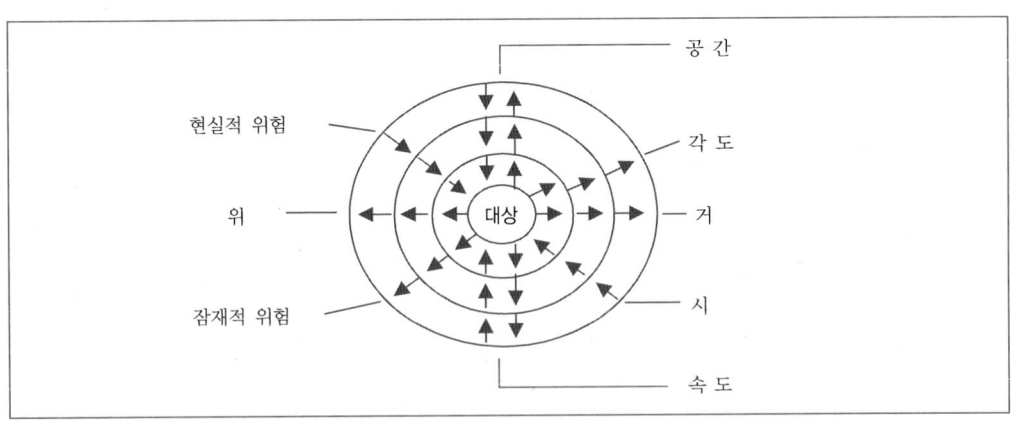

☞ 공간은 시간과 속도를 축소 또는 확대할 수 있다.
☞ 속도는 시간과 거리를 축소 또는 확대할 수 있다.
☞ 각도는 속도와 거리를 축소 또는 확대할 수 있다.

☞ 경호성공의 목표 단계

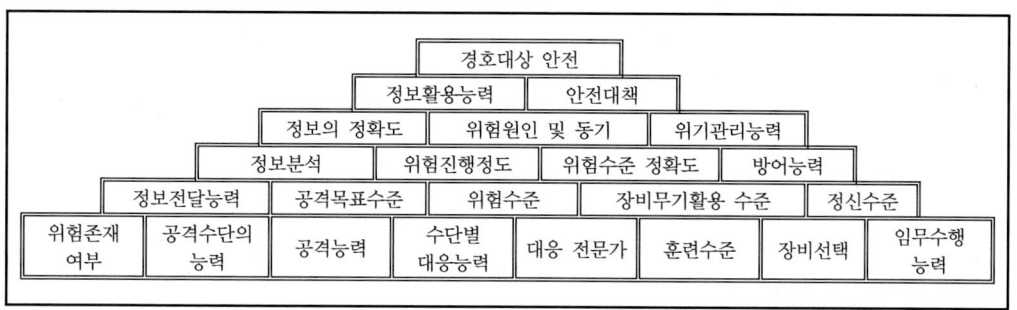

			경호대상 안전			
		정보활용능력		안전대책		
	정보의 정확도		위험원인 및 동기		위기관리능력	
	정보분석	위험진행정도		위험수준 정확도	방어능력	
정보전달능력	공격목표수준		위험수준	장비무기활용 수준		정신수준
위험존재 여부	공격수단의 능력	공격능력	수단별 대응능력	대응 전문가	훈련수준	장비선택	임무수행 능력

15) 경호조 편성 운용

경호임무는 명확하게 부여되어야 하며 경호원들에게 각각의 임무형태에 대한 책임이 부여되어야 한다. 경호대상이 방문하게 되는 특별한 행사를 주관하는 주최 요원과 의전 및 계획관은 행동의 일치를 이루어야 하며 이들의 책임은 경호임무 시의 요구와 부합되도록 설정되어야 한다. 경호대상에 대한 완벽한 경호를 보장하기 위해서는 이들 간의 긴밀한 협조가 이루어져야 한다. 이 같은 문제들을 효과적으로 해결하기 위해서는 경호조 편성운용이 요구된다.

☞ 각 조의 임무

① **경호본부**
　㉠ 경호, 경비, 정보분석, 협상 등 전반적인 책임
　㉡ 각 조 지휘 및 통제, 감독
　㉢ 관계기관과 협조 및 연락 유지
　㉣ 전반적인 경호경비 계획수립
　㉤ 각 조장 임명

② **검색조**
　㉠ 정보 획득 및 정찰 실시
　㉡ 타 기관과 협조하여 안전조사 실시
　㉢ 경호지역 안전 확보

② 본부와 연락유지

③ **이동 경호조(수행 경호조)**
　㉠ 이동 간 직접적인 신변보호 및 안내
　㉡ 본부에 상황보고

④ **고정 경호조**
　㉠ 경호대상 체류 시 신변보호
　㉡ 담당지점 경호
　㉢ 외부인원의 접근통제

⑤ **지역경호 경비조**
　㉠ 해당지역 및 구역 경호경비
　㉡ 지역 내 경계 및 외부인원 통제

⑥ **교통통제조**
　㉠ 연도경비 및 교통통제
　㉡ 위험 및 취약지역 경비
　㉢ 군중정리 및 동태 파악
　㉣ 주차장 정리 및 경비

⑦ **예비조**
　㉠ 각종 장비를 휴대하고 유사시 즉각 출동할 수 있도록 지정된 장소에 대기
　㉡ 긴급 상황에서 신속히 대처할 수 있는 위치에서 비노출 승차 대기
　㉢ 경호본부, 현지조장 및 경호요원과 통신망을 구성하여 수명이 즉시 출동할 수 있
　　는 체제 유지
　㉣ 대기 및 예비대 조장은 진행되고 있는 상황을 계속 파악하고 있어야 하며 출동
　　차량, 장비, 복장들을 확인, 점검하여 언제라도 출동할 수 있도록 유지
　㉤ 대기 중인 경호요원은 일체의 개인행동을 금지하고 승차 상태에서 대기하여야 함

16) 이상 유무 보고(요령)

① **최초 보고(필요시 선조치, 후보고)**
　　㉠ 근무지(이하 구역지) 번호/보고지
　　㉡ 발견(발생) 시간
　　㉢ 장소
　　㉣ 확인된 내용

② **중간 보고**
　　㉠ 상황 진행상태
　　㉡ 대응조치 요원 도착/조치 사항

③ **결과 보고**
　　㉠ 상황 종료시간
　　㉡ 확인된 결과
　　㉢ 추가조치 요망 사항

17) 인원단위(조) 편성

① 1인 1조

1인 1조는 경호할 때에 큰 위협이 될 수 있다. 그러므로 1인 1조 경호 시에는 경호원 중에서도 경험이 풍부하고 노련한 경호원이 경호할 필요가 있다.

② 2인 1조

2인 1조로 경호할 때에는 1인 1조 경호 시보다 매우 심신의 안정감을 주어 임무 수행 중 상호 협조를 통해 보다 긴밀한 경호임무를 수행할 수 있다.

③ 3인 1조

3인 1조 보행경호는 4인 1조 경호차량 선탑경호 시 운전요원을 제외한 3인이 1조가 되어 승하차 시 이루어지는 가장 보편화된 보행경호라 할 수 있다.

④ 4인 1조

경호임무에 있어 보행수행 경호 시 4인 1조 경호상태가 사방 경계경호가 가능하기 때문에 통상 보행수행 경호에는 4인 1조로 이루어진다. 4인 1조일 때에는 조장을 선임, 조장의 지시에 의하여 일사불란한 움직임으로 경호팀워크를 이루어 경호할 수 있다.

⑤ 4인 1조 이상(1개조)

4인 1조 이상일 때에는 1조 조장이 경호 총책임자로 하여 경호형태를 잘 수립하여 경호하되 경호인원이 많을 경우 노출경호 및 비노출경호를 혼용, 계획하여 유사시를 대비하고 상황에 따라 밀집경호와 범인제압에 완벽을 기하도록 경호형태를 정한다.

18) 경호대상의 이동수단에 따른 경호

이동수행 경호는 경호대상의 필요 이동에 따른 경호를 해야 하며, 장소 이동에 있어 근거리 이동과 원거리 이동이 있을 수 있으며, 이에 따른 이동수단이 다를 수 있기 때문에 이에 적절한 이동수단에 따른 경호계획을 세워야 한다. 항상 경호수단을 정할 때에는 경호대상의 의견을 우선하고 추후 이동수단이 부적절하다고 판단될 때에는 그 이유를 경호대상에게 사전에 보고하도록 한 후 이동수단을 적절하게 수정하도록 한다. 경호의 기본은 경호대상의 신변 안전으로 육·해·공로를 통한 침투 공격에 따른 사전 경계가 이루어져야 하며, 그에 따르는 방어와 경호대상자 신변보호 및 이동 도착지 목적을 달성할 수 있는 추후 계획까지도 이동수단에 계획하여야 한다. 예를 들어 선박 경호 시 기관고장 또는 침몰 시에 따른 비상 통신망 구축과 구조수단으로 헬리콥터 또는 예비 쾌속정을 준비하는 것들을 이동 방법에 따른 사전 경호계획 수립 시에 이를 포함한다.

· 보행 경호   · 차량 경호   · 열차 경호   · 항공 경호   · 선박 경호

① 보행 경호

보행 중 경호대상은 손쉬운 목표가 되므로 동행하는 경호원은 경호대상에게 접근할 수 있는 통로 봉쇄를 위해 자신의 위치를 선정한다. 또한 위험인물로 보이는 사람이나 일반

인들의 접근을 제지시키기 위해 예비경호원을 둔다. 산책이나 야외 도보 중에는 가장 가까운 곳에 차량을 대기시켜 두어야 한다.

② 인간방호벽 중첩 경호

경호원 위치로부터 가까이 있는 쪽의 위치를 제1선, 다음 바깥쪽을 제2선 그 다음으로 제3선으로 위치하고 4인 1조, 3개조로 나누어 1조는 내부방어 2조는 내곽방어 3조는 외곽방어를 담당한다 경계 구역은 각각의 위치된 지점 대형에서 270도를 담당하고 인접요원과 중첩되게 한다. 위해기도 자에 의한 공격시에는 경호대상과 가장 근접된 1조는 경호대상을 안전지대로 긴급피난조치하고 2조는 경호대상에 대한 인벽구축과 엄호를 담당한다. 3조는 위해기도자에게 돌진하여 제압을 최우선 임무로 한다. 4인1조 3개조 대형운영은 4방 8방향으로 경계에 유리하며 16방향으로 중첩경계 및 위해기도자의 접근을 효과적으로 차단할 수 있는 이상적이 대형이다.

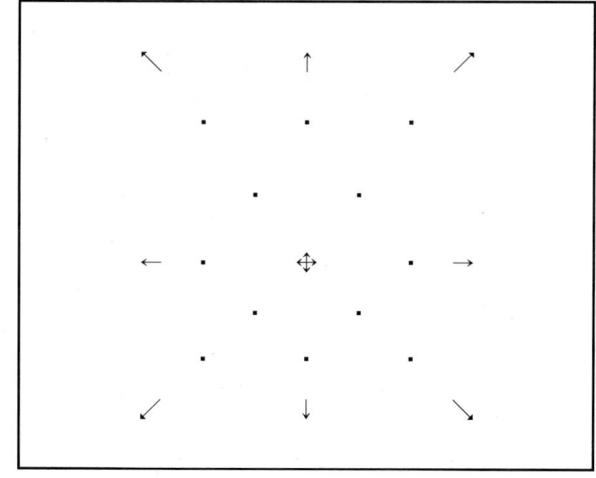

인간방호벽 중첩 경호 대형

☞ 착안 사항
· 행차 지역 분위기를 사전에 파악하여 대비할 것
· 주변인물 언행에 민감한 반응을 받지 말 것
· 근무에 관계되는 언행 외에는 일체 하지 말 것

☞ 임무
· 건강 및 심리상태 관찰
· 이동 시 보호막을 형성하여 무단 접근자 및 위해 행위자 제지, 우발사태 발생 시 신속대피
· 일정에 따라 관계자와 긴밀한 협조체제 유지 근무
· 과잉 통제 및 통로 확보로 일반인 불편행위 금지
· 일반인과 자연스럽게 접촉 유도
· 우발사태 발생 시 현지 치안 관계기관과 협조체제 유지

☞ 보기

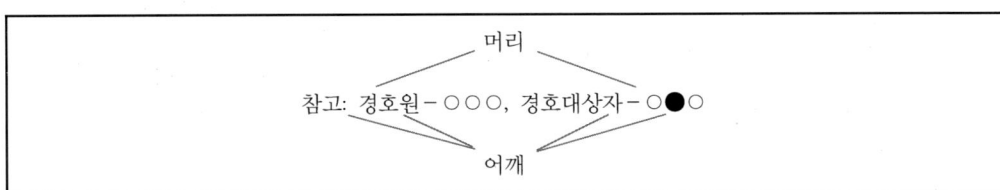

참고: 경호원 - ○○○, 경호대상자 - ○●○

머리 / 어깨

☞ 1인 1조 대형

○●○ ○○○	전 방향 공간 유관감시 가능 시 대형 -뒤로 일 보, 우로 일 보로 경호대상과 대각선으로 1m 유지
○○○ ○●○	전 방향 미확인지역 보행 시 대형 -앞으로 일 보, 좌로 일 보로 경호대상과의 대각선으로 1m 유지
○●○ ○○○	경호대상 손님 접객 시 대형 -측면으로 일 보 이격, 경호대상과 60cm~1m 유지

☞ 2인 1조 대형

○●○ ○○○ ○○○	이동 시 전 방향 공간 유관감시 가능 시 대형 -뒤로 일 보 좌·우측에 위치 각 1m 유지
○○○ ○●○ ○○○	일반적 대형으로 전 방향 미확인 시 이동경계 용이 손님 접객 시 개인 공간 허용 -전방 일 보, 좌로 일 보, 뒤로 일 보, 우로 일 보 대각선 각 1m 유지
○●○ ○○○ ○○○ ○○○	이동보다는 일정한 공간에 장기간 머물러 있을 시 경호 대형(견제형) -좌·우측 60cm~1m 유지
○○○ ○●○ ○○○	측면 경계 강화 우선시 미확인 군중 및 대상에 대한 경계강화 대형 -좌측 또는 우측으로 전후 일 보, 측면 일 보 1m 유지

☞ 3인 1조 대형

○○○ ↑ ○●○ ○○○　○○○	일반적 대형으로 이동 경계가 용이한 대형으로 많이 사용. 손님 접객 시 개인 공간 및 비즈니스 공간 허용 －전방 1.5m 유지, 후방 좌우 1m 유지
○○○　○○○ ↑ ○●○ ○○○	전 방향 경계강화 필요시 및 이동을 우선시 군중 돌파형 －전방 좌우 일 보, 측면 일 보 대각선 1m 유지, 후방 1m 유지
○○○ ↑ ○●○　○○○ ○○○	이동 간 측면 경계 강화 필요시 군중이나 미확인된 측면 공간을 지날 때 취하는 측면 경계 강화 대형 －전방 1.5m 유지, 우측 1m 유지, 후방 1m 유지
○○○　○●○　○○○ ↑ ○○○	이동보다는 일정한 공간에 장기간 머물러 있을 시 경호 대형 －좌ㆍ우측 0.5m~1m 유지, 후방 1m 유지(상황에 따라 신축성 있게 조절)

☞ 4인 1조 대형

○○○　○○○ ↑ ○●○ ○○○　○○○	일반적인 대형으로 사방경계에 용이한 대형임. 4인1조 추가 시 중첩 대형 유지에 용이함 －전방 1.5m 유지하고 좌우로 반보 넓게 유지, 후방 좌우 1m 유지
○○○ ○○○　↑　○○○ ○●○ ○○○	신속한 이동을 우선으로 한 대형으로 이동로 개척 용이 －전방 1.5m 유지, 좌우 0.5m~1m 유지, 후방 1m 유지
○○○ ↑　○○○ ○●○ ○○○ ○○○	측면 경계 강화 우선시 미확인 군중 및 위험방향에 대한 경계 강화 대형 －전방 1.5m 우측 대각선 1m 유지, 후방 1m 유지

121

☞ 5인 1조 대형

○○○　○○○ ↑ ○●○ ○○○ ○○○　○○○	일반적인 대형으로 조장이 경호대상 최측근에서 심리적 안정 유지에 유리 －전방 좌우 1.5m 유지, 중간 0.5m~1m 유지, 후방 좌우 1.5m 유지
○○○ ○○○　↑　○○○ ○●○ ○○○　○○○	경호대상을 중심으로 한 경계우선 대형으로 일종에 밀집대형(인벽구축대형)임. 비즈니스 공간 허용 대형으로 적절함 －전방 중앙 3m 유지, 정방 좌우 1.5m 유지, 후방 좌우 1m 유지
○○○　○○○ ↑ ○●○　○○○ ○○○	측면 노출경계 우선시 미확인 군중 및 대상에 대한 경계강화 대형 －전방 1.5m 유지, 후방 1m 유지, 측면 0.5m~3m 유지

㉠ 1인 1조 대형

일반적인 대형

전방 미확인 시 또는 위험에 징후가 있을 시
경계강화 대형

㉡ 2인 1조 대형

일반적인 대형

비즈니스유효 공간 유지(위해요소 적을 시) 대형

이동 간 이동로 장애 시 경계강화 대형

㉢ 3인 1조 대형

일반적인 대형

비즈니스유효 공간 유지 대형

측면 경계강화 대형

전방 경계강화 대형

ⓔ 4인 1조 대형

일반적인 대형

전방 경계강화 대형

ⓜ 5인 1조 대형

ⓗ 6인 1조 대형

일반적인 대형

일반적인 대형

123

ⓢ 적 공격 시 대형(공격방향 미확인 시)

인간방호벽 구축

인간방호벽 구축

③ 승강기 이용 시 경호 대형(위치)

㉠ 엘리베이터-1

엘리베이터를 타기 위해 서 있을 경우에는 경호원과 경호대상은 반드시 좌·우측 한쪽으로 위치해야 하며, 경호원은 경호대상 앞쪽에 위치한다. 그러나 2인 1조 이상으로 경호 시에는 앞뒤로 위치해야 한다.

㉡ 엘리베이터-2

엘리베이터에 승차할 때에는 안전성을 고려하여 반드시 경호원이 먼저 승차한 후 안전성이 확인된 후 경호대상이 승차하도록 한다.

㉢ 엘리베이터-3

엘리베이터 승차 후에는 출입문을 기준하여 뒤쪽으로 경호대상이 위치하고 앞쪽에 경호원이 위치하도록 한다. 특히 매 층수에 엘리베이터가 정지하여 출입문이 개폐 시 특히 정 위치에 위치해야 한다.

경
호
실
무

I

㉣ 엘리베이터 - 4

엘리베이터에서 하차할 때에는 경호원이 안정성을 고려하여 먼저 하차한 후 안정성 확인 후 경호대상이 하차하도록 한다.

㉤ 계단(에스컬레이터) 이용 시 경호 대형(위치)

계단이나 에스컬레이터 등을 오를 때에는 경호원이 경호대상 앞에 위치한다. 그러나 2인 1조 이상으로 경호 시에는 앞뒤에 위치해야 한다.

계단이나 에스컬레이터 등을 내려갈 때에는 경호원이 경호대상 뒤쪽에 위치한다. 그러나 2인 1조 이상을 경호 시에는 경호대상을 중심으로 앞뒤에 위치한다.

19) 기동수단에 의한 이동 간 경호계획(예)

(1) 차량이용 경호계획

경호차량	VIP 차량	호위경호차량(3대)
	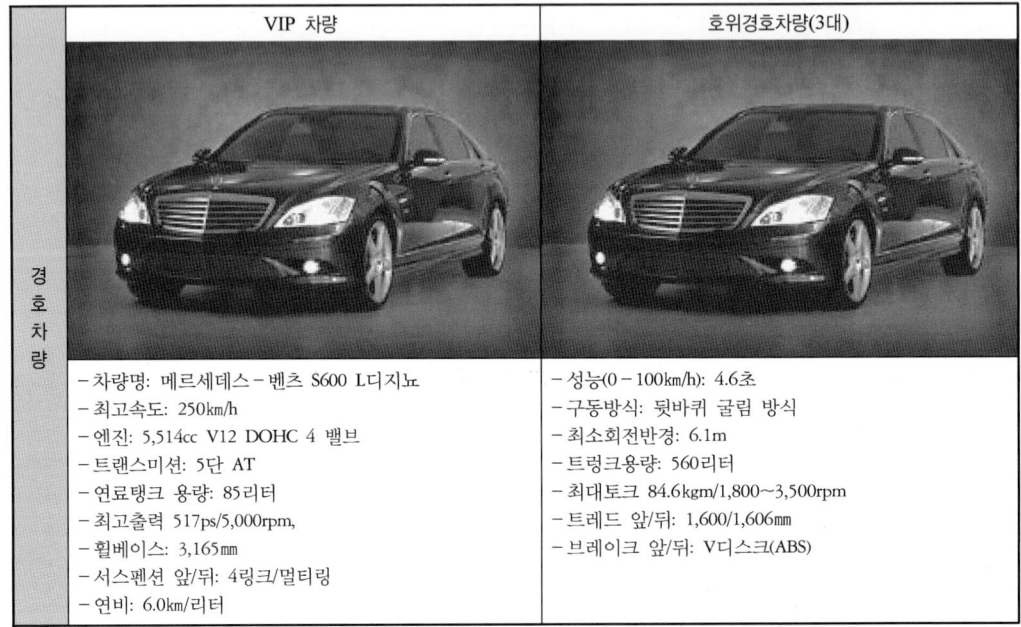	
	- 차량명: 메르세데스-벤츠 S600 L디지뇨 - 최고속도: 250km/h - 엔진: 5,514cc V12 DOHC 4 밸브 - 트랜스미션: 5단 AT - 연료탱크 용량: 85리터 - 최고출력 517ps/5,000rpm, - 휠베이스: 3,165mm - 서스펜션 앞/뒤: 4링크/멀티링 - 연비: 6.0km/리터	- 성능(0-100km/h): 4.6초 - 구동방식: 뒷바퀴 굴림 방식 - 최소회전반경: 6.1m - 트렁크용량: 560리터 - 최대토크 84.6kgm/1,800~3,500rpm - 트레드 앞/뒤: 1,600/1,606mm - 브레이크 앞/뒤: V디스크(ABS)

① 차량선택

▶ VIP 차량

- 메르세데스-벤츠 S600 L디지뇨

- 색상 블랙

- 차량번호 02노7328

- VIP경호용 전용차량 직접주문(전체방탄, 특수타이어, 내부경호용 특수처리 등)

▶ 호위차량(선두, 후미, 작전지휘)

- 메르세데스-벤츠 S600 L디지뇨(VIP 차량과 동일)

- 색상 블랙(VIP 차량과 동일)

- 차량번호 02노7238, 02느7328, 02노7328

- VIP차량 호위경호용 차량주문(차량 내부, 차창 방탄처리)

경호실무 Ⅰ

② 차량이동 간 경호작전

  ▶ 일반계획

    －이동 간 교통정보 수집(도로정보, 지도, 시간대별 교통량, 위해분석 등)

    －이동 구간 선정(진행, 예비, 비상 도로 모두 선정)

    －필요시 관계기관 협조(경찰－교통통제 및 유도)

  ▶ 운행계획

    －경호 차량대형 유지

    －기만작전(차량 바꿔 타기, 번호판 교란－바꿔 부착 등)

    －호위차량 동행곤란 시(VIP 차량 위치확인 GPS가동 1㎞ 내 호위차량 운행)

    －운행 시 주의 지침

    －사고 시 조치

      • 승하차 지점(정지된 목표)

      • 좌·우회전 시(감속으로 인한 목표)

      • 언덕, 내리막길(저속, 가속으로 인한 위험)

      • 지하 터널

      • 다리 또는 절벽

      • 협곡 및 산림지역

127

  ▶ 비상계획

    －저격공격 시 대응계획

    －폭발물공격 시 대응계획

    －차량 고속강습공격 시 대응계획

    －주행방해 및 차단 시 대처계획

  ▶ 차량대기계획(통상계획)

    －이동 구간 도로 확보(긴급피난 도로 필수 확보)

    －주차 이용공간 확보

- 외부인 경호차량 접근 차단
- 차량점검
  - 연료 확인
  - 오일 확인
  - 냉각수 확인
  - 브레이크 확인
  - 예비타이어 확인
  - 예비연료 확인
  - 차량정비 장비 확인

③ 차량 이동 경호

통상적으로 단거리·중거리를 경호대상이 이동할 때 경호하는 것으로 동승경호와 전후방호위 경호차량으로 경호할 수 있다.

㉠ **동승경호(선탑경호)**: 동승경호는 VIP의 자동차 등에 동승하여 차내 및 행선지에서의 보호 임무를 수행한다.

유사시 경호대상자를 안전지역으로 대피시키는 일을 기본임무로 하며 차량 이동 간에는 정차, 서행, 신호 대기, 회전 시 경계를 강화하고 VIP요인이 승하차 시 경호원들이 장벽과 같이 인벽을 구축하여 경호한다. 보행 이동 간에는 대형을 유지하며 사주경계를 하고, 인벽으로 위해 요소의 접근을 배제하며 이동 통로를 확보하여 안전하게 유도하도록 한다.

⇒ **선탑 경호(4인 1조)**: VIP요인이 뒷좌석 중앙 위치에 앉고 경호원이 좌우 양옆에 앉는다. 그리고 운전석과 조수석에 경호원이 탄다.

⇒ 선탑경호대형

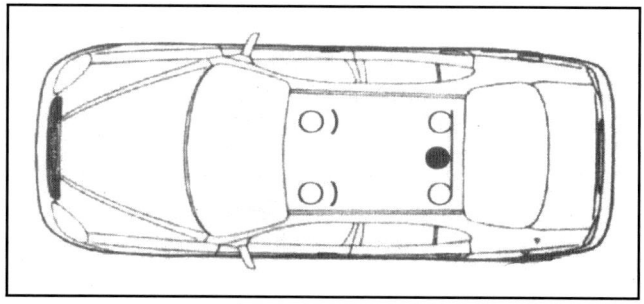

ⓛ **조를 이룬 차량 경호:** 다른 차량으로 VIP의 차량을 선도 추수하면서 연도 행선지에서의 경호 활동을 한다. VIP 탑승차량 보호와 승하차 시 경호를 기본임무로 하며 이동 간 각종 안전사고 위해 요소 침투, 교통정체 등을 막고 서행 정차 시 VIP 차량을 보호하며 VIP 차량 긴급사태 시 선도, 호위차량으로 방어벽을 형성하고 육탄 방어로 VIP의 긴급 대피를 돕는다. 승하차 시에는 신속한 경호대형을 이루어 주위를 경계한다.

⇒ **조경호(4인 1조 3개조):** 1조는 선탑경호를 하고 2조, 3조는 앞뒤로 위치하여 VIP요인이 타고 있는 차에 선도 추수하며 경호 안전을 기한다. 주행 시 주행 속도에 따라 안전거리가 다르지만 가장 이상적인 거리는 20~30m 내외가 적당하다. 그러나 속도에 따라 안전거리를 유지한다.

⇒ **조를 이룬 차량 경호(이동 시 대형)**

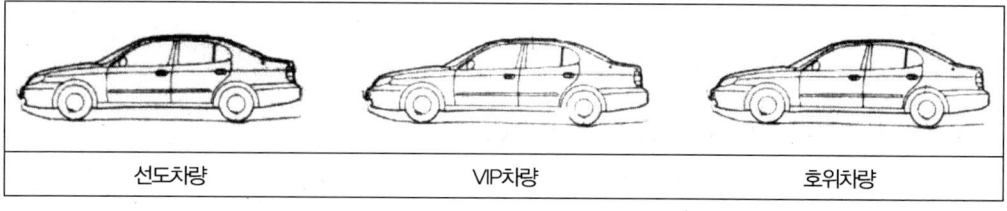

| 선도차량 | VIP차량 | 호위차량 |

※ 선도차량 후미 VIP차량 및 호위차량 행렬 선도 이동 및 속도에 대한 이격과 호위차량은 미행차량 및 공격 예상차량에 대한 경계 및 방어와 추월차량 방지

⇒ **주정차 시 대형**

※ VIP차량을 보호하기 위하여 측면 보호각도 이격을 통한 충돌방지 및 유효사격 각도
로부터 보호

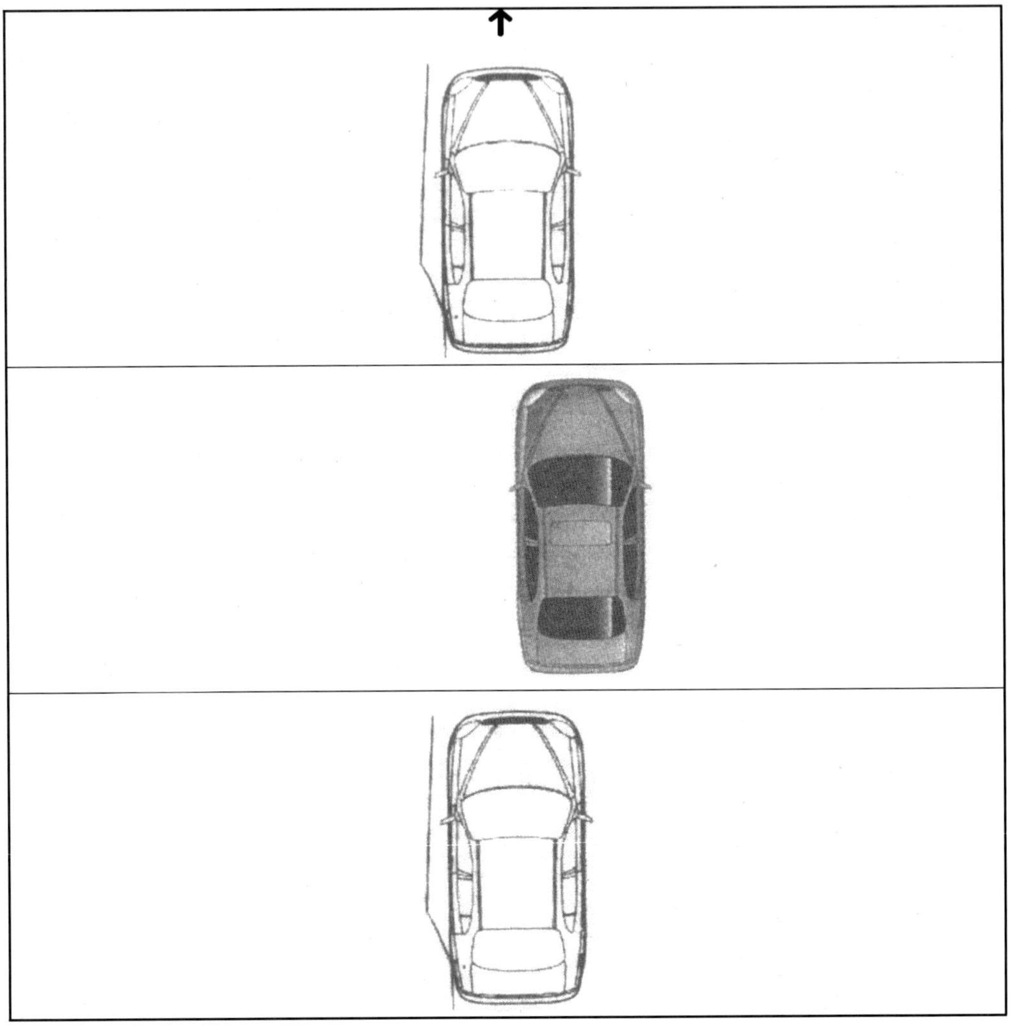

ⓒ **경호운전요원 선발**

ⓐ 경호운전상의 특수기술을 훈련받은 유능한 경호요원이어야 한다.

ⓑ 운전자는 자동차를 경호업무에 도움을 줄 수 있도록 운전할 수 있게끔 일반
경호원칙을 숙지하여야 한다.

ⓒ 위험요소를 신속히 파악해야 하며 지시를 받거나 또는 비상사태라고 판단될 때 즉각적인 조치를 취할 수 있어야 한다.

ⓓ 경호요원들이 요인 자동차와 항상 접근해 있도록 운전해야 한다.

ⓔ 운전요원은 자동차 정비 및 수리 훈련에 숙달된 경호요원이라야 한다.

ㄹ **차량 경호(정비)**

평소 차량관리를 통해 아주 작은 이상이라도 철저히 정비하여 평상시 이상 유무를 확인해야 한다. 행사경호차량은 차량 내·외부를 특별점검을 실시하고 전기회로 및 밧테리, 기타 부속품 저장고, 트렁크 등을 확인해야 한다.

ⓐ 연료 확인

ⓑ 오일 확인

ⓒ 냉각수 확인

ⓓ 브레이크 확인

ⓔ 예비 타이어 확인

ⓕ 예비 연료 확인

ⓖ 차량정비 장비 확인

ㅁ **차량 경호(운행 시 주의 지점)**

ⓐ 승하차 지점(정지된 목표)

ⓑ 좌·우회전 시(감속으로 인한 목표)

ⓒ 언덕, 내리막길(저속, 가속으로 인한 위험)

ⓓ 지하 터널

ⓔ 다리 또는 절벽

ⓕ 대형건물 밀집지역

ⓖ 협곡 및 산림지역

※ **경호차 이동 간 착안사항**

－동선노출을 제한하기 위해 규칙적인 형태로 현성하는 것을 피한다.

－위해기도자에게 혼선을 주기 위해 경로와 출발 및 도착시간을 바꾼다.

－전후방 선도호위차량을 배치한 이동을 원칙으로 하고 단독이동은 피한다.

－도로 앞 주변에 장애물 또는 시체 등 부상자가 있어도 멈추지 않고 이동한다.

－경호차량에 돌진하는 차량 또는 사람을 허용하지 않는다.

－가능한 이동 간 노출이 되지 않도록 차량선택과 속도 등에 주의를 한다.

－비상통신망을 위해 강구한다.

－가능한 한 사전정보에 의한 인지된 위험지역은 피해 이동한다.

－출발 전 차량정비를 확인하고 이동 간 고장을 대비해 정비기구 등을 준비한다.

－다양한 위험 유형에 따른 시나리오를 준비하고 대체경로 등을 고려한다.

ⓑ **차량경호 보안(원칙)**

   ⓐ 방탄차량 사용(총탄 관통방지 차량)

   ⓑ 방어운전 실시(자연적, 고의적 충돌방지)

   ⓒ 이동 간 무정차 원칙 운행(단, 최초 경호계획을 준수한다)

ⓢ **차량 경호 조치 보안(기타)**

   ⓐ 선도차량 운행

   ⓑ 후방 호위차량 운행

   ⓒ 이동 간 경호에 영향을 주는 요소 배제

◎ **착안 사항**

   ⓐ 의뢰자 및 관계자 차량번호 숙지

   ⓑ 현지에서 합류되는 차종과 차량번호 숙지

   ⓒ 주변 도로망 사전 파악 숙지

   ⓓ 주변 구호시설 파악

ⓩ **교통사고 시**

구분	조치요령
경호차량 (선도 호위차량)	· 경호원 1명 현장보존 교통통제 · 신속한 상황보고 · 조장: 귀빈차량 선탑 목적지로 이동 · 시간적 여유 있을 시 예비차량 지원 요청
귀빈차량 (VIP차량)	· 신속한 사주경계 및 보고 · 부조장: 현장보존 교통통제 · 부상자 후송조치 및 귀빈 목적지까지 경호차로 이동 · 군중 집결 방지, 신속한 현장이탈

ⓩ 적 피습 시

구분	조치요령
차량이동 가능	· 정차 금지 · 신속 이탈 · 경호원 즉각 응사 · 신속한 상황보고(경찰 신고)
차량이동 불가능	· 전원 하차 은폐, 엄폐 · 신속한 상황보고 · 집중 사격 및 사주경계 · 증원 요원 및 경찰 도착 시까지 방호 · 증원 불가능 시 피습지역 신속 이탈

☞ 저격 시

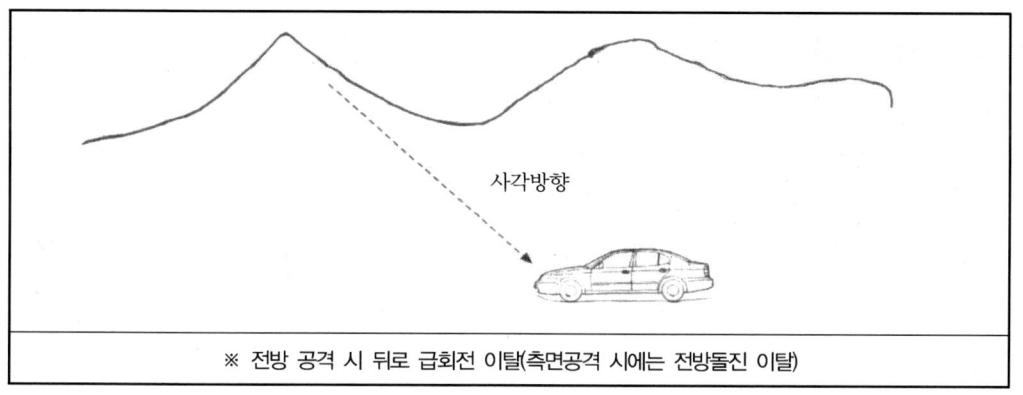

※ 전방 공격 시 뒤로 급회전 이탈(측면공격 시에는 전방돌진 이탈)

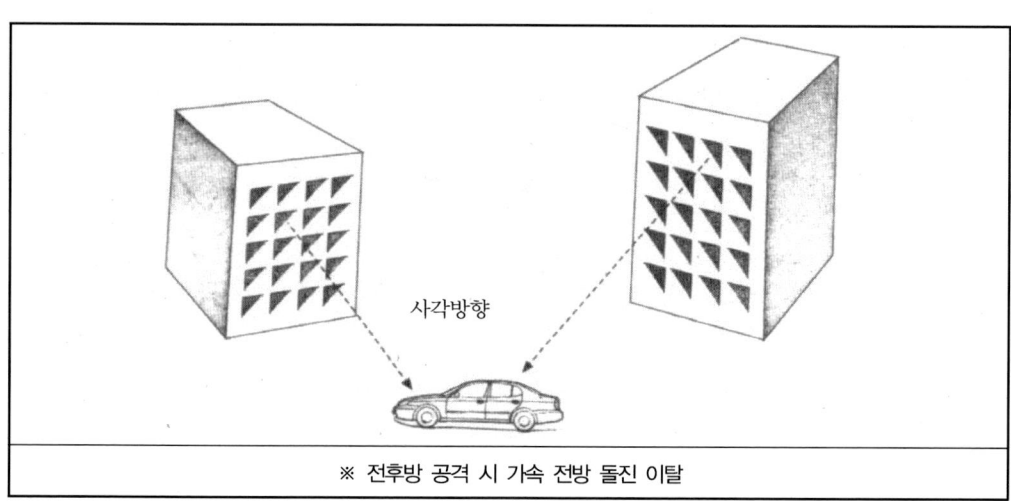

※ 전후방 공격 시 가속 전방 돌진 이탈

☞ 차량경호조 이탈 시 공격

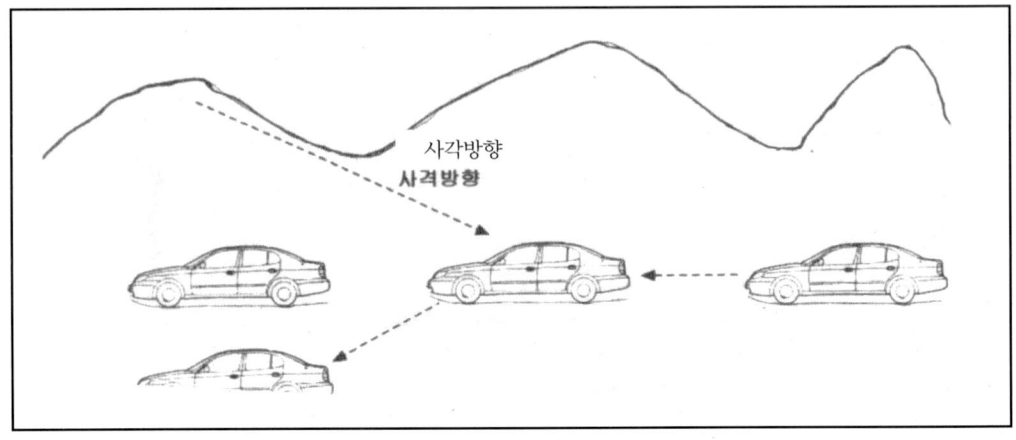

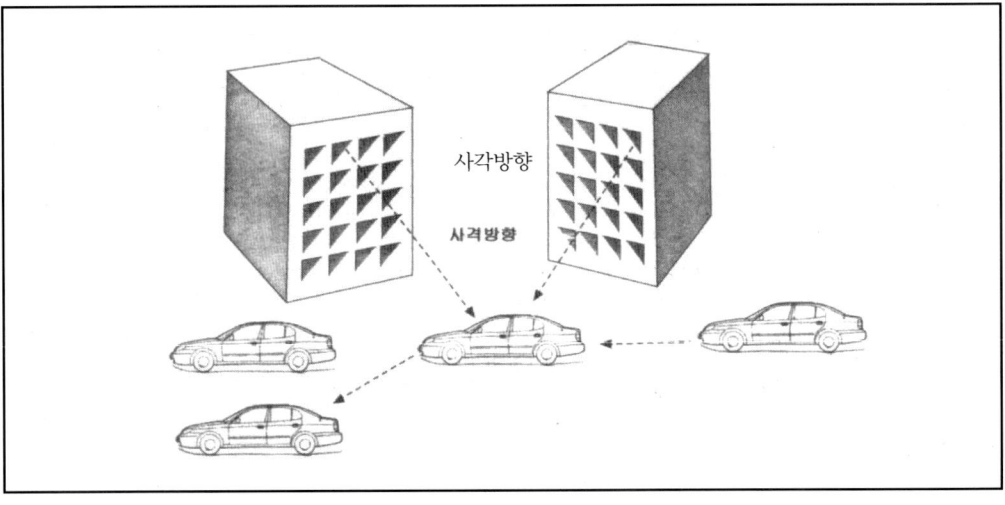

※ 전후방 공격 시 선도 호위차량이 VIP차량을 보호하며 신속한 피습현장 이탈 지향

☞ 승하차 시 대형

⇒ 승차 시 대형

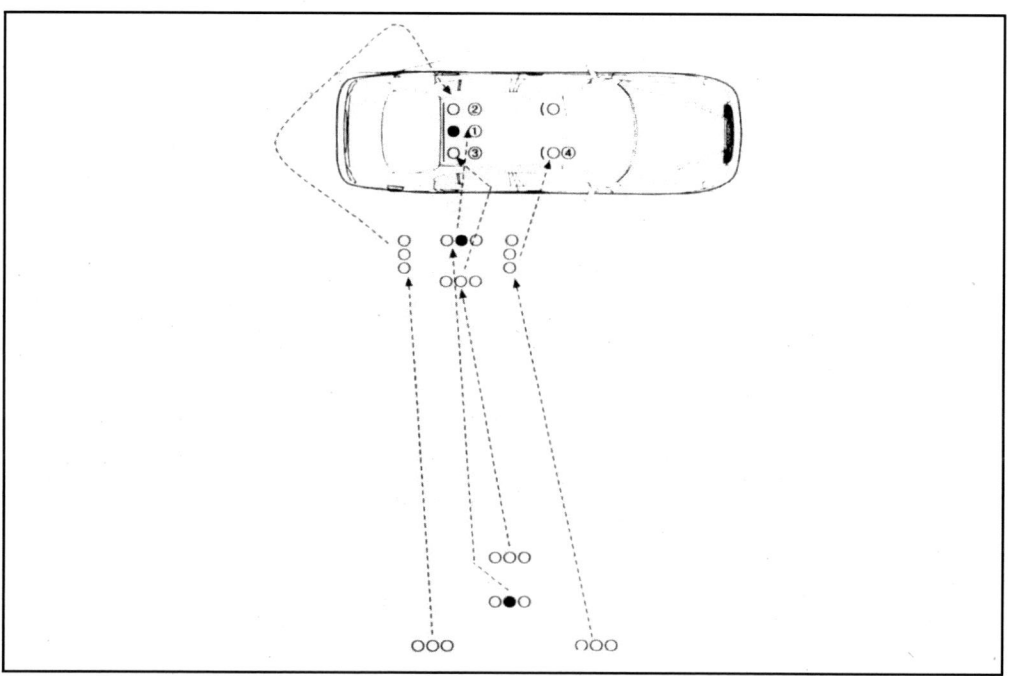

⇒ 하차 시 대형

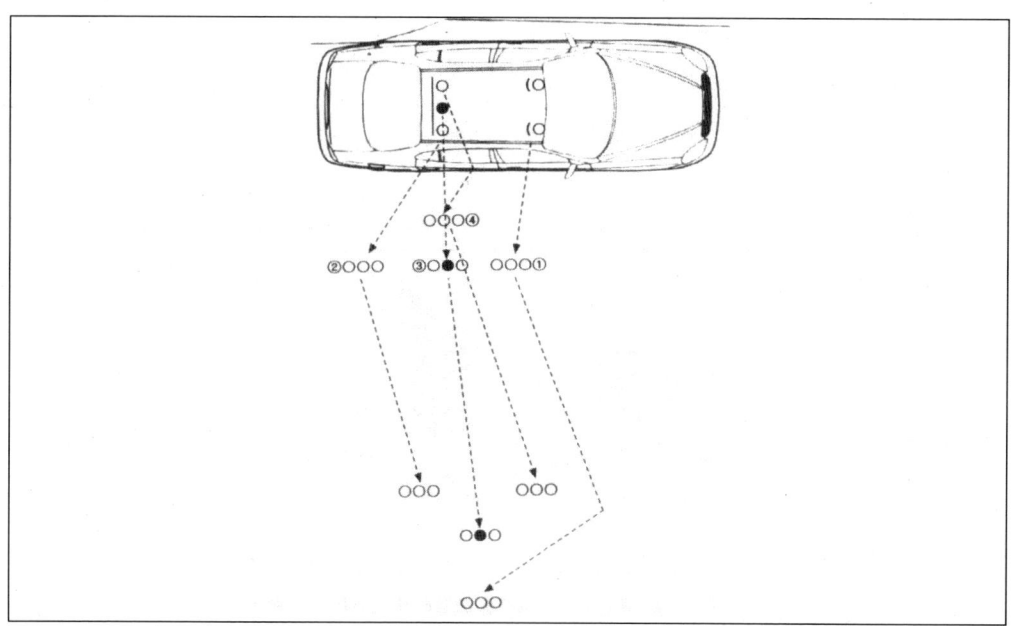

⇒ 승차대형 순서

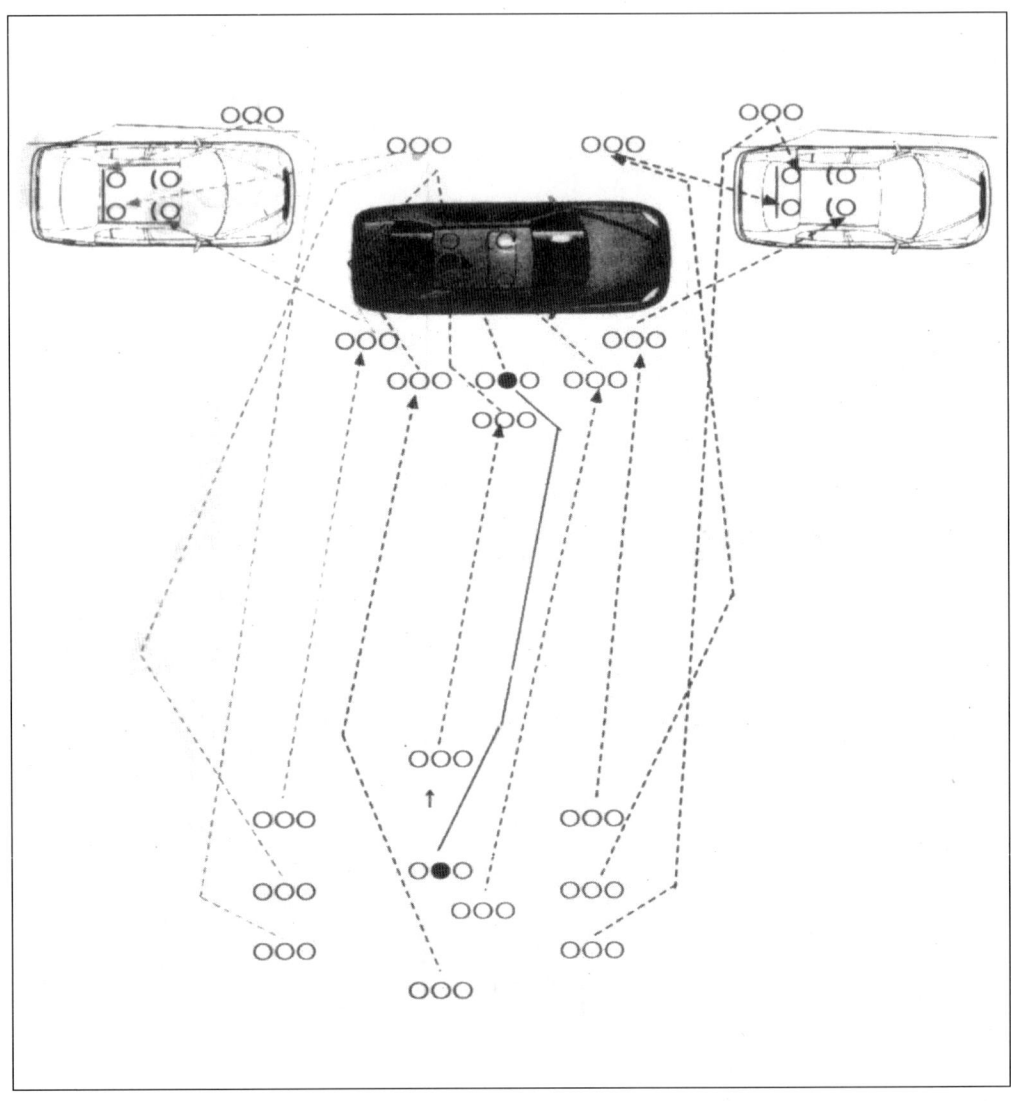

☞ 선도 호위차량 승하차 대형

⇒ 하차대형 순서

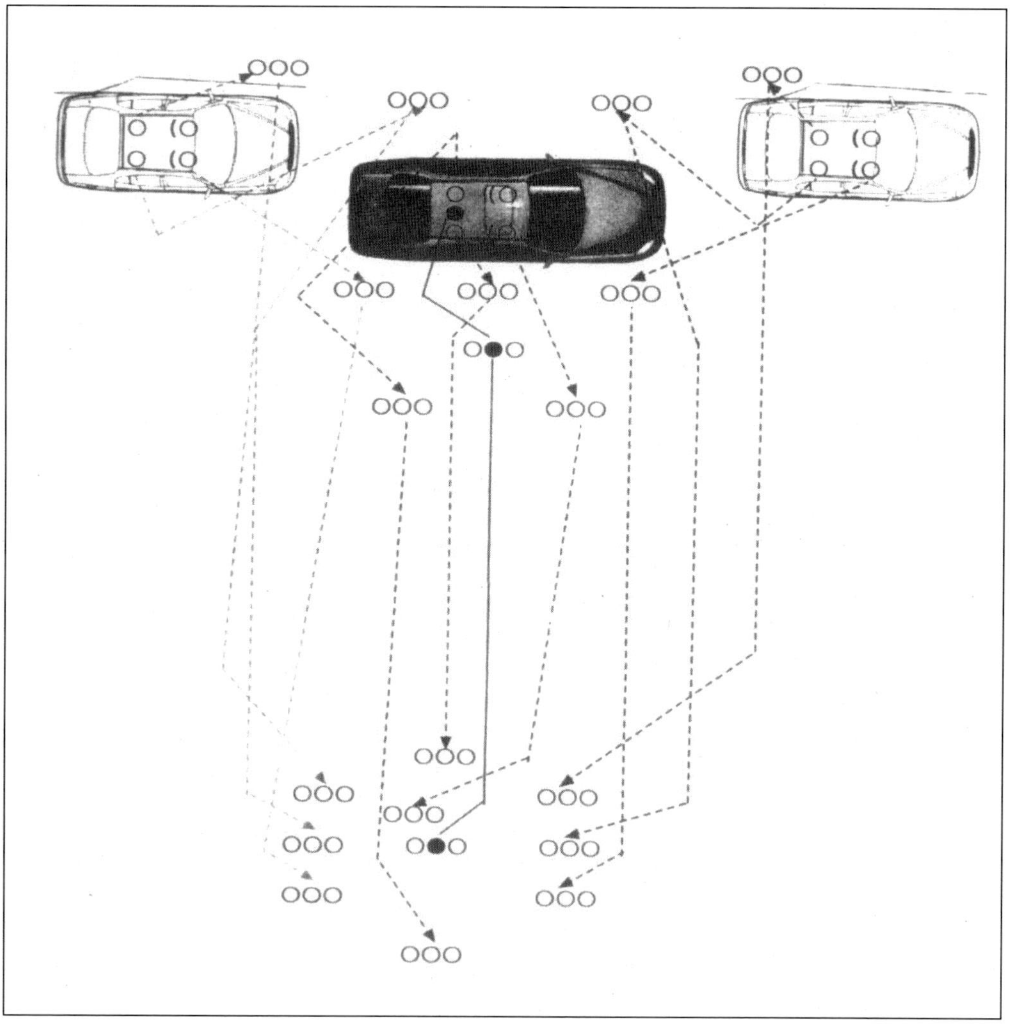

137

☞ 진로 차단 시 이탈방법

⇒ **좌회전 이탈**

ⓐ 진로가 차단되어 있을 때 방법이다.

ⓑ 급회전을 이용, 방향 전환해 이탈한다.

ⓒ 급브레이크를 밟고 핸들을 360° 회전시킨다
(속도에 비례해 핸들각도 유지).

ⓓ 급회전 시 진행 속도의 원심력을 이용한다.

ⓔ 이 방법은 차단된 진로를 빨리 발견했을 때
이용한다(회전반경이 충분할 때).

ⓕ 차체의 균형과 효과적인 회전을 위해 가능한
한 사이드 브레이크를 이용한다.

ⓖ 회전 완료 시 핸들의 각도를 원상 복구시킨다.

ⓗ 차체 균형 유지와 동시 액셀러레이터를 힘차
게 밟아 현장을 이탈한다.

경
호
실
무
Ⅰ

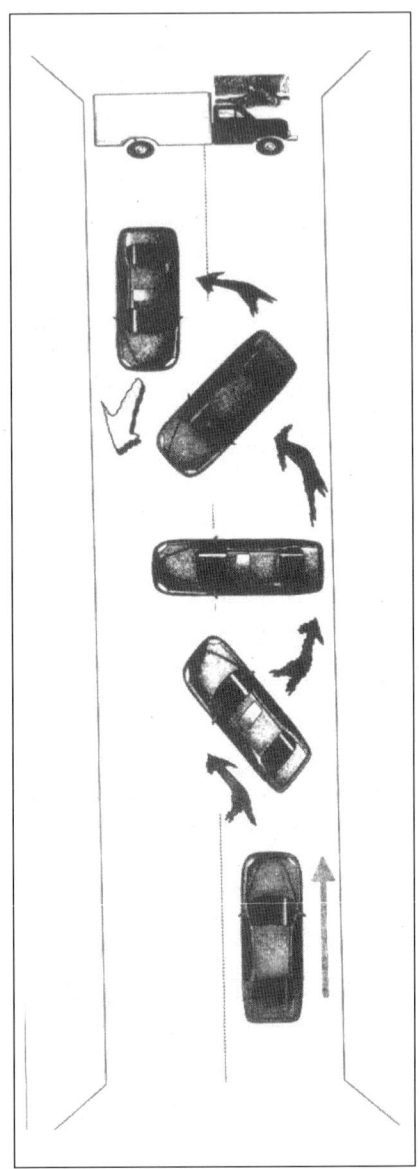

☞ 후진(우회전 이탈)

ⓐ 진로가 차단되었을 때의 방법이다.

ⓑ 진로가 차단되어 있다는 것을 늦게 인지한
   경우에 사용한다.

ⓒ 정지 후 후진 기어 변속 후 힘차게 액셀러레
   이터를 밟는다.

ⓓ 핸들을 힘차게 360°를 유지하며 차체를 회전
   시킨다(속도에 비례해 핸들각도 유지).

ⓔ 후진속도 가능한 한 가속을 붙여야 차체 180°
   회전가능속도 유지한다(50k).

ⓕ 우측 벽면(차선) 이탈을 막기 위해 후진 시 좌
   측 차선을 밟도록 한다.

ⓖ 회전 완료 시 핸들의 각도를 원상 복구시킨다.

ⓗ 차체 균형 유지와 동시 액셀러레이터를 힘차
   게 밟아 현장을 이탈한다.

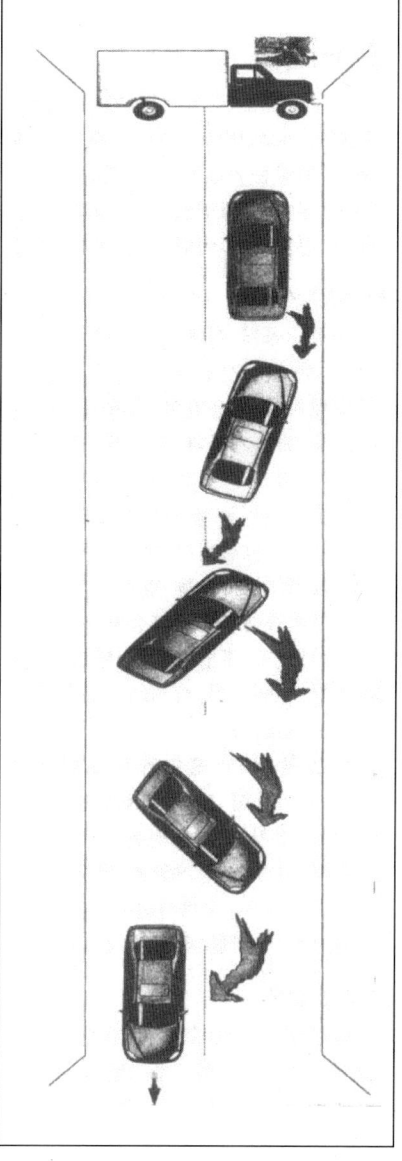

(2) 열차경호

열차경호는 경호대상자가 기차에 탑승하여 이동할 때 취하는 것으로 먼저 탑승인원이 많으므로 수색과 경계를 보다 철저히 해야 하며, 각 역을 통과하여 탑승자와 하차하는 사람을 잘 관찰해야 한다. 또한 내리는 사람이 소지품을 놓고 내리거나 행동이 부자연하게 성급히 내리려는 자를 보다 철저히 의심해야 한다. 특히 이동 간 정차역이 아닌 지점에서 정차할 때에는 보다 더 주의를 해야만 한다.

① 철도차량이용 경호계획

㉠ 철도차량선택
▶ VIP차량이 있는 철도차량
- 특실(60석) 예매
- 안전시설기준, 비상상황 대응수준 분석 후 철도차량 선택

㉡ 철도차량이용 경호작전
▶ 일반계획
- 탑승 전 철도차량 내외 점검(철도역사 및 보안기관 사전협조 요청)
- 인원 및 물품, 기계 등에 대한 안전점검 전 출발금지(협조 요청)
- 폭발성 폭탄 발견 시 제거 및 안전조치
- 비상사태에 대비한 비상구 및 대피 · 구조 · 초동조치 장비 확인

▶ 운행계획
- 특실 외부인 출입 통제
- 일반인의 접근을 막는 차단선 설정
- 철도차량운행 규정준수 및 확인
- 승무원 신상재확인(경호대상자 접근자 한정)
- 의심스러운 물품 재확인
- 비상사태에 대비한 대피 · 구조 장비 확보
- 화재 진화장비 위치 확인 소화장비 확보 비치

- 운행 중 폭발성 폭탄 발견 시 제거 및 안전조치

▶ 비상계획
- 사태발생 시 침착 안정 유지
- 안전장비 최대 활용
- 비상탈출 장비 사전준비
- 테러기도자 발생 시 제압

▶ 착안사항
전용열차가 사용되지 않는다면 침대차에 경호대상과 경호요원을 위한 별도시설을 갖추어 사용하는 것이 바람직하다.

© 전세(전용)열차 이용 시
▶ 일반계획
- 철도관계기관과 정확한 일정표 확정(보안유지 및 타 열차와 충돌방지)
- 보안점검을 위해서 전 운영요원 명단 확보
- 가능한 한 통제되는 선도열차 및 후방경계열차가 그 요인 탑승열차와 안전 거리를 두고 앞뒤에서 달릴 수 있도록 계획
- 부비트랩 및 폭파장치 사전 탐지

▶ 운행계획
- 위험이 예상될 시 통과 직전에 유능한 기술자들이 선로와 노선을 점검
- 열차 정차 시 경호원은 요인 탑승실로 접근하는 모든 통로를 관측할 수 있는 외부의 위치를 점검
- 승하차하는 지점은 일반인을 통제하거나 또는 철저하게 경계

▶ 비상계획
- 사태발생 시 침착, 안정 유지
- 안전장비 최대 활용

- 비상탈출 장비 사전준비
- 테러기도자 발생 시 제압

② 착안 사항

⊙ 전용열차가 사용되지 않는다면 침대차에 경호대상과 경호요원을 위한 별도시설을 갖추어 사용하는 것이 바람직함

ⓛ 침대차나 전용열차 사용 시 경호요령

ⓒ 철도 관계기관과 정확한 일정표 확정

ⓔ 보안 점검을 위해서 전 운영요원 명단 확보

ⓜ 가능한 한 통제되는 선도열차 및 후방 경계열차가 그 요인 탑승열차와 안전거리를 두고 앞뒤에서 달릴 수 있도록 계획

   ⓐ 타 열차와 충돌방지

   ⓑ 부비트랩 및 폭파장치 사전 탐지

   ⓒ 선도 및 후방열차 운행으로 공격목표 혼동

ⓗ 위험이 예상될 시 요인 탑승열차의 통과 직전에 유능한 기술자들이 선로와 노선을 점검

ⓢ 다른 승객 및 승무원이 요인 탑승실을 통과하지 못하도록 후미에 연결

ⓞ 열차 이동 시 모든 경호요원의 요인실 출입을 통제

ⓩ 열차 정차 시 경호원은 요인 탑승실로 접근하는 모든 통로를 관측할 수 있는 외부의 위치를 점거하며 전용열차라 하더라도 같은 경호를 해야 함

ⓧ 경호대상이 승하차하는 지점은 특히 중요한 곳으로 일반인을 통제하거나 또는 철저한 경계를 취해야 함

김정일 위원장 특별열차 회담 전용칸

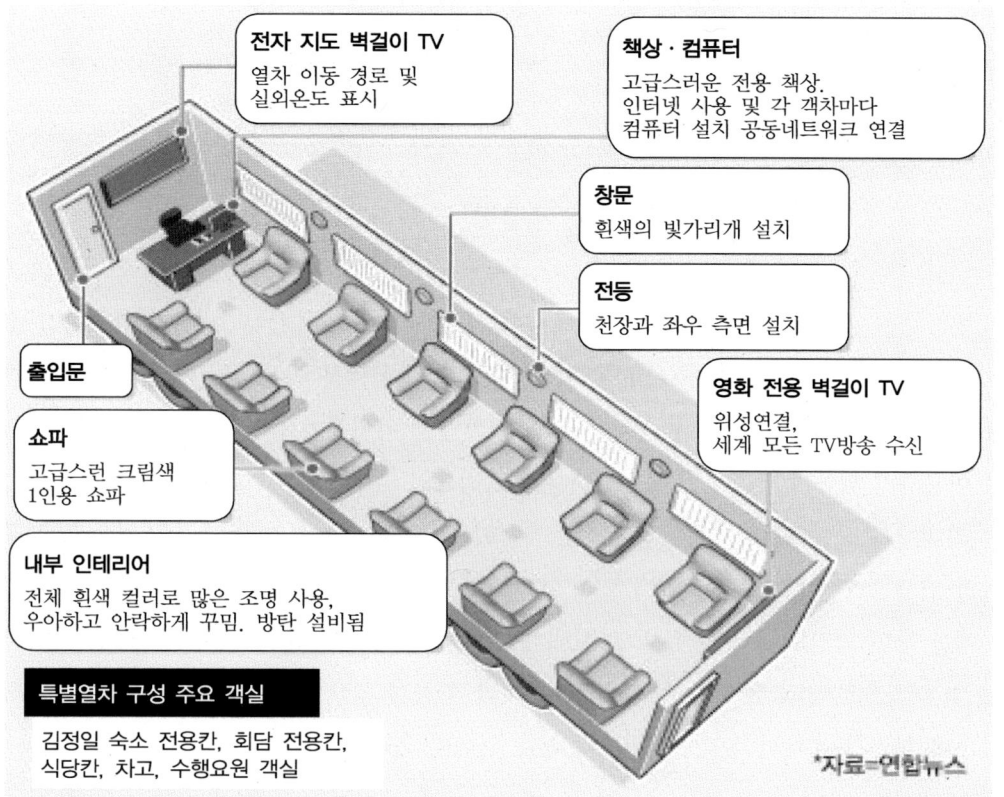

전자 지도 벽걸이 TV
열차 이동 경로 및
실외온도 표시

책상 · 컴퓨터
고급스러운 전용 책상.
인터넷 사용 및 각 객차마다
컴퓨터 설치 공동네트워크 연결

창문
흰색의 빛가리개 설치

전등
천장과 좌우 측면 설치

출입문

쇼파
고급스런 크림색
1인용 쇼파

영화 전용 벽걸이 TV
위성연결,
세계 모든 TV방송 수신

내부 인테리어
전체 흰색 컬러로 많은 조명 사용,
우아하고 안락하게 꾸밈. 방탄 설비됨

특별열차 구성 주요 객실
김정일 숙소 전용칸, 회담 전용칸,
식당칸, 차고, 수행요원 객실

*자료=연합뉴스

③ 북한 김정일 위원장 열차

김정일 위원장이 탄 열차는 통상 '1호 열차'라고 부른다. 마치 미국 대통령의 전용 비행기를 '에어포스 원'이라고 부르는 것과 비슷하다.

김 위원장은 지난 2000년 5월, 2001년 1월, 2004년 4월, 2006년 1월에 중국을 방문할 때도 이런 특별열차를 이용했다. 지난 2001년 장거리인 모스크바를 방문했을 때도 열차를 이용할 만큼 열차를 선호한다. 열차에는 북한과 연락할 수 있도록 위성전화 등 첨단 통신 장비가 구축돼 있고 방탄설비 역시 기본적으로 갖춰져 있다.

(3) 항공경호

항공경호는 탑승 시 철저한 신상파악과 소지품을 검사 후 탑승하기 때문에 신상 위협은 비교적 적다. 그동안 우리나라와 세계 각지에서 항공 위협 및 범죄 위협은 있었으나

인명과 재산 손실이 비교적 적었다. 그래서 항공경호는 예방 차원이 그 어떤 경호보다 중요하다고 할 수 있다. 항공기는 다른 이동수단과 달리 항로를 이용하기 때문에 신속히 이동이 가능하고 지상에서 일단 이륙하게 되면 완전한 독립체가 되기 때문에 이러한 이점을 이용하기 위하여 항공기를 납치하려는 테러범들의 시도가 많다. 또한 테러범들에 의하여 기내에서 신변위협이 있을 경우에는 가능한 한 침착성을 잃지 말고 무엇보다도 항공기의 기체를 안전하게 해야 한다.

예를 들면 약간의 총격과 폭발로 기체가 손상되어 기내가 외부로 통하게 되면 기압상승 및 하락으로 인해 호흡 곤란과 상황에 따라 항공기 밖으로는 신체가 빨려 나갈 수도 있으며 항공기 몸체가 균형을 잃어 추락할 위험이 있다.

① 항공기이용 경호계획

　㉠ 항공기 선택

　　▶ 보잉 747-400

　　　- FIRST CLASS칸, PRESTIGE CLASS칸 모두 예매

　　　- 경호대상자 및 경호팀 중요 수행원 외 ECONOMY CLASS칸 이용

　㉡ 항공기 이용 경호작전

　　▶ 일반계획

　　　- 탑승 전 기내점검(항공사 및 보안기관 사전협조 요청)

　　　- 인원 및 물품, 기계 등에 대한 안전점검 전 이륙금지(협조 요청)

　　　- 폭발성 폭탄 발견 시 제거 및 안전조치

－비상사태에 대비한 비상구 확인

▶ 운행계획

－FIRST CLASS칸, PRESTIGE CLASS칸 외부인 출입 통제

－일반 승객과 분류하여 일반인의 접근을 막는 차단선 설정

－항로 규정준수 및 확인

－승객 및 승무원 신상재확인(경호대상자 접근자 한정)

－의심스러운 물품 재확인

－비상사태에 대비한 비상구 확보

－운행 중 폭발성 폭탄 발견 시 제거 및 안전조치

－거동수상자 감시(테러용의자)

▶ 비상계획

－사태발생 시 침착, 안정 유지

－안전장비 최대 활용

－비상탈출 장비 사전준비(낙하산－레이저용)

－테러기도자 발생 시 보안승무원과 협조 제압

145

▶ 착안사항

－악천후 때 가능한 운행금지

－도착지 기상조건이 매우 불량한 경우 시간계획 조정

ⓒ 전세기 이용 시

▶ 일반계획

－승무원 신상확인

－인원 및 물품, 기계 등에 대한 안전점검 전 이륙금지

－비상사태에 대비한 비상구 확인

－폭발성 폭탄 발견 시 제거 및 안전조치

－안전장구의 비치 유무확인(위치확인)

－항공기 이륙대기 중 경호활동
- 이착륙을 포함한 주위의 안전점검 실시
- 비인가자의 접근금지
- 이착륙 주변 비행금지(협조사항)
- 불심검문(거동 수상 및 의심스러운 자)
- 의심스러운 물품확인

▶ 운행계획
－항로 규정준수 및 확인
－승무원 신상재확인
－의심스러운 물품 재확인
－비상사태에 대비한 비상구 확보 유지

▶ 비상계획
－사태발생 시 침착, 안정 유지
－안전장비 최대 활용
－비상탈출 장비 사전준비(낙하산－레이저용)
－테러기도자 발생 시 제압

▶ 착안사항
－악천후 때 운행금지
－도착지 기상조건이 매우 불량한 경우 시간계획 조정
－비상사태를 대비한 비상 활주로 및 도로 확인
－도착지에서의 정치, 경제, 종교, 인종 문제 등으로 사회혼란(폭동) 시에는 착
  륙을 하지 않고 회항 또는 타 공항을 이용하도록 한다.

ⓐ 기내
㉮ 항로 규정준수 및 확인
㉯ 승객 및 승무원 신상 재확인

㉢ 의심스러운 물품 재확인

㉣ 인원 및 물품, 기계 등에 대한 안전점검 전 이륙금지

㉤ 비상사태에 대비한 비상구 확인

㉥ 사태발생 시 침착하게 안정을 유지

㉦ 폭발성 폭탄 발견 시 제거 및 안전조치

㉧ 일반 승객과 분류하여 일반인의 접근을 막는 차단선 설정

ⓑ **기외**

㉮ 이착륙을 포함한 주위의 안전점검 실시

㉯ 보도원 행동제한 및 통제

㉰ 비인가자의 접근금지

㉱ 이착륙 주변 비행금지

㉲ 불심 검문(거동 수상 및 의심스러운 자)

㉳ 탑승권 진위 여부 확인

ⓒ **착안사항**

㉮ 악천후 때 운행금지

㉯ 도착지 기상조건이 매우 불량할 경우 시간계획 조정

㉰ 비상사태를 대비한 비상 활주로 및 도로 확인

㉱ 도착지에서의 정치, 경제, 종교, 인종문제 등으로 사회혼란(폭동) 시에는 착륙을 하지 않고 회항하도록 한다.

⇒ **초음속 여객기 제원**

제작국	미국	프랑스	러시아	일본
제작사	보잉 컨소시엄	유럽 컨소시엄	투폴레프제작국	과학기술청
기 종	HSCT	ES	TU－144	－
최대속도(마하)	2.4	2.2	2.0	2.2
탑승규모(명)	3백	2백50~3백	3백	3백
항속거리(km)	9천 6백	1만	1만	1만 1천

② 주요 항공기 납치 및 폭파사건 일지

· 31. 2 　　　　페루에서 최초의 피랍사건 발생

· 48. 7 　　　　마카오발 홍콩행 캐세이패시픽 여객기가 중국인 4명에 피랍, 25명 사망

· 74. 9. 15 다낭에서 사이공(현 호찌민)으로 향하던 에어베트남 보잉727여객기 납치범에 의해 피랍 후 공중폭발, 탑승자 71명 전원 사망

· 76. 7. 3 탑승객 244명 태운 에어프랑스 여객기 팔레스타인들에게 우간다 엔테베공항에 피랍. 이스라엘특공대 승객 구출 도중 인질 3명과 납치범 7명, 우간다군 20명 사망

· 77. 10 서독 루프트한자항공 여객기 팔레스타인들에게 피랍. 소말리아 모가디슈 억류 중 서독 특공대 승객구출. 생존 납치범 수하일라 안드로스 1996년 11월 독일함부르크법정서 12년형 선고

· 77. 12. 4 페낭에서 싱가포르로 향하던 말레이시아항공 보잉737여객기 일본적군파에 의해 피랍 후 공중폭발, 탑승객 100명 사망

· 85. 11. 23 아테네에서 카이로로 향하던 이집트항공소속 보잉737여객기 피랍, 이집트 특수부대의 구출작전 과정에서 61명 사망

· 86. 9. 5 팬암 소속 보잉747시항공기 국제혁명기구 소속 납치범 4명에 피랍, 구출과정에서 22명 사망, 104명 부상

· 94. 12. 24 승객 239명 태운 에어프랑스 소속 여객기가 알제리 회교과격세력에 피랍. 승객 3명 살해. 납치범 4명 프랑스특수부대가 전원사살

· 95. 11 그리스여객기 에티오피아인들에게 피랍

· 96. 11 에티오피아항공 여객기 피랍. 코모로 인근 인도양 추락

· 00. 3. 15 러시아 여객기 체첸인들에게 피랍, 터키에서 러시아로 가기 위해 이륙한 지 30분 뒤 납치하여 러시아군이 체첸을 공격하지 말 것을 요구, 승객 162명 중 사상자 없음

· 01. 9. 11 오사마 빈 라덴의 사주를 받아 미 세계무역센터 및 미 국방부 건물 항공기 충돌폭파테러사건

· 10.10 예멘 사나에서 미국 시카고로 발송된 항공기 화물에서 폭탄소포 폭발물이 발견되었다. 항공기가 이륙했을 때 공중에서 무선 리모콘이나 자동 폭파장치로 터뜨려 항공기를 폭파시키는 테러를 기도한 사건(폭탄은 컴퓨터 프린터 카트리지 뒤에 숨겨져 있었음)

③ 청와대 대통령전용기

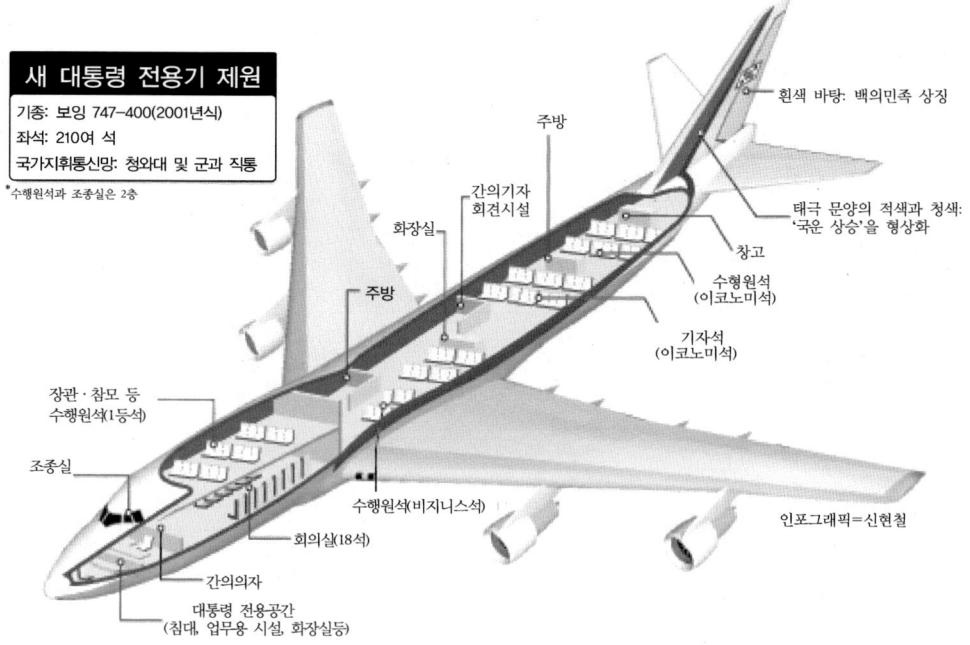

새 대통령 전용기 제원
기종: 보잉 747-400(2001년식)
좌석: 210여 석
국가지휘통신망: 청와대 및 군과 직통
*수행원석과 조종실은 2층

흰색 바탕: 백의민족 상징
태극 문양의 적색과 청색: '국운 상승'을 형상화
주방
간이기자 회견시설
창고
수행원석 (이코노미석)
기자석 (이코노미석)
화장실
주방
장관·참모 등 수행원석(1등석)
조종실
수행원석(비지니스석)
인포그래픽=신현철
회의실(18석)
간이의자
대통령 전용공간 (침대, 업무용 시설, 화장실등)

보잉747-400 기종은 원래 좌석 수가 416석이지만 210여 석으로 줄여 그만큼 앞뒤 간격이 넓어졌다. 회의실은 18개 좌석을 밀도 있게 배치하고 필요에 따라 보조의자도 놓을 수 있게 해 최대 30명 이상 동시 회의가 가능하도록 만들어졌다. 비상상황이 발생했을 때를 대비해 청와대와 군을 직접 연결할 수 있는 군 통신망과 경호통신, 위성통신망도 구비했다. 이명박 대통령과 수행원을 태운 전용기는 11일 오후 5시 처녀비행을 시작해 13시간여 동안 태평양 상공을 횡단해 미국 현지 시간으로 11일 오후 7시 워싱턴D.C. 인근 앤드루스 공군기지에 안착했다. 조종은 보잉747기종 운항경험이 많은 대한항공 소속 기장이 맡았다. 승무원은 공군과 대한항공 승무원이 혼합 배치됐다. 공군과 경호처는 장기적으로 조종사와 승무원을 모두 공군 요원으로 대체할 방침이라고 밝혔다. 청와대 경호처 관계자는 "앞으로 국내 업무에도 전용기를 되도록 많이 사용할 계획"이라고 말했다.

④ 미국대통령 전용기

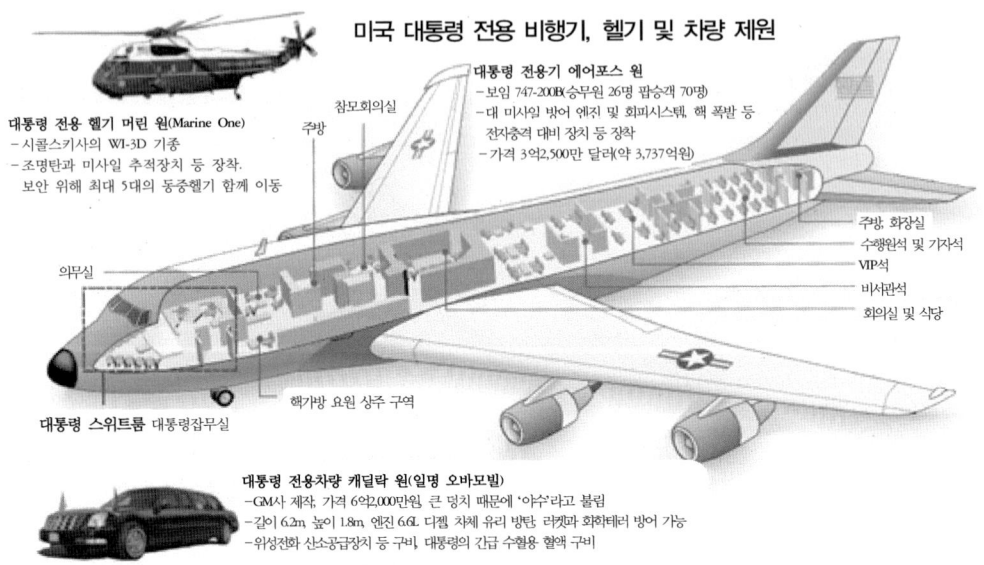

미국 대통령 전용 비행기, 헬기 및 차량 제원

대통령 전용 헬기 머린 원(Marine One)
- 시콜스키사의 WI-3D 기종
- 조명탄과 미사일 추적장치 등 장착.
  보안 위해 최대 5대의 동종헬기 함께 이동

참모회의실
주방

대통령 전용 에어포스 원
- 보임 747-200BK 승무원 26명 팝승객 70명
- 대 미사일 방어 엔진 및 회피시스템, 핵 폭발 등
  전자충격 대비 장치 등 장착
- 가격 3억2,500만 달러(약 3,737억원)

주방, 화장실
수행원석 및 기자석
VIP석
비서관석
회의실 및 식당

의무실

핵가방 요원 상주 구역

대통령 스위트룸 대통령잠무실

대통령 전용차량 캐딜락 원(일명 오바모빌)
- GM사 제작, 가격 6억2,000만원, 큰 덩치 때문에 '야수'라고 불림
- 같이 6.2m 높이 1.8m 엔진 6.6L 디젤 차체 유리 방탄 로켓과 화학테러 방어 가능
- 위성전화 산소공급장치 등 구비, 대통령의 간급 수혈용 혈액 구비

(4) 선박경호

선박은 육로 이동과는 달리 해상 이동이기 때문에 자연재해 문제로 여러 가지 위험이 잠재되어 있다. 장거리 및 장시간 이동 중에 변화되는 기후와 해면의 파도가 가장 큰 위험이며 장기간 항해해야 하는 문제들과 기관 고장 등으로 인한 바다에서 표류가 불가피한 상황에서 구조 전까지 견딜 수 있는 예비연료 및 식량 등을 준비하는 세밀한 계획을 세워야 한다. 또한 선박경호의 일반적 예는 대개가 여객선 및 유람선 상황이 많을 것으로 본다. 경제 수준이 높고 선박 제조기술이 발달하면서 대형선박이 견고화되고 있으며, 이를 이용하려는 관광객이 늘어나고 있기 때문이다. 우리나라에서도 남북한 관계 개선으로 금강산관광과 관련한 대형 관광선이 운행되고 있다.

세계 최대 여객선은 미국 카니발사에서 4억 2,500만 달러(약 3,300억 원)를 들여 발주한 카니발 테스티너티 이 배는 14층의 내부갑판에 객실 1,321개와 각종 무대시설, 숙박시설, 오락시설, 수영장 등 초호화 호텔급으로 제작, 승객 3,400명에 승무원 1,000명이 탑승할 수 있는 초대형 초호화 여객선이다. 이러한 초대형 여객선은 비록 해상에 있지만 지상 내부에서 필요한 경호 실시요령과 동일한 계획하에서 경호업무를 실시하는 것이 좋다.

⇒ **크루즈여행:** 전 세계에 2만 톤에서 9만 톤에 이르는 120여 척 운행 이용객이 한 해 6백만 명, 200~400만 원, 5박 6일. 로얄카리비안 크루즈, 홀리데이 인터내셔널 과 같은 회사가 그중 가장 규모가 있는 것으로 파악되고 있다.

① 선박이용 경호계획

㉠ **선박 선택**

  ▶ Hyundai Pongnae

　　−5층 VIP 객실 6동 예약(VIP가족 2동, 수행팀 1동, 경호팀 2동, 경호작전본부 1동)

　　−안전시설 기준, 비상상황 대응수준, 기후영향 정도 분석 후 선박 선택

㉡ **선박이용 경호작전**

  ▶ 일반계획

　　−5층 객실 등 일부 CCTV설치(경호작전본부 설계−사전협조)

　　−탑승 전 선박 내 점검(운항사 및 보안기관 사전협조 요청)

　　−인원 및 물품, 기계 등에 대한 안전점검 전 출항금지(협조 요청)

　　−폭발성 폭탄 발견 시 제거 및 안전조치

　　−객실 등 비상사태에 대비한 비상구 및 대피 · 구조 · 초동조치 장비 확인

▶ 운행계획

　　－5층 객실 외부인 출입통제(일부통제)

　　－일반인의 접근을 막는 차단선 설정

　　－해운 항로 규정준수 및 확인

　　－승객 및 승무원 신상 재확인(경호대상자 접근자 한정)

　　－의심스러운 물품 재확인

　　－비상사태에 대비한 비상구 및 대피·구조 장비 확보

　　－화재 진화장비 위치확인 소화장비 확보 비치

　　－운행 중 폭발성 폭탄 발견 시 제거 및 안전조치

　　－거동수상자 감시(테러용의자)

▶ 비상계획

　　－사태발생 시 침착, 안정 유지

　　－안전장비 최대 활용

　　－비상탈출 장비 사전준비(휴대가능 비상보트, 튜브박스 등)

　　－테러기도자 발생 시 선박보안승무원과 협조 제압

▶ 착안사항

　　－악천후 때 가능한 운행금지

ⓒ 전세선박 이용 시

▶ 일반계획

　　－승무원 신상확인

　　－인원 및 물품, 기계 등에 대한 안전점검 전 이륙금지

　　－비상사태에 대비한 비상구 및 대피·구조·초동조치 장비 확인

　　－폭발성 폭탄 발견 시 제거 및 안전조치

　　－안전장구의 비치 유무확인(위치확인)

　　－선박 출항대기 중 경호활동

　　　· 정박된 선박 주위의 안전점검 실시

경
호
실
무
Ⅰ

- 비인가자의 접근금지
- 선박주변 운항금지(협조사항)
- 불심검문(거동 수상 및 의심스러운 자)
- 의심스러운 물품확인

▶ 운행계획
- 해운항로 규정준수 및 확인
- 승무원 신상 재확인
- 의심스러운 물품 재확인
- 비상사태에 대비한 비상구 및 구명보트 등 확보 유지

▶ 비상계획
- 사태발생 시 침착, 안정 유지
- 안전장비 최대 활용
- 비상탈출 장비 사전준비
- 테러기도자 발생 시 제압

② 착안사항

㉠ 선박을 선택할 때에는 기후와 파도에 견딜 수 있는 형태와 크기를 갖춘 것이어야 한다.

㉡ 선박 안에 인명구조 및 비상시설이 충분한지 확인한다(비상헬기, 호위선박 운용, 구명정 확보).

㉢ 완전한 숙식이 가능하며 여행 중 불편이 없도록 제반시설 점검한다.

㉣ 경호요원은 귀빈과 일반 승무원의 불필요한 접촉을 예방하고 귀빈 선박에 기타 선박의 접근을 경계한다.

> ☞ 선박 사고(최대 해난사고)
>
> 1912년 4월 10일 영국의 호화 유람선 타이타닉호 침몰사고로 타이타닉호는 당시로서는 세계 최대(4만 6,328톤), 초고속(26노트) 호화 여객선으로 승객과 승무원 2,224명을 태우고 사우샘프턴 항을 떠나 뉴욕으로 가던 중 출항 나흘째인 14일 밤 11시 40분께 뉴펀들랜드 동남쪽 432km 해상에서 거대한 빙산과 충돌, 침몰했다. 이 사고는 1,503명이 수장되는 세계 해난사상 최악의 참극으로 기록되고 있다.

(5) 기타(현금, 골동품 기타 중요기밀물건 호송경호)

특정한 장소로부터 지정된 장소까지 특수한 장비를 갖춘 호송차로 현금, 귀금속, 골동품, 미술품, 중요 서류 및 물품 등을 안전하고도 능률적으로 호송하는 경호 작전이다.

도난, 파손 등의 사고 방지가 중점이 되며 통상적으로 본부나 경찰과 통신 체계를 갖추어 경호한다. 가능한 한 이러한 경호는 비밀리에 추진하는 것이 비교적 안전하다. 이러한 귀중품은 경제성이 뛰어나기 때문에 탈취할 목적으로 범행을 실시하게 된다.

세계는 경제전쟁에 들어서면서 정보전을 벌이고 있다. 정보는 돈이다. 즉 첨단정보를 노리는 산업 스파이로부터의 좋은 프로젝트 또는 장비 설계도면 등에 대한 기업 중요문서 경호 등이 중요시되고 있다.

산업 스파이들은 총, 칼 대신 온갖 첨단장비를 무기 삼아 007처럼 활약 중이다. 이들은 그들이 노리는 기업의 기술력을 훔치거나 강탈하는 임무를 수행한다. 1980년대만 해도 국내 기업의 기술력 수준상 도둑맞을 만한 정보가 드물었으나 21세기 들어서 정보통신기술과 IT기술, 핵기술, 반도체기술, 항공기술 및 기타 첨단과학기술 등 빼앗길 만한 고급 정보가 많아졌기 때문에 산업 스파이들이 우리 기업에 몰려들고 있는 상황이다.

기업이 많은 인력과 장비 그에 따르는 수백억 원의 비용을 투자해 개발한 첨단소재 정보의 핵심이 담긴 A4 용지 크기 서류로 유출된 신제품이 외국에서 특허권으로 확보되었거나 상품이 동시에 발매되는 경우에는 기업에 엄청난 경제적 손실이 오는 것이다. 때에 따라선 기업이 파산되기도 한다. 이러한 기업정보 관리 차원에서 보관상 보안에는 많은 첨단장비를 들여 설치, 운영하고 있지만 정작 이동 시 보안책에 대해서는 매우 허술하다. 정말 중요한 문서는 통신으로 전달할 수 없다. 통신은 편리성 및 경제성 면에서는 우수하지만 이러한 통신은 이동보안에 많은 허점이 있기 때문이다.

다시 말하면 무선 통신은 100% 도청이 가능하며 유선(전화 · 팩스 · 컴퓨터 등)도 가능하기 때문이다. 따라서 중요 문서의 이동은 사람이 이동시켜야 하기 때문에 경호가 매우 중요시된다.

    ㉠ **착안사항**
        ⓐ 도난 방지   ⓑ 파손 방지
        ⓒ 훼손 방지   ⓓ 비밀리에 추진
        ⓔ 보관함 추진   ⓕ 본부 이동 간 상황 수시 보고 원칙

20) 육로이동대책(예)

☞ **육로이동(행차로) 근접경호 대책**

도심지 주요 지점(도로·건물·지하도 등)이나 산악 및 야지지역(감제고지·교량·터널 등) 또는 기타 필요하다고 인정되는 특정지역에 경호요원이 운용될 수 있다. 특히 경호임무수행 중 시민의 불편을 덜어 줄 수 있도록 깊은 배려가 선행되어야 한다. 시민의 불편이나 불만을 고조시킴은 궁극적으로 경호대상에게 피해를 줌을 인식하여야 한다. 그러므로 시민에게 불편을 주지 않고 경호임무에 완벽을 기하기 위하여 세심한 주의와 현지의 면밀한 분석이 요구된다. 초소운용이 가능한 지역별 배치요령은 다음과 같다.

① 시가지

육교, 지하도 입구, 교차로, 커브길 등은 경호요원 배치 기준보다 증가하여 배치하고 반드시 책임자를 배치하여야 한다.

② 시내간선 도로 및 국도

연도변의 마을, 휴게소, 교량, 육교, 터널, 암지, 감제고지 등 취약지에 배치하여 인파가 연도에 몰리는 점을 감안하여 인적이 한적한 곳은 고려치 않아도 된다.

③ 고속도로

교량, 육교, 터널, 협곡, 지하도, 휴게소, 감제고지 등에 경호요원을 배치하고, 기타 취약지점에는(현지 경찰에 의해 배치하고 교차로 등지에는 경찰의 협조를 받아 경호 및 안내토록 한다) 정부 해당관청의 행정협조를 구하여 실시토록 한다.

④ 철도

　　㉠ **교외지역:** 철교, 육교, 건널목, 터널, 커브길, 감제고지 등에 배치하여 취약지역 및 마을에는 평상복 경호원 배치

　　㉡ **통과역:** 대합실, 출입구, 구름다리, 지하도, 건널목, 입환장치, 신호장치, 전원장치 등에 배치하여 기계설비는 철도 전문요원과 합동으로 기술점검을 실시

⑤ 육교

　　㉠ 육교의 난간과 계단을 점검하여 불안전 여부 확인

　　㉡ 육교의 위험물 배치 및 부착 여부 확인

　　㉢ 요인 통과 직전에 육교 출입구에 위치하여 통행을 차단하고 사람 및 위험물 접근을 방지

　　㉣ 육교 양측에 군중의 운집을 방지하여 군중의 정리 및 경계임무를 수행

　　㉤ 거동 수상자에 대한 검문검색 실시

⑥ 교량

　　㉠ 교량 양측과 상·하에 대한 안전점검을 실시하고 안전유지

　　㉡ 요인 진입직전 교량 좌·우측 경계 및 출입자 경계

⑦ 지하도

　　㉠ 지하도 내·외부에 대한 안전점검을 실시하고 위험물질의 설치, 부착, 방치물을 확인하고 제거

　　㉡ 지하도 내·외부에 대한 군중의 동정을 세밀히 관찰하고 거동 수상자에 대한 검문검색을 실시

⑧ 터널

　　㉠ 터널 내부에 대한 안전점검을 실시하고 위험물질 설치 여부 확인

　　㉡ 터널 양 입구 주변에 관한 검색을 실시하고 안전을 확보한다. 요인 통과 직전에 터널입구 좌·우측에 위치하여 통행 차량 및 통행인에 대한 통제를 실시하고 주변 경계를 수행

⑨ 산악

　ⓐ 산악에 배치되는 경호요원은 정상 또는 감제할 수 있는 지점이나 용의자 접근이
　　 예상되는 주요 접근로에 2인 1조 단위로 행동하도록 조치

　ⓑ 특히 협곡 또는 절벽이 있는 지역은 낙석물에 대한 안전조치가 요구

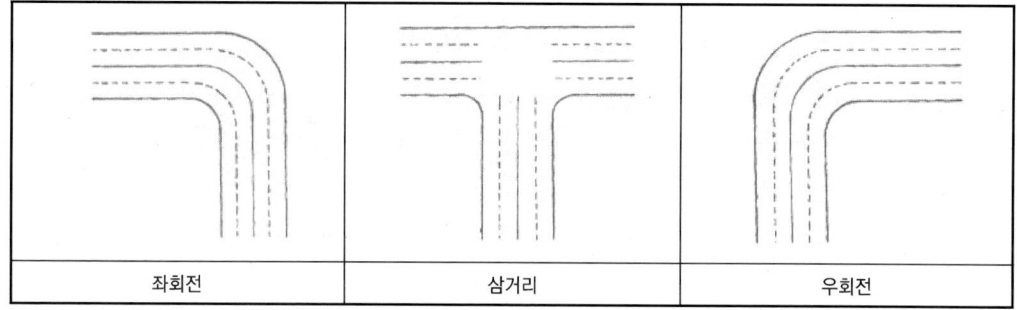

| 좌회전 | 삼거리 | 우회전 |

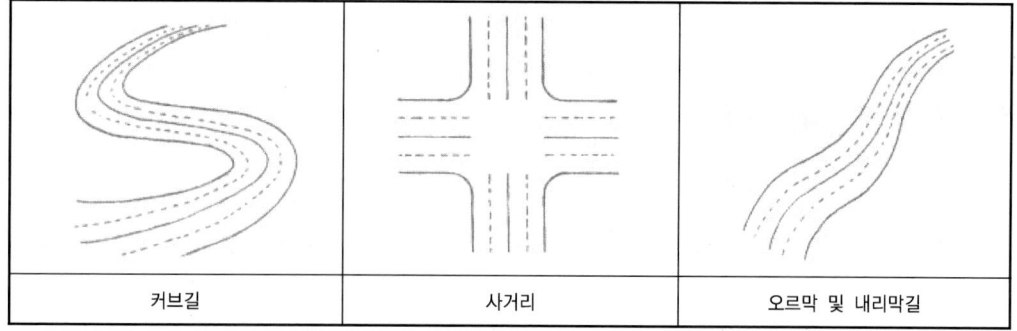

| 커브길 | 사거리 | 오르막 및 내리막길 |

| 다리 | 절벽 |

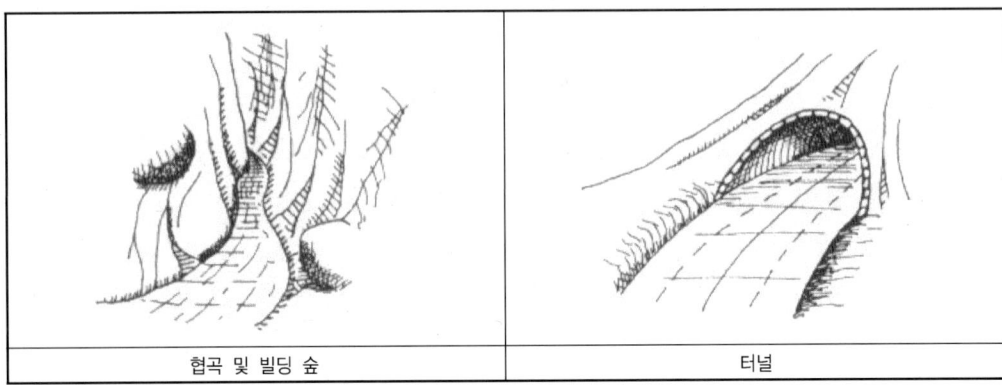

| 협곡 및 빌딩 숲 | 터널 |

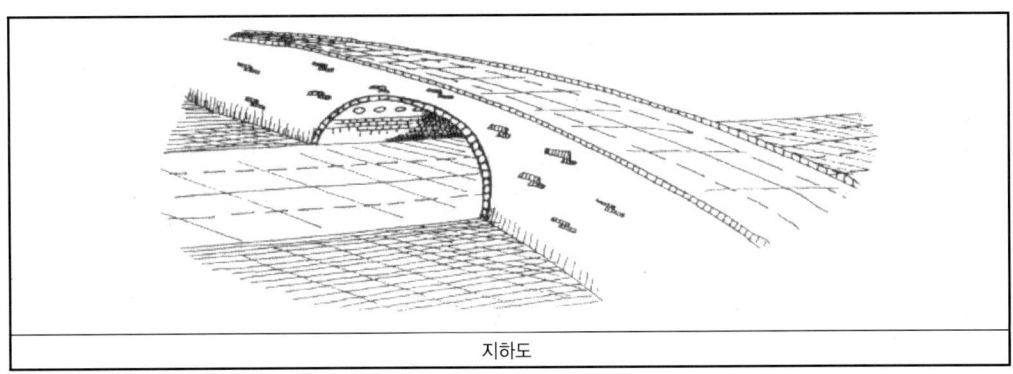

지하도

21) 경호안전에 대한 3대 원칙

신변보호상의 위해 요소를 미연에 방지, 제거하기 위하여 순찰 출입통제 · 검측장비 등을 활용한 안전검색을 경호대상자의 숙소와 행동반경 전역에 걸쳐 안전성을 검사하고 계속하여 안전을 유지하는 3대 활동의 원칙을 말한다.

      ㉠ **안전점검** ┌ 폭발물 등 각종 유해물 탐지 제거

               └ 지형지물을 이용한 저격 등의 위험상태 점검

      ㉡ **안전검사:** 이용하는 기구 시설 등의 안전상태 점검

      ㉢ **안전유지:** 안전상태 유지를 위한 점검 등 통제 활동

  ① 안전점검

인적 · 물적 · 지리적 위해 요소를 도출, 파악하여 도출된 위해 요소를 철저히 제거하며 안전조치 후 현장보존을 철저히 하여야 한다.

㉠ 안전점검 실시요령

ⓐ **연도변:** 교량, 육교, 고가도로, 철도, 지하도, 맨홀, 아치, 건널목, 터널, 가로수, 전신주, 가로등, 공중전화 등 기타 연도변 전 시설물에 대한 안전조사 실시한다.

ⓑ **행사장 및 숙소:** 승강기, 보일러실, 소방시설, 배설장치, 전원시설, 유류고, 폭발물 취급소, 기타 위험물을 전부 조사한다.

㉡ **안전조사 실시요령:** 새로운 것이나 이례적인 것에 세심한 주의, 선견지명을 가지고 발생 가능한 위험을 예상하고 자신이 취할 수 있는 조치에 신경을 집중하여 경계선을 통과하는 데 사용될 수 있는 속임수, 위장, 가장, 구실 등을 예상 및 간파할 수 있어야 한다.

② 안전검사

㉠ **인원에 대한 안전검사:** 경호요원은 경호대상이 접촉할 수 있는 모든 종업원, 정기 방문자, 요인 가족 및 공고 인사들을 인지할 수 있도록 출입요원의 사진 및 인명록을 참조하여야 한다.

159

ⓐ **통제대책**

㉮ 경호요원은 예상되는 귀빈이나 방문자의 명단을 사전에 확보하도록 노력해야 한다.

㉯ 경호대상이나 경호대상의 비서 등의 허가가 없으면 어떤 방문자도 출입해서는 안 된다.

㉰ 종업원이나 정기 방문자에게도 적절한 신원조사 이후에 출입증을 발행해 줘야 한다.

㉱ 방문자들은 단지 특정 출입구만을 사용할 수 있도록 하여 그들이 허가된 지역으로 곧장 들어가서 업무가 끝난 직후에는 구내를 바로 떠날 수 있도록 통제되어야 한다.

㉲ 구내로 들어오는 장비나 물건들은 그 내용물에 대해서 어떤 경우든 조사되어야 한다.

ⓑ **신원확인**

㉮ 모든 출입자는 신원을 인정받을 수 있는 신분증명서를 제출하여야 한다.

㉯ 최선의 신원 증명서의 특징

- 신뢰성 있는 기관에서 발행한 것이어야 한다.
- 신분증 발행기관이 신분증 소지자의 신분을 보장할 수 있는 것이어야 한다.
- 신분증 발급이 엄격하고 발생상 많은 시간이 경과되는 신분증일수록 좋다.
- 신분증 자체를 위조할 수 없도록 제작되어야 한다.
- 어떠한 신분증도 위조나 변조될 수 있다는 사실을 명심해야 한다.
- 통상 신분증에는 여러 가지 확인사항이 있어야 한다.
- 경호요원은 제시된 모든 확인사항을 검토하고 신분증 소지자와 그 사진 및 인물의 특징을 비교해야 한다.
- 낯선 사람의 외모, 행동과 업무내용에 대한 지식 등이 신분증에 적합한 사람인가에 주의를 집중한다.

ⓒ 표정을 잘 관찰한다.

ⓡ 다음과 같은 곳은 폭약, 도폭선, 뇌관 등을 숨기기 쉬운 곳이므로 특히 면밀히 검사해야 한다.

- 높은 하이힐(구두) 속, 핸드백
- 머리카락 속, 발목
- 넥타이 속, 구두, 혁대, 양말, 장신구 등

ⓛ **시설물 및 구조물에 대한 안전검사**

ⓐ 방 안의 소리를 듣는다(가청음 조사).

ⓑ 방 안은 반복 검측을 실시한다.

ⓒ 높이를 4등분하여 바닥, 미니 가구, 장롱, 천장 순으로 검사한다.

ⓓ 벽 주위로부터 검측 후 방 중앙을 향해 단계적으로 검사한다.

ⓔ 눈높이 이상의 대상물은 가능한 한 발판으로 삼을 만한 물건을 들고 올라가 검측할 필요가 있다.

ⓕ 통로보다는 측면 벽, 아래보다는 높은 곳에 주의한다. 의심나는 곳에는 반복 검측하여 확인한다.

ⓖ 전자제품, 가구 등은 분해하여 검측하고 확인 불가능하고 의심나는 것은 제거한다.

ⓒ **건물 및 구조물에 대한 조사:** 철근 콘크리트 건물인가 또는 목조 건물인가, 지붕은 슬레이트 기와인가 창고인가 등 구조 구별, 건조연수가 얼마나 되는가, 그 강도나 양식은 근대적인가, 사용이 편하게 되어 있는가, 경호상의 난이도 등을 파악해야 한

다. 또한 건물 시설 내·외의 제 시설은 방재상 법으로 규정된 물건을 충족하고 있는가, 엘리베이터, 에스컬레이터, 집무실, 주차장 등의 보안·보수 관계는 철저한가, 출입구 및 공도와의 격차의 안전성은 충분한가 하는 점 등을 확인해야 하며 장소가 협소하고 인적이 드문 장소 등은 상세히 파악해야 한다.

예를 들어서 어떤 큰 행사가 있는 장소로 그 입구가 있다고 하자. 출입통로를 조사한 결과 평소에는 위험이 없지만 많은 사람이 일시에 나오려 했을 때 사람과 사람이 부딪히며 넘어진다면 압사되어 인명 손실이 발생되거나 입구에 출구 난간이 있다면 그 견고성과 재질에 따라 사람이 추락할 위험이 있을 수 있다.

이러한 문제들을 점검한다면 행사 출입을 보다 효율적으로 운용하여 사고를 미연에 방지할 수 있을 것이다. 평상시에는 아무런 위험이 없다 하더라도 외견만으로는 알 수 없는 취약성을 가질 수 있음을 항상 주의해야 한다.

ㄹ **기계설비 등의 유무:** 기계설비를 갖추고 있는가의 유무, 문짝 창문 등이 파손된 채 방치된 곳이 있는가, 열쇠의 보관 상태는 어떤가 등을 확인하고 외부로부터 사다리나 로프 등을 사용하지 않고 침입할 수 있는 개소나 침입에 이용될 수 있는 나무, 건조물, 전봇대 등이 있는가를 확인한다. 또한 재해사고 시를 대비한 소화설비(소화기), 피난용 기구, 설비의 완전 여부 등을 철저히 준비해야 한다.

ㅁ **실외의 검측:** 실외의 검측은 실내의 검측보다 활동 무대를 둘러싼 주위의 환경이 역전의 번화가인가, 높은 건물이 밀집된 빌딩 숲인가, 그리고 주택가인가, 공단 또는 교통이나 주요 도로와의 관계는 어떻게 연결되어 있는가, 부근에 화재 또는 폭발사고 위험이 있는 시설은 없는가, 폭풍이나 태풍과 같은 자연 발생으로 수해 및 화재로 비상사태에 대비한 피난장소는 어디에 있는가 등 모든 사항을 자세히 확인해야 한다.

ㅂ **외부인의 출입사항:** 각 요일별 내방객의 신상확인, 고객의 계층, 감독관청 등의 관계 공무원 출입, 차량류의 출입상황, 주된 반출입 물품, 전기·가스·수도 등의 공사 관계자 출입, 건축 수리, 개조 공사 등을 위한 작업원의 출입 유무 등을 조사의 대상으로 그 모든 상황을 빠짐없이 파악할 필요가 있다.

③ 안전유지

ⓐ 시설물 규모 및 취약성을 감안하여 충분한 교대 요원을 확보하여 24시간 계속

안전을 유지한다.

ⓑ 안전유지를 위한 광범위한 지역 경비는 지원 요원을 투입, 경계 근무를 더욱 강화한다.

ⓒ 안전유지를 위한 지원요원은 경호 본부장의 지휘에 따른다.

㉠ 검측지침

ⓐ 검측지역을 명확히 구분하고 밖에서 안으로, 아래에서 위로, 좌에서 우로 구체적으로 실시한다.

ⓑ 점과 선에서 실시하되 가까운 곳에서 먼 곳으로 실시한다.

ⓒ 통로보다는 양 측면, 아래보다는 높은 곳, 의심나는 곳은 반복해서 실시한다.

ⓓ 물품은 분해하여 실시한다(전기 제품 등).

ⓔ 비금속성 물체에서 금속성 반응을 확인한다(화분, 음식물).

ⓕ 확인 불가능한 것은 제거하고 어수선한 분위기는 정돈한다.

ⓖ 상대(적)의 입장에서 폭발물 설치 가능한 곳을 의심하며 검측 실시한다.

㉡ 세부 검측요령

ⓐ 최근의 개·보수 현황을 파악하여 집중적으로 확인 검측을 실시(위해도에 따라 충분한 시간을 고려)한다.

ⓑ 평면도, 단면도 등 설계도와 각종 측정 자료를 비교, 분석하여 검측범위 내의 방, 통로, 밀폐된 공간, 각종 비트, 사각지점과 천정 내부를 도상 확인한 후 검측한다.

ⓒ 통로상의 장애물, 방의 가구, 대형 기물, 천정 부착물, 무대 장치, 전등 등이 떨어지거나 넘어져 안전사고가 발생될 모든 요소는 사전 확인, 점검하여 제거 또는 보강 조치를 한다.

ⓓ 건물 내부 각방 검측 시 체계적인 검측을 실시하되 벽, 천정, 마루 등은 마음속으로 가로·세로 90㎝ 정도로 사각형으로 나누고 각각 사각형에 작은 구멍이나 균열, 최근 수리한 흔적, 기타 자유로운 곳을 세밀히 점검하며 필요시 가로·세로 5㎝ 사각형 부분마다 소리 변화를 점검한다.

ⓔ 문틀, 창문틀, 기타 접합부분을 검사하여 폭발물, 전선, 안테나선, 도청장치 등 숨기기 쉬운 틈이나 공간, 비어 있는 곳, 수리된 곳, 테이프 부착된 곳 등을 세밀히 검측한다.

㉓ 실내·외로 연결된 전선 추적 확인
- 양탄자는 뒤집어 보아 전선, 플라스틱 폭약 유무 등을 점검한다.
- 가능하면 모든 가구는 이동시켜 검측하고 창고 내의 어지러운 집기류 등은 외부로 이동시켜 검측하여 창고 내부를 정리해 놓고 봉인 조치를 한다.
- 소파, 침구, 의자 등 집기류는 내부공간을 눌러 보고 탐침으로 찔러 보거나 필요시 개봉하여 정밀 검측을 실시한다.
㉔ 독침, 도청, 소형 폭발물 등
- 방 안의 커튼이나 국기는 손으로 만져 보거나 펴 보고 창문 사이와 창문 밖의 이 상 유무를 확인한다.
- 모든 가구는 상단, 하단, 뒷면 등을 세밀하게 검측한다.
- 시계, 스피커 등 음향장비, 방송장비는 실무자와 협조하여 내부를 분해하여 점검하고 침실, 회의장, 휴게실 내부에 위치한 괘종시계는 검측 후 시계 종소리가 나지 않도록 조치한다.
- 사진틀, 족자, 그림 등은 내부 공간 여부, 부착상태, 뒷면 폭발물 설치 여부를 검측한다.
- 각종 소화기는 주 통로상을 회피하여 배치하고 사전에 소화기 내부를 분해하여 폭발물 설치 여부를 확인하다.

163

ⓒ **위해요소 점검 및 조치**
ⓐ 실내 체육관, 객석 천장과 같이 규모가 큰 천장 내부는 조도를 밝게 하여 검측을 실시하며, 다수의 검측요원을 동원하여 일정한 간격을 유지하면서 반복, 중복 검측을 실시하고 안전사고에 유의한다.
ⓑ 승강기는 기계요원과 같이 승강기 내·외부, 상하 측면 등을 조도가 밝은 손전등을 이용하여 정밀 검측을 실시하고 승강기 내부에 탑승하여 검측 시에는 안전에 유의하면서 시행 운전, 각 층 승강기문 내부와 비트 내부, 가이드, 와이어 상태 등을 점검하여 승강기 기계실 내부의 호이스트, 각종 제어장치 내부를 점검하고 안전유지 요원을 배치한다.
ⓒ 벽 내부, 공사부분 바닥 등은 시한식 폭발물 탐지청진기 장비 등을 이용하여 검측을 실시한다.

ⓓ 화장실 내부는 변기, 물통, 휴지통, 벽, 천장, 청소 도구함 등을 정밀 검측 실시하고 계속 사용하므로 행사 직전에 최종 검측을 실시한다.

ⓔ 행사장 주변의 내·외부의 소음 상태를 측정, 사전 대책을 강구(자동 모터 펌프의 소음 등)한다.

ⓕ 분해 곤란한 물품 등은 X-RAY 장비를 이용하여 검측하고 저울을 사용, 무게를 측정하여 검측하는 등 가능한 한 모든 수단을 동원하여 점검을 실시한다.

ⓒ **각종 상황대처 방안**

ⓐ **테러사건 발생 시**

㉮ 휴대장비 최대 활용, 즉각 조치

㉯ 현장 주변 유동인원 통제 및 접근 차단

㉰ 현장 상황실로 신속히 보고

㉱ 현장 통신망, 전기, 수도, 가스관, 유류 등 폐쇄 차단

㉲ 최초 목격자, 테러범과 접촉자 신변확보

㉳ 경찰대, 테러진압대 도착 시 테러범의 수, 위치, 휴대무기 종류, 수량 및 총격 방향, 접근가능 방향 등을 사전 파악하여 설명

㉴ 사상자 긴급구호 조치 및 후속사태 방지 병행실시

㉵ 보도진 접근 방지

㉶ 총기, 탄약 휴대 근무자는 테러범의 무장 성격(난사, 폭발물 투척, 방화)으로부터 인명 살상에 직면한 상황 발생 시 선조치를 취해 확산을 최소화

㉷ 지역별 조치요령

▪ 발생지역: 즉각 대응조치

▪ 즉각 반응가능 지역: 지원 거리 내 위치 시 즉각 지원(저격, 탐조 등)

▪ 전 비상요소: 경계 강화, 장애물 설치

ⓑ **폭발물 또는 유해물품 발견 시**

㉮ 폭발물 발견 경고

㉯ 주변 유동인원 동정 및 접근 차단조치

㉰ 현지 상황실에 보고

㉱ 금기사항

경
호
실
무
Ⅰ

- 만지거나 주위에서 담배를 피우지 말 것
- 움직이거나 옆에 노출시키거나 개봉 금지
- 전선이나 인계 철선을 끊지 말 것
- 노출된 선을 당기거나 가연성 물질을 옆에 놓지 말 것

ⓒ 신변보호 필요시

㉮ 신변확보 후 즉시 안전한 장소로 안내, 신변보호

㉯ 인접 근무자에게 협조 요청 및 현장 사무실에 즉각 보고(보안유지)

㉰ 만약의 사태로 신변보호를 요청해 온 사람이 납치되거나 인질이 되었을 때
  - 즉시 현장 상황실에 보고
  - 신고 시 범인의 인상착의, 범인의 수, 상황 등 포함

ⓓ 화재 발생 시

㉮ 소규모의 화재인 경우 휴대용 또는 인근 소화전, 소화기를 활용하여 긴급 소화 후 현장 사무실에 즉각 보고

㉯ 대규모 화재의 경우
  - 화재경보기 작동 및 현장 상황실에 즉각 보고
  - 주변 유동인원 대피 및 혼잡방지
  - 119 화재신고
  - 전기 화재 시 우선 전원 공급을 차단
  - 유류 화재 시 소화기, 모래 등으로 소화
  - 화재 시 정전이 되어 엘리베이터가 운행 도중 정지되면 탑승자 구출을 조치 토록 현장 상황실에 보고
  - 기타 전 비상구 신속 개방, 안전한 대피 유도

ⓔ 화재소화 방법

㉮ 냉각소화: 액체 또는 고체를 사용하여 열을 내리는 방법, 즉 삼각형 중 '열'이 란 한 변을 제거시키는 방법

㉯ 질식소화: 포말로 연소물을 감싸거나 불연속성 기체, 고체 등으로 연소물을 감싸 산소 공급을 차단하는 방법

㉰ 제거소화: 가연물을 제거시켜 소화하는 방법

㉱ 희석소화: 가연물 가스의 산소 농도와 가연물의 조성을 연소 한계점보다 엷

게 하는 소화 방법

ⓕ **소화 약제의 종류**

㉮ 물: 냉각, 질식

㉯ 홈: 질식, 냉각

㉰ 이산화탄소: 희석, 질식

㉱ 할로겐화물: 질식, 연쇄반응 억제

㉲ 분말: 질식, 연쇄반응 억제(미약하지만 냉각 효과도 있음)

22) 행사 경호 계획과 대책

행사 경호 계획수립은 그 범위가 넓기 때문에 여러 유형의 문제들로 행사의 차질을 갖게 할 수 있으며, 또한 여러 유형의 위험이 잠재되어 있기 때문에 구체적이고 실천 가능한 계획수립과 현지 상황에 따른 융통성 있는 것으로 계획해야 하며 이 외의 비상사태에 대비한 예비계획을 포함한 폭넓은 경호계획을 수립해야 한다.

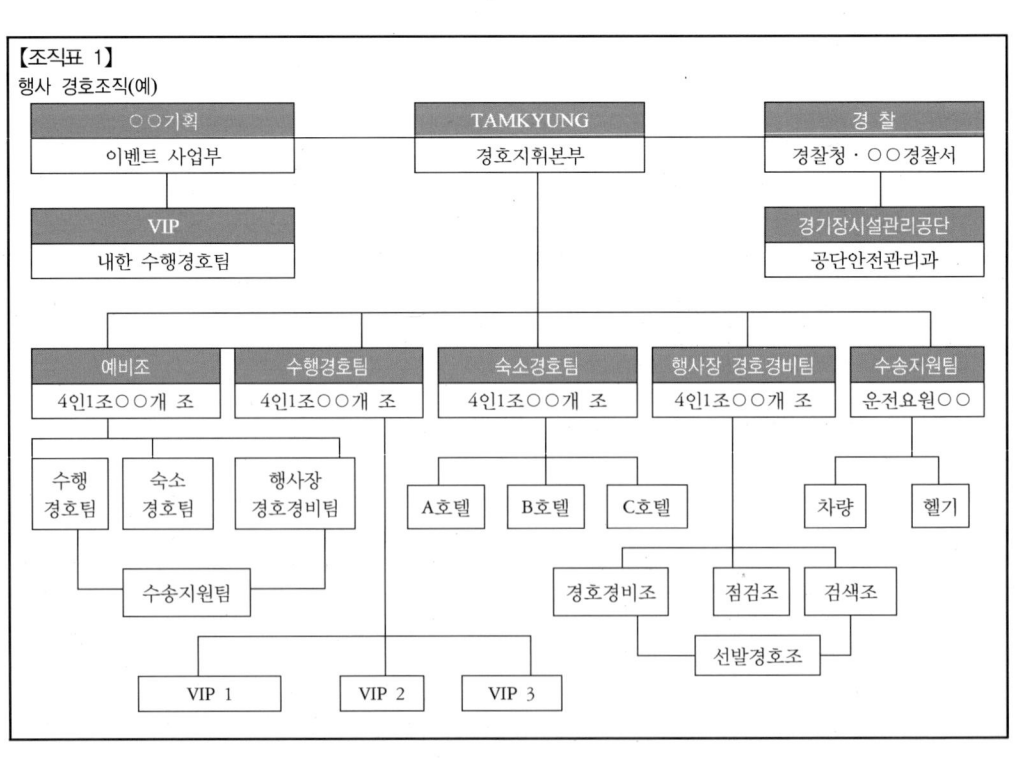

【조직표 1】
행사 경호조직(예)

【조직표 2】

경호지휘본부	· 임무경호작전 계획수립
본부장 1명	· 경호경비 전반적인 책임
1급 요원	· 지휘 및 통제 · 감독 · 행정 협조사항 조치 · 각 책임자 임명

직할팀장	직할 1	직할 2	직할 3	예비지원
1명	1명	1명	1명	1명
· 임무 · 본부장 보조 · 각 직할 업무조율 · ○○기획 행정업무 및 정보교환 · 경찰관서 및 유관기관 행정협조 · 각개 팀 임무부여, 팀장 임명 · 예비계획수립 · 세부계획수립 · 직할팀 예행연습 · 최종 준비확인 최종 종료확인 및 보고	· 임무 · 수행경호조 지휘감독 및 지원 · 숙소경호조 및 선발조 업무조율 · 기본계획수립 · 현장답사 · 세부경호계획수립 · 예행연습 · 각개 조 및 각개임무 확인 · 최종보고	· 임무 · 숙소경호조 지휘감독 및 지원 · 호텔, 보안부서 및 관계자 협조요청 · 수행경호조 및 선발조 업무조율 · 기본계획수립 · 현장답사 · 세부경호계획수립 · 최종보고	· 임무 · 선발조 지휘감독 및 지원 · 행사장 관리공단 및 관계자 협조요청 · 수행경호조 및 숙소경호조 업무조율 · 경찰병력 및 지휘관 업무조율 · 병원, 소방관계 기관 협조요청 · 기본계획수립 · 현장답사 · 세부경호계획수립 · 최종보고	· 임무 · 직할팀장 보조 및 각 직할팀 지원 · 장비지원 · 수송지원 · 급식지원 · 숙박지원 · 구조지원 · 각개 팀 지원사항 파악 · 각개 팀 지원내역 지원 · 최종보고

【조직표 3】

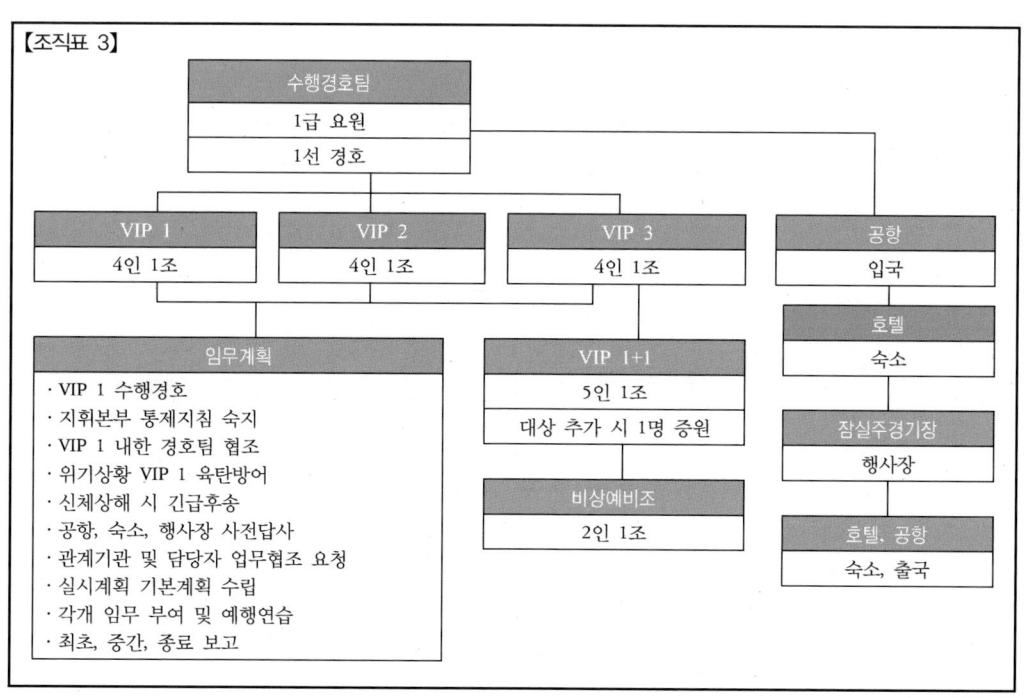

수행경호팀
1급 요원
1선 경호

VIP 1	VIP 2	VIP 3	공항
4인 1조	4인 1조	4인 1조	입국

임무계획
· VIP 1 수행경호 · 지휘본부 통제지침 숙지 · VIP 1 내한 경호팀 협조 · 위기상황 VIP 1 육탄방어 · 신체상해 시 긴급후송 · 공항, 숙소, 행사장 사전답사 · 관계기관 및 담당자 업무협조 요청 · 실시계획 기본계획 수립 · 각개 임무 부여 및 예행연습 · 최초, 중간, 종료 보고

VIP 1+1
5인 1조
대상 추가 시 1명 증원

비상예비조
2인 1조

호텔
숙소

잠실주경기장
행사장

호텔, 공항
숙소, 출국

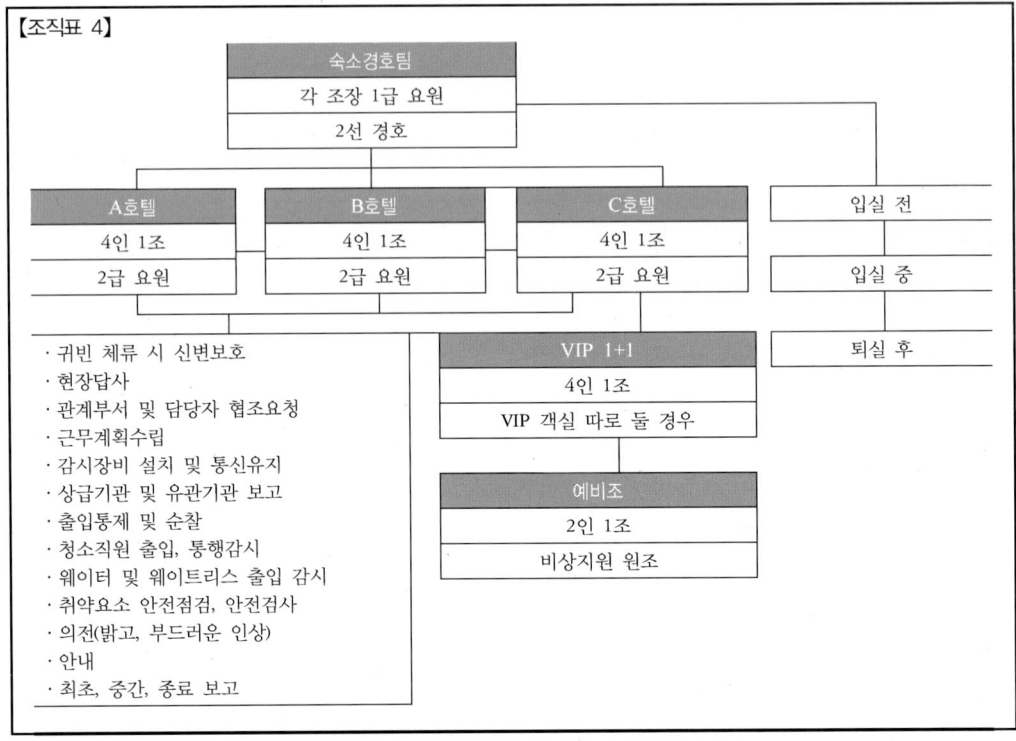

【조직표 4】

숙소경호팀
각 조장 1급 요원
2선 경호

A호텔	B호텔	C호텔	입실 전
4인 1조	4인 1조	4인 1조	입실 중
2급 요원	2급 요원	2급 요원	퇴실 후

VIP 1+1
4인 1조
VIP 객실 따로 둘 경우

예비조
2인 1조
비상지원 원조

· 귀빈 체류 시 신변보호
· 현장답사
· 관계부서 및 담당자 협조요청
· 근무계획수립
· 감시장비 설치 및 통신유지
· 상급기관 및 유관기관 보고
· 출입통제 및 순찰
· 청소직원 출입, 통행감시
· 웨이터 및 웨이트리스 출입 감시
· 취약요소 안전점검, 안전검사
· 의전(밝고, 부드러운 인상)
· 안내
· 최초, 중간, 종료 보고

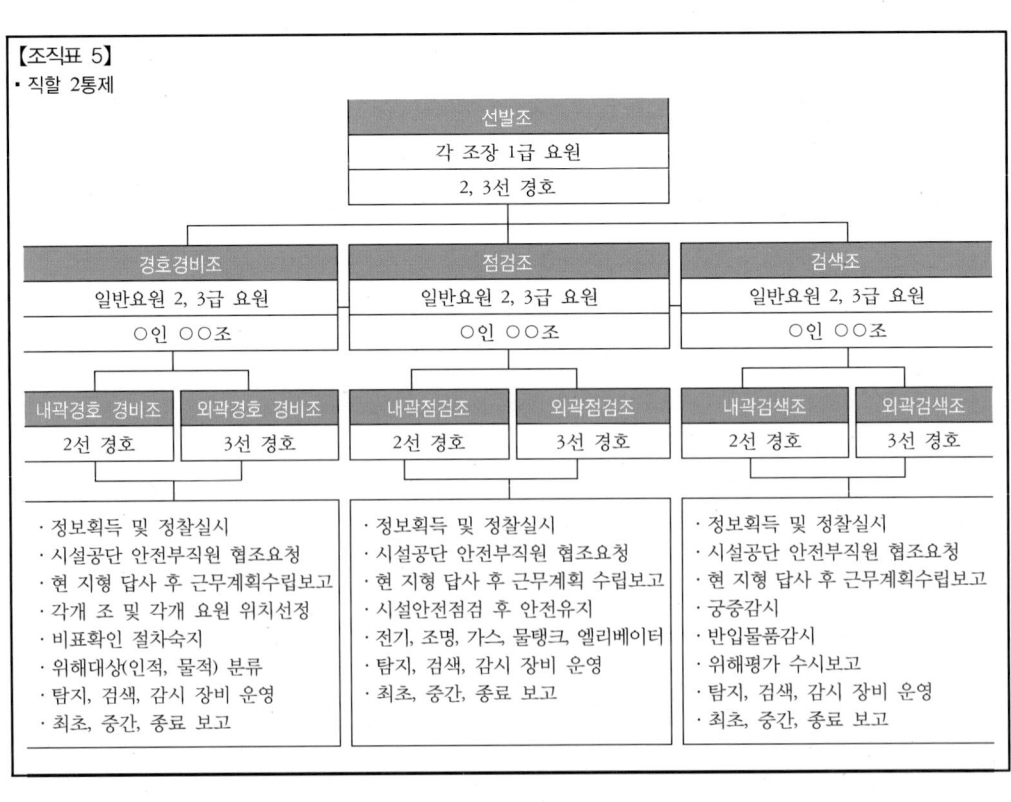

【조직표 5】
· 직할 2통제

선발조
각 조장 1급 요원
2, 3선 경호

경호경비조	점검조	검색조
일반요원 2, 3급 요원	일반요원 2, 3급 요원	일반요원 2, 3급 요원
○인 ○○조	○인 ○○조	○인 ○○조

| 내곽경호 경비조 | 외곽경호 경비조 | 내곽점검조 | 외곽점검조 | 내곽검색조 | 외곽검색조 |
| 2선 경호 | 3선 경호 | 2선 경호 | 3선 경호 | 2선 경호 | 3선 경호 |

· 정보획득 및 정찰실시	· 정보획득 및 정찰실시	· 정보획득 및 정찰실시
· 시설공단 안전부직원 협조요청	· 시설공단 안전부직원 협조요청	· 시설공단 안전부직원 협조요청
· 현 지형 답사 후 근무계획수립보고	· 현 지형 답사 후 근무계획 수립보고	· 현 지형 답사 후 근무계획수립보고
· 각개 조 및 각개 요원 위치선정	· 시설안전점검 후 안전유지	· 궁중감시
· 비표확인 절차숙지	· 전기, 조명, 가스, 물탱크, 엘리베이터	· 반입물품감시
· 위해대상(인적, 물적) 분류	· 탐지, 검색, 감시 장비 운영	· 위해평가 수시보고
· 탐지, 검색, 감시 장비 운영	· 최초, 중간, 종료 보고	· 탐지, 검색, 감시 장비 운영
· 최초, 중간, 종료 보고		· 최초, 중간, 종료 보고

【조직표 6】
• 직할팀(예비팀)통제

수송지원팀
각개 조장 1급 요원
1, 2선

VIP 경호 1호차
VIP

헬기
운전요원

선도차 2호차
수행원

- 공항 대기
- 숙소 도착
- 숙소 출발
- 행사장 도착
- 숙소 도착
- 공항 도착
- 행선지 및 정차와 주차지 확인
- 시간 엄수
- 선정병원 위치 확인
- 비상시 집결지 위치 확인
- 최초, 중간, 종료 보고

VIP 1호 헬기
경호대상

호위차량 3호차
수행원

VIP 2호 헬기
경호대상 및 수행원

169

【조직표 7】
• 예비지원통제

예비조
1급 요원
1, 2, 3선

수행경호팀	숙소경호팀	행사장 경호경비팀	수송지원팀
4인 1조	4인 1조	4인 1조	입국
2, 3급 요원	2, 3급 요원	2, 3급 요원	2, 3급 요원

임무계획

- 각종 장비를 휴대하고 유사시 즉각 출동할 수 있도록 장소에 대기
- 긴급 상황에서 신속히 대처할 수 있는 위치에서 비노출 승차대기
- 경호본부, 현지조장 및 경호요원과 통신망을 구성하여 수명이 즉시 출동할 수 있는 체제유지
- 대기 및 예비대 조장은 진행되고 있는 상황을 계속 파악하고 있어야 하며 출동차량·장비·복장들을 확인, 점검하여 언제라도 출동할 수 있도록 유지하고 대기 중인 경호요원은 일체의 개인행동을 금지하고 승차 상태에서 대기
- 차량통제에 관한 정보파악 및 유지(융통성 고려)

(1) 행사 경호 시 수행경호조를 제외한 조임무

가) 내 · 외부 검측조

행사장 내부를 귀빈 사용지역을 포함, 내 · 외곽별로 담당구역을 세분화해 책임제로 실시해야 한다. 또한 담당구역은 상호 중복되도록 구분하되 반복점검을 하며, 귀빈실 지역은 검측을 완료한 후 인원출입을 철저히 통제하고, 반입물품에 대해서는 별도로 세밀한 점검을 실시하여 안전이 확보되도록 해야 한다.

① 검측구역 및 대책

행사장검측은 각종테러 및 범죄 이외에도 난동 폭동으로 인한 관람객 안전과 시설물 안전차원까지를 포함해야 하기 때문에 검측범위를 3선경호구역으로 나누어 내부, 내곽, 외부 기준으로 설정한다.

그러나, 검측의 범위가 광범위하므로 지역별, 구역별로 세분화하여 책임구역에 대한 조편성을 실시하고, 가급적 단일통로를 구성해 문형금속탐지기 등을 설치, 인원 및 반입물품 등을 검색, 운동장, 행사장 내부 전체를 안전구역화해야 한다.

운동장, 행사장 검측의 조편성 구분은 내부검측조(4인1조 5개조 1팀),내곽검측조(4인1조 5개조 2팀) 외부검측조(4인1조 5개조3팀),등으로 현장에 맞도록 신축적으로 증감편성하고 차량검측조, 반입물품검색조, 장비운용조, 소방점검조, 전기점검조 등으로 편성운용한다.

㉠ 연도검측 대책

연도는 통행로 자체가 보안에 속한다. 행사장 내부 또는 근접지역에 대한 검측은 경호인력을 투입해 가능하겠지만 출발지에 따라 장거리가 될수 있고 이에 따른 검측은 사실상 어려움이 따를수 있다. 특히 공개된 행사이외에는 점검에 애로가 있다. 따라서 행정구역상 해당 치안 담당부서가 도로의 공사현황 등을 파악하여 원활한 교통소통과 안전유지 관리 되도록 협조요청 해야 한다. 또 통행로 좌우 건축물 또는 취약지역에는 일정한 인원을 투입하여 정밀점검을 실시하고 안전을 유지하며, 그 결과를 경호담당부서에 보고토록 해야 한다.

ⓛ 시설물 외부 점검 대책

시설물 외부는 가까운 곳에서부터 먼 곳으로 확산하여 점검을 실시하되, 차량의 하차지점, 현관, 입구주변부터 시작한다.

하수구, 맨홀 화단, 관상수, 수목, 등 가시권내의 바닥점검과 외등, 전신주, 홈통, 창문받이, 테라스 상부 및 특히 외부에서 내부로 침입 가능한 창문, 개구부, 환기구 등 위해물 부착여부를 확인한다.

ⓒ 시설물 내부 점검 대책

시설물 내부검측은 공중지역, 방지역, 기계시설지역, 숙소지역으로 구분 실시한다. 동지역에 따라 위해물 및 유혜품의 은닉 또는 위험인물 등으로부터 안전이 확보될 수 있도록 해야 한다.

ⓒ 공중지역 점검 대책

공중지역이라 함은 시설물을 통행하는 모든 사람들이 아무런 통제 없이 수시로 자유롭게 머물고 쉬는 장소를 말하는 것으로, 로비, 화장실, 계단, 복도 등을 말한다. 이 지역내에 있는 화분, 의자, 탁자 자동판매기, 텔레비전 , 식수대, 공중사용전화, 화장실, 쓰레기통, 청소도구함, 계단실, 창고, 복도의 사각지점을 말한다. 동 시설에 대해 각종 안전사고를 유발할 수 있는 시설의 특징 과 은닉가능 한 무기류 또는 각종 허가되지 않은 물품의 비치 여부 등을 확인 제거토록 해야 한다.

171

ⓜ 방지역 점검 대책

방지역은 어떤 일이나 현상이 일어나지 못하게 막은 구역으로 기존의 관리자에 의하여 통제된 구역을 말한다. 동 장소의 특징은 상시적으로 통제된 구역으로 관리자에 의하여 통제된 구역으로 관리자 이외 일반인에 의한 출입이 불가능 하다고 생각할 수 있지만 위해기도 자들에 의하여 은신처나 위해 기도에 사용될 각종 무기등을 은닉하는 장소로 사용될 수도 있다.

ⓗ 기계시설지역 검측 대책

기계시설지역 이라함은 보일러실, 공조실, 전기실 및 각종기계장치로써 작은 기계하나 동작으로 보안시스템,점등,환기,수도,가스,엘리베이터,에스켈러이터등 전체 건물을 마비시킬 수 있는 지역을 말한다. 기계특성에 따라 전문가의 조언을 받아 정밀 확인 점검이 이루어지도록 한다.

　ⓐ 숙소지역

숙소지역은 경호대상자가 야간 유숙을 전제로 하는 지역으로 일반 자택 또는 공관, 호텔로 구분할 수 있으며, 숙소지역은 경호대상자가 유숙을 전제로 하므로 먼저 시설물 내부지역점검을 완료해야 되고, 아울러 온도조절을 위한 냉난방대책(보일러등)과 정전을 대비한 전기 대책, 취식을 위한 주방, LPG 기타 가연물질에 대한 위험물 안전조치 등을 점검해야 한다. 특히, 외부의 침입 및 화재 또는 직사화기 등으로 공격가능 여부 등에 대하여 점검토록 한다.

　나) 반입물품 검색조

많은 양의 물품이 분산될 때에는 혼잡을 야기할 수 있기 때문에 행사장 안전센터와 협조, 행사장 내 반입되는 모든 물품을 단일 통로화해 1개 장소에서 전 물품을 점검할 수 있도록 인원을 편성, 점검조로 확보하여야 혼잡을 방지할 수 있다. 또한, 당일사용 도시락, 빵 등은 생산단계에서부터 경호원 또는 안전요원 입회하에 제작하여 수송까지 책임지게 한다.

　다) 장비운용조

행사장 울타리 내부 안전을 구역화하려면 외곽에서 진입되는 출입문은 대국민 불편을 최소화하는 범위 내에서 몇 개의 출입문으로 단축하고 단일 통로화해야 한다. 그래야 행사장에 관람하는 많은 인원을 효율적으로 통제할 수 있기 때문이다.

　① 행사 경호 세부수립 단계
　　㉠ 행사일시 및 장소(행사 계획서)
　　㉡ 행사의 성격 및 규모 분석(위해환경 및 위해율 분석)
　　㉢ 참석하는 귀빈 및 참석 예상인원에 대한 신상 파악
　　㉣ 행사에 사용될 건물 및 주변 환경에 대한 파악
　　㉤ 행사 일정에 따른 위해 요소 첩보, 정보 분석
　　㉥ 경호팀 각개 조 편성 및 각개 임무 부여 및 특별 수칙
　　㉦ 통제지역 및 주차장 운영 계획
　　㉧ 관계기관과 협조사항(행정사항 포함)

ⓩ 기상의 영향

② 위해도 분석(기준)
    ㉠ 실제 필요인력 판단(조 편성 및 근무지별 적격자 배치)
    ㉡ 실제 운용에 필요한 장비 판단(적정장비 선정 및 소요 판단)
    ㉢ 지형에 따른 실제 요원배치 지점 판단(노출 및 비노출)
    ㉣ 교통 통제 지점 판단(정부, 경찰 요청)
    ㉤ 차량 승하차 지점 판단(편의 및 안전 우선)
    ㉥ 비상사태 대비책 강구를 위한 자료수집 판단(정부 및 경찰 지원 사항)
    ㉦ 취약 요소 및 대비책 판단

③ 경호계획 수립의 원칙
    ㉠ 구체적이고 세밀한 계획
    ㉡ 실천 가능한 계획
    ㉢ 융통성 있는 계획
    ㉣ 유사시 대처할 수 있는 예비 및 비상계획 수립

④ 행사장 사전 점검
    ㉠ VIP 자동차 행렬의 정확한 도착지역 선정
    ㉡ VIP 차량의 주차장소 선정
    ㉢ VIP 자동차 행렬 시 및 요인 행차 중 경호요원 선정 및 숙지
    ㉣ VIP요인이 건물로 들어갈 때 이용하는 정확한 통로 결정
    ㉤ VIP요인이 이용할 엘리베이터 중량이 몇 명인지 확인
    ㉥ VIP요인이 엘리베이터를 사용 전 점검할 때 누구를 호출하는지 확인
    ㉦ VIP요인이 행사 중 접객할 인원 사전 파악
    ㉧ VIP 일행이 사용할 휴게실 설정
    ㉨ VIP요인이 개인적으로 사용할 수 있는 가장 근접한 전화기 위치
    ㉩ VIP요인이 비밀 회담을 가질 수 있는 방 선정
    ㉪ 가장 가까운 소화기의 위치와 그 형태
    ㉫ 근처 소방서 위치와 전화번호 파악

ⓜ 근처 병원 위치 및 전화번호 파악

ⓗ 근처 경찰서 위치 및 전화번호 파악

⑤ 행사 경호계획 착안사항

    ㉠ 행사 규모 및 성격, 범죄 위해도에 따라 1·2·3급으로 구분하여 공식·비공식 보안조치

    ㉡ 초청 등급별 통제 시간, 휴대 및 금지 품목, 주차장 및 진입로

    ㉢ 초청자 명단 및 서열작성, 행사진행 및 안내원 배치

    ㉣ 선발 경호조 출발 2~3주 전 사전 보안활동(위해도에 따라 조정)

    ㉤ 경호경비에 관한 법률 및 규정에 관한 조언, 경호경비 수행을 위한 안전 업무의 계획수립

    ㉥ 행정업무(주관 기관 및 정부 관계기관 협조사항)

    ㉦ 취약 대상에 대한 안전조사, 경호와 관련된 첩보수집 및 정보 판단

    ㉧ 예상되는 집단 사태에 대한 대응책, 불순 세력에 대한 동태 파악

    ㉨ 행사 참석 외국인에 대한 보안활동, 참석 인원 및 차량 비표제작, 경호업무 교육 및 훈련

    ㉩ 경호장비 동원에 관한 사항

    ㉪ 경호본부 자체 경계사항, 소요장비 판단, 수송에 관한 계획 및 활동

    ㉫ 지휘본부 지역 및 시설 배치, 요원 식사 및 휴식 교대 사항, 기타 소요되는 예산 파악

    ㉬ 통신망 구성 및 운용에 관한 사항, 통신 보안에 관한 계획 및 감독, 교통 통제본부 운용 및 시행 감독

    ㉭ 거수자 불심 검문 및 검색, 순찰조 운용, 허가되지 않은 보도통제

⑥ 관계기관 협조(요청)

    ㉠ **행사 주최 측 및 주관 부서**

        ⓐ 경호에 필요한 협조사항

            ㉮ 행사 세부계획서 확보

            ㉯ 행사 건물 및 시설물에 대한 설계도면 확인

            ㉰ 행사장 내 및 장외 안내

        ⓑ 안내장에 삽입할 내용

⑩ 초청인사 명단 및 통제 시간

⑪ 주차장, 진입로, 퇴로

⑫ 휴대 또는 금지 품목

⑬ 비표규정

⑭ 초청인사 및 차량 입장표지

⑮ 기타 행사요원 비표 착용

⑯ 초청장 서열(좌석 배열 및 입·퇴장 순서)

Ⓒ 보안

⑩ 주최 측 행사요원 전 행사일정 보안유지

⑪ 우범자 및 위해상황 발견 시 신속 전달

Ⓓ 통신

⑩ 가능한 한 행사요원 통신 일원화(경호본부)

⑪ 행사 전역을 통제, 조정할 수 있는 통신망 구성

⑫ 유선을 주 통신, 무선을 부통신, 기타를 예비통신으로 운영

ㄉ **정부 관계(경찰·소방)**

Ⓐ 경호유관 첩보교환

Ⓑ 교통통제(구간)

⑩ 응급 구조

⑪ 구호소 및 구호조 운용

⑫ 가까운 병원 파악

⑬ 119 구조대 협조(119)

⑭ 유사시 경찰지원 협조(112)

① 행사 경호 지대구분

지대 개념은 구분하여 실시하는 것이 효과적이다.

즉 대상인물의 안전유지에 필요한 여러 형태의 경호활동을 실시하게 되는데 이때 가장 효과적인 방법을 기준으로 하는 데 있어 필요한 인원 및 장비운용 외에 따르는 검색 점검의 안전유지에 대한 효율적 운영을 위한 대안으로 경호지대 구분이 요구된다. 이때 1·2·3·4지대로 구분, 운용한다.

㉠ **통제 지대:** 최초 통제지침에 의하여 시간·공간, 인적·물적에 따라 통제하는 수단으로 규정의 반·출입을 통제하는 지대를 말한다.

　　㉡ **제한 지대:** 최초 제한지침에 의하여 시간·공간, 인적·물적에 따라 부분적으로 제한하거나 허용하는 지대를 말하는 것으로, 통제선 밖으로 거리제한 등의 일정한 간격을 제한하는 지대를 말한다.

　　㉢ **군중 허용 지대:** 일반 군중의 출입을 수용하는 지대로 관람석, 관중석 등을 말한다.

　　㉣ **외곽 경호 지대:** 교통통제 및 연도 경호경비를 실시하는 행차로 전 지역을 말한다.

⑧ 통제 지침(예)

　㉠ **행사지역 출입**

　　ⓐ 행사 당일 계획된 시간에 인원 및 차량통제

　　ⓑ 차량통제선을 설치, 운영하고 등급별 시차제로 통제선 통과

　　ⓒ 차량 입장표시 미부착 시는 통제선에서 하차 후 도보로 입장

　㉡ **식장 입장**

　　ⓐ 사열대

　　　㉮ 승·하차선 적절히 운영(질서유지)

　　　㉯ 규정된 비표 착용자에 한하여 색깔별 지정 통로로 입장

　　　㉰ 각 통로 입장 시 점검

　　　　▪ 지정된 소지품 외에 휴대 금지(임시 보관)

　　　　▪ 입장자에 대한 철저한 검문검색 실시

　　　㉱ 보도원의 취재용 기재 점검 후 확인표시 부착

　　ⓑ 일반 관람객

　　　㉮ 사열대 및 무대접근 방지를 위한 통제선 운용

　　　㉯ 불심 검문(거동 수상 및 의심스러운 자)

　　　㉰ 입장권 진위 여부 확인

　㉢ **식장 주변 행동**

　　ⓐ 보도원 행동제한 및 통제

　　ⓑ 비인가자의 단상(무대)을 향한 촬영 금지

　　ⓒ 초청차량은 색깔별, 차종별 주차장에 점검

⑨ 임무별 착안사항

  ㉠ **신변보호**

    ⓐ 사열대 및 단상 경호(경호대상 중심)

    ⓑ 기관 부서의 협조로 안전점검 및 안전확보(행사지역 위해요소 점검지속)

    ⓒ 즉각 대처할 수 있는 비상대책 강구(보강유지)

  ㉡ **행사장 경호경비**

    ⓐ 불순분자 침투방지, 검문검색 실시

    ⓑ 인원 및 차량에 대한 비표확인

    ⓒ 행사계획에 따른 시간별 통제선 통제

    ⓓ 행사장 주변 비행금지 조치(경찰 및 관계기관 협조요청)

    ⓔ 언론 및 보도기관 통제

  ㉢ **교통통제**

    ⓐ 예상 행차로 사전 안전점검

    ⓑ 교통 저해요인 제거

    ⓒ 시민 통행 불편 감소를 위한 시간, 구간 통제(VIP 통과 후 해제)

    ⓓ 귀빈의 신분에 따른 타 차량 소통시간 결정

    ⓔ 취약 지점 및 구간 대책

    ⓕ 예상되는 우범지역 정밀 수색

    ⓖ 지형적인 여건과 질서유지에 필요성을 고려, 노출경호 실시

    ⓗ 상황(군중흥분)을 고려 증원

    ⓘ 노출 및 비노출 혼합요원 운용

☞ 착안사항
① 긴급 환자 및 화재사고로 통행이 요구되는 차량
② 어린이 및 노약자 우발적 진입(무단횡단)
③ 정신 이상자(정신병자)의 난동(군중 속에 난동, 차량 및 장비를 이용한 우발적 난동)
④ 투석 행위, 시위 등
⑤ 악수 사인 공세
⑥ 교통사고

⑩ 예방 및 조치

　　㉠ 우범 예상지점 집중적 인원 배치 및 사태 발생 시 신속 조치

　　㉡ 불순분자 검문검색, 체포 및 근접배제

　　㉢ 용의자 미행감시 지속 및 정신 이상자의 보호자 인계

　　㉣ 차량사고 시 부상자 긴급 조치, 현장 제거 및 인근 군중해산

　　㉤ 행사장 정리

　　　　ⓐ 인원 및 차량에 대한 안내 및 신속한 조치

　　　　ⓑ 장내 질서유지(무단 이동, 소란, 통제지역 출입금지 등)

　　　　ⓒ 입·퇴장 시 안내 및 통로유지 통제(상황에 따라 인원 배치)

　　㉥ 주차 정리

　　　　ⓐ 귀빈차량 주차장 확보, 일반차량 분리 주차

　　　　ⓑ 예상 차량 수 및 종류

　　　　ⓒ 귀빈 차량: 출입구 가까운 방향에 주차

　　　　ⓓ 출구 방향에 차체를 앞면으로 주차(정비 급유: 행사진행에 따른 영향 고려)

　　　　ⓔ 차종별 구분 주차(가능한)

　　　　ⓕ 비상로 확보(승하차선 고려)

　　　　ⓖ 충돌방지 위한 완전 주차 후 다음 주차

☞ 착안사항(주차계획 시 고려사항)
① 주차지역 및 행사규모와 주차규모의 적절성
② 주차장 부근의 도로망
③ 주차 주변과 행사장 입구 고려
④ 출입구와 비상구(승하차선 고려)
⑤ 주차 방법(평형, 각형)
⑥ 기타(주차장으로 인한 행사 편의 영향과 안전영향 평가)

---

(2) 행사장 사전점검(예)

　가) 행사 주최 측 및 주관부서 점검

　　▪ 행사 관련 정보수집

　　▪ 경호 협조사항 점검

- 협력업체 및 행사실무자(진행자, 직원, 동원되는 인력 정보 파악)

나) 시설 및 구조 점검

- 이용건물 외부 지형·지물 점검
- VIP 요인이 건물로 들어갈 때 이용하는 정확한 동선 및 통로 결정
- 인접 시설 및 교통망 점검
- VIP 요인의 차량이 통과할 행사장 인접 동선 결정
- 이용건물 내부 구조 및 시설 점검(유사시 대피로 지정)
- VIP 요인이 이동할 통로선정 및 통제구역 지정
- VIP 요인이 이용할 엘리베이터 점검

다) 이동 간 동선 및 주차관리구역 점검

- 이동 간 도로망 점검(유사시 대피로 지정)
- VIP 자동차 행렬 시 및 요인 행차 중 경호요원 선정 및 숙지
- VIP 자동차 행렬의 정확한 도착지역 선정
- 주차관리구역 점검
- VIP 차량의 주차장소 선정

라) 이용시설 점검

- VIP 일행이 사용할 휴게실 점검
- 행사장 내 VIP 요인의 이동 동선 및 배석자리, 연단 등 점검
- 숙소의 경우 객실, 식당, 커피숍 등 예정된 이용시설 점검
- VIP요인이 비밀 회담을 가질 수 있는 룸 선정 및 점검
- VIP요인이 개인적으로 사용할 수 있는 가장 근접한 전화기 점검

마) 인적 대상 점검

- VIP요인이 행사 중 접객할 인원 사전 파악

바) 경호협조 유관기관 점검

- 근처의 소방서 위치, 통신체계, 협조체계 파악

- 근처의 병원 위치, 통신체계, 협조체계 파악
- 근처의 경찰서 위치, 통신체계, 협조체계 파악
- 행사장소 및 시설의 안전대책본부
- 경호실, 보안실, 안전관리실, 시설관리실 등
- 시설관리 행정기관 파악

사) 행사장소 및 시설의 안전대책 점검

- 안전대책 규정 및 방침
- 안전대책 운영관리 현황
- 가장 가까운 소화기의 위치와 그 형태

아) 검색점검

- 폭발물 검색
- 위해물질 검색
- 도감청 검색

☞ 미국 애틀랜타올림픽 경호대책(예)

1996년 애틀랜타 하계올림픽 테러대책에 올림픽 보안 대책팀 2만 5,000명을 동원했으며, 1만 5,000명 이상 주 방위군 및 경찰은 물론 미 연방수사국(FBI) 및 연방알코올담배총포국(ATFE)의 수사 관계자들도 동원되었다.

여기에다 3,000명의 미 정규군까지 배치하여 치안·보안에 만전을 기했으며, 이들 경호요원들은 인질극, 비행기 납치에서부터 신경가스, 생물학, 핵무기에 이르기까지 모든 유형의 테러 발생 가능성을 위한 대책 교육훈련을 실시하기도 했다. 이 행사 경호에 필요한 총비용은 미 국방부 한 부처만 해도 4,700만 달러, 조지아 주의 경우 200만 달러를 지출했으며 이에 관련한 관계기관의 지원 액수가 얼마나 되고 있는지에 대하여 알려지고 있진 않지만 상당한 비용이 될 것이라는 짐작을 갖게 한다.

☞ 2000년 서울 3차 아셈(ASEM)회의 행사 경호대책(예)

아셈(ASEM)은 아시아 유럽정상 3차 회의장소를 서울에서 개최했었다. 회원국은 17개국으로 한국 건국 이래 최고·최대의 국제적인 행사였다. 당시 수행원만 3,000명에 달하였으며 또한 이 행사에 관심 있는 세계 각국의 언론취재단만 하더라도 27개국의 1,800명의 기자단과 이들과 함께하는 취재진을 합쳐 2,200명으로 행사의 중요성을 짐작게 하는 매우 중요한 행사였다.

따라서 한국 정부의 경호대책 또한 대규모로 실시하였는데 이 행사에 직접 투입된 경찰만 2만 9,500명을 투입했으며 청와대, 군, 국가정보원 등 유관기관의 지원인력 500명 등을 투입하고 간접지원 인원을 합쳐 총 5만 명이 경호하도록 경호대책을 수립, 운영하였다.

또한 행사의 규모와 중요성을 감안하여 서울시내 전역에 대한 교통통제를 4일간 실시했으며 동원된 장비만 해도 헬기 15대, 소방차·가스차·살수차·장갑차·구급차 등 67대와 탐지견 31마리를 투입하고 정상들에 대한 특별 수행경호를 위하여 BMW L7 리무진, 벤츠 S430, 볼보 S80과 현대자동차에서 특별 제작된 방탄차량 에쿠스 4.5 리무진 등 세계 최고의 성능과 안전도를 자랑하는 모델들로 429대가 준비되었으며 특히 이들 차량들은 총격이 가해져도 총알이 유리를 뚫을 수 없도록 특수 방탄처리를 하였으며 타이어도 총알에 의하여 펑크가 나더라도 시속 80㎞로 3시간 이상 계속 주행될 수 있도록 설계된 차량을 배치하였다.

23) 행사 경호 시 임무 및 책임

경호대상의 일정을 사전 숙지, 경호 지침 수령, 능동적 예상 상황에 대비 철저한 경호계획을 세워 실시한다. 이때 중요한 것은 행사에 방해가 되지 않게 세밀한 계획과 실시가 필요하다. 또한 노출된 경호는 행사 분위기를 멋있게 조정하며 언제 어느 때 야기될지 모르는 위험 사태에 예방적 효과와 더불어 행사의 격을 높이도록 힘써야 한다.

경호대상이 행사장에 참석하기 위한 경호대책은 수행경호 및 선발 경호조로 나뉘어 각개 조 임무를 실시하도록 계획한다. 행사의 성격 및 경호대상의 사회적 역량을 고려하여 계획하나 확대 및 축소로 유연한 방법을 선택한다. 즉 행사의 규모가 크거나 경호대상의 신변위험이 매우 크다고 예상될 때에는 수행경호만으로 할 수 없는 이동로 간 사전 위해요소 제거 및 이동 후 장소의 건축물 및 행사장 내의 안전점검과 경호경비 활동이 불가능하기 때문에 각개 조 편성을 통한 임무 활동으로 이를 보완하는 방법으로 실시해야 한다.

즉 경호대상을 중심으로 경호 이동로 간 위해요소 차단을 위한 근접 경호 다음으로 행사장의 안전점검 및 경호경비 활동에 필요한 선발 경호 등으로 구분하여 실시할 수 있다.

① 수행 경호(팀)

수행 경호는 경호대상의 안전을 위한 최후 방어선으로 이들의 성패는 경호대상의 안전이 결정지어진다. 따라서 상황에 따라 육탄방어를 불사해야 하는 강한 정신력으로 경호대상을 안전지대로 대피시켜야 하는 책임을 갖게 된다.

또한 이들의 경호는 대개 노출된 경호로 경호대상의 이미지와 관계되어 표현되기 때문에 경호대상의 품위유지에 절대적으로 보호되어야 한다. 그리고 일시적으로 비서나 보좌관 역할을 통해 수행해야 하는 상황에서는 능숙한 역할을 통하여 안심하고 편안한 서비스가 이루어지도록 해야 한다.

㉠ **수행 경호 개념**
  ⓐ **정의:** 경호대상을 각종 위해요소로부터 보호하기 위하여 행사장과 행 환차 등 기동 간 실시하는 동행 경호 활동을 말함
  ⓑ **임무**
    ㉮ 경호대상에 대한 위험요소 배제
    ㉯ 위해요인 발생 시 과감한 육탄방어
    ㉰ 유사시 신속하게 안전지역으로 대피
  ⓒ **근접 수행경호 유형**
    ㉮ 각종 행사장 내 측근경호
    ㉯ 차량 기동 간 선탑 수행경호
    ㉰ 보행 간 측근 수행경호
    ㉱ 특수 기동수단(항공기 · 선박 · 전동차 등) 이용 시 동승 수행경호
㉡ **수행 근접경호원의 임무:** 근접경호원은 경호대상에 대한 보호 방패막 기능을 최우선으로 해야 하는 임무로 가장 강인한 정신을 바탕으로 그 임무를 수행해야 한다. 테러리스트 및 범인들은 경호대상에 대한 암살수단을 가공할 첨단 무기를 사용하고 있으며, 가장 위력적인 폭탄을 사용하는 사례가 늘고 있어, 이에 대한 대책에 한계성이 있기 때문에 수행경호원들의 인간 방호벽은 경호대상에 대한 마지막 보호벽인 것이다. 따라서 수행경호원들의 정신무장은 경호대상에 대한 충성심(존경, 사랑, 경애)이 바탕이 되어야 한다. 이에 경호원들은 근접거리에 있는 위해 환경 및 요소를

사전 경계활동을 강화하여 억제 또는 제거해야 한다. 다음과 같은 임무의 효율성을 높인다.

ⓐ 두려움을 갖지 않는 자신감 있는 자세를 잃지 않도록 한다.

ⓑ 테러리스트 및 범인으로부터 긴장감과 두려움을 갖도록 빈틈없는 경계자세를 취한다.

ⓒ 테러리스트 및 범인의 공격으로부터 시간, 거리, 각도의 안전을 유지한다.

ⓓ 다른 경호조직과 연계로 팀워크를 높여 효율적인 경호작전을 이룬다.

ⓔ 경호대상의 신체 노출을 최소화하도록 경호작전을 이룬다.

ⓕ 미확인된 공간 출입은 경호원이 우선 출입하고 이상 유무를 확인 후 출입한다.

ⓖ 미확인된 인원 접근 확인 후 접근 허용

ⓗ 위해 물품 및 위해 인물 확인 시 대상으로부터 최단시간 안전거리 확보

ⓘ 경호대상의 노출을 차단하기 위한 문 또는 창문들에 대한 개폐 여부 확인

ⓙ 테러리스트 및 위해기도자 공격 시 조명밝기 차단으로 경호대상 유관노출 차단

ⓚ 테러리스트 및 위해기도자 공격 시 은폐물 및 방호벽 이용 보호막 최대한 활용

ⓛ 테러리스트 및 위해기도자 공격 시 최단시간 인간 방호벽 구축 경호대상 보호

ⓜ 테러리스트 및 위해기도자 공격 시 최단시간 안전지대로 피신 조치

ⓝ 테러리스트 및 위해기도자 공격 시 적기만을 위한 산발적 조치

ⓞ 테러리스트 및 위해기도자 공격 시 탈출로 차단에 대비 비상로 이용조치

ⓒ **수행 경호요령**

　ⓐ 행사 참석 시 경호

　　㉮ 위치(행사 성격 장소에 의거 융통성 있게 위치 선정)

　　　· 조장은 단상 참석자로 위장 경호대상으로부터 근접에 위치

　　　· 요원 ①은 경호대상 전용출입문에 위치

　　　· 요원 ②는 장내 참석자 감시가 용이한 위치 선정

　　㉯ 복장(보호색 원칙)

　　　· 행사 장소와 주위환경에 맞는 복장

　　　· 단상 조장은 단상 참석자와 동일한 복장 및 비표(명찰 등) 부착, 완전 위장

　　㉰ 근무요령 및 임무

　　　· 조장

- 조 운영을 책임진다.
- 수행 비서관 및 경호요원과 무전망 구성, 경호활동 지휘
- 단상에서 경호대상과 신변보호를 위한 철저한 사주경계
- 인가된 자 이외의 자가 경호대상에게 접근하는 것을 차단
- 단상인사 비표 등 신원 확인
- 위해요소 발생 시 경고임무 및 대적 임무수행
- 자기희생의 육탄방어 완수
- 유사시 신속한 경호대상에 대한 보호와 현장이탈 임무
▪ 부조장
- 조장 지휘에 의한 임무수행과 조장의 임무수행이 불가능한 상황에서 임무
  를 대행
- 출입문 확보
- 이동통로, 비상대피 통로 안전확보
- 단상 출입자 및 장내 참석자 동향 감시
- 유사시 위해자에 대한 공격수단으로 방어
▪ 방어경호요원
- 조장 지휘에 의한 임무수행
- 유동요소 통제
- 장내 참석자 동향 감시
- 기타 행사장 내 안전활동 임무
- 유사시 인벽구축 육탄방어가 최우선 임무
▪ 통신경호요원
- 조장 지휘에 의한 임무수행
- 본부 및 다른 조와 통신연락 유지 임무
- 긴급 상황 시 경찰과 공조할 수 있는 비상연락 체계유지
ⓑ 보행 간 경호
㉮ 대형 유지
▪ 개인별 사주경계 구역 설치
▪ 안전구역 형성 대형유지

경
호
실
무
I

- 수행 비서관과 합동 경호대상 보호를 위한 인벽구축
- 대형은 장소 등 여건을 고려 융통성 부여(상황, 장소, 환경에 따라 좁히고 넓히는 등)
- 유사시 밀집대형 유지

  ㉯ 근무요령
- 대형유지 및 사주경계 철저
- 인벽구축 위해요소 제거
- 불필요한 인사 접근 배제
- 군중 혼잡 시 이동통로 확보 인도 안내(수행 비서관과 협조)
- 경호대상과 경호팀 사이로 끼어드는 사람 없도록 위치 조정, 근접대형 유지
- 유사시 즉흥 태세 확립: 신속한 요인 보호
- 도보 시 가장 중요한 임무는 자기희생의 원칙인 육탄방어 임무 수행
- 경호대상의 현장이탈, 안전한 장소 이동

ⓒ 차량 기동 간 경호

  ㉮ 대형 유지
- 차량기동 대형은 행사의 성격, 규모, 도로망, 교통여건에 따라 대형유지

  - 평상시: 경호차량 후미(후미 호위경호)
  - 교통 혼잡 지역: 경호차량 선구(선도차량)
- 기동 경호 시는 수행 차량 1대와 긴밀 협조, 대형 유지
- 평상시, 급행 시, 위험 시로 구분하여 수행차량과 대형을 유동적으로 변경 운용

  ㉯ 차량 이동 간 경호 유형
- 기동 간 차량 경호
- 차량 정지 시 경호
- 경호대상 승하차 시 경호

  ㉰ 통신망 구성
- 경호차량: 무전기 1대 카폰, 교통망 구성
- 경호대상 동승 비서관: 경호차량과 무전기 통신망 구성
- 수행차량: 경호차량과 카폰 및 무전기 통신망 구성

㉑ 근무요령

  ▪ 차량 이동 간 경호
  – 경호차량 탑승자 개인별 사주경계, 책임 분할 실시
  – 교통 여건에 의한 차량속도 조절: 수행 비서관과 긴밀 협조
  – 서행 및 신호 대기, 좌회전 시 위해요소 방어 개념
  – 경호대상 차량 보호
  – 장시간 정차 시 하차하여 사주경계
  – 교통 무전망 이용 행차로 교통여건 수시 확인 및 교통사고 요인 유발 배제
  – 긴급사태 발생 시 경호차량 이용, 경호대상 승차차량 보호 방어벽 형성 후
    즉시 하차 육탄방어, 경호대상 긴급대피 임무 수행
  ▪ 차량 정지 시 경호
  – 개인별 명확한 책임구역 사주경계
  – 선도차 및 수행 차량과 무선 소통하여 교통정보 교환
  – 차량에 의한 강습대피 태세 강구
  – 돌발사태 대비 예비행차로 선정
  ▪ 경호대상 승하차 시 경호
  – 민첩하고 신속한 경호대상 보호 대형유지
  – 주위 경호 위해요소 경계 감시
  – 대적 태세 강구: 인벽구축 위해물질 투척 시 육탄방어
  – 경호대상 이동통로 안전 확보
  – 불필요한 접근자 배제 조치

㉒ **행정사항**

  ⓐ 근접 수행경호팀은 조장을 중심으로 절대 명령복종 근무기강 확립
  ⓑ 보호색의 원리에 의한 신분 비노출 근무 철저
  ⓒ 자기희생의 원칙에 의한 과감한 육탄방어 임무 수행 확립
  ⓓ 장소 지형 취약성 고려, 응용대형 유지 융통성 있게 운용
  ⓔ 수행 비서팀과 긴밀 협조, 항상 무전망 구성 운용
  ⓕ 수행 경호팀은 항상 예의, 친절 및 언행에 유의하여 위화감 조성 완전 배제
  ⓖ 용모 복장 단정

② 근접 경호경비(팀)

신분 노출 및 비노출 신분으로 경호대상의 행차로 주변 및 행사장 주변에서 근접 경호하는 활동을 말한다. 근접경호의 유형은 위해요소 차단을 위한 경호경비 활동 및 안전점검 활동을 포함한 모든 활동을 말한다.

근접경호의 구분은 경호대상의 기동상황에 따라 여러 특수한 경우도 있다. 예를 들어 집무실, 자택, 행사장, 이동 간(보행이동, 차량이동, 전동차이동, 항공기이동, 선박이동) 등에서 호위, 경호하는 상황에서 전체 경호원 대다수가 이 근접경호 임무를 부여받게 되며 이들의 임무가 가장 많다고 볼 수 있다.

㉠ **행차로 안전점검:** 행차로의 안전점검은 거리적 특성, 주변 환경의 특성에 따라 안전 점검을 실시하는데 특히, 폭발물 설치 및 저격 암살 또는 행차로에 차량 돌진 가능한 지점을 적 입장에서 판단하여 안전을 유지해야 한다.

ⓐ 3~4명 1개 조로 편성하여 구간을 분담, 책임을 부여하여 실시한다.

ⓑ 교량, 육교, 고가도로, 철교, 지하도, 암벽, 상·하수도, 분수대, 아치, 건널목, 터널, 가로수, 전주, 가로등, 입간판, 건물, 우체통, 공중전화박스 등 기존 시설물

ⓒ 위험물 취급소, 가스배관, 고압선, 기타 위험가스 등

ⓓ 건축 공사장(신축 개축 수리) 도로, 연도변 시설물 등

ⓔ 행사장과 그 주변 일대의 인원 및 장비에 대한 안전조치를 실시하고 안전조사 결과 보고서를 작성 보고한다.

187

☞ **착안사항**
① 시설물(다리, 터널, 맨홀, 가스관 등)에 폭발물 설치 여부 점검
② 시설물 안전에 대한 기계결함 및 건축물 결함 여부

㉡ **행차로 경호경비:** 행사규모 및 요인에 따라 운집한 군중이 많아 행사를 정상적으로 치를 수 없을 정도의 통제한계 상황이 있을 수 있다. 이에 따라 경계개념에서 임무를 하기에는 역부족의 상황이 될 수 있다.

이러한 환경에는 검문검색을 실시하여 위험인물을 발견하는 방법으로 하는 것이 효과적이며 자연적 위험이 가해지는 문제를 예방하기 위해서는 질서유지 활동을 병행 실시해야 한다.

```
┌─────────────────────────────────────────────────────────────────┐
│ ☞ 착안사항                                                        │
│ ① 건물 옥상, 숲, 은폐가 가능한 장소, 저격 가능 지점 안전유지 경계  │
│ ② 확인되지 않은 인물 및 차량통제                                  │
└─────────────────────────────────────────────────────────────────┘
```

ⓒ **행차로 교통통제:** 행차로의 교통통제는 행차로, 이동로 확보를 위하여 가장 효과적인 방법이다. 즉 구간 간 시간 주기로 통과 후 교통을 해제하는 방법으로 실시함으로 시민 불편을 최소화하면서 안전 확보를 최고로 할 수 있다. 그러나 이러한 방법은 공개된 행사의 특별한 경우를 제외하고는 일반적으로 하지 않는다. 부분 통제가 아닌 일시 통제에는 경호대상 승차차량의 무정차 통과 원칙으로 교통통제가 꼭 필요하다.

```
┌─────────────────────────────────────────────────────────────────┐
│ ☞ 착안사항                                                        │
│ ① 시민의 불편을 최소화하기 위하여 최단거리 및 시간을 계획 실시    │
│ ② 무단 돌진 가능한 지형통제                                       │
│ ③ 확인되지 않은 차량통제                                          │
└─────────────────────────────────────────────────────────────────┘
```

경
호
실
무
Ⅰ

ⓐ 교통통제

㉮ 통제요령

▪ 측방 차량운행을 통제하기 위하여 2km 이상 거리를 우회토록 한다.

▪ 주도로에 진입하는 차량은 교차로에서 종심 배치로 우회로 및 지선 도로로 유도한다.

▪ 자연스럽게 차량 대열을 조절하여 시민의 불편을 해소한다.

㉯ 합리적인 통제요령

▪ 화물차, 공차, 소형 차량은 원거리 우회

▪ 승용차량은 중간 교차로에서 우회

▪ 대중 수송차량(시내 외 버스)은 측방 우회

ⓒ **경호경비 요원의 준수사항**

ⓐ 군중, 차량 행렬, 책임지역 및 위험요인을 바라보며 절대로 요인 쪽을 돌아보아서는 안 된다.

ⓑ 경호대상이 차량 또는 도보로 통과 시 경례나 차렷 자세를 취해서는 안 된다.

ⓒ 경호대상이 통과 후 휴식을 취하거나 지나가는 행렬을 쳐다보지 않아야 한다.

ⓓ 평상복착용 경호요원은 육상, 교량 등지에서 임무수행 중 상호 신분을 확인할 수 있는 비표를 부착하여야 한다.

ⓔ 공경호 시에는 경호대상 경호관련법 및 사태 발생 시 조치사항에 대한 교육을 실시하여야 한다.

③ 선발 경호(팀)

선발 경호임무는 명(命)받은 경호조에서 행사장에 사전 진출하여 의전상, 경호상, 행정상 필요한 조치를 취하고 경호임무를 완벽하게 수행할 수 있도록 사전 조치하는 것으로서 경호대상의 행사 입장 전에 시간적 여유를 갖고 안전점검 활동과 경호상 필요한 정보 수집 활동을 포함한 임무를 실시한다.

그러나 행사 일정에 따라 시간적 여유가 없거나 부족한 때, 즉 당일이나 몇 시간 전 행사장에 출동하여 선발임무를 수행해야 하는 경우에는 짧은 시간대에 많은 임무를 수행하므로 잘못하면 일을 놓치기 쉽고 건성으로 일하기 쉬우며 잘못하면 경호상 큰 차질을 가져올 오류를 범하기 쉬우므로 시간적 여유를 감안하여 우선순위를 정하고 중요한 업무부터 실시해야 한다.

189

㉠ 근무요령

ⓐ 경호원의 선발 근무는 1개 팀이 하루에도 수 개소(경호대상자가 기상하여 숙소 잠자리에 들 때까지)를 연속해서 1차, 2차, 3차…… 임무를 수행해야 되기 때문에 전 근무자가 책임과 사명감을 가지고 능동적으로 담당 업무를 챙기지 않으면 효과를 거둘 수 없다.

ⓑ 짧은 시간에 효과적인 임무를 수행하기 위하여 선발 팀원이 각자 임무를 분담하여 실시한다.

ⓒ 관할 경찰서, 주최 측과 긴밀한 협조 체제를 유지한다.

ⓓ 안전검측: 단상 주변 및 진입로를 확인한다.

ⓔ 안전유지: 단상

ⓕ 행사성격 파악: 성격에 따라 경호 조치

ⓖ 취약성 파악: 진입로, 퇴로 등 지형 답사

ⓗ 경호원 배치: 취약성에 따라 운용

ⓘ 본부에 사전 준비사항 보고, 측근경호 도착 즉시 임무 수행토록 조치

 ⓛ **착안사항**

  ⓐ 행사장 위치: 시내, 지방, 공장, 농촌, 운동장, 시장, 관공서, 회사 등

  ⓑ 행사 성격: 공식, 비공식, 회의, 순시, 격려, 참관, 골프, 식사, 다과 등

  ⓒ 행·환차 코스: 행차·환차로 구분, 거리 도로 상태

  ⓓ 기동수단: 승용차, 열차, 선박, 항공기, 헬기

  ⓔ 참석 대상: 어떠한 인사들이 참석하는지 행사 주관부서 확인

  ⓕ 현지에서의 경호 조치할 사항

  ⓖ 경호요원의 숙소(호텔)

  ⓗ 행사진행에 따른 숙식 대책(호텔, 식당, 도시락)

 ⓒ **안전검측 및 유지:** 안전검측 및 유지는 미확인된 위해요소를 제거하여 안전을 확보하고 유지하는 것으로 매우 중요한 활동이다. 위험은 자연적·인위적 위험으로 항상 예상될 수 있기 때문에 시설에 대한 안전검측 인원에 대한 안전검측 등 필수적으로 충분한 시간을 갖고 정밀검측을 실시해야 한다.

그러나 이러한 안전 검측 및 유지에 어려운 환경이 있다. 즉 실내에서와 같이 지정된 통로로 출입이 허가된 인사만 참석하는 것이 아니고 실외의 경우는 불특정 다수인의 자유로운 출입이 가능하기 때문이다. 경호대상을 위해하려는 불순분자가 일반청중으로 위장 침입하여 위해물 매설 은닉이 용이하고 위해물품을 소지, 경호대상에게 접근이 가능하기 때문에 각 근무자들이 현장에서 불순분자 색출이 어려우므로 전 근무자가 검측 요원화하여 자기 담당구역에 대한 안전검측을 실시하지 않으면 취약점 제거의 효과를 사실상 거둘 수 없으므로 전 경호원이 사명감을 갖고 근무를 해야 되는 중요한 임무를 가지고 있다.

  ⓐ 집회 시

   ㋐ 실시시간: H−12시간 전(행사에 따라 조정)

   ㋑ 실시인력: 경호요원(행정협조에 의한 관할경찰 협조)

   ㋒ 실시지역: 집회장 및 진입로에서의 위해 가능지역으로 팀장 판단하에 실시

  ⓑ 실내 행사 시

㉮ 실시시간: 행사장 준비단계 시부터

㉯ 실시인력: 경호요원 및 관할 경찰서(협조 요청 시)

㉰ 실시범위: 진입로, 통로, 행사장 내곽

㉱ 실시대상: 전 취약요소

ⓒ 검측요령

㉮ 위기의식을 가지고 위해기도자의 입장에서 실시

㉯ 검측 시에는 기능별로 임무분담 실시(경호원, 한전, 소방, 경찰 합동 실시 원칙)

㉰ 행사장 내, 전 취약요소 예외 없이 정밀 점검

ⓓ 착안사항

㉮ 행사장 내: 연단, 연대, 마이크선, 앰프, 꽃꽂이, 화분, 전등, 소화기 등 제반 시설물과 식재료(용구 포함)

㉯ 진입로 및 집회장: 도로 바닥, 각종 맨홀, 가로등, 가로수, 각종 전신주, 녹지 대, 휴지통, 공중전화 박스 등 제 취약요소 정밀 점검

㉣ **행사 경호원 숙지 사항:** 행사 주최 관계자와 협조하여 경호대상의 일정을 사전 숙지 하여 경호지침 수령, 능동적 예상 상황에 대비해야 한다. 직업에 따른 행사, 일반 행 사(가족 · 친지 · 집회 실내외 · 우천 · 정전), 자유로운 행사, 의전을 요하는 행사, 경 호대상의 권위를 요구하는 행사, 축제 행사, 지리적 특성, 참석 대상(남녀, 청년, 부 녀자, 노약자)자를 파악하여 사전에 세밀히 협조해야 한다.

191

ⓐ 당일 행사일정에 따라 용모, 복장, 장비는 참석자들에게 거부감을 주지 않으며 완벽한 근무를 할 수 있도록 사전 준비한다.

ⓑ 근무 시에는 행사 주최 측에서 요구하는 대로 근무하는 것을 원칙으로 하되, 현 지 상황을 판단하여 상황 발생 시 즉시 조치할 수 있도록 대비한다.

ⓒ 행사요원 및 행사 주최 측 참석자로부터 거부반응 받을 행동이나 언어는 경호대 상의 비즈니스에 막대한 영향이 있다는 사실을 항상 인식하고 근무한다.

ⓓ 근무 시에는 반드시 행사장 진입로, 승하차장, 행사관계 시설물 등에 반드시 안 전점검을 실시한다.

ⓔ 근무 중 무단 접근자 통제나 통로 확보 시에는 자연스럽게 이동하면서 타인이 확인 못 하게 몸으로 순간순간 통제하며 경호대상이나 군중으로부터 거부반응 을 받지 말아야 한다.

ⓕ 근무 중 장애물이나 취약요소 제거 시에는 행사 주최 측, 관련 기관, 현지 경찰 등과 자연스럽게 협조, 행사 주최 측이나 협조하여 주는 측이나 경호대상 측이나 서로 부담 없이 웃으며 협조할 수 있도록 사전 조치를 취한다(가능하면 현 상태를 유지하면서 행사하는 것을 원칙으로 할 것).

ⓖ 타 부서에서 주관하는 행사 시 경호대상에게 부담 주는 상황이 전개되면 관계자에 연락 조치를 하고 경호원이 직접 개입하는 행동은 삼간다.

ⓗ 근무자 복장은 항상 행사와 관련지어 착용하므로 일반인(시민)들로부터 거부반응을 받지 않도록 착용한다.

ⓘ 복장: 신사복, 흰 와이셔츠, 넥타이, 점퍼, 사파리, 추리닝, 방한코트, 운동화를 준비하여 착용한다.

ⓙ 반대 세력에서 무슨 야유와 모함을 받더라도 감수하고 슬기로운 행동을 하여 일반인들로부터 호감을 받을 수 있도록 행동하되 경호대상자에게 직접 위해를 가할 때에는 소신을 갖고 과감히 대처한다.

ⓚ 야외 행사 시 수색에 필요한 탐지장비 등을 휴대한다.

ⓛ 숙식
　㉮ 식사는 경호대상의 시간계획과 동정을 보아 가면서 슬기롭게 해결하고
　㉯ 숙소는 경호와 휴식이 연결되도록 최근 거리에 정하여 실시한다.

ⓜ 자동차 정비와 연료 보충은 경호대상의 일정과 시간계획을 보아 수시로 정비하고 임의대로 정비에 대하여 경호에 차질을 가져오지 않도록 보고 후 실시한다.

ⓝ 각 경호요원은 각자 맡은 임무수행에 필요한 사항을 메모하는 습관을 기른다.

24) 실내·외 행사

(1) 실내행사

실내행사는 실외행사보다 행사규모가 적고 참석인원이 대개 초청인으로 이동로통제 및 초청장확인을 통한 신원확인이 매우 용이한 장점을 갖고 있다. 그러나 실내행사는 화재와 같은 상황이 발생하거나 또는 테러와 같은 우발사태가 발생할 경우에는 안전상 매우 어려운 점들이 예상된다. 또한 계획된 테러의 수단인 폭발물과 같은 폭탄을 설치한 경우에는 철저한 검색에도 발견하기가 곤란하다는 특징을 갖고 있다.

☞ **확인사항**

　㉠ 행사성격 및 규모에 따라 슬기롭게 대비(주최 관계자와 협조 대비)

　㉡ 참석인사의 입장계획을 확인, 숙지하되 입장계획에 대하여 관여는 직접 하지 말고 행사관계자로 하여금 필요한 조치를 하도록 한다.

　㉢ 행사장까지의 진입로 이상 유무

　㉣ 승하차선의 이상 유무

　㉤ 건물 내 이동통로의 적합성

　㉥ 행사 시 우발사태 발생 시 대책

　㉦ 정전, 소란, 불가능 시 대책 강구

　㉧ 단상, 연단의 이상 유무

　㉨ 마이크 스피커 성능 이상 유무

　㉩ 경호대상자보다 늦게 단상에 참석하는 인사에 대한 조치는 주최단체나 기타 관련 부서와 협조 조치하되 신분확인은 직간접적으로 분명히 확인 조치를 하도록 한다.

193

(2) 실내배치

기본적으로 입구와 출구에는 2명씩 위치하고 행사에 장애가 되지 않는 양 모서리 위치에 서도록 한다. 행사규모나 행사내용에 따라 경호원 배치 또는 인원충원 여부를 결정한다.

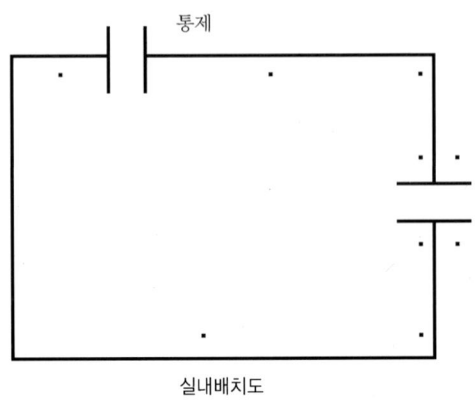

실내배치도

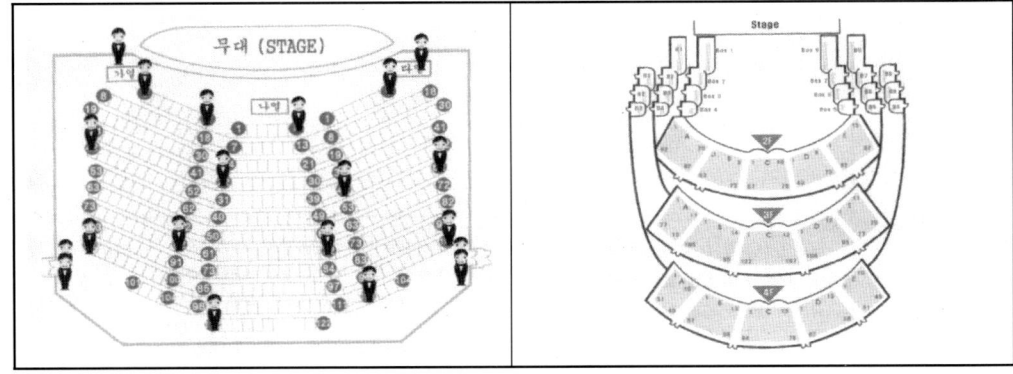

실내행사 경호원 배치도(예)

객석이 일정하게 배치된 행사장에서는 경호원의 착석 위치를 설정해야 한다. 이때 경호원들의 주요 착석 위치는 통로끝 쪽이며, 통로를 기준하여 앞쪽 경호원과 뒤쪽 경호원은 대각선 자리로 지그재그식으로 위치하도록 한다.

그리고 객석에 착석한 군중에 대해 반경 5m를 1선, 10m를 2선, 반경 10m 이상을 3선으로 설정하여 이상 유무에 대한 동태파악 및 확인하여 안전유지 임무를 수행한다. 특히 경호대상인 요인에 대하여 저격이나, 기타 위해를 가하려는 용의자의 움직임에 대하여 적극적인 저지를 통해 경호대상인 요인을 보호해야 한다.

(3) 실외행사

실외행사는 실내와는 달리 모든 행사장이 노출된 상황으로 참석인원에 대한 안전검사 및 행사장 주변의 안전점검이 매우 어렵다.

특별한 이동 통로를 정하여 실시한다 해도 수많은 군중을 모두 통제하기란 어렵기 때문이다. 또한 행사장 주변의 건축물 또는 일반 시설물에 대한 안전점검 및 유지에 따른 경호 인력의 확대가 요구된다.

행사장 지형과 지물을 이용, 경호에 용이한 위치에 따라서 배치토록 한다. 가능한 한 높은 곳에서 내려다 볼 수 있는 곳을 선택하고 테러범의 접근과 탈출로를 차단할 수 있는 지형과 지물 위치에 경호원을 집중 배치한다.

(4) 실외배치

실외행사 시에는 단상이 준비되어 있는 곳을 중심으로 경호원을 배치하고 다음으로는 출입통로를 중심으로 배치한다. 그리고 지형에 따라 경계활동이 용이한 지점에 배치토록 한다.

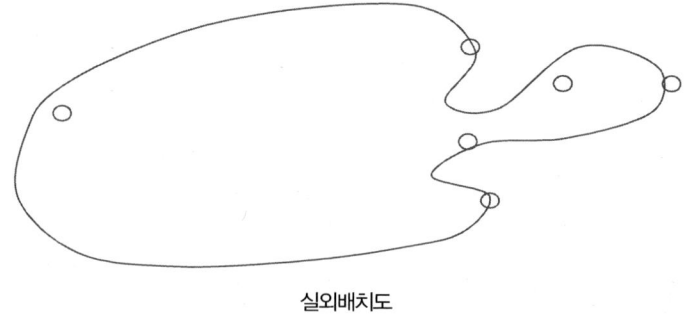

실외배치도

25) 선거유세장 경호(예)

① 취약성

ㄱ 유세장에는 불특정 다수인(당원, 비당원, 주민, 잡상인, 정신병자, 알코올중독자, 어린이, 후보자, 선거운동원 등)이 참석하여 모여 있다.

ㄴ 참석자의 대부분이 피켓, 사진, 풍선, 선전 홍보물, 음료수, 마이크, 플래카드(placard), 잡상인, 포장마차, 커피포트 등 다양한 물건들을 소지하고 있다.

ㄷ 참석자들에 대한 검문검색을 실시할 수 없기 때문에 위해 용품을 위장소지, 은닉하

고 위장입장하기가 용이하다.

ⓔ 참석자에 대한 지나친 검색과 통제를 하게 되면 후보자(득표) 선거와 밀접한 관련이 있기 때문에 엄격한 통제와 검색이 곤란하다.

ⓜ 각 보도매체의 보도요원이 가까이 접근하여 사진촬영, 녹음하려고 하기 때문에 기자의 특성상 통제의 어려움이 있다.

② 근무요령

㉠ 유세장 안전점검
㉡ 단상 및 단하 주변의 제 설치 및 시설물: 연단(연대), 마이크, 스피커, 화분, 텐트, 의자, 땅바닥, 후면 녹지대, 수목, 로프, 화환, 꽃다발
㉢ 진입 · 퇴장로의 제 시설물 점검
㉣ 노상 시설물: 도로 바닥, 맨홀, 녹지대, 가로수, 가로등, 전주, 전신주, 휴지통, 공중전화 박스, 각종 전선 등
㉤ 노상 방치물: 쓰레기봉지, 각종 음료수 캔, 잡상인 용품, 꽃다발 등
㉥ 후보자 동정에 따라
　　ⓐ 후보자가 집회장까지 차량(무개차 승용차)으로 입장하거나 도보로 입장할 때
　　　㉮ 노상 안전점검조로 하여금 도로점검
　　　㉯ 주변 고층건물, 감제고지 확인조로 하여금 취약성 점검
　　　㉰ 주변 감시조로 하여금 집회장 내 전반적 동향 감시
　　　㉱ 통로 개척(확보)조로 하여금 후보자 동정에 따라 통로 확보
　　　㉲ 무개차 주변에 보호막을 형성, 불순분자 접근 및 위해행위 방지
　　　㉳ 꽃다발 휴대자는 꽃다발을 반드시 확인한 후 줄 수 있도록 조치(경호원이 점검치 않은 꽃다발을 주는 행위는 절대 엄금)
　　ⓑ 후보자가 집회장 내 군중석에 가서 악수하며 퇴장할 때
　　　㉮ 후보자 동정을 보아 가면서 통로 확보
　　　㉯ 통로가 확보된 대로 후보자를 자연스럽게 유도
　　　㉰ 보호막을 후보자의 근거리로 밀집해서 형성
㉦ 착안사항

ⓐ 근무자 주변에 주인 없이 방치되어 있는 물건이 있는지

ⓑ 군중이 휴대하고 있는 물건 중 의심스러운 것을 가지고 있는지

ⓒ 고층건물이나 언덕, 나무 위에서 내려다보고 있는지

ⓓ 군중심리가 고조되었거나 흥분되어 있는지

ⓔ 군중심리를 끌기 위하여 특별한 행동을 하는 사람이 있는지 등을 잘 감시하면서 사전대비를 철저히 하고

ⓕ 이러한 임무를 완벽하게 수행하기 위해서 근무자 각 개인에게 개별적으로 임무를 부여하면 효과적으로 근무할 수 있다고 본다.

③ 선거유세장 경호 참조

근무자가 선거법을 위반하는 언행을 하여서는 절대 안 된다.

㉠ 반대 세력의 감시가 계속되고 있다는 것을 명심하고

㉡ 특정 인사를 찬양, 비방하는 언행의 언급을 피하고

㉢ 특정인의 지칭, 연호, 함성, 박수유도 행위는 가능하다.

㉣ 기타 득표와 관계없는 오해받을 행동은 일체 금지한다.

▲ 한나라당 대선 경선후보인 이명박 전 서울시장이 2007년 6월 14일 오후 대구실내체육관에서 열린 대선후보 대구·경북 합동연설회를 마친 뒤 환호하는 지지자들에게 답례인사를 하고 있다.

▲ 한나라당 대선 경선후보인 박근혜 전 대표가 대구실내체육관에서 열린 대선후보 대구·경북 합동연설회를 마친 뒤 지지자들과 함께 기호 3번을 뜻하는 손가락 셋을 높이 들고 있다.

26) 조·오·만찬, 다과, 리셉션 행사(예)

경 호 실 무 Ⅰ

일정한 순서에 의하여 이루어지는 행사와는 달리 자유롭게 이어지는 행사로 행사장 내에서는 많은 사람과 개별적인 인사와 소개가 이루어지면서 식순에 의하여 진행되는 행사와는 달리 전체 소개가 끝난 후에는 매우 자유분방하게 된다.

따라서 경호대상자를 중심으로 한 경계가 매우 어렵게 되며 어떠한 사고가 발생된다고 할 때 조치가 매우 힘들게 된다. 이 같은 행사에는 경호요원을 웨이터 등으로 신분을 위장, 경호대상자 주변에서 경호하는 것이 바람직하다.

☞ **착안사항**

ㄱ 행사 성격, 규모, 인원, 장소

ㄴ 행사 참석자 성분, 사회적 위치, 특성

ㄷ 행사 진입로, 승하차선의 적합성

ㄹ 승하차선과 행사장까지의 통로 적합성 및 이상 유무

ㅁ 행사장 내부구조 및 출입(접근)로

ㅂ 경호대상자의 매인 테이블 위치

ㅅ 장내에서 매인 테이블까지 이동로

◎ 장내 입장에서 매인 테이블까지 이동하면서 취하는 동정

    ⓐ 입장하면서 악수하는지

    ⓑ 퇴장하면서 악수하는지 코스 확인

    ⓒ 입ㆍ퇴장 시 악수하는지

ⓩ 매인 테이블의 이상 유무 확인

ⓒ 메뉴(음식물), 꽃꽂이, 마이크, 앰프 이상 유무 확인

ⓚ 참석인사의 참석 여부 확인

ⓣ 주변보다 늦게 오는 인사에 대한 조치는 행사를 주최하는 주 부서와 협조하여 조치

27) 행사 경호 실패 사례

(1) 국립극장 광복절 기념행사

1974년 8월 15일 제29회 광복절 기념행사를 서울시 장충동에 위치한 국립극장에서 갖게 되었다. 이날 행사에는 박정희 대통령과 영부인 그리고 3부 요인들이 참석했다. 이날 행사에 박정희 대통령이 참석한다는 사실을 안 문세광은 일본에서 오게 되었다. 문세광은 당시 22세의 나이로 매우 젊은 청년이었다. 이 청년은 일본 민단(조총련계) 집에서 태어나 자란 재일 동포였다. 민족의식에 강했던 그는 박정희 대통령이 유신독재를 펼치는 것을 보고 적개심을 키워 나갔다.

당시 일본 조총련 김호룡 정치부장을 만나게 되었는데 김호룡은 문세광에게 민주화가 달성되려면 박정희가 죽어야 한다고 세뇌교육을 시켰다. 문세광은 암살자를 주인공으로 한『자칼의 날』이라는 소설책을 탐독하여 박정희의 암살을 꿈꾸기 시작했다. 이러한 때에 8·15광복절 기념행사에 맞추어 일본의 파출소에 들어가 총을 훔쳐 곧바로 한국으로 건너와 조선호텔에 투숙했다. 행사장과 호텔은 가까운 곳에 위치하고 있어 묵기에는 적절한 위치였다.

한국에 들어와 TV, 신문 등을 통하여 행사장소, 시간 등을 재확인한 문세광은 VIP로 위장하기 위하여 외제 고급승용차인 포드20M 승용차를 빌려 타고 행사장으로 출발했다. 경호는 3중 경호로 첫 번째 안전선인 3선에서 비표도 없이 무사히 통과했다. 아마도 차종에 의하여 위축된 경찰과 경호원들이 검문을 기피한 것으로 보인다.

문세광은 국립극장 앞에서 중절모와 정장을 입고 차에서 내려 아무런 제지 없이 극장으로 들어갔다. 행사장 안에는 예외 없이 비표를 달게 되어 있어 비표가 없으면 누구라도 출입이 통제되어야 하는데도 아무런 제지 없이 출입이

가능했는데 당시 문세광은 일본어를 사용했고, 외국에서 온 VIP 행세를 하여 일본어를 모르는 경호원이 이를 기피하여 입장이 가능했던 것으로 보인다.

이 같은 상황을 볼 때 경호원들이 외국어에 대한 취약성이 얼마나 큰 문제인가를 알 수 있다. 문세광은 이렇게 3선, 2선을 차례로 뚫고 들어가 객석 안으로 들어갔다. 객석 안으로 들어온 문세광은 당시 경호를 맡았던 백 모 순경의 안내를 받아 좌석에 자연스럽게 앉았다.

행사가 시작되고 대통령이 기념사를 시작한 지 10여 분 후 문세광은 자리에서 일어나 중앙복도로 나와 대통령이 있는 단상으로 총을 뽑아 곧바로 뛰어갔다. 이때 문세광은 자리에서 일어나며 동시에 허리춤에서 총을 뽑다가 안전장치를 미리 해제해 놓은 것이었는데 실수로 방아쇠를 건드려 자신의 왼쪽 허벅지에 관통상을 입혔다. 문세광이 다리를 절면서 중앙복도로 나와 단상이 있는 앞쪽으로 뛰고 있는데도 그 누구도 저지하지 않았다. 일반인이 중앙복도로 그것도 대통령이 있는 단상으로 향하고 있는데 상식적으로 알고 있었을 경호원들도 문세광에 대하여 아무런 제지를 하지 않았다.

이때 문세광을 처음으로 저지한 사람은 독립유공자 자격으로 앉아 있던 이대산 씨로서 그도 총을 들고 뛰어가는 문세광을 발로 걸었을 뿐이었다. 이때 단상에 있었던 박종규 경호실장이 자리에서 벌떡 일어나 종이에 싼 권총을 꺼내려다 총을 떨어뜨렸다. 박종규 경호실장이 총을 주어 올리는 순간 문세광이 두 번째 방아쇠를 당겨 박정희 대통령의 연설대를 맞췄다. 이때의 순간은 첫 번째의 오발 이후 6초가 지난 시점이었다. 그리고 세 번째 방아쇠를 당겼는데 실탄이 발사되지 않았다. 박정희 대통령은 연설대 밑으로 몸을 숨겼으나, 육영수 여사는 자리에 여전히 꼿꼿이 앉아 있었다.

박정희 대통령이 시야에서 사라지자 문세광은 육영수 여사를 향해 네 번째 방아쇠를 당겼다. 이때 육영수 여사의 목이 순간 꺾였다. 1탄이 발사된 후 7초가 흐른 시간이었다.

문세광은 계속해서 다섯 번째 방아쇠를 당겼는데 이때의 실탄은 연단에 있었던 태극기를 맞췄다. 문세광은 6발의 리볼버 권총의 마지막 실탄을 발사하기 위해 연단을 향해 겨냥했다. 이때서야 좌석 전열에 앉아 있던 경찰 경호원들이 뒤에서 문세광을 덮쳐 마지막 총알을 쏘지 못하고 검거되었다.

이때 경호를 맡고 있었던 경호조직의 실수는 한두 가지가 아니었다. 문세광이 행사장 입장 시 충분히 출입을 통제할 수 있었는데도 하지 못했으며, 비표관리 체계 및 요원들의 인식미비와 중앙복도의 통제미비 그리고 오발에서 육영수 여사 저격 시까지의 7초를 적극 대응에 실패하였다. 경호의 원칙은 경호대상을 최우선 보호의 원칙이라고 생각해야 하는데 대통령과 영부인을 그 누구도 몸으로 덮쳐 보호하려 하지 않았다.

박종규 경호실장은 최측근에서 대통령을 우선 자신의 몸으로 감싸 보호해야 하는 임무가 최고의 임무임에도 정반대로 총을 들고 문세광을 향해 총을 겨누며 앞으로 나갔으며, 결국 문세광이 5발의 총을 쏘는 동안 한 발의 총도 제대로 쏘지 못했다. 일반인이 볼 때는 죽음을 두려워하지 않는 용감한 경호원으로 볼 수 있지만 경호상으로 보는 측면에서는 형편없는 자세인 것이었다. 연단에는 박종규 경호실장 외에도 이상렬 수행과장과 박상범 수행계장 등 경호원 세 명이 연단 뒤에 있는 커튼 뒤에 숨어 있었다.

그런데 문세광의 총소리에 겁을 먹은 한 경호원이 앞으로 나오다가 다시 커튼 뒤로 숨어 버리는 어처구니없는 대통령경호 역사상 치욕적인 장면을 보여 주었다.

문세광이 제압된 후에야 수행경호원들이 대통령을 몸으로 호위하고 있었는데 이때 한 경호원이 긴장을 해서 객석을 향해 총을 쏘았는데 합창단원으로 와 있던 성동여실고 장모 양을 사망케 하는 실수를 일으켰다.

잠시 후 육영수 여사는 병원으로 후송 조치를 하고 분위기는 매우 긴장되었는데 대통령이 다시 기념사를 계속하는 일이 일어났다. 테러의 특징상 제2, 제3의 공격이 예상되는 상황에서 대통령이 계속 기념사를 했다는 것은 매우 위험한 것으로 이 또한 경호상 큰 실수였다고 생각한다.

(2) 미얀마 아웅 산 묘소 참배행사

1983년 10월 9일 미얀마 아웅 산 묘소 폭파테러 사건이 발생했다. 이때의 사건은 북한 공작원에 의하여 일어난 것으로 대부분 혐의자들이 체포되어 이후 알려지게 되었다.

미얀마 정부는 한국보다 북한과의 국교수립을 먼저 해 국가 간 친밀도가 우리나라보다는 북한과 더 가까운 상황이었다. 이런 환경은 경호상 매우 불리한 조건이 되므로 보다 더 완벽한 경호조치를 취했어야 하는 데 많은 문제점들이 노출되고 있었다. 대표적으로 경호상 필요한 위해정보를 미얀마 정부에만 거의 의존했다는 것과 우리의 경호원들에 의한 안전점검, 안전검사 등이 이루어지지 않았다는 사실이다.

또한 한국 정보기관 중에서 해외에 요원을 파견하고 있는 것은 국가정보원뿐이다. 대통령 방문에 관련하여 미얀마에 주재한 국가정보원 요원들이 청와대 경호실의 경호원 선발대와 안전유무를 판단하게 되어 있었다.

당시 미얀마 주재 한국 대사관과 국가정보원 당시 안기부 주재원으로부터 문제가 없다는 보고를 해 왔으나, 이것은 잘못된 판단이었다. 당시 미얀마에 상주한 북한인들의 활동을 놓치고 있었다. 북한 선박이 전 대통령이 방문 직전에 미얀마에 들어와 정박하고 있다는 사실을 모르고 경계를 소홀히 했던 것이다.

당시 테러리스트는 북한군 정찰국 소속 전 모 소좌와 강민철 대위, 신기철 대위 등이었다. 이들은 아웅 산 묘소 참배를 하기 위해 전 대통령이 방문하기로 되었다는 첩보에 의하여 크레모아와 소이탄 등을 설치하고 원격으로 폭파시킬 수 있도록 무선 전자식 첨단 장비를 사용했다.

이때 희생된 사람은 서석준 부총리를 비롯해 15명이 사망했으며, 경호원도 2명이 포함되어 있었으며, 부상자는 합참의장이었던 이기백 육군대장 등 16명이었다. 불행 중 다행으로 전두환 대통령은 현장에 없어 참사를 모면할 수 있었다.

당시 사건 직후 천병득 경호처장이 즉각 서울로 돌아가야 한다고 주장해 전두환 대통령 일행은 미얀마 국립비행장이 아닌 다른 비행장을 이용하여 본국으로 돌아왔다. 이 같은 경호 실패는 경호 조직운영에 있어 정보기능이 얼마나 중요한지를 깨닫게 하는 사례로 남았다. 이 경호의 실패는 예방경호에 절대적으로 필요한 정보의 실패였던 것으로 생각한다.

28) 시위대 형태 및 진압

시위란 이익과 목적달성을 위하여 벌이는 자연적 · 인위적 · 물리적 행위이며 위력이나
기세를 드러내어 보이는 행위이다.

① 소요 사태

　㉠ **시위 형태**

　　ⓐ **특징:** 평화로운(우호적) 시위 - 일종의 의사 표시

　　ⓑ **폭력적인 시위(무기나 장비 무장):** 극단적 반대, 집단 이기주의, 체제 전복,
　　　제도 개선

　㉡ **쿠데타(시위 - 소요발전)**

　　ⓐ **특징:** 무력(정권탈취, 체제 전복)

　　ⓑ **주 내용:** 관청, 방송국, 언론사 점거

② 시위의 표현

　㉠ **시위의 표현:** 시위를 한다는 것은 '화를 낸다', '이익을 표현하다', '듣게 한다',
　　'심정을 드러내다' 등이다.

　㉡ 민주 국가에서의 시위란 의사표현의 방법이다.

　㉢ 외국(특히 프랑스)의 시위는 생활화되어 있다.

③ 문제가 되는 폭력 시위

　㉠ **이유:** 사회 계약적인 사고가 부족하거나 국민의 정치 참여폭이 제한되어 있는
　　곳에서는 폭력적인 시위가 많다. 사회 불만계층을 수용할 정치제도 및 사회제도
　　의 장이 부족하기 때문이다.

　㉡ **폭력시위 국가:** 대만, 태국, 미얀마(버마), 인도, 파키스탄, 네팔, 쿠르드 터키, 요
　　르단, 중국, 티베트, 북한

　㉢ **생활시위 정착국가:** 프랑스, 영국, 미국, 캐나다, 호주

ⓔ 폭력 시위대의 무장장비: 구호, 유인물, 피켓, 플래카드(placard)

④ 평화 시위란?

  ㉠ 구호, 유인물, 플래카드(placard), 피켓 등을 이용하여 정해진 구역까지 차도를 걷는 것

  ㉡ 예를 들면 우유 제조회사에서 아기들의 우유 성분에 유해한 물질을 넣었다고 가정하면 이의 이유를 제기한 임산부, 산모, 유모차, 아기 우유병 등을 이용하여 시각적인 연출을 위주로 정해진 장소나 일정한 거리까지 구호, 춤, 꽹과리, 음악 등을 구사하며 '무슨 법 제정치 말라', '무슨 행정처리가 불만이다' 등으로 표현, 전달하는 것들이 그것이다.

'집시추방 정책 철회하라.' 프랑스 파리에서 시위대가 '민주주의가 위기에 처했다'는 문구가 적힌 플래카드를 들고 니콜라 사르코지 정부의 집시추방 정책에 항의하는 시위를 벌이고 있다.

⑤ 사회형 시위 정리

  ㉠ 사회란 이상하리만큼 자기조정 능력이 있다.

  ㉡ 사회란 책상 앞에서 파악되는 종류의 것이 아니다.

  ㉢ 시위가 아무리 폭력적으로 이유를 내세워도 사회가 요구하지 않으면 성공하기 힘들다.

  ㉣ 한국인들은 시위의 개념을 정확히 알고 있다. 많이 모이면 많이 모인 만큼 성과를 얻는 것이다.

⑥ 시위진압 개념

　　㉠ **진압 지휘자 및 관리자의 인식**

　　　　ⓐ 대체로 행정을 맡고 있는 관리들은 이런 시위를 한 번 봐주면 너도나도 시위만 일으킬 것이라고 믿는 전근대적 사고 발상에서 나온다.

　　　　ⓑ 이런 사고방식은 국민을 얕보는 소치이며, 게다가 자기들이 떳떳하지 못하기 때문이다.

⑦ 시위 진압방법 및 구상

　　㉠ **평화 시위:** 감시를 계속하며 시위대와 동행한다. 일종의 에스코트 형식을 취하며 지정구역 이상의 범위는 차단한다.

　　㉡ **폭력 시위:** 먼저 대응, 방어할 수 있는 바리케이드를 설치하고 장애물 등도 설치하여 한정된 선상 거리까지만 허용하여 인원과 움직이는 동태를 파악한다.

　　㉢ **제압 방법**

　　　　ⓐ 1차로 주동자 색출, 검거 작업에 들어간다. 이때 주동자 및 집단 지휘팀과 협상에 의한 합의하에 자진철수 방법을 먼저 시도해 본다.

　　　　ⓑ 제압 검거에 들어갈 때의 방법으로는 강제 전원제압, 부분제압, 분산제압 등이 있고 무력에 의한(발포살상 가능) 공포 분위기 조성 후 시위자 분산 및 제압 등의 방법으로 구성한다.

ⓒ 이때의 진압자 공격형태 빛 경계 유형은 제2선, 3선 경비경계의 방법으로 구성한다.

ⓓ 시위의 형태를 예로 들면 운동장, 건물 입구, 안쪽 로비, 계단, 사무실 내, 강당의 경우 일부 주동자를 솎아 내어 잡아 낚아채는 식으로 제압하는 방법도 있다.

ⓔ 제압 시 사용장비 및 휴대 품목으로는 최루탄, 공포탄, 화기류, 헬멧, 방독면, 방탄복, 방망이, 포승줄(수갑), 방패 등이 있다.

㉣ **결론**

ⓐ 폭력을 볼 수 없는 생활의 일부분으로 정착

ⓑ 생활적인 평화시위로의 정착 및 이의 인식 필요

〈경호행사장 단면도(예)〉

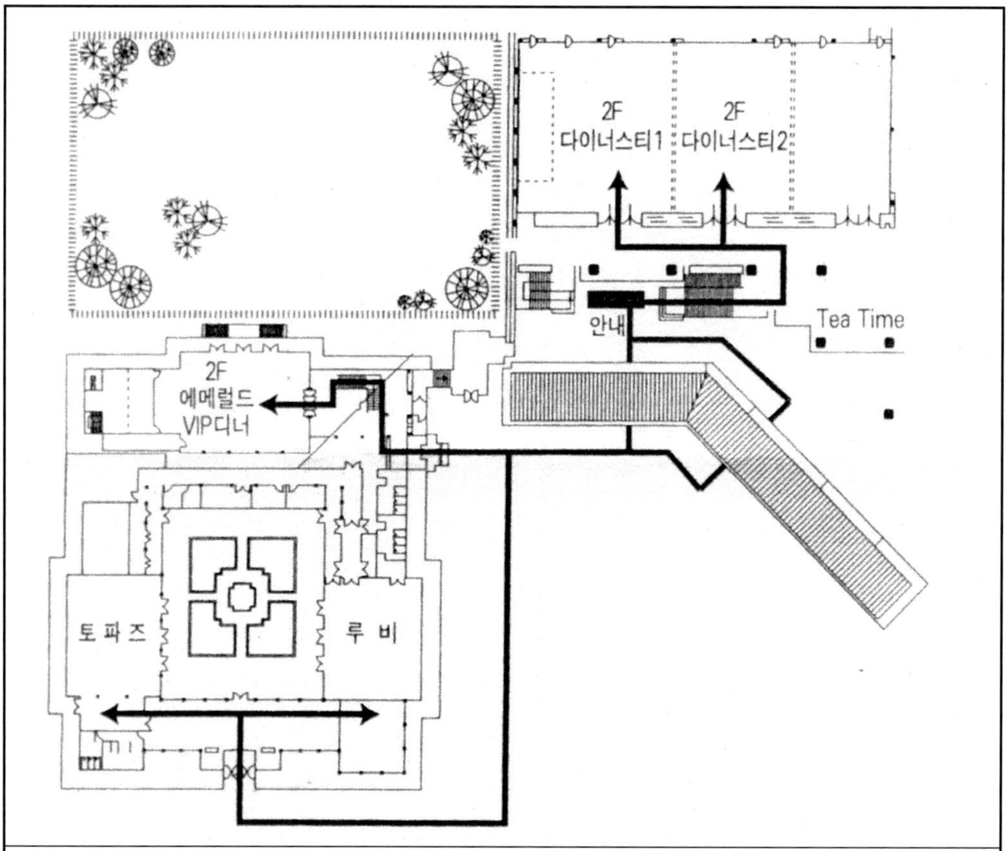

신라호텔 본관 행사장 단면도

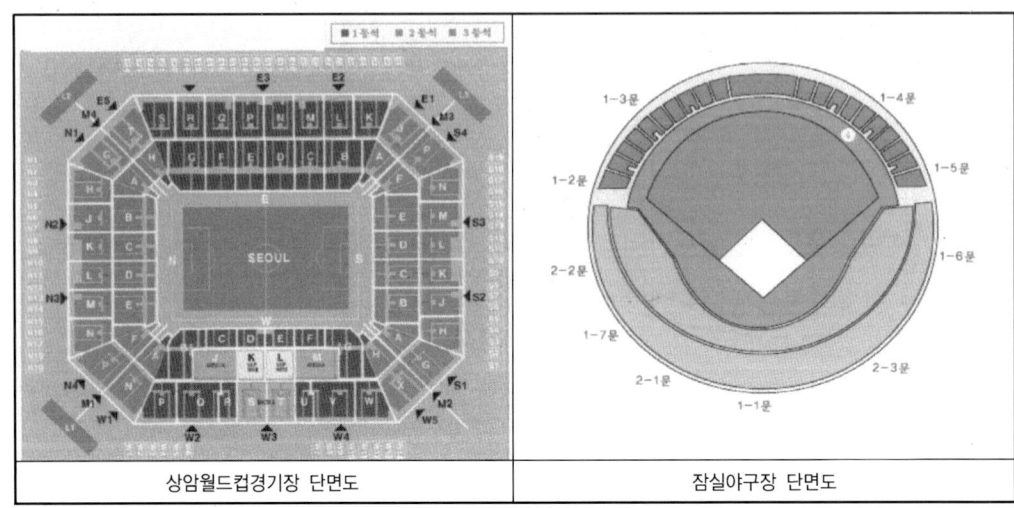

| 상암월드컵경기장 단면도 | 잠실야구장 단면도 |

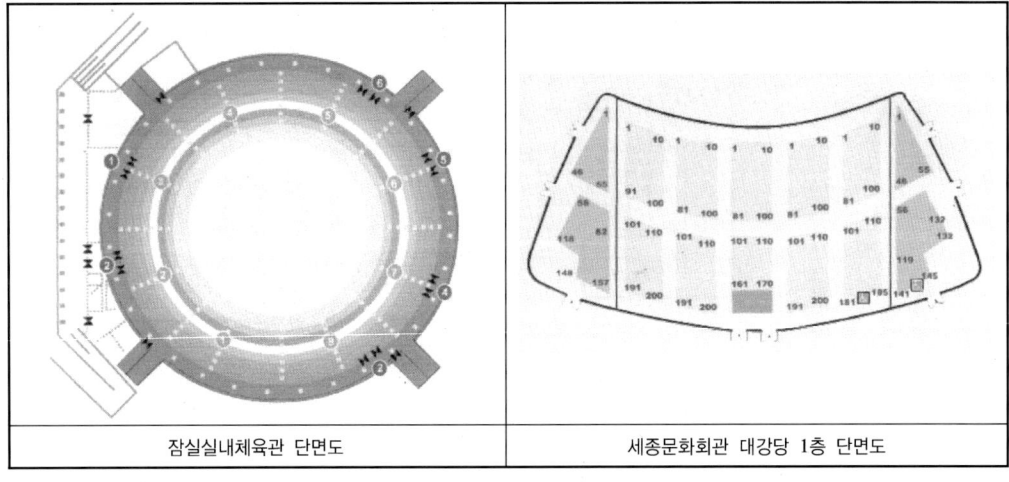

| 잠실실내체육관 단면도 | 세종문화회관 대강당 1층 단면도 |

제2절 월드컵행사, 2010서울 G20 정상회의 행사 경호

1) 2002한일월드컵 행사 경호준비

전국 10개 구장과 주요 공항, 항만 11개소(공항6, 항만5), 외국 공·관저 443개 월드컵 관련 시설 126개소에 대한 시설 및 인적 대상에 대한 경호작전을 수립했다. 주요 대상시설 선정은 선수를 포함한 운영진과 보도진 그리고 국내외 주요인사 들의 동선 그리고 축구경기장과 인접 군중 밀집지역에 안전대책이 그 핵심이 되었으며, 장소의 특성과 시설의 특성 인적 대상의 특성과 사고 유형 및 인위적 공격 유형에 따른 대책으로 수단적 방법 등을 고려한 세부계획을 수립했다.

먼저 테러 우려대상 시설을 선정하고 5,000여 명을 배치하여 위해요소를 차단하고 월드컵 관련 시설에 6,700여 명을 배치하여 경비를 강화하고 축구장의 훌리건 전담요원 2,600여 명을 편성했다. 이 외로 요인 수행경호와 선수수행경호 대테러진압을 위한 군, 경찰특공대운영과 취약지역에 대한 전자경비시스템과 같은 전자경비의 강화 그리고 폭발물 또는 생화학테러 등에 대비한 각종 로봇장비와 탐지견 등을 동원한 2002월드컵 경호대비를 3만 8,000여 명의 전담 경호경비대를 투입 준비하였다.

2) 독일월드컵대표팀 축구행사 경호(예)

(1) 행사개요파악

- 기본사항
  - 행사개요
  - 행사일시 및 장소
  - 행사의 성격 및 규모 분석
  - 참석하는 귀빈 및 참석 예상인원에 대한 신상파악
  - 행사에 사용될 건물 및 주변 환경에 대한 파악
  - 행사진행사항(행사계획서, 진행계획서)
- 세부사항
  - 행사장 요도(주 시설, 주변시설, 시설구조, 외부시설 및 구조 요도)
  - 교통진입환경(교통망, 진입도로망, 인접도로망, 교통망 요도)
  - 기상의 영향

◆ 2006년 독일월드컵대회 대표팀 응원전 ◆

제18회 FIFA 월드컵축구대회(약칭: 2006독일월드컵대회) 32강 본선전에 진출한 한국대표팀의 선전과 2002년 월드컵 4강 신화 재현을 염원하는 마음으로 기획된 한국대표팀 본선경기 응원전의 안전행사보장을 위한 행사 경호경비 및 재해대처 등의 안전 활동 기본계획이다.

〈 행사개요: 행사규모/진행 〉

▶ 행사기획의도: 2006년 독일월드컵 관련 한국대표팀 응원행사 및 연예이벤트(콘서트)행사
▶ 행사기획/주최: (주)행사기획사
▶ 행사성격: 약 50,000명 유료입장(한국대표팀 첫 경기 및 콘서트 통합티켓 판매)
  ※ 행사주최 측 결정·통보사항: 티켓구분 여부(카테고리구분 6종), 지정좌석제 여부(구역만)
                          프레스티지룸/귀빈석/기자석사용여부(미정)
▶ 입장방식: 인터넷티켓판매(첫 경기/콘서트 통합) → 개인소지입장
  ※ 행사주최 측 결정·통보사항: 타인양도가능, 티켓/카테고리구분(6종, 지정좌석미정)
                          주류 등의 반입 여부 및 내부매점 운영 여부(미정)
▶ 행사일자: ○○.○○(화) 22:00(한국대표팀 첫 번째 경기)
▶ 행사진행(각 일자별 동일)
  - 식전행사(2H): 콘서트공연 120분(신승훈, 이선희, 이문세 등 총 7명)
  - 축구경기(2H): 90~100분(전/후반)+15분(하프타임)

〈 행사장소: 잠실주경기장 시설현황 〉

▶ 위 치: 서울특별시 송파구 올림픽로 29(잠실1동 10)
▶ 규 모: 지하1층~스탠드 지상2층(8개 코스 400m 트랙)/면적 132,200㎡(약 34,000평)
  ※ 경기장 면적: 75,469㎡(22,829평)
▶ 수용인원: 총 100,000명(관람석: 69,950석)
  ※ 출입문: 총 144개소(외문 66문, 직문 2문, 내문 76문), 외문-지하 14문, 지상1층 24문, 지상2층 28문
▶ 시설관리주체: 서울특별시 체육시설관리사업소
▶ 기타 주변시설: 보조경기장, 야구장, 실내체육관, 수영장, 학생체육관 등
  ※ 주차장: 최대 2,000대(종합운동장 내 9개 구역)

211

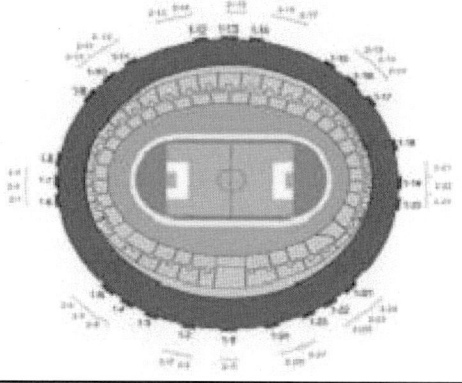

〈 행사장소: 상암월드컵경기장 시설현황〉

▶ 경기장시설개요
건축물명: 서울월드컵경기장
대지위치: 마포구 난지도길 66(성산동 515)
대지면적: 216,712㎡
건축면적: 57,859.33㎡
연면적: 165,829.65㎡
층수: 지하1층, 지상6층 (최고높이 49.4m)
형태: 타원형(304m×279m)

▶ 수용규모
일반관람석; 66,806석
귀빈석: 916석
언론보도석: 754석
회원석: 1실당 12~29석의 6개 형태의 회원석 75석 설치
지붕설치: 일반관람석의 90%
(VIP, 언론보도, 장애인석 100%)
주차대수: 총 3,601구획
(경기장 1,160구획, 공원주차장 2,441구획)
관람석: 프리케스트 콘크리트(P.C)구조
관람석 하부: 철골구조(지하층: R.C구조)
지붕: 철골 트러스+TENSILE(강선) 구조+테프론FABRIC(막)

▶ 시설관리 주체: 서울특별시 시설관리공단 - 월드컵대회 이후(2002년 7월 이후)

〈 행사장소: 상암월드컵경기장 시설현황〉

■ 시설 내부 현황
▪ 경기장 출입구
일반관람객 출입용 – 출입구개소: 전체 총 96개소
내부울타리 – 출입구개소: 전체 총 245개소
회원용 출입구 16개소
합계: 70대

▪ 의료시설
관중용의무실: 위치 및 개소 – 3층 4개소
선수, 심판용 의무실: 위치 – 지하1층 선수 심판구역

▪ 관중 편의 시설
화장실: 총 307개소 ▶ 남자 화장실: 총 95개소, 여자화장실: 총 96개소
매점: 총 24개소 ▶ 설치위치: 1층 8개소, 3층 8개소, 5층 8개소
안내소: 총 3개소 ▶ 설치위치: 북측광장 1개소, 남측광장 2개소
입장권판매소: 총 3개소 (총 창구 수: 20개) ▶ 설치위치: 북측광장 2개소, 남측주차장 2개소

▪ 장애인 시설
장애인석: 총 186석(가변석 146석 포함)
보조인석: 총 102석 (가변석 102석 /고정석)
장애인 화장실: 총 62개소 ▶ 남: 28개소, 여: 26개소, 남녀구분 없음: 8개소
장애인 주차장: 총 40대, 위치 – 경기장 대지 내 ▶ 30대 – 남측 주차장

▪ 안전관련 시설
중앙통제실: 위치 – 4층
경찰관실: 위치 – 4층
안내방송실: 위치 – 4층
소방관실: 위치 – 4층
방재센터: 위치 – 1층

213

구분	수량	내역
자동제어 통합설비	6종 35대	서버6개, 운용PC 10대, 허브(HUB) 3대 광변환기 3대, 스크린 6개 등
전력 설비	6종 976대(면)	수배전반 149면, 비상용 발전기 2대 무정전 전원장치 4대, 변압기 23대 등 설비 용량 12,000KW
통신 설비	16종 2,323대	전광판 2대, 스피커 1,974대, 교환기 1대, CCTV 104대 등
기계 설비	15종 917대	송배풍기 180대, 열교환기 14대, 펌프 147대 항온항습기 6대, 공조기 19대, 엘리베이터 11대 냉동기 5대 등
소방 설비	5종 8,624대(개)	소방펌프 5대, 방화셔터 94대, 소화기 607개 소화전 206대, 스프링쿨러 5,768개, 방수구 8개 등
잔디 구장	3개소 18,276㎡	주경기장(9,126㎡), 보조경기장(8,214㎡) 예비포지(936㎡)

▶ 참고 요도(기타)

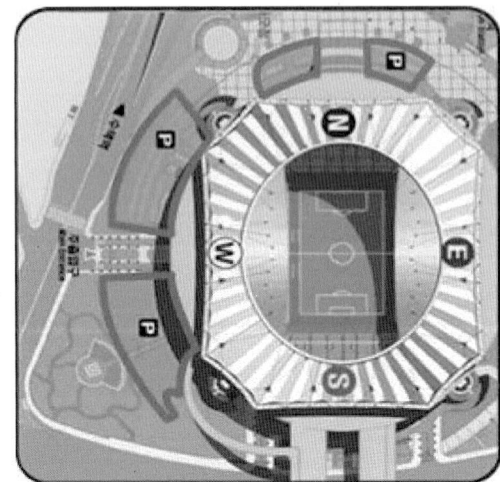 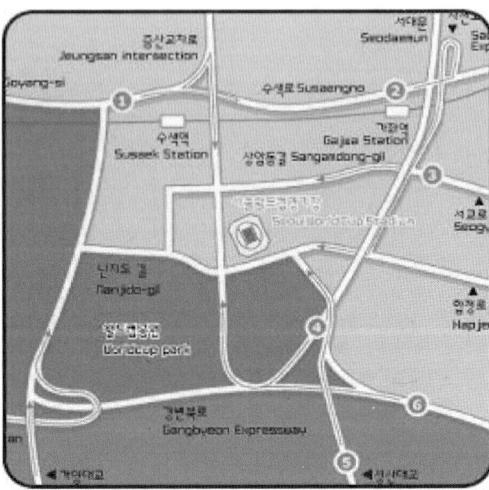

주차장요도   진입교통동선

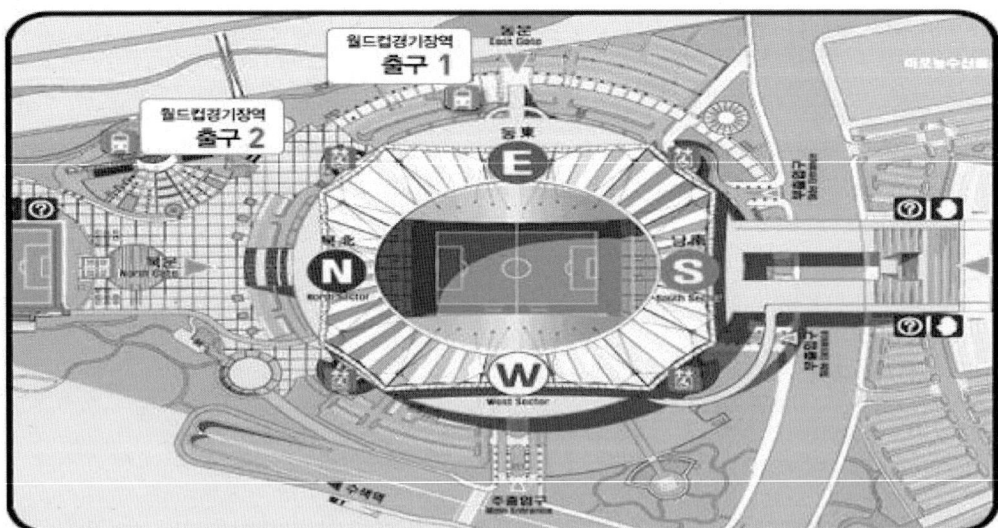

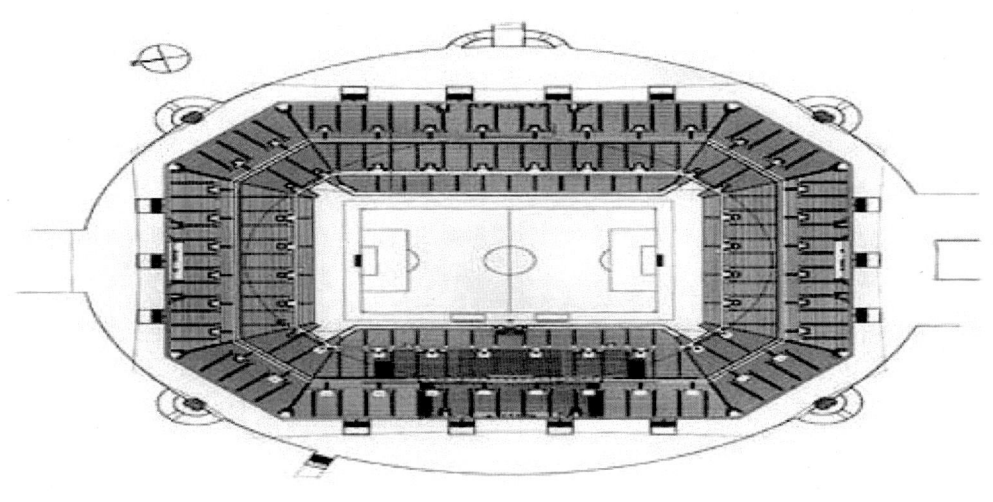

가) 안전위해/위험요소(예상)

⇨ **직접적(행사성격 고려)**

- 다중인원 밀집 및 야간&새벽 시간에 따른 안전사고(낙상, 압사, 시야확보 곤란 등)
- 무대행사에 따른 무대난입 시도 및 초청연예인에 대한 접근 시도
- 집단폭력행위 및 질서유지 침해행위
- 화재발생 및 환자발생
- 기타 범죄활동(절취 및 갈취행위 등)

⇨ **간접적(잠재적 위험)**

- 테러 관련 사고(인적 대상 사건, 미상물체발견, 전화폭파협박, 생화학물질테러 등)
- 안전 관련 사고(화재사고, 정전사고, 가스누출사고 등)
- 기타 사고(시위사태 및 신변보호요청 등)

⇨ **기 타**

- 시간대별 위험요소 변화
  ※ 관중입장대기 시(장외 무질서) → 관중입장 시(출입구역/무대) → 행사 시(관람석/무대주변/내부통로) → 관중퇴장 시(출입구역/내부통로/무대)
- 행사시설 및 장소 안전규정 및 지침 검토(점검 및 확인 – **상암월드컵경기장 예)**

☞ 안전영역의 설정

비상시 수만 명의 관람객을 위한 안전 및 통제계획은 지금까지의 여러 사고사례에 비추어 볼 때, 경기장 계획에 있어 매우 중요하다.

- 관람객 안전계획을 위한 안전영역설정에 관한 기본원칙은 안전영역
  1. 경기진행영역(Activity Area), 안전영역
  2. 관람객영역(Spectator Zone/Viewing Area), 안전영역
  3. 순환통로영역(Circulation Area), 안전영역
  4. 최종안전영역(Outside Stadium)으로 구분되며,

안전영역의 설정목표는 비상시 관람객을 관람석으로부터 외곽의 최종안전영역(안전영역 4)으로 피난시키기 위한 것이다. 관람객 관람석으로부터 안전영역으로 통하는 통로(Gate)에는 경기진행 시 항상 안전요원이 배치되어야 하며, 긴급대피 시 피난방향으로 쉽게 1열릴 수 있는 구조로 계획한다.

☞ 안전구획과 안전구역의 설정

관람석을 경기진행 중 비상시 안전한 대피 및 관람석 내의 돌발적 충돌 및 혼잡을 방지하기 위하여 관람석의 위치, 범위에 따라 보호 및 격리시설을 계획한다.

▷ 경기장필드 진입축

동서남북축(개막식 및 폐막식 개최 시 행사요원 진입통로)을 기준으로 4개의 안전구획으로 계획한다(투시 가능한 보호벽으로 통과동선 차단). 한 구획 내는 경기 중 관람객 이동 가능한 범위가 되며 화장실, 구급실, 매점, 탁아실 등 편의시설들이 배치된다.

각각 4개의 안전구획(Safety Sector)은 원칙적으로 4개의 안전구역(Safety Block)으로 세분되며, 투시 가능한 보호울타리(fence)로 통과동선을 차단한다. 구역선은 3층 데크로부터의 관람석 주 진입동선층을 기준으로 수직적으로 상하 양분하며, 다시 중심선을 기준으로 좌우로 양분하여 지정한다. 중앙본부석을 포함하여 15개의 안전구역(Safety Block)으로 계획한다.

▷ 검색선 설정

입장관람객에 대한 안전대책 및 입장권 검색, 기타 관람객의 질서 확립 등 대회전의 전반적인 관람객 입장통제를 위한 계획으로 보통 1차, 2차 검색선으로 분리, 지정하여 계획한다.

1차 검색선(Safety Zone 4, 외부 울타리 계획)은 주 경기장과 주차공간 사이에서 주로 설정되므로, 경기장 외곽에 별도의 외부울타리에 의해 통제되는 1차 검색선을 설정한다. 서울월드컵경기장의 경우는 중앙주차공간과 데크 진입공간 사이를 기준으로 주 경기장 주변을 따라 지정하였다.

㉠ 1차 검색선의 구분

- 1층 레벨: VIP, 선수 및 임원, 방송보도 및 언론, 경기운영 및 관리, 관련 방문객에 대한 1차 검색선 지정(지상1층 레벨)
- 3층 데크 레벨: 일반관람객에 대한 1차 검색선 지정(3층 데크 레벨)

㉡ 2차 검색선(Safety Zone 3)

1차 검색선을 통과한 관람객은 경기장 주 출입구 전에 2차 검색에 의한 통제를 실시하며, 정확한 관람석 위치에 대한 안내 및 2차 안전검사 또는 입장권검사를 실시하도록 계획한다. 서울월드컵경기장은 데크에 1차 검색선과 2차 검색선 사이의 충분한 관람객보행 공간을 확보하여, 2차 검색선 전의 경기장 진입예비 공간으로서의 역할을 담당하게 한다. 2차 검색선의 구조는 2차 검색을 위한 출입구와 내부울타리에 의해 구성된다.

217

▷ 울타리계획

- 교통보행 공간: 울타리 내의 일반관람객을 위한 교통보행 공간은 주로 3층 데크를 이용하며 그 면적은 32,045㎡로 보행자들의 흐름을 원활하게 할 수 있도록 충분히 확보되었다.
- 1차 검색선
  → 길이: 1,688m
  → 높이: 2.6m
  → 형태 및 구조: Ø100 스틸파이프(@2.0M), 100×50×Ø5 철망
  → 출입구 현황 총괄표

→ 출입구 상세 현황표

▪ 2차 검색선

→ 길이: 900m

→ 높이: 2.7m

→ 형태 및 구조: H-150×150×7×10 포스트(@2.3m)

→ 40×20×2.3 창살(@159)

→ 1차 검색선 입구로부터의 거리 북: 80m

동: 66m

남: 190m(남측 주차장, 월드컵기념 광장)

→ 1차 및 2차 검색선 사이 교통 공간

→ 출입구 현황 총괄표

☞ **출입구 계획(퇴장시간)**

▷ 그라운드 출입구 계획

경기장은 경기선수와 진행요원에 대해 개방되어 있고 지하 1층(+11.6레벨)에서 경기장 피치면(+13.2레벨)으로 진입에 지장이 없도록 경사로로 계획

㉠ 개막식을 위한 행사장 진입축

→ 진입구 A: 1층에서 진입

→ 진입구 B: 1층에서 진입

→ 진입구 C: 지하층에서 진입(경기장 유지관리용원 진입구로 이용)

→ 진입구 D: 지하층에서 진입(구급 및 안전용원 진입구로 이용)

㉡ 선수 및 심판 진입축

진입구 'E'에서 경기장 중앙선을 따라 진입

▷ 관람석 출입구 계획

㉠ 관람석의 주 진출입구는 3층(+26.3레벨) 데크에 설치

㉡ 각 BLOCK별 입구를 찾아서 관람석에 진입

㉢ 안전을 위하여 관람석은 12개의 BLOCK으로 구분되어 있으며 관람석 내부에서는 펜스로 구분

ㄹ 퇴장 시에 관람객의 대기 시간을 최소화하기 위해 출입구는 충분한 개소와 폭으로
   계획

▷ 퇴장시간 검토
㉠ 퇴장시간(T)=
㉡ 최대 퇴장시간: 8분 25초

▷ 방재계획 연구 및 보고서 내용
㉠ 서울시립대학교 지진방재 연구소 시행(200. 5.)
㉡ 영국 BRE개발 소프트웨어를 사용한 컴퓨터 시뮬레이션 및 수작업 계산 시행
㉢ 피난시간

3) 경호계획 수립 및 계획서 작성단계(예)

가) 기본계획(일반계획) 수립 절차 예

- 조직 구성 및 임무(경호 조직표, 세부 조직표 및 임무)
- 지휘/통신(내부, 외부)
- 인적 자원 구성계획(요원선발기준 및 수준, 소요인원, 조편성 기본계획)
- 인력운영 및 배치(기본원칙, 근무방침 – 시간, 장소, 인원)
- 교육훈련계획(필요시 세부계획에 수립하거나 또는 중복하여 계획할 수 있음)

나) 경호 세부계획 수립 절차 예

- 인력운영계획(배치계획, 시간별 운영계획)
  ※ 배치요도[책임자급/일반요원(구역별, 조직별)/전체 배치도]
  ※ 시간별 운영계획(행사진행시간, 경호활동시간, 활동중점사항 등)
  ※ 근무지별 임무
- 주요 상황별 대응 계획
  ※ 단계별 대응(수준, 단계, 조치, 사후관리)

※ 위해 유형(테러, 범죄, 사고, 기타)

▫ 통제지침(입출계획, 비표운영계획, 통제 장비 및 설치·배치 계획 등)

▫ 안전관리계획(소방, 안전구조 등)

▫ 장비운영계획(복장포함)

▫ 안전관리 협조사항

▫ 행정사항 및 관계기관협조(요청)

다) 행사 경호의 예1

① 안전활동 체계/편성/임무

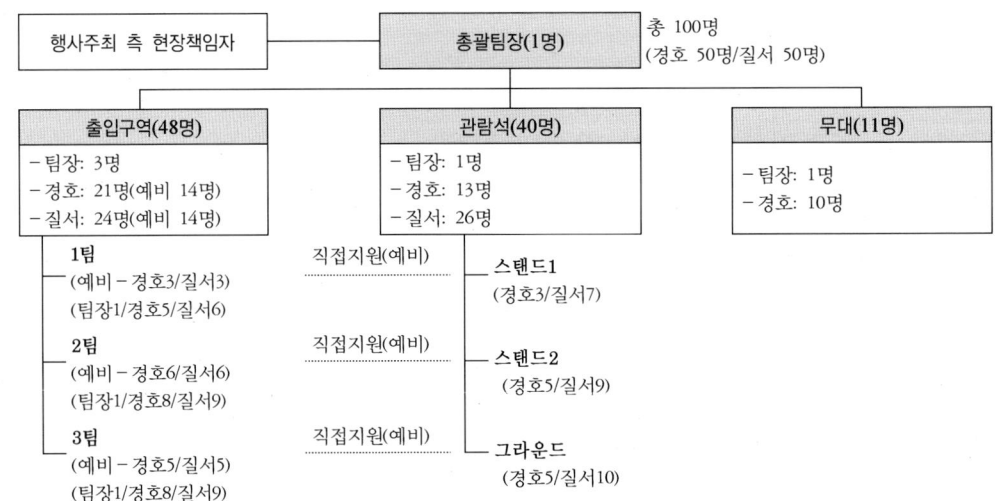

▶ 내부체계(주 통신: 무전기 - 경호원소지, 예비통신: 휴대전화)

▶ 외부체계(주 통신: 유선전화, 예비통신: 휴대전화)

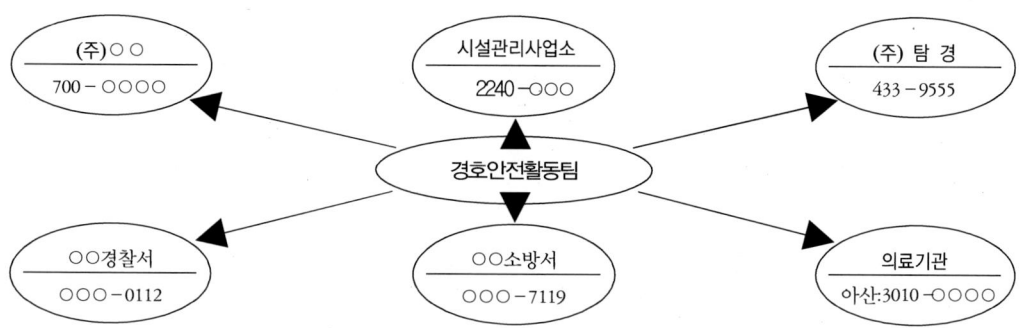

▶ 각 관의 임무/근무자세

구분		주요 내용	비고
공통 (근무자세)		- 행사성격 및 취지 등을 고려하여 항상 예의 바르고 친절한 자세로 임무수행 최선 노력 - 자연스럽고 유연한 자세를 견지하여 안전활동에 임하며, 행사주최 측/안전관계기관(경찰/소방 등)과의 유기적 협조체계 유지 - 테러/화재/난동 등 주요 사건사고뿐만 아니라 안전 관련 사소한 일도 무관심하게 지나치지 않는 자세 - 사전에 주변 편의시설 위치 및 책임자, 유관기관 연락처를 익히고, 임무 및 행동요령 숙지 - 대표팀의 선전을 기원하며 자부심과 긍지를 갖고 임하는 자세 - 친절하면서 엄정한 근무 자세를 유지하며, 언쟁은 절대금물(해결곤란 시 보고 및 조치요청) - 항상 관람객에게 시선고정(무대관람 및 경기시청 절대금물)	위해요소 사전제거/ 안내 및 질서유지/ 출입비표확인철저 (출입증/STAFF)
총괄 팀장		- 책임시설 및 구역 내 안전요원활동 조정/통제/지휘/감독 - 행사주최 측/안전관계기관(경찰/소방/관리소 등)과의 협조체제 유지 - 우발상황 발생 시 신속 상황보고 및 전파, 대응조치 강구 - 행사시설 내 안전점검, 위해요소 사전제거	총괄지휘 · 통제 · 조정/ 상황조치/ 관계기관 협조유지
각 팀장		- 각 책임구역 내 지휘/감독/통제 - 각 책임구역 내 안전점검 및 검사, 안전위해요소 사전제거활동 - 안전위해요소 발견노력 및 상황발생 시 즉각 보고/전파 - 상황의 경중을 고려 현장조치 및 지휘조치 여부 결정 - 각 책임구역 내 팀원의 지휘/감독	책임구역 팀원 지휘통제/ 출입비표확인철저 (출입증/STAFF)
팀원	경호원	- 책임구역 내 안전 위해요소 사전점검 및 제거활동 - 책임구역 내 안내/질서유지/안전 위해요소 식별활동 - 상황발생에 대비한 사전 징후포착 및 상황보고/전파 철저 - 질서요원의 운용 및 관리 - 안전활동 계획 숙지 및 상황별 적용	구역 내 안전유지활동/ 질서요원관리/ 출입비표확인철저 (출입증/STAFF)
	질서 요원	- 책임구역 내 안전 위해요소 사전제거 및 보고 철저 - 책임구역 내 관람객 안내 및 질서 유지 - 경호원 및 팀장 지시사항 준수, 적극 시행 - 무대관람 및 경기시청 행위 절대금지	구역 내 안내/질서유지/ 출입비표확인철저 (출입증/STAFF)

221

▶ 요원배치 요도

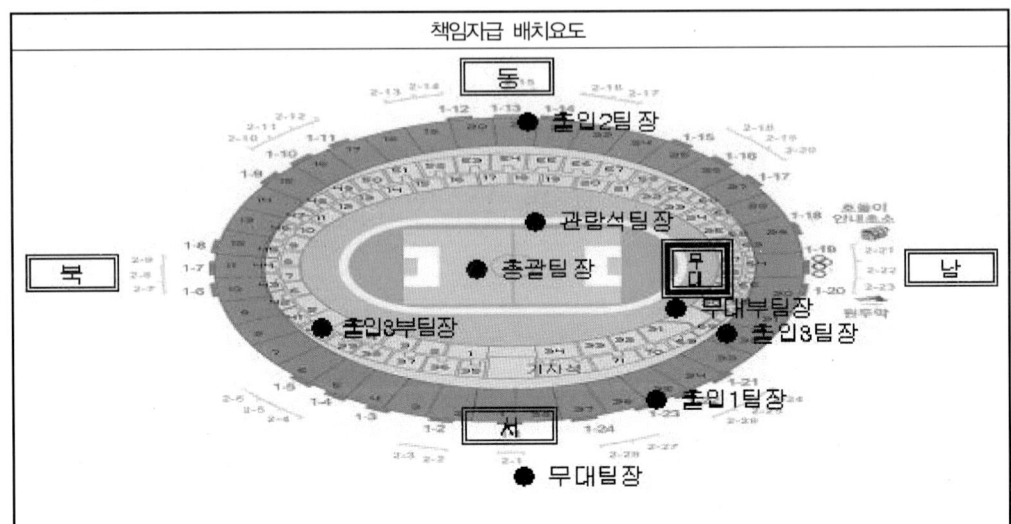

책임자급 배치요도

구 분	총괄팀장	무 대	관람석	출입1팀	출입2팀	출입3팀
성 명	장남진 (이수민)	정민형 (소병범)	이광남 (김종태)	손외준 (김준식)	민경남 (김세문)	황재선 (한경호)
비 고	주최 측 주조실위치	무대측면 위치	그라운드 위치	서측출입구 (예비－6명)	동측출입구 (예비－12명)	남직문출입구 (예비－10명)

<경호원/질서요원 배치 기본계획>
- 출입구[총 4개소: 서측(1－1/1－2), 동측(1－12/1－13/1－14), 남직문, 북직문]: 48명
 ▪ 1개소 기준(12명~18명): {2명(통로별)×2~3개(출입문)}+3~5명(외부질서)+2명(내부질서)
- 무　대: 11명(전면/측면 7명, 후면: 4명)
- 관람석: 40명(서측스탠드 10명, 동측스탠드 14명, 그라운드석 16명)
※ 모트/통로: 예비 28명(관람석 직접지원－서측스탠드 6명, 동측스탠드 12명, 그라운드 10명)

② 안전활동 시간계획/활동중점사항

구분		행사진행	경호안전활동			
			활동중점(공통)	출입구역	관람석	무대
경기일 (6.13.수) 22:00	15:00 — 16:00		**집결완료(15:00)** 인원/임무 재확인 안전점검/검사 **배치완료(17:30)**	조별확인체크 **외부질서(16:00)** **최종확인(17:30)** **외문개방(18:00)**	조별확인체크 안전점검/검사 **최종확인(17:30)** 통로주변배치	조별확인체크 안전점검/검사 **최종확인(17:30)**
	18:00 — 20:00	관중입장/착석	**외문개방(18:00)** 출입증확인 안내/질서유지	출입증확인 안내/질서유지	안내/질서유지	**무대접근자통제** **(STAFF비표확인)**
		콘서트행사(2H) ※ 19:45 시작	**외문폐쇄(20:30)** 관람석/모트집중 (흥분관중/질서)	**외문폐쇄(20:30)** 1/2만 개방	**관람석/모트집중** **(흥분관중/실족 등)** 그라운드/무대 통제 (안전사고예방활동)	무대난입행위방지 질서유지/감시관찰
	20:00 — 22:00	전반전(45분)	질서유지/내부통로 (싸움/실족/화재)	**예비전환직접지원** **(관람석/통로)** 질서유지/감시관찰 안전사고예방활동	관람객이동안내 안전사고예방	무대난입방지 출연진보호 기자재보호 질서유지/안내 **그라운드지원** 안전사고예방활동
	22:00 — 22:45	하프타임(15분)				
	22:45 — 23:00	후반전(45분)	질서유지/감시관찰 관람석/모트집중 (흥분관중/실족)	관중퇴장대비 **외문개방(23:30)** 안내/질서유지 (통로/출입구)	**관람석/모트집중** **(흥분관중/실족 등)** **(안전사고예방활동)**	
	23:00 — 23:45 — 01:00	관중퇴장/정리	관중퇴장대비 **외문개방(23:30)**		퇴장관중안내 질서유지/안전사고	무대접근통제 퇴장관중안내

223

※ 행사투입 前 총괄팀장과 행사주최 측 현장책임자와의 현장확인 및 최종점검(브리핑)

③ 안전관리요원 배치도: 별첨참조

▶ 출입구역 배치도 및 행사장 접근로

▶ 관람석 배치도 및 예비인력 전환운용

④ 안전활동 기본개념/대응체계

▶ **기본개념**

　－상황발생 이전 사전 징후포착 및 차단

　－상황발생 시 신속한 초동조치 및 사태확산 방지

　－제3자 및 주변의 동요최소화(군중심리확산 방지)

　－침착하고 객관적 판단자세 유지(심리적 안정, 평정심 유지, 언쟁 절대금물)

　－기본대응 모델에 따른 합리적 사고 및 조치

▶ 사건사고 기본대응체계

구분		주요 조치	비고
1단계	상황인지 /보고	- 상황접수/전파 - 지휘계통 보고/관계기관 연락 및 협조요청	행사주최 측과 연계조치 ※상황의 경중고려 현장조치
2단계	확산방지	- 현장이동/주변통제 - 대화시도(안정유도/군중심리통제/장소이동 등)	추가 투입 및 전환요원결정
3단계	수습/조치 /해결	- 물리적 행동여부(제압/신병확보) - 관계기관(경찰, 소방 등) 현장도착, 지원협조	과잉 또는 과다대응에 주의 (제2차 상황발생소지 제거)
4단계	정리	- 증거확보(사진, 목격자 등) - 주변정리 등 질서유지	

※ 현장지휘는 원칙적으로 소관팀장 및 총괄팀장에게 있으며, 필요시 행사주최 측(레브코리아) 현장책임자의 지시에 따른다.

▶ 예상위험상황대응

집단행동에 따른 질서붕괴 시		환자발생 시	
상황발생		환자발생	
↓	↓	↓	↓
〈 소규모 〉 보고 후 근거리요원지원 난동자 차단 후 신병인계	〈 대규모 〉 보고 후 가용인원 적극지원 확산방지대치/경찰지원요청	〈 단순 또는 경미 〉 선보고 후현장조치 안전장소로 이동 후 치료 ※ 현장의료인/구급요원	〈 중상 또는 심각 〉 선보고 후현장조치 여부결정 응급처치(상처보호) 환자안정유지 및 후송조치
↓	↓	↓	↓
상황종료(주변 정리 및 질서유지강화, 집중배치)		병원 및 119구급 후송 시는 경호원탑승 또는 후송처 확인	
↓		↓	
행사주최 측 및 운영자에게 보고, 지시사항 대기		환자신원확인 후 가족연락 및 상황종료(질서유지)	
화재발생 시			
〈 소규모 화재 시 〉 상황발생 → 상황전파/진화활동(소화기, 방화물질사용) → 진화지원(근거리요원지원) → 진화상태확인 → 목격자 및 화재발생요인, 이상유무확인/보고 → 상황종료(질서유지) → 최종확인보고		〈 대규모 화재 시 〉 상황발생 → 상황전파/초기진화(소화기, 방화물질사용) → 관람객대피유도(근거리 출구 및 그라운드 중앙) → 화재확산방지 진화활동 → 소방요원활동지원 → 주변접근통제/목격자 확보 등 → 상황종료 → 최종확인보고		

경
호
실
무

Ⅰ

라) 행정사항

① 관람객 적정인원수 유지 필요(예상인원 3만 3,000명에 따른 경호 안전활동 계획임)

② 관람객 질서유지를 위한 안내표지판 및 차단선/유도선 필요(행사주최 측 제공)

　- 통제선(최소 500m 이상), 통제선 고정봉(100개 이상, 5m당 1개)

　※ 산출근거: 출입구역별 3~4줄×25m×출입구역 3개소=최소 300m 이상

　　무대/주조실, 주요 접근로 측·후면, 내부통로/스태프구역=200m

출입구역			무대/출연자 구역	출연진승하차구역
경기장 내부			관중좌석	행사장 내(경기장 내부)
	출입구역		무대	출입구
25m	↑ 입장 ↑ 입장 ↑ 입장		↑↓ 출연자 진출입로	↑↓ 출연자 승하차 차량
범례	――― 통제선(출입구별 3~4개 줄, 4개 출입구역(일반인3, 출연진1), 5m별 고정봉 1개)			

③ 행사진행용 무전기(2~3대)지원: 행사진행 및 안전관리와의 적시적·유기적 협조

　　※ 행사진행용 무전기 착용: 총괄팀장 및 부팀장, 그라운드 팀장 또는 무대팀장

④ 관할 경찰서 및 소방서(응급차량 및 구급요원지원)의 협조 및 지원요청(행사주최 측)

⑤ 행사주최 측의 행사안전 관련 보험가입 필수

⑥ 旣계획된 안전관리계획 외 현장지시 및 변경되는 사항은 상호 협의하에 진행되며, 안전관리와 관련하여 총괄팀장은 요구사항을 거부할 수 있음.

⑦ 투입인원에 대한 식사제공: 100인 분(요원 식사예정시간 15:30~16:30)

⑧ 투입인원에 대한 복장계획은 다음과 같다.

　▶ 경호원: 정장 및 비표 패용

　▶ 질서요원: 별도통일복장 또는 정장(비표패용)

마) "World Class Hero" 행사안전관리 협조사항

① **행사관련 관계기관 반드시 신고(행사주최 측의 재해대처 계획 및 행사경비 내용)**

　⇒ 송파소방서 및 송파경찰서(최소 6월 5일 월요일까지)

　　※ 지연(7일 이전)될 경우 과태료 부과

② **입장구분 안내문 발송 및 공지(티켓발권 시)**

　⇒ VIP석 및 R석은 남직문 이용/S석은 북직문 이용

　　서측 A석 및 B석은 출입문 1-4와 출입문 1-5 이용

　　동측 A석 및 B석은 출입문 1-12와 출입문 1-13, 출입문 1-14 이용

③ 행사당일 안내문 부착 및 입간판 설치

⇒ 남측 지하철 2호선(종합운동장역 6번 및 7번 출구)에서 경기장 진입로 주변과 동측 진입로상에 현수막 또는 부착형, 보도블록 바닥 등 주요 접근로에 부착용

※ 예상관객 3만 3,000여 명의 혼란방지(유료행사이므로 행사시작 30~45분 내외 집중)

④ 이동식 간이화장실 설치 반드시 필요(최소 약 50여 개)

⇒ 행사입장 및 시작 후 약 4~6시간여 동안 현장관람을 하여야 하므로 반드시 필요

※ 간이화장실 설치장소는 남직문 25개소, 북직문 25개소(그라운드 관객 1만 2,000석)

⑤ 좌석구분 안내표시 및 분할 구분

⇒ 그라운드 내 3개 좌석(VIP석, R석, S석)의 구분 및 각 좌석별(연인석, 가족석, 기타 등)세부 좌석구역 배치표 및 구분내용 필요

동측 스탠드와 서측 스탠드의 A석과 B석의 구분 여부 및 같은 스탠드 내에 A석과 B석의 시설구조상 좌석의 구분이 매우 곤란하므로 실제 행사시작 시는 좌석의 섞임 현상 발생 예상

※ 구분방법(안): 의자 색상구분 또는 입간판 설치, 별도 통제선 설치 등 진행요원의 추가배치

⑥ 출연진 대기실 및 이동 동선, 출연진 및 행사차량 주차장 확정 필요

※ 행사주최 측과 시설관리공단과의 확정 필요(기존 대기실 사용 시 비용추가 발생)

⑦ 세부 행사진행계획 및 우천 시 계획 필요

⑧ 입장권 각 세부견본 및 AD카드 견본 필요

※ 각 출입구역 및 배치요원의 사전 숙지필요

⑨ 통제선(최소 500m 이상) 및 통제봉(최소 100개 이상) 필요, 행사진행무전기(2~3대) 지원 필요

⑩ 메가폰(3~5대) 필요

※ 행사주최 측 지원 또는 장비비 추가비용 발생

⑪ 포토존 형성 시는 별도인원 편성 및 추가투입 필요

⑫ 인원추가투입 건의: 최소 30~40명(경호 10명, 질서 20~30명)

최초계획(단방향 관람)대비 관람석의 동측 및 서측 분할에 따른 통제동선 등의 확대

및 좌석안내, 검표, 내부동로 통제, 출연진과의 이동 동선 분할의 어려움, 출연진 승하차 지점과 대기실, 무대 간의 이동 동선 확대 등으로 인원의 증원 필요요소 발생

※ 입장인원의 검표인원 증원 및 좌석 안내를 위한 인원, 출연진 대기실 및 출연진 차량 주변

⑬ 행사주최 측에서 요구하는 행사장 반입금지품목 지정 및 소지품분실주의 안내문, 행사혼잡에 대비한 대중교통 이용 및 행사시작 30분 전 입장요청 등에 대한 관객안내 및 분실주의 등의 경고 필요

바) 행사주최 측 AD카드 제작 시 고려사항(안)

구분	색상	임무	출입구역	비고
스태프 A	파랑	행사진행	전 구역	필요시 발급넘버필요
스태프 B		행사보조	무대	
출연진 A	녹색	연예인/댄서	무대/대기실	필요시 발급넘버필요
출연진 B		매니저/코디	대기실	
기자	노랑			필요시 발급넘버필요
안전요원 A	적색	경호요원	전 구역	필요시 발급넘버필요
안전요원 B		질서요원	무대 제외	

※ AD카드 뒷면에 관람석 도면 및 좌석배치도 도면 삽입(이동 시 및 안내 편리)

227

별첨 #1

〈행사장 출입구역 및 동선 기본도면(안)〉

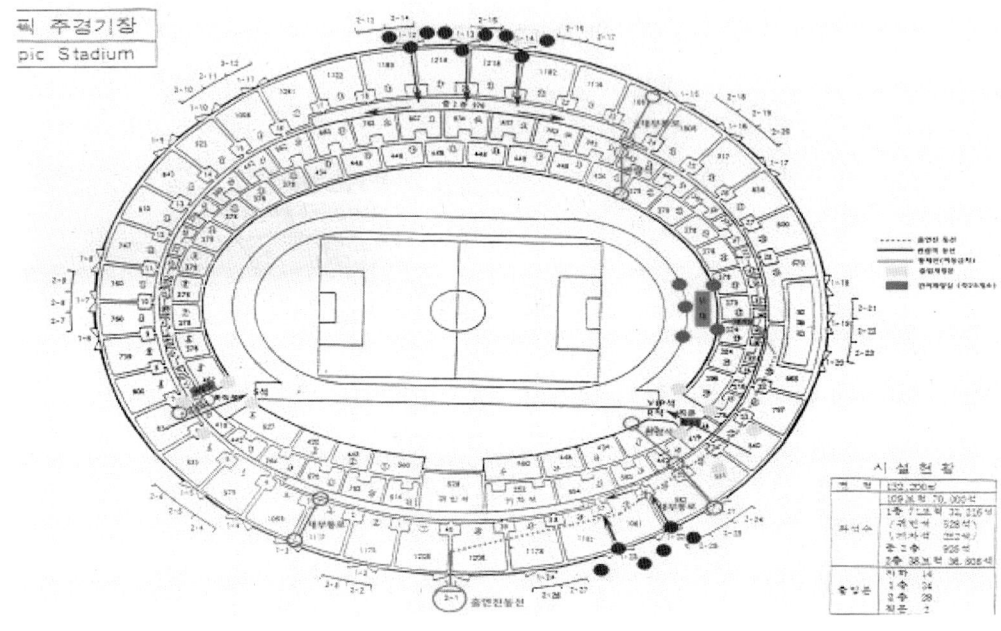

〈행사 시작 전 각 출입구역 및 무대요원의 기본배치도〉

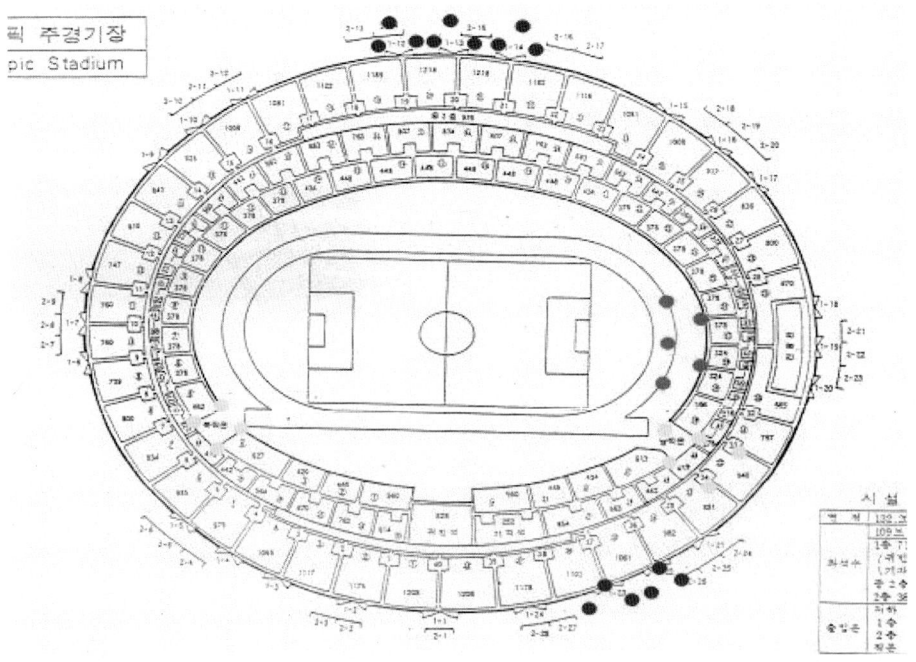

별첨 #2

〈스탠드관람석(A석/B석) 출입구역〉

〈그라운드관람석(VIP석/R석/S석) 출입구역〉

〈스탠드 및 그라운드 관람구역 기본 배치도〉

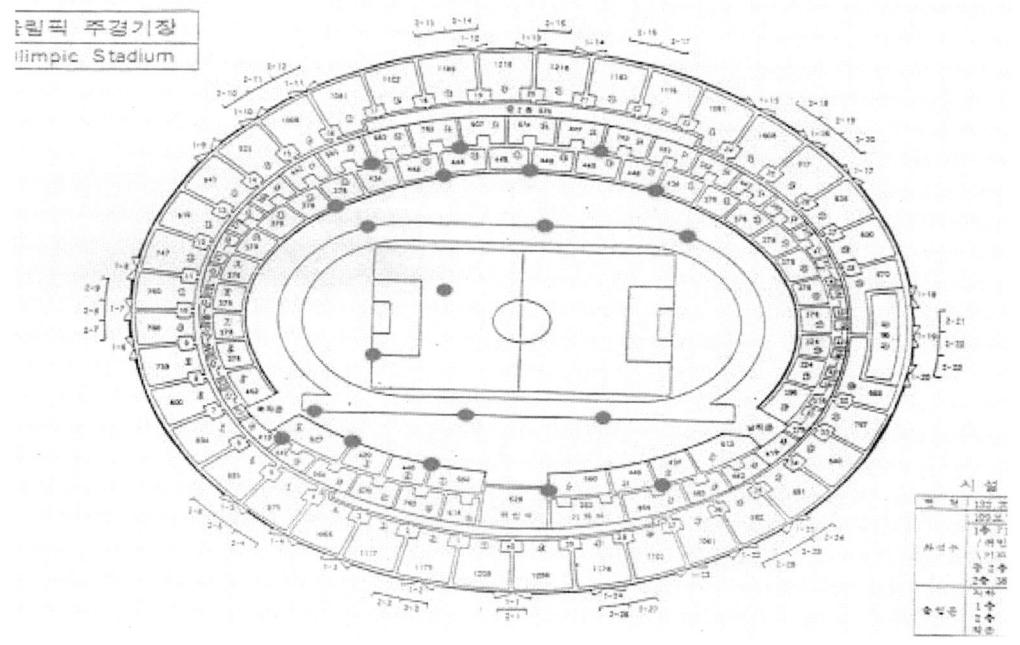

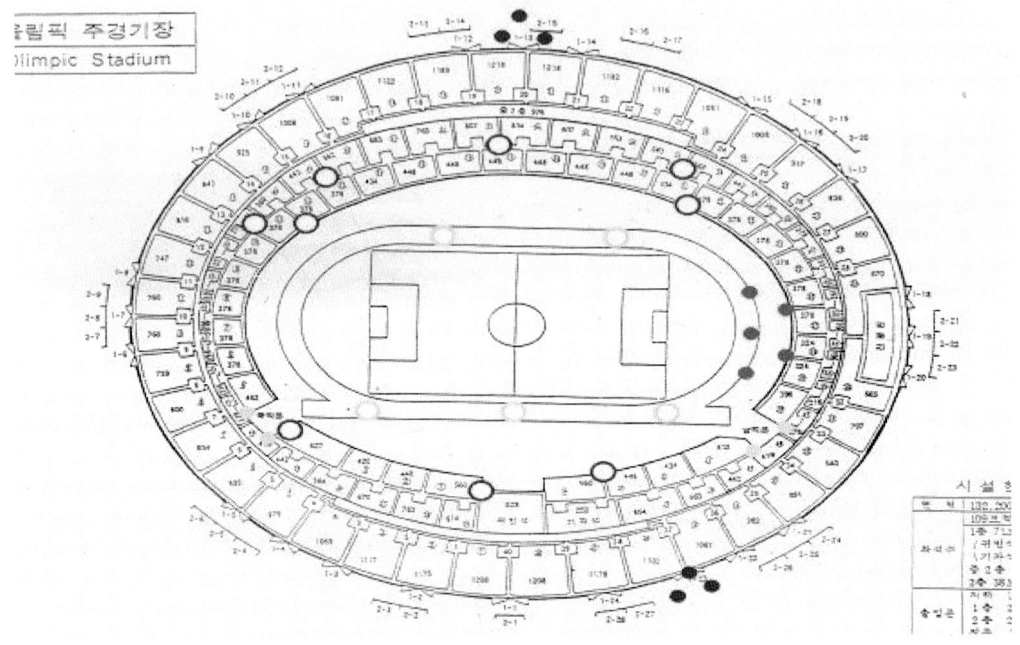

〈행사진행 중 출입구역 요원의 행사장 내 전환배치도〉

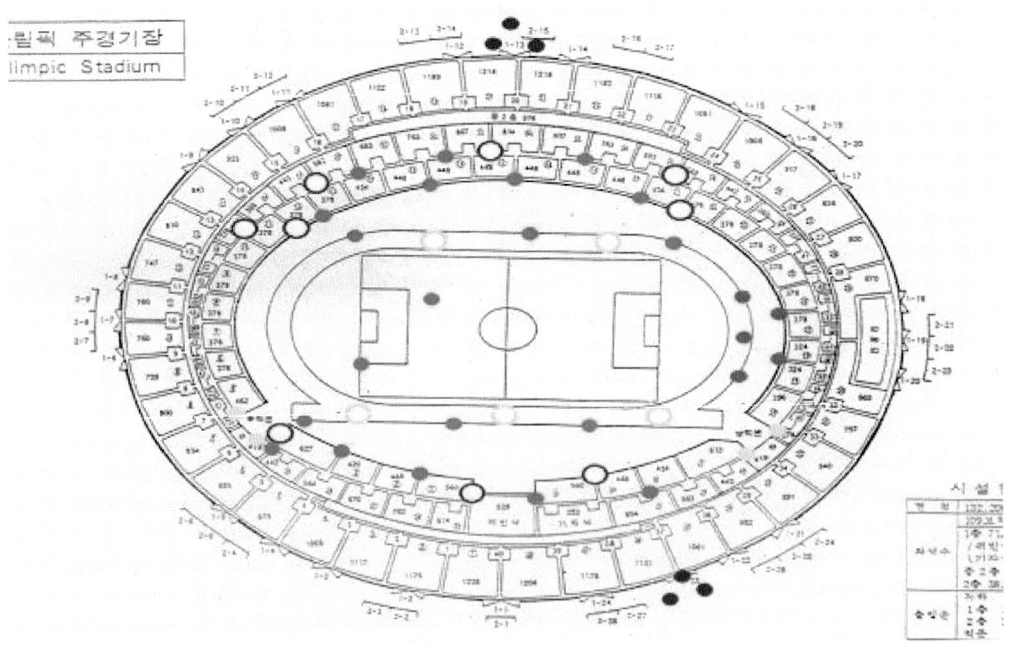

〈행사장 내 내부배치도(행사진행 중)〉

별첨 #4

〈최초 외부안내 및 초기 질서유지/동선유도 배치도(안)〉

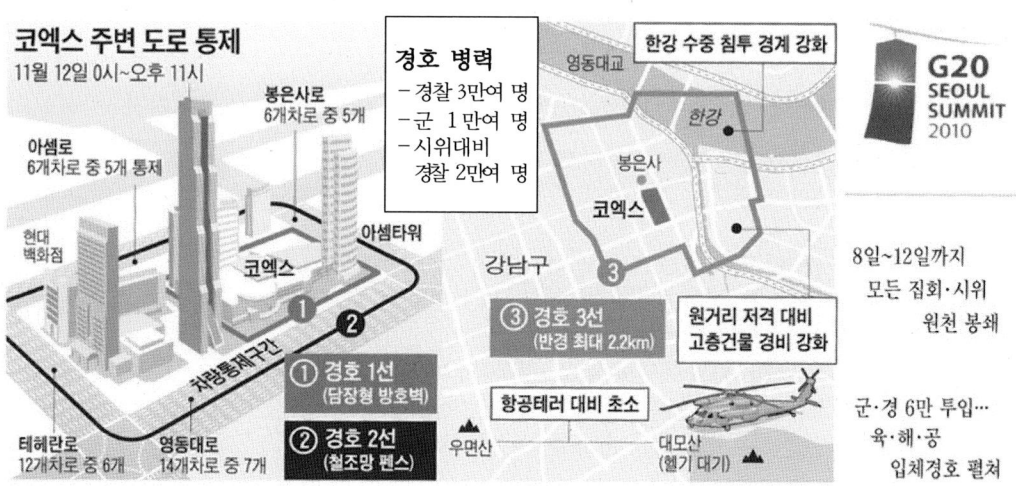

4) 2010 G20 서울 정상회의 행사 경호

국내에서 최초로 치러지는 'G20 서울 정상회의'에 대비한 경호를 위해 25개 유관 기관은 공항운영이나 교통관리, 식음료안전, 공보활동 등에 관한 분야별 유관기관 협의체를 구성하고 국정원, 국방부, 경찰, 소방방재청 등 유관기관 인원을 파견받아 '경호안전종합계획'을 수립했다.

특히 우리나라의 앞선 정보기술(IT)에 기초한 선진화된 첨단장비 경호를 선보였으며, 국정원과 국방부, 경찰청 등의 유관기관에서는 'G20 기획팀'을 출범시켜 기관 특성에 따라 대테러 안전활동, 군사대비 태세 확립, 치안 관리, 소방 및 재난 지원 등의 임무를 수행하도록 역할 분담했으며, 군은 합참의 합동작전본부장을 본부장으로 하고 해상 경호경비책임관(책임자 2함대사령관), 육상 경호경비책임관(수방사령관), 공중 경호경비책임관(공군작전사령관)을 편성했다. 경호경비작전에 투입되거나 관여하는 군 병력은 1만여 명에 이른다.

또한 G20 경비와 관련, 군과 유관기관과 유기적인 협조체제를 구축하는 등 육상·해상·공중에서 입체적 군사대비 및 경호경비작전을 수행했다.

서울 삼성동 코엑스에서 열리는 G20 경호와 관련, 경찰 및 군 등 유관 기관들은 연인원 40만여 명의 경호병력을 투입했으며, 경호안전통제단장은 청와대 경호처장이 맡았다. 군은 외곽 및 전체적인 경호 지원을 맡고, 회의장 주변의 경비는 경찰이 담당하도록 경호작전을 수립했다.

경찰은 경무관이 팀장, 총경이 부팀장을 맡고 경호·경비 업무의 경감급 전문가 20명이 팀원으로 참여한 기획팀은 행사 직전까지 종합 치안대책을 세우고 관계기관끼리 협조체제를 유지하다가 행사 때는 경찰의 경호·경비 총괄 사령탑 기능을 수행하도록 계획했다.

1박 2일간의 행사에 투입되는 경호·경비 인원은 특공대와 기동대, 교통경찰관, 전·의경 5만여 명, 투입 경호작전을 수행하도록 했다.

(1) 서울 G20 정상회 초청인사 및 수행규모

버락 오바마 미국 대통령, 후진타오 중국 주석, 앙겔라 메르켈 독일 총리, 데이비드 캐머런 영국 총리, 니콜라 사르코지 프랑스 대통령, 반기문 국제연합(UN) 사무총장, 도미니크 스트로스칸 국제통화기금(IMF) 총재 등 35명 안팎의 국가 원수급 인사들이 참석하는 초대형 행사이다.

여기에 초청국과 국제기구 수장들이 추가된다. 고정 초청국인 스페인과 네덜란드, 아프리카연합(AU) 의장국 말라위, 아프리카신개발파트너십(NEPAD) 의장국 에티오피아, 아세안(ASEAN) 의장국 베트남이 참가할 예정이다. UN(국제연합), OECD(경제협력개발기구),

WTO(세계무역기구), IMF(국제통화기금) 등 7~10개 국제기구도 초청 대상이다. 대표단, 외신기자 등을 합쳐 총 1만 5,000명 정도 규모이다.

(2) G20 정상회의란?

① G20 정상회의는 세계의 20개국 구성
- 대한민국 · 남아프리카공화국 · 독일 · 러시아 · 멕시코 · 미국 · 브라질 · 사우디아라비아 · 아르헨티나 · 영국 · 유럽연합　의장국 · 이탈리아 · 인도 · 인도네시아 · 일본 · 중국 · 캐나다 · 터키 · 프랑스 · 호주

② G20이란?
G20의 'G'는 그룹(Group)의 약자로 '모임'을 뜻한다.
'주요 20개국 모임'으로 번역되는 G20은 기존의 선진국 중심의 G7에다가 신흥국 12개국, EU를 포함하여 1999년에 만들어졌다.

③ G20 정상회의의 목적
G20 정상회의는 세계 경제에 있어서 중요한 국가간의 경제 및 금융에 관한 정책 및 동향, 현안에 대한 정보교류 및 대화를 확대하고, 세계경제 성장과 안정을 위하여 지속적인 협력을 증대하기 위하여 설립되었다.

233

④ G20의 정의
㉠ G20 (Group of 20, G20 major economies, Group of Twenty Finance Ministers and Central Bank Governors) 산업화 된 국가들의 기구이다. 회원국은 G7의 국가와 신흥국가를 포함한 20개 국가로,19개 경제 선진국과 유럽 연합(EU)이다. 결국 G20은 세계금융 정상회담이라고 할 수 있다. 각 국의 국가 재무장관, 중앙은행 총재등이 참여하여 세계 경제를 논의 한다.
㉡ G20은 G7 국가 재무장관들이 모여서 세계 금융 문제와 위기를 극복하기 위하여 만든 조직이다. 각 국의 재무장관과 은행장이 참여한다.

⑤ G20 창설배경

㉠ 1997년도 아시아 외환위기 이후에 국제 금융시장의 불안정한 상황 속에서, 세계 안정을 위한 협의 필요성 부각됐다.

㉡ 1999년 9월 IMF 연차총회 당시에 개최된 G7 재무장관 회의에서 G7 국가가 그 외 주요 신흥 시장국이 참여하는 G20창설에 합의하였고, 1999년 12월에 독일 베를린에서 제1차 회의를 개최하였다.

㉢ 2008년 11월 세계 금융, 경제위기 발생 이후에 향후 위기 극복을 위하여 G20 정상회의가 창설되었고, 이 회의는 연 1회 정례적으로 개최되는 G20 재무장관회의 이외에 정상회의 직전 재무장관 회의가 추가로 개최된다.

㉣ 1974년 석유파동: G7의 탄생

1974년 오일쇼크로 전세계 경제가 휘청거리자 선진 6개국(미국·프랑스·영국·독일·일본·이탈리아) 정상들은 1975년 프랑스 랑부예에 모여 대책을 논의하게 되었습니다. 여기에 캐나다(1976년)가 합류해 G7 체제가 정착되었으며, 이후 매년 회원국들이 돌아가며 회의를 열고 있습니다. 경제 문제뿐 아니라 소련의 아프가니스탄 침공, 항공기 납치 문제, 인질 문제, 난민 문제 등 정치적 논의도 중요하게 다뤄졌으며, 1997년 이후 러시아가 정식 가입해 G8이 되었음.

㉤ 1997년 아시아 외환위기: G20 재무장관회의 시작

아시아의 외환위기 직후 선진국과 신흥국 간의 국제협력 필요성이 대두되어 1999년 G7 국가와 브라질·인도·중국·한국 등 주요 신흥국의 재무장관이 모여 회의를 열고 G20 재무장관·중앙은행총재 회의에 합의하였습니다. 회원 20개국을 선정하는 데는 국내총생산(GDP)·국제교역량 등 경제규모가 우선적으로 고려되었기 때문에 20개국의 GDP를 합치면 전세계 총 GDP의 85%에 달함.

㉥ 2008 글로벌 외환위기: G20 정상회의 개최

미국의 투자은행인 리먼 브러더스의 파산으로 시작된 금융위기가 전세계를 강타하자 미국은 G20 재무장관회의 참가국 정상들을 워싱턴으로 초청해 국제 금융위기 극복 방안을 논의했습니다. 이것이 제1차 G20 정상회의입니다. 그 다음 회의는 2009년 4월 영국 런던에서 열렸고 9월 미국 피츠버그에서 열린 제3차 회의에서는 각국이 G20 정상회의의 정례화에 합의하였습니다. 오는 11월 한국에서 개최되는 G20 정상회의는 제5차 회의이며, 4차 회의는 6월 캐나다 토론토에서 개최.

(3) 상시경호조직운영(예)

핵안보정상회의 참가국 정상들. 미국 워싱턴에서 열리는 제1차 핵안보정상회의에 참석 중인 이명박 대통령이 컨벤션센터에서 참가국 정상들과 기념촬영을 하고 있다. 앞줄 왼쪽부터 이명박 대통령, 사르코지 프랑스 대통령, 사카슈빌리 그루지야 대통령, 룰라 브라질 대통령, 할로넨 핀란드 대통령, 나자르바예프 카자흐스탄 대통령, 오바마 미국 대통령, 압둘라 2세 요르단 국왕, 아로요 필리핀 대통령, 후진타오 중국 국가주석, 칼데론 멕시코 대통령, 페르난데스 아르헨티나 대통령, 사르키샨 아르메니아 대통령. 둘째줄 왼쪽부터 스톨텐베르그 노르웨이 총리, 만모한 싱 인도 총리, 에르도간 터키 총리, 조나단 나이지리아 대통령 권한대행, 야노코비치 우크라이나 대통령, 주마 남아공 대통령, 메드베데프 러시아 대통령, 로이타르트 스위스 대통령, 세바스티안 피녜라 칠레 대통령, 발케넨더 네덜란드 총리, 사파테로 스페인 총리, 리셴룽 싱가포르 총리, 메르켈 독일 총리. 셋째줄 왼쪽부터 판롬파워 EU상임의장, 레테름 벨기에 총리, 피셔 체코 총리, 존 키 뉴질랜드 총리, 길라니 파키스탄 총리, 엘 파시 모로코 총리, 응웬 떤 중 베트남 총리, 하퍼 캐나다 총리, 라인펠트 스웨덴 총리, 투스크 폴란드 총리, 베를루스코니 이탈리아 총리, 나지브 말레이시아 총리, 하토야마 일본 총리. 넷째줄 왼쪽부터 알 파이잘 사우디아라비아 외교장관, 메델치 알제리 외교장관, 아불 게이트 이집트 외교장관, 모하메드 UAE 아부다비 왕세자, 보디오노 인도네시아 부통령, 카싯 태국 외교장관, 밀리밴드 영국 외교장관, 폴크너 호주 국방장관, 네타냐후 이스라엘 총리, 반기문 유엔사무총장, 아마노 IAEA 사무총장.

235

가) 경호전담조직구성 및 업무분장

① 경호전담조직구성 및 업무분장(체계/편성/임무)

　㉠ 기본원칙

　　ㅡ근무편성은 연중 24시간 지속적 임무실시 가능토록 한다.

　　ㅡ근무주기는 1일 8시간 근무를 기준으로 하며, 각 팀장에 의해 팀원 수를 고려
　　　편성한다.

　　ㅡ연중 24시간 경호대상자의 경호활동에 질적(質的) 저하가 없도록 한다.

　　ㅡ긴급상황 및 인원증원 시는 총괄팀장의 판단에 따라 인력전환 운용토록 한다.

㉡ 조직구성

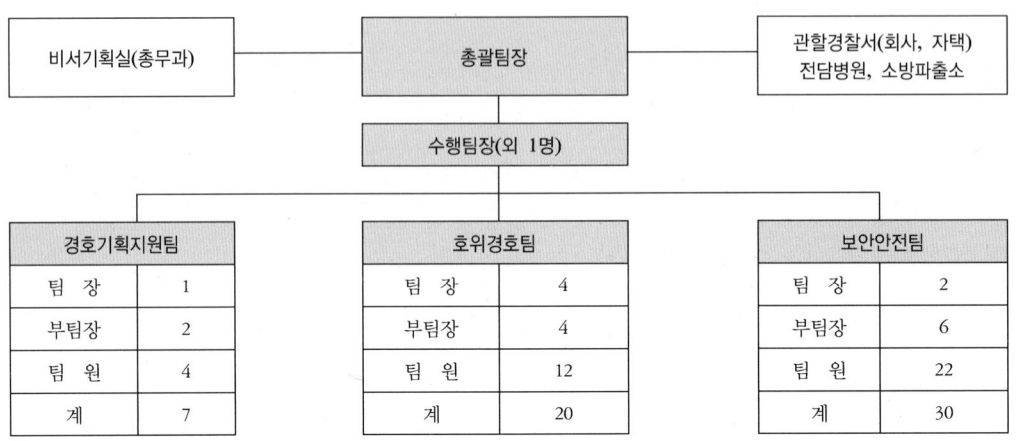

경호기획지원팀	
팀 장	1
부팀장	2
팀 원	4
계	7

호위경호팀	
팀 장	4
부팀장	4
팀 원	12
계	20

보안안전팀	
팀 장	2
부팀장	6
팀 원	22
계	30

㉢ 임무

구분		주요 임무
총괄팀장 (직급 – 실장)		▪ 각 팀의 총괄지휘, 경호작전지휘 ▪ 호위경호, 경호행사, 회사 및 자택 보안 총괄 기획, 지시, 지휘 ▪ 경호대상자 최측근 호위경호업무 수행(보좌업무)
수행팀		▪ 경호운전업무(경호대상자 차량) ▫ 수행팀장(직급 – 부장)/수행부팀장(직급 – 과장)
경호기획 지원팀	조직 업무	▪ 경호계획수립을 위한 제반 활동 ▪ 경호법률, 사무행정 지원 ▪ 경호장비 관리(구매, 설치, 유지보수) ▪ 경호대상자 차량 경호운전, 경호행사 지원
	각개 임무	▪ 기획팀장(직급 – 부장) ▫ 경호기획총괄 ▪ 기획부팀장(직급 – 과장) ▫ 경호계획지원, 정보조사계획 수립 ▫ 인사관리 ▫ 구매, 예산기획 ▫ 경호유관기관 협조체계 구축 ▫ 법률분석 자문 ▪ 팀원(직급 – 대리 · 주임 · 사원) ▫ 경호장비관리(설치, 회수, 유지보수 – 회사 · 자택 · 경호행사지원) ▫ 경호조사업무(경호정보활동 지원)

경
호
실
무
Ⅰ

구분		주요 임무
호위경호팀	조직 업무	• 경호대상자에 대한 호위경호업무(선발경호, 근접수행경호) • 행사 경호 및 의전업무
	각개 임무	• 팀장(직급 – 과장) 　◦ 경호계획수립, 경호팀지휘, 유사시 경호대상자 긴급피난 • 부팀장(직급 – 대리) 　◦ 팀장보조 　◦ 유사시 위해자에 대한 공격수단 방어 　◦ 현장답사 및 선발경호 지휘(팀장보조) • 팀원(직급 – 주임 · 사원) 　◦ 통신연락유지(본부 또는 다른 팀, 경찰 등 유관기관 통신체계구축) 　◦ 유사시 경호대상자 육탄방어 최우선 임무 　◦ 호위차량운전(경호운전 – 경호행사지원)
보안안전팀	조직 업무	• 경호정보 수집 및 보안 • 검색탐지 및 선발경호지원 • 시설(사업체, 자택)보안 및 안전관리 업무
	각개 임무	• 팀장(직급 – 과장) 　◦ 회사 및 자택 경호경비계획수립, 가족경호, 총괄지휘 • 부팀장(직급 – 대리 · 주임) 　◦ 현장관리감독(팀장보조 및 대리지휘) 　◦ 정보활동지휘(현장답사, 선발경호지원) • 팀원(조장 · 사원) 　◦ 시설보안경비(순찰, 거수자 불심검문, 보안검색 등) 　◦ 출입관리 및 통제 　◦ 검색탐지(도감청, 폭발물 등 – 행사 경호 · 선발경호지원) 　◦ 경호정보활동

나) 인적자원 구성

① 인원선발 기준

구 분		호위경호팀	보안안전팀	경호기획지원팀	비고
신체조건	신장(㎝)	175 이상 (경호대상자신장고려)	170 이상	–	
	시력	1.0 이상	1.0 이상	–	
연 령		28세 이상	25세 이상	40세 이하	
학 력		초대졸 이상	고졸 이상	대졸 이상	
전문교육		240시간	60시간	분야별 전공 필수	
자 격 증		경호원 3급 이상	경호원 3급 이상	분야별 자격 필수	
자격조건		– 신원조회상 문제가 없는 자			
공 통		– 경호원자격증 상급(1급, 2급) 자격취득 우선 선발 – 직무전공학과 졸업자 우대(경호, 경찰, 군사, 법률, 행정 등) – 직무별경호자격증 취득자 우대 – 무술유단자(4단 이상 고단자 우대) – 경력자 우대			

※ 각 팀원들의 상호보완적 임무수행이 가능하며, 전원 경호팀에 준하는 교육훈련 이수자

다) 인력운영/배치

① 근무시간/근무방식

㉠ 기본원칙

- 1일 근무교대는 8시간 단위 3교대를 원칙으로 하며, 순환식으로 비번자를 운영한다.

- 근무교대는 대면 합동근무방식을 원칙으로 하며, 합동근무 간 인수인계를 한다.

㉡ 근무시간/장소/인원

구 분	근무시간	근무장소	근무인원
호위경호팀	경호대상자의 일정에 의해 기준 (07:00~24:00 - 유동성 있음)	경호대상자 일정에 의해 정해짐	10명 2개 팀 근무
보안안전팀	9시간 3교대 근무체계	회사	3명+@
	9시간 3교대 근무체계	사택	4명+@
기 타	09:00~18:00	경호기획실(본사)	–
비 고	전원 비상근무체계 유지	세부계획 참조	@: 팀장

※ 비상체제 운용: 비번자 비상근무 운영체제 수립 및 유지(추가 인원필요시 전담경호회사 지원)

라) 대응중점(예)

① 호위경호팀

㉠ 대응단계(총괄)

구분		주요 조치	비고
1단계	상황인지/보고	- 상황접수/전파 - 지휘계통 보고	
2단계	확산방지 예방활동	- 통제 및 접근제한/대화시도(안정유도) - 현장이동/장소이동 등	유관기관 협조(신고) 지원요원 투입 여부 결정
3단계	호위경호활동	- 경호대상자의 신변안전 무조건 확보 - 호위호신경호(육탄방어, 긴급피난) - 물리적 대응 행동(사격, 제압, 체포)	과잉경호에 주의 유관기관 현장협조
4단계	정리	- 증거확보(사진, 목격자 등) - 주변정리 등 질서유지	

※ 현장지휘는 원칙적으로 소관 팀장에게 있으며, 필요시 총괄팀장의 지시에 따른다.

ⓒ 경호대상자에 대한 위해기도 시(테러, 범죄, 기타)

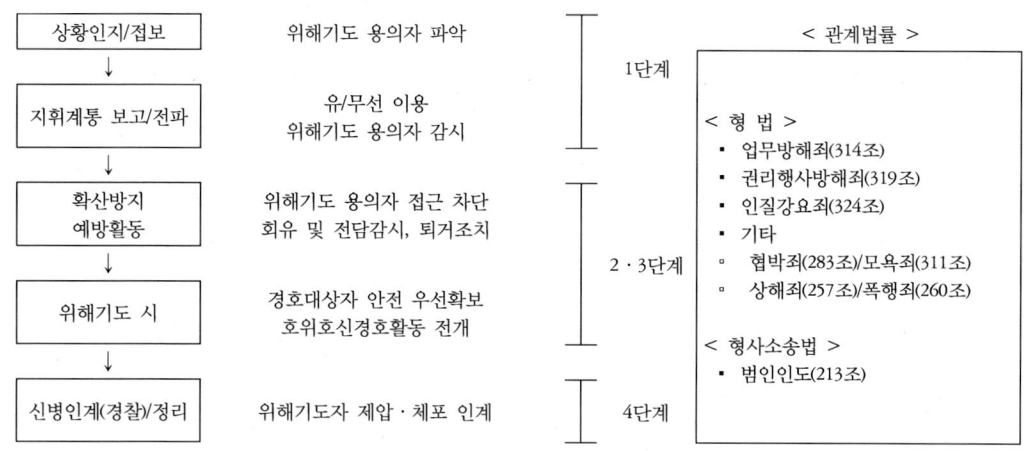

상황인지/접보	위해기도 용의자 파악	1단계
지휘계통 보고/전파	유/무선 이용 위해기도 용의자 감시	
확산방지 예방활동	위해기도 용의자 접근 차단 회유 및 전담감시, 퇴거조치	2·3단계
위해기도 시	경호대상자 안전 우선확보 호위호신경호활동 전개	
신병인계(경찰/정리)	위해기도자 제압·체포 인계	4단계

< 관계법률 >

< 형 법 >
- 업무방해죄(314조)
- 권리행사방해죄(319조)
- 인질강요죄(324조)
- 기타
  · 협박죄(283조)/모욕죄(311조)
  · 상해죄(257조)/폭행죄(260조)

< 형사소송법 >
- 범인인도(213조)

마) 교육훈련

① **교육훈련 중점**

　ⓐ 교육구분(과정)

　　－기초: 소양교육(직업의식 함양, 인사/언어/예절/복장 등)

　　－기본: 직무향상교육(직무별 교육훈련 및 자격취득, 자기계발 장려 및 지원)

　　－전문: 경호전문가 과정－경호원3급, 경호원2급, 경호원1급(국제경호아카데미 위탁)

　　－특성화: 숙련형 교육－국제경호아카데미 위탁

　　－수시/지속 반복교육: 각 팀장 직무교육 강화

　　－인사고과반영: 체력, 경호무술능력, 경호직무능력 평가(자격취득인정)

구분	기초과정	기본과정	전문과정	특성화과정	기타
내용	소양교육	직무향상교육	경호전문가과정	숙련형교육	수시/반복교육
대상	전원	전원	전원	전원	각 팀별
교육주관	경호기획팀	각 훈련기관	국제경호아카데미	국제경호아카데미	경호기획팀 본사인사반영

　ⓑ 교육훈련지원

　　▶ 경호직무전공자격취득 지원(교육훈련비 지원)

　　　－경호원자격증(국제경호협회－경호사 포함)

- 직무별자격증(국제경호협회)
- 공통능력자격증(국제경호협회 – 경호사격 · 경호운전/경호무술)

▶ 학위취득 지원(학비 지원)
- 대학 지원: 경호직무 전공 또는 유관되는 학사학위 과정
- 대학원 지원: 경호직무 전공 또는 유관되는 석사 · 박사 학위 과정

▶ 체력단련 및 경호무술능력 향상 지원(체력단련비 지원)

바) 지휘/통신

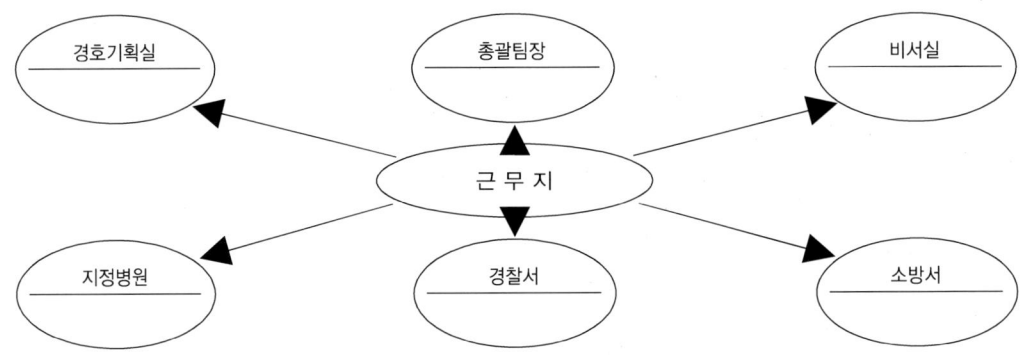

사)경호구역 통상경호운영계획(예)

① 경호구역 통상경호업무 운영계획 – 사택경호경비업무(체계/편성/임무)
　㉠ 기본원칙
　　-근무편성은 연중 365일 24시간 지속적 임무실시 가능토록 한다.
　　-근무주기는 1일 8시간 근무를 기준으로 하며, 각 팀장에 의해 팀원 수를 고려
　　　편성한다.
　　-연중 24시간 경호구역의 경호경비활동에 질적(質的) 저하가 없도록 한다.
　　-긴급상황 및 인원증원 시는 총괄팀장의 판단에 따라 인력전환 운용토록 한다.

② 경호구역 개요
　㉠ 경호구역: 서울특별시 성북구 00동 지대 일대(반경 500m)
　㉡ 경호초소: 정문 출입구 1개 초소, 사택 후면 1개 초소 운영
　㉢ 시스템: CCTV 폐쇄회로감시시스템(정문 출입구 보안실 설계)
　　　내 · 외부 감시 · 감지 시스템 전문회사 위탁(주 탐경 협약)

- 사택(시설물) 개요
  ◦ 대 지: 673.4㎡(약 203평)
  ◦ 건 평: 483.58㎡(약 147평)
  ◦ 주 소: 서울특별시 성북구 ○○동
  ◦ 시공방법: 목구조주택(지상 2층, 지하 1층 단독주택)
  ◦ 구조특징: 나무를 구조체로 하여 지어진 건축물
       천연 소재인 목재를 구조재로 사용(적하고 안락하며 건강에도 유익)
  ◦ 방호분석: 구조체의 특성상 화재(방화)위험성 높음
       울타리 방호의 대책 취약(낮은 울타리로 방호 기능이 거의 없음)

③ 사택 경호경비팀

㉠ 대응단계(총괄)

구분		주요 조치	비고
1단계	상황인지 /보고	- 상황접수/전파 - 지휘계통 보고	
2단계	확산방지 예방활동	- 통제 및 접근제한/대화시도(안정유도)	
3단계	대응	- 물리적 대응 행동(사격, 제압, 체포) - 유관기관 협조(경찰)	유관기관 협조(신고) 지원요원 투입 여부 결정
4단계	정리	- 증거확보(사진, 목격자 등) - 주변정리	

※ 현장지휘는 원칙적으로 소관팀장에게 있으며, 필요시 총괄팀장의 지시에 따른다.

㉡ 경호대상자에 대한 위해기도 시(테러, 범죄, 안전사고, 기타)

| 상황인지/접보 | 위해기도 용의자 파악 | 1단계 | < 관계법률 > |

```
상황인지/접보              위해기도 용의자 파악                    1단계
    │
    ↓
지휘계통 보고/전파          유/무선이용
                          위해기도 용의자 감시
    │
    ↓
확산방지                   위해기도 용의자 접근차단
예방활동                   회유 및 전담 감시, 퇴거조치
    │                                                        2·3단계
    ↓
위해기도 시                 시설방호
                          경호대상자(가족) 안전 우선확보
    │
    ↓
신병인계(경찰)/정리          위해기도자 제압·체포 인계           4단계
```

< 관계법률 >

< 형 법 >
- 방화죄(164조)
- 권리행사방해죄(319조)
- 인질강요죄(324조)
- 주거침입죄(319~321조)
- 퇴거불응죄(형법 319조 2항)

▫ 협박죄(283조)/모욕죄(311조)
▫ 상해죄(257조)/폭행죄(260조)

< 형사소송법 >
- 범인인도(213조)

경
호
실
무

Ⅰ

제**3**장
경호경비

제1절 경호경비

제1절 경호경비

1) 경호경비란?

인위적·자연적 위험으로부터 책임구역 내 안전유지 활동에 필요한 모든 활동을 말한다. 즉 자연적 위험에 대한 안전점검으로 시설물에 대한 점검 위해물에 대한 조치사항 등을 들 수 있으며, 인위적 위험·물적 위험에 대한 출입통제관리 및 순찰활동을 포함할 수 있다. 상황에 따라 인간 방호벽 구축을 통한 안전유지 방법까지 경호경비 기술에 포함하고 있다.

① 경호경비 계획

경호경비 본부장이 경호를 지휘·통제하고자 할 때, 경호에 관한 기본 계획 또는 실시계획을 수립하여 관계 경호조장 및 경호요원 등에게 하달해야 하며 관계기관에 전해야 한다.

② 경호경비 계획의 종류

   ⑦ **기본 계획:** 경호대상이 정기적으로 이용하는 지역(자택·사무실)과 공식행사 시 수립

   ⓛ **임시 계획:** 경호대상의 특정 시간 내 특별히 움직임에 대비하여 마련되는 계획

   ⓒ **비상 계획:** 비상사태가 예견되거나 발생 시 또는 우발 상황에 대비하기 위해 마련된 계획

```
☞ 착안사항
㉠ 안전대책 대상                    ㉡ 경계강화 대책
㉢ 지원경찰 및 관계기관 협조        ㉣ 동원 장비
㉤ 요원 배치도                      ㉥ 주변 평면도
㉦ 교통 통제도                      ㉧ 통신망
```

㉣ **안전대책**

  ⓐ 자연적 위험에 대한 대책(물리적 위험요소)

   ㉮ 축대 · 방벽 등의 안전점검(천재지변 등)

   ㉯ 누전위험의 유무 등 전기배선의 안전점검(화재 및 감전)

   ㉰ 가스관(가스통)의 안전 취급

   ㉱ 자동경보장치의 기능 정비

   ㉲ 피난 및 비상구조계획의 완비

  ⓑ 인위적 위험에 대한 대책

   ㉮ 무단출입(침입)

   ㉯ 무단 은폐(인적 · 물적)

   ㉰ 폭발물 설치

   ㉱ 고의적 화재 및 누전, 누수

   ㉲ 시설물에 대한 안전 결함

경
호
실
무
Ⅰ

2) 경호경비 보고

① 통상보고: 이상 유무에 관계없이 최초보고 일정에 따라 보고

② 긴급보고: 비상상황이 발생된 경우 보고

③ 순찰보고: 순찰지역에 대한 이상 유무 보고

④ 경호일지: 근무 전 상황에 대한 일지기록을 보고

⑤ 사고 보고서: 사고내용 및 유형과 피해규모 조치사항 등을 포함한 보고

  (각각 내용, 기재요령 등을 구체적으로 명시한다.)

3) 경호경비 출입관리

경호경비에 있어서 출입관리는 예기치 않은 사태를 미연에 방지할 수 있는 최초 경호 방법이라 할 수 있다. 출입통제 및 관리는 제한지역에 입장하고자 하는 자를 허가된 자와 허가되지 않은 자로 구별하기 위하여 꼭 출입점검을 하여야 한다. 출입자 확인 방법으로는 입장자 리스트(명단·명부 등), 주민등록증, 각종 신분증명서 또는 비품 등을 활용하거나 출입통과 시 받은 출입증이나 비표를 확인하는 방법과 입장자와 통행하는 방법이 출입통제상 또는 출입관리상 매우 효과적이다.

그러나 출입통제 또는 출입관리의 방법은 사업장 또는 시설 운영에 지장이 없도록 고려되어야 한다. 그리고 경호안전을 달성하기 위하여 가능한 한 간단하고 식별하기 쉬운 방법을 착안, 계획하는 것이 좋다. 이와 같이 출입관리라고 하는 것은 그 지역에 출입할 자격과 필요성이 있는 사람들을 적극적으로 선별함과 동시에 입장이 허가되지 않은 자의 출입을 근본적으로 제한하는 일인 것이다.

(1) 출입관리(통제)의 의의

경호대상자가 신변보호를 받음으로 심리적 안정을 가져 보다 능률적인 활동을 하도록 하기 위하여 활동 지역의 건물·시설 등에 있어서의 사람, 물자의 출입을 관리하는 경호 활동의 일부분이라 하겠다.

(2) 출입관리의 권한 위임

경호대상자가 경호 업무에 필요한 출입통제상 또는 출입관리상의 여러 가지 조건들을 스스로 설정하고 이것을 관리하는 권한을 계약 또는 지시명령에 입각하여 경호회사 및 경호원에게 부여하는 것을 말한다. 이 권한 행사에 있어 인권을 존중하고 정해진 방법에 의하여 정확하면서도 신속하게 행하여 일반인들이 불편함이 없도록 최선을 다하여야 한다.

(3) 출입관리 종류와 실시

출입관리 및 통제의 종류는 다음과 같다.

ㄱ 사람의 출입통제 및 관리

ㄴ 물품 반·출입통제 및 관리

ㄷ 차량의 출입통제 및 출입관리

ㄹ 안내

가) 사람의 출입관리

시설보안경비에 있어 사람이 들어오고 나가는 것만 철저히 확인, 통제되면 나머지 근무는 여기에 수반되는 것이라고 할 수 있다. 출입관리 근무의 기본 요령은 들어와야 할 사람은 경비 근무자가 없는 것처럼 출입할 수 있고, 들어와서 안 될 사람은 철저히 통제되어야 한다는 것이다.

① 고정출입자의 파악

시설근무자나 입주민 등은 가급적 신속히 익혀 두도록 한다. 생각나지 않는 사람은 확실히 알게 될 때까지 정중히 문의하여 확인하도록 한다. 사람에 따라 쉽게 기억되는 사람이 있고, 쉽게 기억되지 않는 사람이 있으나 이러한 경우 근무를 위하여 협조해 달라고 부탁하고 재확인하도록 한다.

② 불심자의 발견

근무자의 근무는 출입하여서는 안 되는 사람을 선별하는 것에 의해 우열이 구별된다. 평소 잘 나타나지 않던 사람이 나타나서 어떠한 사항을 문의하면, 일단 불심점을 가지고 세밀히 살펴보면 된다.

· 거동수상자

사방을 둘러보거나, 불안한 기색이 있는 자, 자주 뒤를 돌아보거나, 도망치듯 걸음이 부자연스러운 자 등 주변과 어울리지 않는 행동을 하는 자이다.

· 외모, 복장이 수상한 자

옷이 찢어졌거나 흐트러져 있는 자, 핏자국이 있거나 이상한 냄새를 풍기는 자, 옷에 거미줄/흙/먼지가 많이 묻어 있는 자, 상의와 하의의 격식이 맞지 않는 자 등이다.

- **휴대품이 수상한 자**

신분과 휴대품이 어울리지 않거나, 칼/열쇠/장도리/카메라 등을 이유 없이 휴대한 자, 남의 도장/물품 등을 가진 자, 중요 사건의 신문기사를 오려서 가지고 있는 자, 색안경/보자기/마스크 등으로 얼굴을 가린 자, 노끈/밧줄 등을 가진 자 등이다.

- **기타**

자주 이유 없이 출입하거나, 말을 부자연스럽게 하는 자 등이다.

(4) 사람의 출입통제 및 출입관리

㉠ **검문:** 범죄예방 및 범인검거의 목적으로 거동이 수상한 자를 정지시켜 질문, 조사하는 것

☞ **질문 시 주의사항**
① 취지를 설명하고 양해를 구함
② 치밀, 침착, 과감, 기민해야 함
③ 호신용 장비의 준비
④ 증거인멸, 도주 방지
⑤ 언제나 냉정, 침착해야 함
⑥ 모순 또는 수상한 점을 발견, 추궁토록 노력함

㉡ **사후조치**

ⓐ 보호조치 대상자는 긴급구호 요청 또는 보호 조치함

ⓑ 범죄를 행하려고 하는 자이면 경고, 제지하여 조치함

ⓒ 범죄 혐의자와 현행범은 체포 등의 조치를 취함

㉢ **검문대상자**

ⓐ 어떤 죄를 범하였거나 또는 범하려 하고 있다고 의심할 만한 상당한 이유가 있는 자

ⓑ 이미 행하여진 범죄 또는 행하려고 하는 범죄에 관하여 그 사실을 안다고 인정되는 자

㉣ **대상 선별방법**

ⓐ 수상한 거동·기타 주위의 사정을 합리적으로 판단한다.

ⓑ 경고: 범죄 예방을 위해 주의, 권고, 설득 등을 하는 것이다.

ⓒ 종업원: 신분증명서·출입증을 제시, 제출하게 하여 확인 후 출입을 허가한다. 원칙상 소정 근무시간 외의 출입에는 경호대상자가 허가한 자인가를 확인 후 출입을 허가한다.

ⓓ 거래업자

㉮ 통상 거래업자는 일람표에 의하여 확인하고 외래자 접수부에 자필로 기입하게 한 다음 출입증을 교부한다. 일람표에 없는 업자는 찾아가고자 하는 부서 및 담당자에게 연락하여 확인한 다음 방문 기록에 기록 후 방문을 허가한다.

㉯ 근무시간, 영업시간 외의 출입은 원칙상 담당 책임자에게 사전 연락하여 허가를 받은 자 이외는 인정하지 않는다.

㉰ 근무시간 이외 및 공휴일 등의 작업 시에는 작업상 인부 및 장비를 확인, 감시한다.

ⓔ 방문자: 방문자에게 방문목적과 신분을 확인한 후 방문 기록에 직접 기록하게 한 다음 방문증을 발행하고 퇴실할 때에 퇴실시간을 기록한다.

ⓕ 관계 공무원: 관청의 경찰관 및 소방관, 근로 감독관 등이 화재, 도난 등 사고 발생의 경우, 기타 직무상 입장하는 경우에는 절차가 필요 없다. 그러나 범죄인이 이러한 관계 공무원을 사칭하여 위장침입이 예상될 수 있다. 때문에 지속적인 활동 사항을 점검, 확인한다.

ⓖ 시간 외 입장자: 근무시간 외 입장할 수 있는 사람은 전기, 가스, 수도 및 청소업자 등의 종업원 등이 있을 수 있다. 이때에도 위장침입이 있을 수 있기 때문에 신분 확인 후 입장을 허가한다.

ⓗ 입장이 허가되지 않은 자

㉮ 방문 목적을 분명히 밝히지 않은 자

㉯ 행동이 수상한 자

㉰ 외래자로서 출입 절차를 거치지 않고 입장하려는 자

(5) 물건 및 물자의 반출·입 관리

물건 및 물자의 반출·입 시 확인, 즉 휴대품 등은 입장 시에 확인해 두고 퇴출 시에 입장할 때의 물품과 나가려는 물품을 비교하여 의심이 나거나 수상한 점을 발견하면 확인하도록 한다.

(6) 차량의 출입통제 및 출입관리

ⓐ **자가용차(승용차)**
ⓐ 주차장에 주차하는 승용차는 통상 임원 승용차, 오토바이 등이다.
ⓑ 이것들은 리스트에 등재되어 있는 차인가를 확인할 필요가 있다.
ⓛ **트럭**: 물품납품, 작업 기타 필요한 용무를 위하여 주차를 허가하는 것이 좋다. 또한 별도의 장소로 주차를 유도하는 방법도 고려한다.
ⓒ **택시**: 방문객이 내리면 곧 퇴출시키고 주차를 금지하도록 한다.

(7) 접수관리, 안내관리

ⓐ 거래처의 업무 종료 후, 공휴일의 공사 및 교환 업무
ⓛ 특수 우편물 위해 여부 확인
ⓒ 내방자의 응대, 안내
ⓔ 열쇠 및 개폐 관리

ⓐ 열쇠 관리기록부의 기록(열쇠의 반납, 수령 및 점검 등을 기록)
ⓑ 열쇠대장의 기록(경호 대상자로부터 수령하여 보관할 열쇠의 번호 등을 기록)
ⓒ 열쇠의 설치장소 및 열쇠의 번호 등을 기록
ⓓ 열쇠 대출기록부의 기록
ⓔ 출입문 등의 개폐의 취급

(8) 물품별 검색 요령

ⓐ 카메라: 먼저 양해를 구한 후에 셔터를 눌러 본다(전문기능요원 배치검색).
ⓛ 라디오 녹음기: 양해를 구한 후에 작동해 본다.
ⓒ 탁상시계: 시계 윗부분을 작동, 시계 바퀴를 돌려 본다(시한식 폭발물 퓨즈확인 등).
ⓔ 사진틀: 무게와 프레임 부분을 관찰한다(카메라, 도청기, 폭발물).
ⓜ 인형 목각: 인형이나 목각 몸속의 위험물 은닉 여부를 확인한다.

ⓗ 타이프 및 노트북 컴퓨터: 개봉 후 작동하여 본다.

ⓢ 고추장 · 김치 통: 이물질이 들어 있나 확인하고 흔들어 본다.

ⓞ 헤어 스프레이류: 공중에 살포 후 냄새를 맡는다.

ⓩ 여자 화장품: 내용물 확인, 뚜껑이 달린 거울 뒷부분을 조사한다.

ⓒ 선물 상자: 포장과 무게를 살핀다.

ⓚ 술병 · 보온밥통 · 물통: 뚜껑을 열고 냄새를 맡아 보거나 흔들어서 밑바닥을 검사한다.

ⓣ 우산: 펼쳐서 내부 및 손잡이를 확인한다.

ⓟ 가방: 이중가방 여부, 가방의 외부주머니, 하단부를 확인한다.

ⓗ 두꺼운 책: 펼쳐서 내부를 확인한다.

ⓖ 만년필 · 라이터: 뚜껑을 열어 보고 불을 켜 본다.

ⓝ 담뱃갑 · 도시락: 중량을 확인하고 의심이 나면 내용물을 확인한다.

ⓓ 지팡이: 이중 장치 여부, 금속 탐지기를 통과해 확인한다.

ⓡ 휠체어: 접속 부위를 두들겨 내부소리를 확인한다.

ⓜ 기타 물품: 상기 요령에 의거하여 세부적으로 검색, 실시한다.

    ⓐ 검문 전: 대단히 죄송합니다. 이곳 규정상 또는 이곳의 안전을 위하여 검문 중이니 가지고 계신 물건을 좀 보여 주시기 바랍니다.

    ⓑ 끝난 후: 검문에 협조해 주셔서 감사합니다. 안녕히 가십시오.

ⓑ 긴급 시 선조치 후 현장 상황실에 즉각 보고한다.

☞ 검문 · 검색은 권한을 위임받은 자만이 실시하며, 검문 절차를 숙지하고 대외 불신의 소지가 없도록 유의한다.
☞ 검문 · 검색 시에는 소지한 물품이 도검류, 총기류, 폭발물, 도청기, 감시카메라, 녹음기, 독극물, 독가스류 등이 내장되어 위장 포장된 것인지를 확인한다.
☞ 검색 시 모양, 부피, 무게, 재질 등을 고려하여 판단하고 변형조립 가능성에 대해서도 점검한다.

---

(9) 출입통제(경기장, 행사장, 대중집회 시 출입통제 개념)

3선 중첩 통제개념에 의한 다중 출입통제

ⓐ 제1선(외곽 출입문)

    ⓐ PART – STOP(부분 정지) 개념에 의한 출입통제

ⓑ 출입특권 확인(AD카드, 차량스티커 및 사진 통보 등)

ⓒ 차량 검색견 활용 출입통제

ⓛ 제2선(내곽 출입문)

ⓐ ALL-STOP(전원 장치) 개념에 의한 출입통제

ⓑ 출입자 전원 ME/MSR 통과 조치

ⓒ X-RAY 투시기 활용, 반입물품 및 휴대품 정밀 검색

ⓒ 제3선(내부 출입문)

ⓐ NON-STOP(비정기) 개념에 의한 출입통제

ⓑ 출입자 전원 ME 통과 조치(특성 고려 근무지 통제개념 설정 적용)

㉮ 출입문 및 출입통로 지정 운용

- 신분별 전용 출입문 지정 운용(VIP, 운영요원, 보도진, 초청 인원, 방문객 등)

- 출입구역 코드별 출입제한

- 기능 수행 차량별 전문 출입문 지정 운용 또는 시간별 지정차량 통제

㉯ 예외 없는 출입통제

- 출입통제 경호요원 전문화

- 출입통제 규정 준수: 규정위반 출입대상에 의하여 출입통제 경호요원의 융통성 있는 출입조치 지양

253

㉰ 자유로운 출입통제 분위기 조성

- 신축성 있는 출입통제 지양

- 친절하고 예의 바른 출입통제

- 주 출입통제 고정 요원화함으로써 친밀한 출입통제 분위기 조성

- 검색/출입통제 경호요원은 전문가적인 입장에서 지도 감독 및 상황 발생 시 조치하는 차원에서 활동

㉱ 세부 출입통제 지침

- 모든 출입대상(인원·물자)은 예외 없이 ME, MSR, X-RAY 통과 및 검색 실시

- 입장한 출입대상이 밖으로 나갔다가 재입장 시에는 다시 ME 통과 및 검색 실시

- 모든 출입통제 요원은 ME를 과신하지 말고 오관을 활용, 철저한 검색

- 여자 입장객 신체검색 및 휴대품 검색은 필히 여자경호요원이 실시

- 혼잡 예방, 편의제공 측면에서 지체시간 최대 단축
- 반입 규제품목은 양해를 얻은 후 보관증 교부 후 보관 조치

㉮ 반입 규제대상 품목
- 총기, 도검류, 폭약류, 불꽃 딱총, 원격 조정기, 주류, 철주 등 흉기로 이용 가능한 물품
- 폭발 시 인명피해 가능한 가스통 및 화공약품, 위해 물질
- 불순 구호 및 선정 유인물
- 기타 불순물: 모든 출입대상은 출입증 확인 및 필요한 조치 후 입장 허용

㉯ 확인조치 요령
- 지정된 카테고리(범주) 여부 확인
- 해당 구역, pictogram(상형문자, 그림문자) 일치 여부 확인
- 해당 출입구역 코드 일치 여부 확인
- 등록카드 검색기에 의한 분실, 도용 여부 확인
- 위·변조 또는 도용의 경우 발생 시, 신변확보 후 상급자에게 보고
- 지정 출입문을 이용하지 않는 경우, 또는 출입 특권이 없는 경우에는 출입 불허(출입 특권 미소지자의 출입요구 등의 경우 임시 출입증 교부처로 안내 조치)

(10) 경호임무에 따르는 예방 조치사항

경호는 면밀히 신변안전을 위한 경호 목적이긴 하지만 경호에 있어 경호대상자의 재산권·인격권 등 유·무형의 권리에 대해서도 보호하도록 노력해야 한다.

㉠ 도난의 예방 경계
㉡ 화재 폭발사고 등의 예방 경계
㉢ 교통사고의 예방 경계
㉣ 불법침입의 예방 경계
㉤ 현금수송의 예방 경계
㉥ 신변위험의 예방 경계
㉦ 상품매장의 도난예방 경계

ⓞ 혼잡에 의한 사고의 예방 경계

ⓩ 테러방지의 예방 경계

ⓒ 공갈 · 협박 · 모욕적 행위로부터 예방경계

(11) 부지 건물외곽의 경호대책

㉠ 방범등, 가로등, 조명등 등의 각종 등화

㉡ 출입문, 문, 벽, 담장, 도량 등 제반 시설

㉢ 신 · 증설, 개조, 수리, 철거 등의 필수 여부

㉣ 취약요소(장비 운용계획)

(12) 구내 및 건물내부의 경비 방재설비

㉠ 화재경보기의 설치 장소

㉡ 출입통제 설치 장소(카메라)

㉢ 소화시설: 소화기의 설치 장소

㉣ 각종 시험장치, 확인관리

㉤ 수리, 개조, 증설 및 배치전환의 필요 여부

㉥ 비상구

(13) 주차장 설비 확인

㉠ 수용대수

㉡ 신호경비 설비

㉢ 소방, 방화 설비의 완전 여부

㉣ 출입통제 방식의 효과(적절) 여부

㉤ 비상 통로

㉥ 위험물 저장 · 취급의 적절 여부, 유해물질 발생 위험 유무

㉦ 위험물의 종류, 수량 및 안전 대책

ⓞ 유해물질에 대한 예방조치

ⓩ 위험

(14) 출입관리

ㄱ 방문자 신원확인과 통제

ㄴ 거래업자에 대한 통제

ㄷ 종업원의 사물 관리

ㄹ 시간 외 입장자의 통제

ㅁ 입장 불허자의 범위

(위 내용에 대하여 업무내용과 조치 요령 등을 구체적으로 기재한다.)

(15) 차량을 이용한 물자 등의 반출 · 입 관리

ㄱ 사물의 취급

ㄴ 차량에 의한 반출 · 입의 취급

ㄷ 거래업자에 대한 조치

ㄹ 부정 반출의 대책 등

ㅁ 입 · 출고증 확인(계약서 방침에 따라 실시요령 구체적으로 명시)

ㅂ 트럭

ㅅ 일반 자가용차

ㅇ 임원 등의 전용차

ㅈ 택시

ㅊ 오토바이(자전거 포함)

(차종별로 교통규제, 유도요령 등을 구체적으로 명시한다.)

4) 경호 순찰활동

경호대상이 사택 또는 사무소 등에 철조망 등의 방책으로 둘러싸고 또 그 주변에 방범등을 설치하거나 건물의 문이나 창문에 시설하고 또한 내부에 외부의 침입자를 확인할 수 있는 감시카메라 등을 설치하여 침입하려는 자가 단념하게 하거나 범죄행위를 방지하기 위한 물리적 방위수단으로 방어하더라도 침입하려는 자는 그 모든 방위수단도 통하지 않는 침입방법을 생각하게 되므로 무엇보다도 경호원의 방위가 최선이라고 할 수 있다.

순찰활동은 잘 훈련된 정신적·육체적인 능력을 발휘하고, 인간이 지닌 오관을 잘 살려서 사소한 것을 놓치지 않고 주도면밀히 살펴서 해야 한다.

(1) 순찰근무

가) 의의

경호책임 구역을 순행하면서, 대상 시설의 안전과 범죄예방, 사고방지, 정황관찰 등을 위하여 근무하는 방법이다.

나) 순찰의 기능

① 범죄/사고의 예방 및 처리

순찰기능 중 중요한 것은 범죄(도난, 강절도 등)를 미연에 억제·방지하고, 이미 발생한 범죄·사고를 신속히 발견하여 적절하게 처리하는 것이다. 중요 시설에 침투하려는 범인은 단순히 근무자가 가까이 지나가기만 하여도 위축되어 기도한 범죄를 포기하는 경우가 많으므로 부단한 순찰로 범죄를 예방하여 근무지의 인적·물적·재산상의 보호와 공공의 안녕질서를 유지하고 국민의 생명과 재산을 보호하여야 한다.

257

※ 순찰 중 부단한 불심검문을 하는 것, 역시 동일한 범죄 억제효과 가능하다.

② 정황관찰

순찰 중 시설 내의 모든 상황을 파악하여 시설경비에 참고사항으로 활용하는 것도 역시 중요한 기능 중의 하나이다.

다) 순찰의 종류

① 노선에 의한 구분

㉠ 정선순찰

사전에 정해 놓은 순찰노선을 따라 규칙적으로 순행하는 순찰을 말하며, 순찰근무자의 위치를 추정하기 쉬우므로 감독/연락 등에 매우 편리하나 범죄자 등이 예측하고 순찰근무자를 피할 수 있는 단점도 있다.

ⓛ 난선순찰

순찰근무자가 임의로 노선을 택하여 목적지역을 순찰하는 방식으로서 난선순찰의 효과는 순찰근무자의 능력에 따라 크게 달라질 수 있으며, 감독·연락이 불편하고 절도 있는 근무를 하기 어렵다는 단점도 있다.

ⓒ 요점순찰

순찰구역 내의 중요지점을 지정하여 순찰근무자는 반드시 그곳을 통과하며, 지정된 요점과 요점 사이에서는 난선순찰 방식으로 순찰하는 것을 말한다. 정선순찰과 난선순찰의 장점을 살리고 단점이 보완되는 방식이다.

ⓔ 구역순찰

순찰구역 내의 몇 군데를 순찰 소구역으로 설정, 이 소구역을 중점적으로 난선순찰을 하는 것을 말한다. 시설 내에 특별히 범죄의 우려가 있는 지역의 경우에 흔히 사용하는 방법이다.

② 인원에 의한 구분

ⓐ 단독순찰

한 사람의 근무자가 행하는 순찰을 말한다. 소수의 인원으로 넓은 구역을 순찰할 수 있으며, 장비가 우수하면 단독 순찰이라도 충분히 효과를 거둘 수 있다. 은밀히 주의력을 집중하여 순찰할 수 있으나 다수의 범죄기도자가 있을 경우 대처가 불가하다.

ⓑ 복수순찰

2인 이상의 근무자가 순찰하는 것으로 범죄의 위협이 있을 경우 유용하다. 다수의 범인에 대한 대처가 가능하며, 유사시 연락이 가능한 점이 있다.

2인1조 개념으로 A근무자 출발 후 시간간격을 두고 B근무자 순찰한다.

라) 순찰근무자 준수사항

① 목적의식

순찰근무자는 그저 돌아다니는 것이 아니고 인명과 시설의 안전을 지킨다는 목적의식을 가지고 순찰해야 한다. 막연히 돌아다니면 순찰 중 확인하여야 할 사항을 확인하지 못하는 경우가 있다.

② 보고

순찰 전 감독자에게 "순찰 다녀오겠습니다"라고 보고 후 순찰근무를 실시하고 종료 후 감독자에게 각 순찰지점의 상태 및 다음 순찰근무자에게 인계할 사항 등을 보고하여야 한다.

마) 순찰근무 시 착안사항

① 건물내부 순찰 시 확인사항

㉠ 처음 순찰 때의 실내상황을 잘 기억하였다가 다음 순찰 시 변동 유무를 주의 깊게 관찰
㉡ 창문, 섀시 등의 파손 및 시건 여부
㉢ 중요 기밀실의 시건 여부
㉣ 계단, 통로, 화장실 등 범인은닉 가능 장소 점검
㉤ 흡연실의 재떨이 상태 점검
㉥ 전기스위치 등의 점검(소등 여부)
㉦ 문을 열고 들어갈 때는 인적 유무 확인
㉧ 자물쇠가 잠긴 곳을 열었을 때는 순찰 후 다시 자물쇠를 채우고 이를 확인
㉨ 소화기 등의 안전시설/배치물 점검

259

② 건물외부 순찰 시 착안사항

㉠ 외부로부터 침입에 이용될 우려가 있는 전주, 수목, 공사장 하치물, 담벼락 등 점검
㉡ 출입문, 셔터, 창문 등의 시건 상태 점검
㉢ 관상수 주위 점검
㉣ 인근 불량자의 접근 유무
㉤ 휴지소각장, 쓰레기 하치장 점검
㉥ 담벼락 파손 등 점검
㉦ 소화설비, 피난설비의 점검

◎ 건물 모퉁이를 돌 때 인적 유무 확인

㉠ 옥외등 조명상태

바) 인간이 지닌 오관 이용방법

㉠ 시각: 거리, 조명, 물체 파악(어둠)을 한다.

㉡ 청각: 말소리 · 발 움직임 소리 등에 의하여 거리, 방향, 위치를 파악한다.

㉢ 후각: 불에 타는 냄새, 기름 · 화학약품 등의 냄새로 확인한다.

㉣ 미각: 식량, 빵, 쌀과 같은 음식 부스럼을 확인하여 침입 · 잠복 여부를 확인할 수 있다.

㉤ 촉각: 풍향, 온도, 습도 또는 손이나 발로 눌러 은폐, 엄폐된 것을 확인한다.

사) 순찰 시의 유의사항

㉠ 순찰 시 같은 경호조와 항상 연락체계를 유지한다(신호).

㉡ 순찰 중 이상 유무 확인 시 즉시 보고한다.

㉢ 순찰은 특히 침입 가능한 위치를 자세히 확인한다.

㉣ 순찰은 가능한 한 상대방에게 먼저 노출되지 않게 하여 실시한다.

㉤ 순찰 중 이전과 변화된 것이 있는지를 확인한다.

아) 내부 순찰

㉠ 소등 및 시건 장치의 확인

㉡ 침입자 발견

㉢ 소방, 방화, 한랭 시설의 점검

㉣ 가스, 수도전 및 전기 스위치의 안전 확인

㉤ 시설 및 부대시설 등의 파손, 개소 발견

㉥ 도난의 예방과 피해의 조기 발견

㉦ 중요 기밀실의 안전 확인

◎ 기타 이상 유무

(각 항목별로 실시요령을 구체적으로 명시한다.)

자) 외부 순찰

ㄱ 주변의 배회자, 불침자, 잠복자의 발견과 조치

ㄴ 사건의 점검

ㄷ 인접 건조물 등으로부터의 위험성의 발견과 조치

ㄹ 내부 침입 흔적 발견

ㅁ 도난, 화재 등의 조기 발견

ㅂ 기타 이상 유무 등

(항목별로 실시요령을 구체적으로 명시한다.)

차) 경호순찰 중 수상한 인물발견 시 행동

ㄱ 먼저 수상한 사람이 경호원에게 노출됨을 모르도록 자연스럽게 행동한다.

ㄴ 다음으로 상급자에게 또는 같은 동료에게 은밀하면서도 신속하게 이를 알린다.

ㄷ 이어 그 곁을 떠나지 말고 적당한 간격을 두며 감시한다.

ㄹ 범행에 착수하려는 움직임이 있으면 즉시 경호 신호 후 범인을 체포한다.

카) 경호순찰 영향

① 경호순찰은 경호경비 구역에서 이상 유무에 대한 발견과 예방을 위하여 실시하는 것으로 취약지를 중심으로 정기 또는 부정기 식으로 순환 점검하는 활동을 말한다. 순찰활동은 24시간 주야로 계속하여 이루어지며 기후·날씨 등에 의하여 순찰활동에 영향을 받게 되어 때로는 많은 문제에 봉착하기도 한다.

② 경호원이 주간과 야간 중 어느 경호 원칙 및 기술을 적용하느냐 하는 것은 다음 사항을 고려, 가시도에 따라 달라진다.

③ 주·야간 경호, 순찰행동 결정에 영향 요소

ㄱ 밝은 달빛 및 인공조명은 어둡고 구름 낀 날씨보다 관측을 용이하게 한다.

ㄴ 짙은 안개, 비, 연막, 먼지, 눈 등은 낮이나 밤이나 가시도를 저하시킨다.

ㄷ 일출 전에는 통상 주간기술을 정확히 취하기엔 너무 어둡고 일몰 전에는 야간기술을 취하기엔 너무나 밝다.

ⓔ 이러한 조건하에서는 경호원들의 순찰행동을 변경시키거나 주·야간 원칙 및 기술을 결합시킬 필요가 있다.

타) 은폐 및 엄폐

① **은폐 요령:** 은폐란 테러 및 위해기도 목적을 갖고 있는 적의 관측으로부터는 보호되나 직사화기 사격으로부터는 보호되지 못하는 것을 말하며, 자연적일 수도 있고 인공적일 수도 있다.
　　ⓐ 불필요한 동작을 피한다.
　　ⓑ 모든 이용 가능한 은폐물을 이용한다.
　　ⓒ 경계할 때는 가능한 한 낮은 자세를 취한다.
　　ⓓ 반사체를 노출시켜서는 안 된다.
　　ⓔ 공제선을 피한다.
　　ⓕ 잘 알고 있는 윤곽을 변화시킨다.
　　ⓖ 정숙을 기한다.

② **엄폐 요령:** 엄폐한 적의 직사화기 사격으로부터 방호되고 예방하는 것을 말하며, 엄폐물에는 자연 엄폐물과 인공 엄폐물이 있다. 그러나 경호환경에서 경호원은 자연 엄폐물을 보다 잘 이용하는 기술을 습득해야 한다.

경
호
실
무
Ⅰ

5) 기만 및 역기만

　기만이란 테러 및 위해기도자를 오판하게 하거나 관심을 타 방향으로 전환시키는 것이며, 역기만은 적의 기만으로부터 방호하는 것이다. 기만이란 테러 범죄자가 획득할 수 있는 증거 및 증후를 경호원이 조작, 왜곡 또는 창조함으로써 적으로 하여금 그들에게 불리한 방식으로 반응토록 유도하는 모든 방법으로 가능한 한 모든 재료를 사용한다. 이 기만은 적으로 하여금 적시 적절하게 근본적으로 착각을 일으킬 수 있도록 계획하고 실행되어야 한다.

(1) 기만 효과

적을 기만함으로써 얻을 수 있는 효과는 다음과 같다.
① 위해기도자의 공격을 감소시키고
② 범죄자의 공격을 타 방향으로 전환, 집중시키며
③ 범죄자로 하여금 오판을 하게 한다.

(2) 기만 방법

① 경호원이 일반인처럼 자연스러운 옷차림과 행동(비노출, 위장)
② 허위 표시 흔적
③ 의도하지 않은 방향으로 이동
④ 기만 경호경비 시설
⑤ 기만 장애물 설치
⑥ 소음 및 광채 사용
⑦ 연막차장

(3) 역기만

① 테러 목적을 둔 적도 경호원을 기만한다는 사실을 주지해야 한다. 따라서 이러한 범죄자들도 기만이나 계략으로부터 방호하기 위해서는 항상 명석해야 하고, 범죄자들도 상황을 정확히 관측하여 적의 행동을 분석하고 주의 집중과 냉철한 판단으로 범죄자들의 기만을 적시 적절하게 대처해야 한다.
② 역기만에 유의할 사항
　㉠ 일반인처럼 위장 접근
　㉡ 의도적인 일시적 접근
　㉢ 테러 목표 외 다른 목표 공격
　㉣ 통신교란 작전을 통한 허위명령 하달
　㉤ 중요인사, 출입기자, 위장 신분증 사용

6) 관측 요령

관측이라 함은 육안 또는 장비로 적의 테러활동 및 자연현상의 변화를 정확하고 세밀하게 살피는 것을 말한다.

① 신속하게 전체 관측

ㄱ 명확한 목표물과 비정상적인 색채와 윤곽 그리고 이동 상황에 대하여 신속히 전체를 관측한다.

ㄴ 자신의 관측구역 중앙에서부터 시작하여 먼 곳으로 똑바로 관측한다.

ㄷ 관측지역이 광범위하면 고지·독립수·바위 등을 참고점으로 하여 지역을 분할, 관측한다.

ㄹ 관측을 할 때에는 눈을 자신의 바로 앞부터 멀리 보면서 관측한다.

② 세밀하게 관측

ㄱ 가까운 곳부터 먼 곳으로 세밀히 관측한다.

ㄴ 50m 간격으로 평행으로 끊어진 곳은 약간씩 중첩되게 관측한다.

ㄷ 좌에서 우로 우에서 좌로 세밀하게 관측한다.

ㄹ 의심나는 곳은 잠시 멈추어서 한층 반복 관측한다.

③ 야간 감시요령

ㄱ 낮은 곳에서 공제선 투시

ㄴ 한 곳에 집념, 장시간 관측하지 말 것

ㄷ 오관을 최대 활용하여 사소한 소리에도 주의

④ 야간 관측 원칙

경호실무 Ⅰ

구분	내용
적응식	· 저조명하에서 일정한 시간 경과 후 볼 수 있도록 눈 조절 · 적응 소요시간: 통상 10~30분
이원식	· 표적에 신경 집중 후 좌우상하 6~10° 떨어진 곳 응시
주변식	· 물체의 주변에 시축을 불규칙하게 움직이며 응시 · 건강 세포의 시축은 4~12초 후 기능마비

감시검문대상 선별방법

　　㉠ 시간, 거리 또는 각도 측면에서 의심이 가는 인원 및 차량

　　㉡ 공중전화 및 휴대전화 또는 무전통신을 장시간 통화하는 사람

　　㉢ 버스, 전철, 기차가 도착 및 출발한 후 오랜 시간 동일 장소에 머물러 있는 사람

　　㉣ 식당 또는 커피숍에서 주문해 놓고 주문한 음식에 별 관심이 없는 사람

　　㉤ 특정 공간·거리·시간·때에 지역을 배회하는 사람

　　㉥ 지정 주차 공간 또는 지정 출입 공간을 무시하고 주정차하거나 출입하려는 사람

　　㉦ 경계지역 또는 경호경비 상태를 유심히 살피려는 사람

　　㉧ 근무자에게 다가와 시간을 묻거나 지명을 묻거나 교통편을 묻거나 사진촬영을
　　　요구하는 사람

　　㉨ 계절이나 주변 분위기에 잘 어울리지 않는 복장이나 액세서리를 착용한 사람

　　㉩ 빠르게 접근하는 차량 또는 사람

7) 관제업무

관제업무는 경호상 매우 중요한 기능과 역할을 하며 경호 인력을 대처해 출입관리 감시기능과 무인 경호장비 등을 조정하고 전체 경호작전을 지휘, 통제하는 통제로서의 기능 등을 겸하는 장소라고 할 수 있다. 물론 이 같은 관제소는 외부에 노출되지 않도록 보안 유지에 주의해야 하며, 위해기도자로부터 보호될 수 있는 각종 안전장치 등을 고려하고 물리적 공격에 대비해 적극적로 방어할 수 있는 무장된 경호원으로 하여금 통제토록 해야 한다. 일반적인 관제업무로는 경호지역 및 대상에 대한 각종 안전관리와 작전개시 중인 경호에 필요한 지휘통제 및 위험 분석 비상사태 발생 시 짜인 시나리오에 의한 신속한 대응 등을 들 수 있다.

(1) 관제업무 내용

　① 관제시스템 장애 대응 및 조치

　② 관제시스템 매뉴얼 현행화 및 관리

　③ 접근통제시스템(서버, DB) 운영관리

④ 서버 및 DB 불법사용자 차단

⑤ 장비 모니터링 및 장애조치

⑥ 보안장비 운영관리

⑦ 통합보안관제시스템 관리

⑧ 방화벽 운영관리

(2) 관제업무에 꼭 필요한 것

① 관제업무의 주요 내용

② 관제시스템 장비 조작기술

③ 관제시스템 감시통제 목표와 특성

④ 관제 지령업무의 기본원칙

⑤ 상황 발생 시 내부 우선조치 사항

⑥ 상황 발생 시 위험지역 출동 우선순위와 절차

⑦ 출동 전, 출동 중, 출동 후 보고절차

⑧ 상황분석을 통한 정보, 첩보에 대한 보고전달 체계

(3) 관제 소프트웨어 문제

① 관제 소프트웨어에 대한 일반적인 지식

② 감시용 관제 소프트웨어는 어떤 항목들을 감시하는가.

③ 감시용 관제 소프트웨어는 어떤 것들을 입력하는가.

④ 조회용 관제 소프트웨어는 어떤 것들을 조회하는가.

⑤ 조회용 관제 소프트웨어는 어떤 것들을 분석, 집계하는가.

⑥ 탐지용 관제 소프트웨어는 어떤 항목들을 입력하는가.

⑦ 탐지용 관제 소프트웨어는 어떤 것들을 탐지하는가.

⑧ 공격용 관제 소프트웨어는 어떤 항목들을 입력하는가.

⑨ 공격용 관제 소프트웨어는 어떤 목표물을 공격하는가.

(4) 관제장치 문제

① 관제데이터 수신장치는 무엇인가.

② 관제장치의 통신기능은 어디와 어떤 방법으로 통신하는가.

③ 관제데이터 수신장치의 엔코딩 기능이란 무엇인가.

④ 관제데이터 수신장치의 디코팅 기능이란 무엇인가.

⑤ 전용회선 관제데이터 수신장치의 특성은 무엇인가.

⑥ 회선장애, 무단해제, 위협해제, 기기 이상 등은 무엇인가.

(5) 캡스 종합관제시스템

캡스의 관제시스템은 침입, 화재, 가스 누출 등 비상상황 발생 시 관제센터가 이를 감지하고, 관제센터의 신속한 지령에 의해 즉시 요원이 출동하는 형태로 제공된다.

캡스가 새롭게 구축한 무인경비 중앙 관제시스템인 ADT 블루 마스터는 총 1,800여 명의 직원이 접속해, 40만에 달하는 고객의 안전상황을 실시간으로 모니터링하는 시스템으로, 400본의 적지 않은 화면 구성에 초당 600건 이상의 데이터가 새롭게 입력될 만큼 크고 복잡한 것이 특징이다.

실제 관제센터에서 모니터링을 하기 위해서는 고객의 환경을 예측할 수 있는 다양한

캡스 무인 경비 서비스의 핵심 심장부인 관제 센터

정보들, 즉 출입문의 개 · 폐쇄 정보, 경비시스템의 온 · 오프 정보, CCTV와 도면 정보 등이 실시간으로 수집되고 이를 시스템상에서 일차적으로 이상 여부를 판단한 뒤, 이차적으로 수집되는 다양한 데이터를 관제사가 분석해 이상 여부를 판단하도록 구성되어 있다.

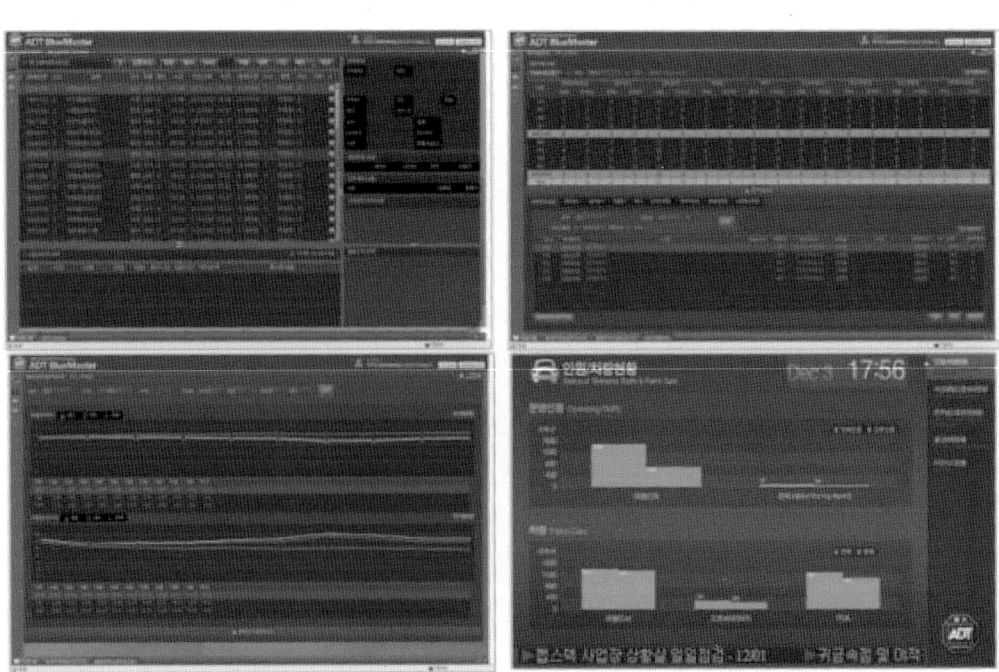

따라서 빠르게 데이터가 수집되고, 수집된 데이터를 종합적으로 분석할 수 있는 환경 구성이 되어 있다.

또한 비상상황이 감지될 경우, 가장 신속하게 출동할 수 있는 요원을 찾을 수 있도록 GIS와 GPS를 이용한 차량조회 기능, 고객 응대를 위한 CTI와 SMS 기능 등이 함께 연계되어 있다. 특히 차량조회, CTI, SMS 등 직관적으로 연계되어야 할 기능들도 별도 인프라로 구성되어 있어서 긴급한 상황 시 여러 프로그램을 함께 구동하도록 했다.

대용량의 데이터를 실시간으로 보여 줄 수 있는 안정적인 환경과 종합적인 정보를 효과적으로 보여 줄 수 있는 화면 구성이 가능하다.

관제 시스템 특성상 관제사의 시선 처리나 키보드 입력 동선까지 고려한 화면 구성과 입력 체계를 만들어 관리자 입장에서 서버 기반으로 구성돼 프로그램 배포가 쉽고, 개발된 리소스를 재활용할 수 있도록 되어 있다.

8) 안전검측

검측이란 검사와 점검의 혼용된 뜻으로 안전에 관한 성능이 안전기준에 적합한지를 뜻하는 검사와 어떤 사물에 대한 취약요소에 대한 결함 유무를 뜻하는 점검으로 나뉜다. 일반적으로 검사는 유동성이 있는 대상으로 물적 대상을 들 수 있다. 즉 소지품 또는 방치되거나 진열된 제품·상품이 그 대상이 될 수 있으며, 점검대상은 고정화되어 변형이 어려운 시설이 그 대상이 된다. 건물, 공장설비, 교량, 도로 등이 그 대상이 되며, 그 대상의 부속시설도 그 대상이 된다.

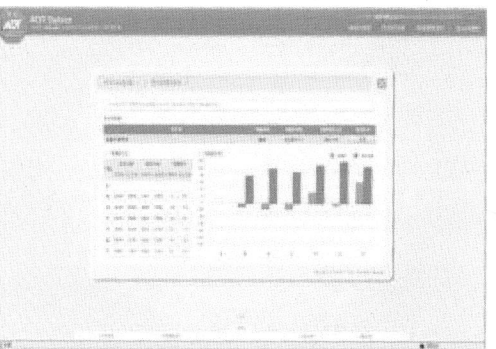

(1) 경호검측

경호대상에게 직접적·간접적으로 가해지거나 가해질 수 있는 위해대상, 즉 잠재적 위협대상을 사전에 확인하여 예방적 경호효과를 위해 이루어지는 경호기법으로 통상적으로 경호대상이 목적지 도착 전에 선발조에 의하여 이루어지게 한다. 완벽한 검측을 위하여 원칙적으로 몇 가지 원칙을 두고 검측대상지 및 공간에 대한 규모와 도착지에 대한 환경, 성격, 상황에 따라 효율적이고 효과적인 검측방법을 연구하도록 한다. 이 같은 이유는 우선 도착시간 내 완료가능 여부와 도착지 관계자협조 여부에 따라 달라지고 정밀한 검측이 되지 않았을 경우 무기 은닉이나 설치된 도청기 및 폭발물을 찾지 못한다거나 또는 외부 공격노출 및 비상탈출 동선을 미처 확인할 수 없기 때문이다.

(2) 검측원칙

① 혐오시설 및 대상에 대하여 보다 세밀한 검측
② 복잡한 물품 또는 위험시설에 대한 보다 세밀한 검측
③ 시각적·물리적으로 손이 잘 닿지 않는 곳은 보다 세밀한 검측
④ 경호대상 동선 및 임석하는 장소 중심으로 좌우상하 근접대상 검측
⑤ 검측조, 인에 따라 구역설정 및 개인 전문분야 고려 임무
⑥ 폭발물, 무기류, 도청기류 등에 대한 전문성과 검측장비 활용 검측
⑦ 장비에 의존하기보다는 적의 입장에서 착안하고 오감을 이용 검측 지향
⑧ 검측 후 주변정리 봉인조치

(3) 검측을 위한 요구사항

① 해당기관 및 관계자의 협조
② 도착지에 대한 주변상황 정보
③ 도착지 시설에 대한 정보
④ 행사에 관련된 일정 및 개요
⑤ 검측장비 확보
⑥ 검측시간 확보

(4) 위해기도자의 방법

① 정보수집(효과방안모색)

② 목표설정(상징적 대상)

③ 계획수립(목표설정, 임무부여, 공격실행, 종료 후 도주로 등)

④ 수단강구(공격수단, 침투방법 등)

⑤ 조편성 및 임무부여(공격조, 지원조 등)

⑥ 침투방법(위장, 신분위조, 무력출입, 환기구통로 등)

⑦ 도청방법 및 설치위치 확보(유·무선)

⑧ 폭발물 투척 및 설치 와 휴주작용 착안(수류탄, 부비트랩, 군사용 포탄, 화학탄)

⑨ 저격방법 및 접근방법(근접, 원거리)

⑩ 총·칼 은닉장소(화장실, 천장 등 손이 잘 가지 않는 장소)

⑪ 건물 및 부속시설(관제실, 기계실, 엘리베이터 등) 결함 또는 착안

(5) 검측 취약지

① 시선이 가지 않는 곳 주의

② 손이 잘 가지 않는 높고 낮은 곳 또는 구석진 곳

③ 악취 나는 곳(쓰레기통, 하수구), 습한 지역

④ 전기, 기계, 가스 위험구간 시설지

⑤ 복잡한 전자제품, 밀봉이나 용접된 물품

⑥ 고위층 선물상자 또는 고가의 골동품, 그림 등

(6) 일반검측

① 출입문, 동선, 임석지 중심 검측

② 인접지 편의시설 및 영업장

③ 외곽 주차 및 교통

(7) 세밀검측

① 공간 내·외부 물품 시설
② 천장, 바닥, 벽면
③ 통로(배선통로, 공기통로 등)

(8) 정밀검측

① 도청기 설치 여부
② 폭발물 설치 여부
③ 생화학물질 여부

(9) 안전검측요원

① 전기, 가스, 관제, 설비기계전문가 선발
② 생화학(독극물)전문가 선발
③ 폭발물 전문가 선발
④ 도청 및 무기류 전문가 선발

(10) 검측장비

① 문형금속 탐지기
② 핸드금속 탐지기
③ 도청주파 탐지기
④ 생화학 탐지기
⑤ 독극물 탐지기
⑥ 폭발물 탐지기
⑦ 기계회로이상 탐지기
⑧ 열 탐지기
⑨ 무인감시 탐지기

(11) 검측조 편성

① 시설점검조
② 기계점검조
③ 전기점검조
④ 통신점검조
⑤ 소방점검조
⑥ 물품검색조
⑦ 폭발물검색조
⑧ 생화학(독극)검색조
⑨ 차량검측조
⑩ 인원검측조

(12) 검측구역

① 내부검측구역
② 내관검측구역
③ 외관검측구역
④ 외부검측구역

(13) 행사장검측(예)

행사장검측은 경호적인 측면 이외에 테러에 대한 관람객 안전과 시설물 경비차원까지를 포함해야 하기 때문에 범위는 울타리를 기준으로 설정한다.

그러나 검측의 범위가 광범위하므로 지역별, 구역별로 세분화하여 책임구역에 대한 조편성을 실시하고, 가급적 단일통로를 구성해 문형금속 탐지기 등을 설치, 인원 및 반입물품 등을 검색, 운동장 내부 전체를 안전 구역화해야 한다.

운동장검측의 조편성 구분은 내부검측조(3~4개 팀), 외부검측조(3~4개 팀), 차량검측조, 반입물품검색조, 장비운용조, 소방점검조, 전기점검조 등으로 편성, 운용한다.

가) 연도검측

연도는 통행로 자체가 보안에 속하므로, 공개된 행사 이외에는 점검에 애로가 있다. 주로 해당 치안 담당부서가 도로의 공사현황 등을 파악하여 원활한 교통소통이 되도록 협조해야 한다. 또 통행로 좌우 건축물 또는 취약지역에는 일정한 인원을 투입하여 정밀점검을 실시하고 안전을 유지하며 그 결과를 경호담당부서에 통보하여야 한다.

나) 시설물외부

시설물외부는 가까운 곳에서부터 먼 곳으로 확산하여 점검을 실시하되 차량의 하자지점, 현관, 입구 주변부터 시작한다. 화단, 관상수, 수목, 하수구, 맨홀 등 가시권 내의 바닥점검과 외등, 전신주, 홈통, 창문받이, 테라스 상부 및 특히 외부에서 내부로 침투 가능한 창문, 개구부, 환기구 등 위해물 부착 여부를 확인한다.

다) 시설물내부

시설물내부 검측은 공중 지역, 방 지역, 기계시설 지역, 숙소 지역으로 구분 실시할 수 있다. 이것은 시설물 내부라 할지라도 시설물의 특성상 지역구분이 가능하기 때문이다.

① 공중 지역

공중 지역이라 함은 시설물을 통행하는 모든 사람들이 아무런 통제 없이 수시로 자유롭게 머물고 쉬는 장소를 말하는 것으로, 즉 로비, 화장실, 계단, 복도 등을 말한다. 이 지역 내에 있는 소파, 자동판매기, 안내책상, 신문대, 공중사용전화, 화장실, 쓰레기통, 물통, 청소도구함, 계단실, 창고, 화분, 복도의 사각지점 등을 말한다.

② 방 지역

방 지역은 먼저 방의 크기에 따라 구획을 정해 단계적으로 점검하되, 바닥, 벽, 천장 및 천장 내부 등으로 구분하여 방 내부에 있는 모든 집기에서부터 외부와 단절 가능한 전기, 전화기 등에 이르기까지 전체를 촉수 또는 기계로 점검해야 한다.

③ 기계시설 지역

기계시설 지역이라 함은 보일러실, 공기조화기실, 전기실 및 각종 기계장치로서 작은 기계 하나 동작으로 전체 건물을 마비시킬 수 있는 지역을 전문가의 조언을 받아 정밀한 확인점검이 이루어져야 한다. 승강기는 승강기 바닥실, 승강기 몸체실, 승강기 기계실로 구분할 수 있다. 각종 기계시설은 최첨단 점검수기기로 연결, 구성되어 있으므로 전문점검 업체의 연간 점검수주를 받아 주기적으로 점검해 둔다.

④ 숙소 지역

숙소 지역은 경호대상자가 야간 유숙을 전제로 하는 지역으로 일반가정 또는 공관, 호텔로 구분할 수 있으며, 숙소 지역은 경호대상자가 유숙을 전제로 하므로 먼저 시설물내부 지역 점검을 완료해야 되고 아울러 온도조절을 위한 냉난방대책(보일러 등)과 정전을 대비한 전기대책(비상발전기 등), 취식을 위한 주방, LPG 기타 가연물질에 대한 위험물 안전조치가 뒤따라야 한다.

9) 출입검색

출입검색은 안전구역에 대한 위해기도자에 의한 침투 또는 침입을 방지하고 위해물품 등을 차단하기 위하여 운영하며, 운영의 편의와 효율을 위해 입출자를 구분해 통로를 다르게 하고 세밀한 검색을 위해 핸드금속 탐지기, 문형금속 탐지기, 엑스레이 투시기, 반사거울 등을 이용해 검색한다.

(1) 검색운영

① 조편성(안내조, 휴대품검사조, 모니터판독조)
② 설치 전 준비(탐지기, 모니터, 바구니, 깔판, 동선, 전원 및 전선 발전기)
③ 휴대품보관함, 번호표, 기록관리카드 등
④ 목재책상 또는 거치대(의자 등)
⑤ 천막 또는 가림막
⑥ 통신체계 구축

(2) 검색대 설치 시 주의

① 기계실, 전기실, 탐지기기에 영향을 줄 수 있는 안전거리 유지
② 소요시간을 고려한 검색대 수 조정
③ 우회 가능통로 차단설치

(3) 통과능력 및 간격

① 1분당 1명
② 앞뒤 간격은 1~2m 유지
③ 검색대 간 간격은 1m 유지

(4) 검색절차(안내요원)요령

① 검색대상자에 대한 검색취지문 공고
② 검색대상자에 대한 검색취지 설명
③ 검색대상자에 대한 협조 요청
④ 검색대상자에 대한 검색절차 설명
⑤ 검색협조자세 및 요령 설명
⑥ 검색대상물 공고
⑦ 제한물품공고(품목)
⑧ 제한물품 보관함 관리 공고(추후 인도 절차)
⑨ 이상자 발견 시 차단막 공간이동
⑩ 미소와 친절함 유지
⑪ 대인 검색대상 시각 · 청각에 집중
⑫ 물품 검색대상 시각 · 청각 · 촉각에 집중
⑬ 검색대상에 대한 질서유지 관리
⑭ 이상 행동 또는 태도 발견자에 대한 대응
⑮ 경고음 또는 경고등 발생 시 재검색 또는 자연스러운 유도 및 경계 대응
⑯ 여성, 어린이인 경우 여성요원이 대응

⑰ 비상상황 발생 시 출입차단과 동시에 대응 무기이용 제압

⑱ 비상상황에 대한 신속한 전파와 보고

⑲ 피해 최소화를 위한 신속한 대응 및 조치

⑳ 무기 및 장비 이용 시 비상 및 사고 유형에 따른 적절한 무기선택과 적정수준 사용

(5) 인적 대상

① 신원 확인(외모 및 신분증 위조 여부 등)

② 신체 확인(가슴, 성기, 위장, 항문 등)

③ 착용복 확인(단추, 옷단, 혁대, 구두, 안경, 시계 등)

④ 휴대품 확인(가방, 서류, 전자제품, 화장품 등)

⑤ 변형 여부(분해물품, 용도변형물품 등)

10) 경호방호

경호방호는 테러 및 위해기도자의 물리적인 공격이나 침입에 대비해 보호될 수 있도록 하는 것으로 인공적 시설물과 자연적 지형 등이 있다. 우선 인공적 방호로는 건물 또는 시설 내외에 설치하는 것으로 고정화된 담벼락, 울타리, 철조망 등이 있으며, 자연방호는 산악, 절벽, 계곡, 협곡. 언덕 강하천, 늪, 호수, 바다 등이 있다.

이 외에도 전자방호(기계경비, 시스템경비, 차단, 경보, 전류), 연기방호와 조명방호 그리고 동식물을 이용한 방호 등이 있어 경호환경에서 요구되는 방호기능을 위해 적절하게 이용, 활용하면 된다.

(1) 전문화된 방호영역

① 화재방호(전기, 가스)

② 원전방호

③ 화생방방호

④ 방사선방호

⑤ 열차방호

⑥ 항공방호

⑦ 함정선박방호

⑧ 폭발물방호

⑨ 사이버방호

⑩ 테러방호

⑪ 국가중요시설방호

11) 보안 경호경비 근무지침(예)

① 근무대상에 대한 인적·물적·시설에 대한 안전을 보호, 유지한다.

② 인적 대상에 대한 신체·생명의 위험을 예방하고 보호, 유지한다.

③ 물적 대상에 대한 도난·유실·손괴(파손) 등으로부터 보호, 유지한다.

④ 각종 시설에 대한 안전 유무를 확인하여 인적·물적 대상에 대한 직접적이고 간접적인 위험을 사전에 차단·예방하여 보호, 유지한다.

⑤ 보호대상에 대한 보안유지로 보고·듣고·말하지 않도록 한다.

⑥ 보호대상에 대한 내부의 공모 여부에 대한 감시로 사고를 미연에 방지한다.

⑦ 문서보안, 통신보안, 기타 정보 등에 대한 필요한 보안조치로 100%로의 보안유지에 철저히 대비한다.

⑧ 인적·물적 출입관리는 허가된 자와 허가된 물품 반입만을 허용하고, 가능한 한 비표관리를 통한 출입통제로 업무의 효율성을 높인다.

⑨ 모든 허가사항에 대하여 허가권자에 대한 허가 여부를 승인받아 시행한다.

⑩ 시건장치 및 기타 장비 운영 시에는 현장에 맞는 모델 및 재원 등을 고려해 선택, 운영한다.

⑪ 사건·사고 증후 및 발생 시에는 지체 없이 사안에 따라 지휘 계통, 회사 및 의뢰자에 대한 신속한 보고를 취한다.

⑫ 사건·사고의 중대 사항에 대해서는 근무자의 소신과 판단으로 선조치, 후보고를 한다.

⑬ 취약지역에 대한 정기적 또는 부정기적인 순찰을 실시하고 취약지역에 대한 보완을 실시한다.

⑭ 방문객 등에 대한 친절한 안내 등으로 안전하고 편안함을 제공토록 한다.

⑮ 근무교대 시 인수인계 사항을 충분히 전달하도록 한다.

⑯ 근무일지를 통한 기록을 정리하여 근무상황을 허가권자가 알 수 있도록 조치하고 지시받은 사항과 건의사항 등을 전달할 수 있도록 한다.

⑰ 기타 사항에 대해서는 현장에 맞도록 세부계획을 수립, 보완하여 실시토록 한다.

12) 비상상황 유형 및 대처

(1) 인적 대상 테러발생 시

① 위험지역으로부터 신속히 이탈하여 안전을 확보하고 지휘계통보고 및 관계기관(경찰)에 신고

② 주변지역에 인원을 우선 대피시킨 후 주변에 위험물 유무를 점검

③ 사건 발생장소 주변을 철저히 통제하고 시설 내 공급되는 가스(도시가스, 프로판가스 등), 유류공급원 등을 차단(2차 피해확산방지)

④ 외부인의 현장접근을 통제하고 최초 상태의 증거물을 보존

⑤ 관계기관(경찰 등)이 현장 도착 시 지시에 따름

279

(2) 미상물체 발견 시

① 의심이 가는 이상 물체를 발견했을 때,

　　㉠ 만지거나, 움직여 보거나

　　㉡ 열에 노출시키거나, 주위에서 담배를 피우거나

　　㉢ 물체를 개봉하거나

　　㉣ 전선 등을 절단하거나, 노출된 선 등을 당기거나

　　㉤ 물로 적시거나

　　㉥ 상표나 외형만 보고 조급히 속단하거나

　　㉦ 가연성 물질을 옆에 놓거나 하는 등의 행위를 하여서는 안 된다.

② 의심이 가는 이상 물체는 오감을 이용하여 상황 판단분석

　　㉠ 미상의 물체주변 상황을 관찰하여 구석진 곳에서 물체를 주시하는 자가 있는지 살피고

ⓛ 눈으로 세밀히 살펴보고(촉수금지)

ⓒ 코로 인화성 물질 또는 화약류 등의 냄새 여부 등을 살피고

ⓔ 귀를 이용하여 시계 또는 기계장치 소리 여부 등을 살핀다.

③ 주변 사람을 일단 안전한 곳으로 대피시킨 후, 지휘계통에 보고(필요시 관계기관 신고)

④ 미상의 물체가 확인될 때까지는 접근통제 및 현장보존

(3) 전화폭파 협박 시

① 전화접수 시 당황하거나 공포심을 갖지 말고, 침착하고 대담하게 대처

② 통화시간을 끌면서 가능한 한 많은 정보를 입수

③ 전화를 접수한 직원은 협박자와 통화한 내용을 메모하고, 작은 배경소리, 억양 등을 포함하여 지휘계통에 보고(관계기관에 신고)

④ 전화통화 시 입수 내용

ⓐ 폭파 예정시간

ⓑ 폭발물 설치 장소

ⓒ 폭파위협동기

ⓓ 협박자 성명, 음성특징 등의 신원정보

ⓔ 협박자 주변이 배경음(소음, 환경음)

ⓕ 통화시간 등

(4) 화학무기테러 발생 시

① 즉시 지휘계통으로 보고하고, 환자/의료진 등 주변인물들에게 전파 및 질서 있게 대피토록 안내 및 유도

② 방독면이나 물수건, 각종ytre654 마스크, 비닐 등을 이용하여 호흡기를 보호하고 피부 노출을 최대한 피함

③ 밀폐된 시설에서는 겉옷이나 손수건 등을 사용하여 코와 입을 막고, 실외로 신속히 대피하도록 하며, 야외에서는 고지대로 대피하고 바람이 불어오는 방향으로 대피

④ 오염된 지역에서는 지역 내 오염된 물체(식수, 음식물 포함)를 맨손으로 만지지 않도

록 주의

⑤ 주변지역 통제 및 관계기관(경찰, 소방 등)의 지시에 따름

⑥ 외부로 탈출한 인원은 별도의 장소에 격리, 통제

⑦ 화학무기 징후

   ㉠ 출처를 알 수 없는 안개, 연기가 발생할 때

   ㉡ 호흡곤란, 근육경련, 구토, 어지러움 등 이상증세가 갑자기 나타날 때

   ㉢ 음식 맛이 갑자기 변했거나 피부에 이상(수포 및 발진 등)이 발생할 때

   ㉣ 기타 이상한 냄새가 날 때

      ⓐ 마늘냄새(수포가스)

      ⓑ 복숭아냄새(혈액가스)

      ⓒ 옥수수 및 갓 베어 낸 풀냄새(질식가스)

      ⓓ 약한 과일냄새(신경가스)

(5) 생물무기테러 발생 시

① 동물/곤충 무리가 비정상적 증가, 원인 모를 백색가루가 살포 또는 발견되었을 때, 즉시 지휘계통으로 보고하고 주변 인물들의 접근을 통제한다(관계기관 신고).

② 손수건이나 헝겊 등을 이용하여 호흡기를 보호하고, 피부가 노출되지 않도록 한다.

③ 살포되거나 발견된 물질이 공기 중에 떠오르지 않도록 주변 창문 등을 닫고, 사고발생 의심지역 일대의 공기흐름을 차단한다(밀폐격리조치).

④ 발견지역 내 위치하였던 인원을 격리하고, 관계기관의 지시에 따른다.

※ 평소 비인가자나 시설 내 소독 등의 행위가 없었는지 등을 살피고, 발견 즉시 지휘계통에 보고

⑤ 주요 생물무기 종류 및 증사

   ㉠ 천연두: 감염 2~3일 후 온 몸에 뾰루지 발생, 12일 후 고열 등의 증세가 나타나며, 악화 시 2주 이내 30% 사망

   ㉡ 호흡기 탄저: 노출 6일 후 기침, 가슴이 답답하고 음식물 섭취와 호흡곤란, 근육마비 증세와 1~2일 이내 사망

   ㉢ 페스트: 감염 1~6일 후 고열/오한/호흡곤란/두통/기침 시 각혈증세, 악화 시 2~3

일 내 사망

ㄹ) 보틀리늄: 오염음식 섭취 12~36시간 이후 시야 및 발음이 흐려지고 호흡곤란과 근육마비 증상, 악화 시 24시간 내 사망

ㅁ) 병원성 대장균: 감염 2~3일 후 심한 복통 및 혈변 발생, 간혹 용혈성 요독증후군

(6) 안전 관련 사고

가) 화재사건 발생 시

① 화재현장 최초 발견자는 신속히 판단하여 초기진화 가능 여부에 따라 선진화 후 지휘계통에 보고하거나, 초기진화가 어려울 때는 선보고 후 진화활동을 한다.

② 화재가 났다고 도망가거나 무리하게 혼자 진화하려 하지 말고, 초동조치 후 사람들에게 대피토록 안내 및 유도한다.

③ 중점사항

　ㄱ) 화재신고 할 때

　　ⓐ 화재발생장소를 정확하고 쉽게 설명

　　ⓑ 신고자의 성명, 전화번호 등 신분을 명확히 밝히고

　　ⓒ 유류 또는 전기 등 화재의 종류 및 상태 등도 알린다.

　ㄴ) 소화기 사용법

　　ⓐ 소화기 안전핀을 뽑는다.

　　ⓑ 바람을 등지고 화점을 향하여 호스를 빼고 손잡이를 힘껏 움켜쥔다.

　　ⓒ 불길 주위에서부터 빗자루로 쓸듯이 고루 방사한다.

　ㄷ) 화재초기 진화요령

　　ⓐ 시설 내 비치된 소화기 및 소화전을 이용하여 진화

　　ⓑ 전기화재 또는 가스화재 시는 우선 전원공급이나 안전밸브를 신속히 차단

　　ⓒ 유류화재는 물을 사용하지 말고, 소화기/모래/이불/가마니 등을 이용하여 최단시간 내에 진화

④ 인원 대비요령 및 주의사항

　ㄱ) 주변인물에게 도움을 청하여 대피안내 및 유도의 협조자를 구한다.

　ㄴ) 화재 시 엘리베이터는 정전으로 정지되고, 그 통로는 굴뚝화되어 질식사 위험이

있으므로 절대 사용금지이다.

ⓒ 지정된 대피로와 비상구로 대피하도록 유도하고, 계단에서 뛰거나 밀지 않도록 한다.

ⓔ 시설 내 중간 층 화재 시는 옥상과 로비 쪽으로 분산하여 대피하도록 유도한다.

ⓜ 대피 시 군중심리에 의한 공포 및 무질서를 방지하고, 어린이와 노약자, 거동불편자부터 대피시킨다.

ⓗ 안전지역으로 대피시킨 후에는 출입문을 통제한다.

※ 최초 목격자 등을 확인, 확보하고 미탈출자 등을 파악한다.

나) 정전사고 발생 시

① 지휘계통에 보고하고, 예비발전기 가동 여부 확인한다(필요시 관계기관 신고).

② 예비발전기 고장 등에 대비, 비상 손전등 등을 구비한다.

③ 주요 통제구역 및 출입제한구역 등에 대한 근무활동 강화한다.

④ 시설 내 인원 등을 안심시키고, 불필요 이동 등을 자제토록 하여 질서 유지한다.

다) 가스누출사고 발생 시

① 즉시 지휘계통에 보고함과 동시에 코크와 중간밸브 및 용기밸브 등을 잠근다.

② 창문을 열고 실내에 누출된 가스를 외부로 분산 조치하며, 필요시 시설 내 인원을 안전지역으로 대피시킨다.

③ 검지액이나 비눗물로 확인한 후 배관이나 호스가 손상되거나 타고 그을린 곳이 없는지 확인한다.

④ 관계기관(가스안전공사 등)에 신고 또는 정밀검사를 실시한다.

(7) 시위사태 발생 시

① 기습시위/시설점거사태 발생 시는 즉시 지휘계통에 보고 후 지시에 따른다.

② 시위인원에 대한 자극적 행동을 피하고, 더 이상 진입하지 못하도록 대치상황을 유지한다.

③ 시위대의 대표자를 통한 대화를 시도하고 환자 등의 안전과 치료의 중요성을 강조

하여, 시위대의 자진해산과 과격행동 자제를 위한 대화를 유도한다.

④ 시위상황이 악화될 경우는 주요 인사 및 안전조치가 필요한 인원을 대피시킨다.

⑤ 필요시 언론 등의 보도매체 접근을 통제한다.

13) 경찰 중요 집회 시위진압 및 경호경비 현황(2000년)

경찰은 한 해에만 연인원 459만여 명을 동원하여 각종 행사 경호경비를 실시했으며 전년에 비하여 약 30% 증가한 것으로 나타나 있다.

<경찰 중요집회 시위진압 및 경호경비 현황>

기간	행사명(주체단체)	장소	참가인원
02.20.	대우차 정리해고 반대 촉구집회(대우차공투본)	부평역광장	1,200
03.01.	3대 개혁입법쟁취대회(국보법폐지 국민연대)	서울역광장	4,000
03.08.	생보사구조조정 저지 결의대회(사무금융노련)	금감원 앞	2,400
03.17.	신자유주의 구조조정반대 결의대회(민주노총)	종묘공원/부산역	2,500/4,600
03.23.	재정분리 및 직장공단 쟁취대회(직장의보)	여의도 문화마당	2,800
04.06.~07.	대의원대회(한총련)	홍익대학교	2,000
기간	행사명(주체단체)	장소	참가인원
04.07.	미국의 NMD, TMD 강행저지 국민대회(전국연합)	종묘공원	2,300
04.08.	사립학교법 개정 촉구대회(전교조)	서울역광장	3.500
04.14.	정리해고 분쇄, 폭력규탄집회(전국금속연맹)	부평역광장	2.800
04.18.	4·19기념 마라톤(고려대총학)	고려대~4·19탑	5,000
04.30.~05.01.	노동절 기념대회(민주노총)	경희대학교, 대학로	14,000
05.15.	유아교육법 제정촉구 집회(전교조)	여의도고수부지	13,000
05.31.~06.03.	제9기출범식(한총련)	한양대학교	7,700
06.02.	노조간부 상경투쟁(민주노총)	서울역광장	8,500
06.08~09.	공권력투입 규탄대회(민주노총)	울산태화강둔치	4,000
06.13.	백만노점상 총력투쟁(노점상연합)	종묘공원	2,500
06.24.	전국교사 결의대회(전교조)	여의도문화마당	2,600
07.05.	개혁파탄, 노동운동 탄압저지대회(민주노총)	종묘공원	8,000
07.22.	신자유주의 분쇄결의대회(민주노총)	종묘공원	14,000
08.13.~15.	8·15통일대축전 및 범민족결의대회	여의도고수부지 등	15,000
〃	쌀생산비 보장 촉구집회(전교조)	전북지부 앞	5,000
10.12.	보수교육철폐 결의대회(교대협)	종묘공원	8,500
11.02.	월남참전기념일 제정촉구(고엽제전우회)	여의도문화마당	10,000
11.06.	쌀값보장 촉구집회(충북음성농민회)	음성복개천	2,000
11.10.	대통령 공약사항 이행촉구(민주택시연맹)	종묘공원	2,000
〃	전국교육자대회(한국교총)	여의도문화마당	20,000

경
호
실
무

Ⅰ

11.10.~11.	전국노동자대회(민주노총)	여의도 등	9,500
11.13.	전국농민대회(전농총)	여의도문화마당	11,000
11.18.	전국노동자대회(민주노총)	보라매공원	11,000
11.21.	반농민정책규탄 농민궐기대회(한농연)	정부과천청사 앞	11,000
11.25.	공공노동자결의대회(기간산업노조)	청량리역광장	8,300
11.30.	경북농민대회(한농연 경북연맹)	경주역 등 17개소	4,510
12.02.	신자유주의, WTO반대 민중대회(민중연대)	종묘공원	15,400
12.07.	총력결의대회(전국철도노조)	여의도국민은행 앞	2,500
12.12.	공공연맹 결의대회(공공연맹)	건강보험공단 앞	3,800

〈참조: 경찰백서〉

14) 병원시설 보안 경호경비

보안 경호경비 시설도 그 대상에 따라 특징이 있다. 호텔, 백화점, 병원, 업무용 빌딩, 생산시설 등 다양한 시설은 구조의 특성과 이용의 특성 등으로 다양한 위험이 잠재되거나 출입관리 및 통제상 어려움이 있을 수 있으며, 비상사태에 따른 조치 등이 각기 다를 수 있고, 특히 내부 인원에 대한 관리와 외부 출입자에 대한 통제대책이 필요하다.

(1) 병원시설에 대한 분석과 대책(예)

① 시설/구조 분석(구조적 예상위험 - 각 층별)

㉠ 지상(1F~21F)

구분		주요 시설			비고
21F	시설관리구역	-공조실			출입제한 관계자
20F	VIP병동구역	-VIP 병동(21병상)			
19F ~ 10F	일반병동 구역	-일반병동(표준병동 879병상) ▶ 표준병동: 병상 수 42병상(5인실-5실, 2인실-5실, 1인실-7실) ※ 면적: 5인실(14.7평), 2인실(8.8평), 1인실(7.3평)			관심구역 환자/ 보호자/ 면회객/ 거동수상자
9F	중환자 치료구역	-신경계 중환자실(54병상)			
8F		-내과계 중환자실(30병상)	-일반병동		
7F		-물리치료실	-공조실		
6F	연구구역	-예배실/옥상정원	-수술휴게실/세미나실	-대강당(500석)	
5F	수술/중환자	-수술실	-외과계중환자실		출입제한
4F	검사구역	-진단방사선과	-심전도실/주사실	-검사안내실/관리행정	
3F	외래/진료	-외래약국/원무과	-외국인진료소	-간호부사무실	관심구역 (관계자)
2F		-병동약국/영양과	-중앙창고/중앙소독실	-편의시설/주차장	
1F	응급구역	-응급진료센터	-주차장(241대)		특별구역

▨ : 주요관심(의료분쟁과다 또는 의료진/병원관계자와의 마찰예상)

ⓛ 지하(B1~B3)

구분		주요 시설		비고
B1	주차구역	– 주차장(363대)	– 오수정화시설	관심구역 거동수상자 식 별
B2		– 주차장(351대)	– 오수정화시설	
B3		– 주차장(326대)		

② 건물 구성(외래동)

구분		주요 시설			비고
7F	시설관리구역	– 기계실	– 냉각탑		**출입제한**
6F	외래구역	– 신장병센터/**비뇨기과**	– 호흡기내과/흉부외과	– 감염내과	관심구역 환자/ 보호자/ 거동수상자
5F		– **뇌신경센터**	– 정신과/류머티즘내과	– **피부과/성형외과**	
4F		– 소화기병센터	– **외과/정형외과**	– 임상약리과	
3F		– 방문객편의시설			
2F	의료지원구역	– 의무기록과	– 핵의학과/정보통신실	– 중앙갱의실/공조실	**출입제한** (관계자 외)
1F		– **발전실**	– 진단검사의학과	– 주차장	
B1	시설관리구역	– **발전실**	– **전기실**		**출입제한** (관계자 외)
B2		– **기계실**	– 물탱크		
B3		– **기계실**	– 물탱크		

	: 주요관심(의료분쟁과다 또는 의료진/병원관계자와의 마찰 예상)

③ 외부적 환경

특징	· 외부 울타리 없는 개방형 건물 · 교통편 및 건물에 대한 접근성 용이 · 기존 시설물과의 연계	특징	· 건물주변 교통량 과다, 잦은 정체구역 · 응급차량의 지상 1층 응급진료센터 진입 용이 · 지하주차장의 출입구지역 접촉사고 우려

ⓐ **분석**

　　ⓐ 기존 시설물에 존재하는 통상적 외부울타리가 없어서 거동수상자·노숙자 및 출입통제 필요인원 등에 대한 시설물/주차장 등의 접근통제 곤란

　　ⓑ 불법점거/시위·집회 등이 용이하며, 차량 등을 이용한 시설물 고속강습이 가능

경 호 실 무 Ⅰ

| 특징 | ▫ 계단을 통한 본관 및 외래동 진입 유리
▫ 주출입구 주변 기초질서 유지 곤란
▫ 출입자 대상 소매치기 및 잡상인 접근 우려 | 특징 | ▫ 지하주차장 진입 시 접촉사고 등의 우려
▫ 지상 주차장과의 별도 차량 동선 필요
▫ 지하주차장 입구 안내표시 등 필요 |

ⓛ 분석

    ⓐ 정차차량(개인, 택시 등)으로 인한 혼잡 예상(접촉사고 우려)

    ⓑ 시설외부지역 흡연 등으로 인한 혼잡, 소란 예상

    ⓒ 내방객에 대한 안내, 철저한 거수자 식별 필요

    ⓓ 인도 외 조경시설 무단 출입통과 가능성 예상(조경시설 훼손 및 복구비용 증가)

④ 내부적 환경

287

| 특징 | ▫ 대리석 또는 타일 재질 바닥재
▫ 내방객과 원무과업무 등의 혼잡예상
▫ 이동수단 안내/표지시설 필요 | 특징 | ▫ 비상계단 전 층 이동 및 잠입·은거 가능
▫ 흡연 및 범법행위(절도, 절취 등) 후 증거 인멸 장소 활용 |

㉠ 분석

    ⓐ 유아 또는 부주의로 인한 추락 및 낙상사고 주의(에스컬레이터, 계단 등)

    ⓑ 우천 시 바닥재질에 따라 미끄럼주의 필요

    ⓒ 각 병동 등의 안내/통제요망

    ⓓ 잡상인, 노숙자 등의 출입가능성

특징	▫ 환자용(6대) 및 승객용(14대) 엘리베이터 ▫ 화물용(5대) 및 비상용(6대) 엘리베이터 ▫ 층별 구간전용 엘리베이터(홀수층, 짝수층)	특징	▫ 다중 인원이 이용하는 공간으로 소매치기의 활동 공간 ▫ 에스컬레이터(12대) 안전사고 우려

ⓛ 분석

    ⓐ 거수자 식별/통제 필요(병동진입 시 도난사고 우려)

    ⓑ 규정위반 이탈환자 식별

    ⓒ 반입물품/병원규정 외 음식물 반입 통제

    ⓓ 범법행위(소매치기 등) 가능성 유력

경
호
실
무
Ⅰ

특징	▫ 다중인원 이용 공간(넓은 공공 공간) ▫ 의료기관에 대한 대표적 이미지 ▫ 수납행위 등의 금전(현금)관계 형성	특징	▫ 다수의 외래진료 환자 출입지역 ▫ 의료브로커 및 잡상인 등의 환자접근 용이 ▫ 진료대기 중 소란행위, 타 환자 피해 우려

ⓒ 분석

    ⓐ 의료브로커/소매치기 등 불법 및 범법행위 활동 우려(화장실 내 스티커부착 등)

    ⓑ 수납창구 등에 대한 창구 감시활동 필요

    ⓒ 시위 농성공간으로 사용될 가능성

    ⓓ 거동 불편자/장애인 등 도움 및 안내, 질서유지 활동 필요

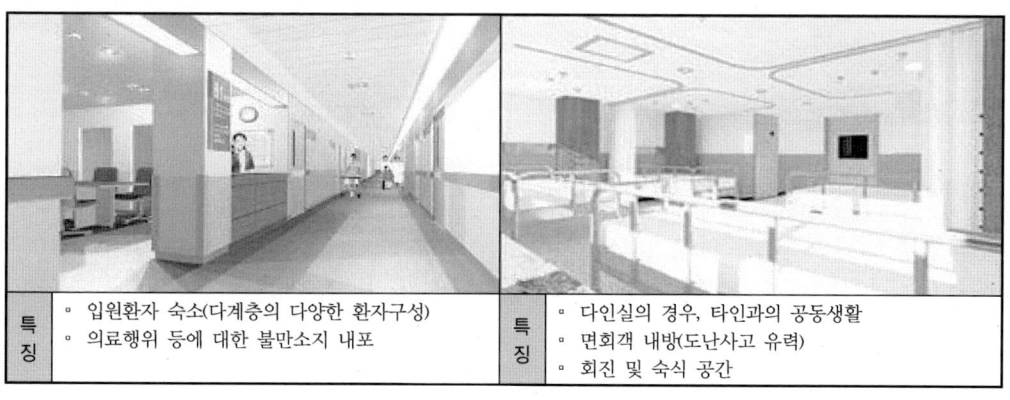

특징	<ul><li>신체 및 생명을 위한 상처치료 공간</li><li>수술에 필요한 고가의 첨단 의료장비 비치</li><li>출입자 제한 및 외부 오염요소 방지, 유지</li></ul>	특징	<ul><li>긴급치료를 요하는 환자의 치료 공간</li><li>환자 외 동행인의 통제가 어려움</li><li>가해 및 피해자 관계 시 수사기관 관여</li></ul>

㉣ **분석**

ⓐ 관계자 외 철저한 출입통제 필요

ⓑ 의료진에 대한 적극 안전보호 활동/기타 안전활동

ⓒ 의료기구 및 장비를 포함한 시설물 보호

ⓓ 소란 및 난동행위자 적극 통제

특징	<ul><li>입원환자 숙소(다계층의 다양한 환자구성)</li><li>의료행위 등에 대한 불만소지 내포</li></ul>	특징	<ul><li>다인실의 경우, 타인과의 공동생활</li><li>면회객 내방(도난사고 유력)</li><li>회진 및 숙식 공간</li></ul>

㉤ **분석**

ⓐ 병동 내 질서유지/순찰활동(비상계단 및 관찰 사각지역)

ⓑ 도난사고/소란난동자/규정 외 이탈 및 음주행위, 도박행위 등 적발

ⓒ 의료진 지원요청사항에 따른 안전활동 지원

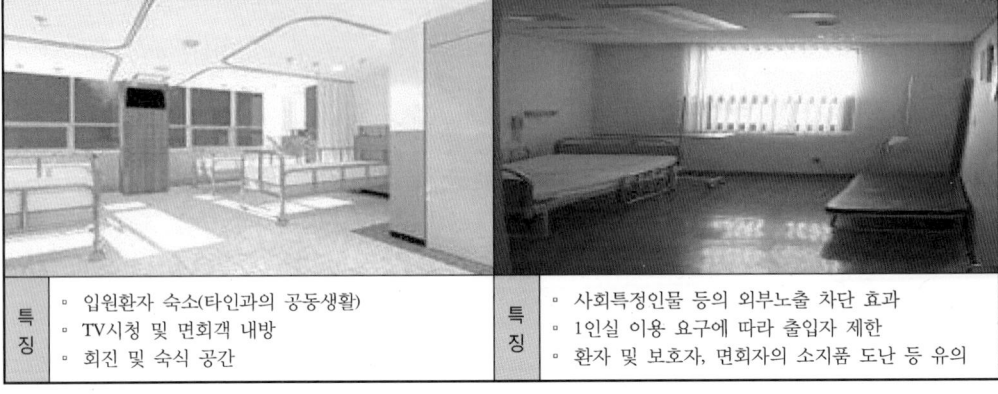

특징	▫ 입원환자 숙소(타인과의 공동생활) ▫ TV시청 및 면회객 내방 ▫ 회진 및 숙식 공간	특징	▫ 사회특정인물 등의 외부노출 차단 효과 ▫ 1인실 이용 요구에 따라 출입자 제한 ▫ 환자 및 보호자, 면회자의 소지품 도난 등 유의

ⓗ **분석**

 ⓐ 병동 내 질서유지/순찰활동(비상계단 및 관찰 사각지역)

 ⓑ 도난사고/소란난동자/규정 외 이탈 및 음주행위, 도박행위 등 적발

 ⓒ 병실 중 특실인 경우는 환자 및 병원 측 요구에 따라 출입자(언론매체 포함) 통제

특징	▫ VIP병동 휴게실 ▫ VIP병동 특성: 환자 및 보호자 외부노출 방지 ▫ 출입관리방지, 환자안정에 최선의 노력	특징	▫ 사회특정인물 등의 외부노출 차단 효과 ▫ 특실이용 환자는 병원 측에서도 관심대상 ▫ 필요시 관계자 외 출입제한이 요구됨

ⓢ **분석**

 ⓐ 병동 내 질서유지/순찰활동(비상계단 및 관찰 사각지역)

 ⓑ 도난사고/소란난동자/규정 외 이탈 및 음주행위, 도박행위 등 적발

 ⓒ 의료진 지원요청사항에 따른 안전활동 지원

 ⓓ 병실 중 특실인 경우는 환자 및 병원 측 요구에 따라 출입자(언론매체 포함) 통제

 ⓔ 병원 측 주요 환자이므로 각별한 관심과 편의제공

특징	▫ 외부 및 내부요인, 외래환자 전용주차 공간 ▫ 긴급후송용 차량 및 업무용 전용주차 공간 ▫ 대중교통 등 전용주정차 공간	특징	▫ 주차비 등과 관련한 금전(현금)관리 ▫ 주차비의 요금정산 ▫ 시설물(차단기 등) 파손 등에 대한 대비

◎ **분석**

ⓐ 차량 내 절도/절취 행위감시

ⓑ 접촉사고 등에 대비한 교통통제/안내 유도

ⓒ 내방객에 대한 친절/서비스 마인드 필요

ⓓ 주차요금 정산/현금관리, 출입차량(인원) 식별활동

ⓔ 주차요금 부가 및 면제차량 식별

특징	▫ 주차 공간 확인 제한적 ▫ 만차 시 다음 지하주차장으로의 안내 및 유도 ▫ 출입차량 등에 대한 도난, 파손 등	특징	▫ 비상발전기 가동상태 유지 ▫ 기계의 오작동 등 예방 필요 ▫ 관계자 외 출입 시 전체시설 위험

◎ **분석**

ⓐ 시설 내 차량 절도/절취행위 감시

ⓑ 차량 파손/손괴, 도주행위 등 불법행위 감시

ⓒ 내방객 차량안전 유도/시설물(병실 등) 안내

ⓓ 내방객 지상출입구 안내 및 내방객 차량위치 확인 안내

ⓔ 전기/기계실 등 시설관리지역 내 주요 구역 출입제한 및 통제

ⓕ 인원잠입(노숙자 등) 및 잔류 등에 대비한 철저한 순찰활동

(2) 의료업무 관련 분석

① 용어정의

┌───┐

㉠ 의료사고(Medical Accident)

: '환자가 의료인한테 의료서비스를 제공받음으로써 생긴 예상하지 못한 나쁜 결과' 또는 '본래의 의료
행위가 개시되어 종료되기까지의 과정이나 그 종료 후에 당해 의료행위로 인하여 뜻밖에 일어난 원치
않았던 불상사'로 누구의 잘못이라는 평가를 전혀 내포하지 않은, 단지 예기하지 못하였던 원치 않은 결
과라는 뜻으로 사용되는 [가치중립적]용어

㉡ 의료분쟁(Medical Dispute)

: 의료사고를 주원인으로 한 '의료인과 환자 측의 다툼'으로 의료인이 의료행위에서 업무상 요구되는 주
의를 게을리하여 그 결과 환자의 증상이 악화하거나 사망하게 되었다고 의료과오를 환자 측에서 주장하
는 것으로 시작

㉢ 의료과오 또는 의료과실

: '의료에서 일정한 사실을 인식할 수 있었는데도 부주의로 인식하지 못한 것' 또는 '의료에서 생긴 판
단 및 시술의 잘못', '잘못된 의료행위에 대하여 법적으로 비난할 수 있는 요소'로 의료과실의 중심이 되
는 요소는 주의의무위반

(자료출처: www.hospitallaw.or.kr)

└───┘

경
호
실
무

I

- 의료분쟁이 하나의 사회적 병리 현상화되는 경향

- 의료사고와 분쟁은 그 해결이 원만하지 못함

- 대부분의 경우, 배상금을 향한 극단적인 행위와 폭력 등을 동반

- 의료진에 대한 신뢰와 존경심이 적어지고, 불신과 투쟁화

② 의료사고/분쟁 현황

의료분쟁 난동양태(1990년)

- 자료근거: 대한의사협회(제30차 종합학술대회자료, 정효성 법제이사) -

- 자료근거: www.hospitallaw.or.kr(의료분쟁) -

　　　　㉠ **분석**

　　　　　　ⓐ 의료서비스의 증가와 함께 그와 관계된 분쟁요인이 증가하는 원인이 되고 있으며, 앞으로도 계속 증가할 것으로 예견됨

　　　　　　ⓑ 폭언 및 소란, 난동 등과 같은 행위는 정상적인 병·의원의 의료서비스 제공에 저해가 됨

　　　　　　ⓒ 병원의 점거시위는 내외 방객에게 부정적 이미지를 줄 수도 있으며, 특히 방송 및 신문 등의 언론매체에 보도될 경우 병원에 대한 대내외적인 유무형적 가치손실이 매우 크게 예상됨

　　　　　　ⓓ 예상되는 상황과 함께 기타 우발상황 등에 대한 대처와 수습이 미온적으로 될 경우, 협상이나 법률소송에 불리하게 작용될 수 있음

　　　　　　ⓔ 전문적인 인원과 시스템으로 대응하지 않을 경우, 발생되는 사태를 상당 기간 지속시키거나 해결을 지연시켜 사태확대 가능성이 있음

　③ **의료사고/분쟁 증가요인**

　　㉠ **의료사고 증가요인**

　　　　ⓐ 의료행위의 증가(소득증대, 전 국민 의료보험혜택 등)와 의료(기술 및 인력)의 발전

　　　　ⓑ 의료인 측의 문제: 일부 금전주의적 사고 유입, 의료기관 및 의료인 증가에 따른 과다 경쟁적 관계 등

　　　　ⓒ 환자 측의 문제: 환자 측의 정보(개인병력 등) 제공 미흡, 무리한 의료행위 요구 등

　　㉡ **의료분쟁 증가요인**

　　　　ⓐ 의료에 대한 권리의식 증대, 의료인과 의료행위에 대한 사회적 불신감 팽배 (의료행위는 인술이라는 인식 퇴색)

　　　　ⓑ 의료의 전문화, 대형화에 따른 탈개인화: 환자 스스로의 소외감 등으로 강한 방어본능 작용

　　　　ⓒ 의료분쟁 등에 대한 감정기구의 부재, 보상이나 배상제도의 부재

▶ 의료소송 및 분쟁 증가요인(대한의사협회 법제이사 정효성)

ⓐ 의사와 환자 사이의 신뢰관계가 사라지고 의료를 일종의 서비스 계약 또는 법적 관계로 파악하는 경향의 증가

ⓑ 의학기술의 눈부신 발전에서 비롯되는 의료능력에 대한 일반인의 기대수준의 급격한 향상

ⓒ 의료행위가 각종 의료장비에 의존함으로써 의사와 환자의 신뢰관계를 형성하는 기반인(인적인 접촉)이 줄어든 점

ⓓ 의사나 병원의 횡포에 관한 매스컴의 선정적 보도가 사람들에게 왜곡된 의사像을 창출하고, 이를 각종 사회단체가 더욱 강화시키는 활동을 전개한다는 점

ⓔ 의료사고 시에 의사의 미숙한 대처방식과 함께 의료인과 환자 측의 감정이 격화, 대립되기 때문

ⓕ 환자가족들이 의료사고 및 과오의 결과에 대한 보복심리나 분노로 의료인의 사회적 체면을 악용하려는 의도와 동시에 책임소송에서 유리하게 하기 위하여 형사고발을 한다는 점

ⓖ 우리나라 사람들의 전통적인 인명에 대한 특별한 애착은 금전보상에 비할 바가 못 되어 의료인들에게 형사적 처벌을 요구한다는 점

ⓗ 우리나라에서는 미국이나 일본에 비하여 법익침해에 대한 금전적 손해배상액의 산정에 있어 합리적인 방법이 정착되지 못하여 피해자가 만족하지 못하는 경우 등

④ 의료사고/분쟁 사례

㉠ 의료사고 유형과 배상액(판례)

㉡ 의료기관에 대한 공격형태/유형 일부 - 예

경
호
실
무
Ⅰ

구분	연도	사건 내용
병원 시설물파손	1997 2002	경기도 성남 모 병원 환자 유가족 측 병원에 방화기도 충북 청주시 병원에 돌팔매로 창문파손
의료기관 점거농성	1998 1999	전남 광주 모 대학병원 인력시장 인원 40~50명 동원 농성 서울 강북 모 대학병원 환자 측 40여 명 동원 농성
의사 또는 병원장 인질/납치	1999 2003	서울 강남 병원장 환자 유가족 측에게 3일간 감금 경기도 의정부시 병원장 폭행 6주 진단
도덕적 책임 이상 강요	2001	경기도 의정부시 환자 유가족 측 사망인 묘에 병원장 성묘
의사 또는 병원장에 대한 폭력	1999 2003	인천광역시 사고자 부친이 손도끼로 병원장 공격으로 의식불명 서울시 서대문구 진료과장 폭행
의료기관 주요 간부 가족위협	2001 2004	경기도 의정부시 보호자가 10여 명과 함께 병원장 자택 기습 인천광역시 병원장에게 진료방해 및 공갈협박
기타	2003	경기도 의정부시 병원에 폭력배(고양 일산) 개입

(3) 종합분석

① 시설/구조적 예상분석

㉠ 병의료시설은 대규모 시설과 최첨단 고가의 장비는 물론 각종 의료행위에 사용
되는 다양한 의약품 등의 기자재 및 물품이 비치되어 있을 뿐만 아니라, 인간의
신체 및 생명을 다루는 매우 특수하고 중요한 시설로 24시간 연중무휴로 계속
운영되는 특징을 가지고 있다.

㉡ 환자와 의료진 등 수천여 명이 상주하거나 출입하는 다중(多衆)밀집 시설공간으
로 직간접적 위험요소와 유무형적 안전위해 요소가 예상되는 시설이다(화재, 정
전, 기계작동오류, 거동수상자 침입에 의한 관리시설 훼손 등의 시설운영적 측면
에서의 내재적 위험요인 포함).

㉢ 따라서, 이에 대한 완벽한 시설의 안전유지 관리와 함께 인적 대상의 안전을 포
함한 기초적 질서유지로부터 전문성과 책임감을 소지한 전문화된 인력과 조직운
영의 시스템을 통한 포괄적인 안전(TSS: Total Security Service)유지 활동이 요구된다.

② 업무특성상 예상분석

㉠ 직무의 특성과 시설공간의 특성을 고려하여 크게 업무를 구분하여 살펴보면, 시
설에 대한 보안경비업무와 차량에 대한 주차관리업무, 마지막으로 특수의료구
역, 의료진 및 주요 임원, 경영진 등에 대한 경호업무 등으로 구분할 수 있다.

㉡ 의료기관 내의 의료행위에 불만을 가지고 일으키는 소란, 난동, 폭력, 협박 등 업무
방해 행위는 물론, 시설물 내의 출입인원 등에 대한 절도 및 절취 행위, 또 다계층적
이고 다양한 입원환자 간의 마찰 등에 대한 다양한 안전위해 요소가 산재해 있다.

㉢ 따라서, 병의료기관의 의료진 및 관계자들이 가장 안전한 환경에서 효율적인 의
료서비스와 연구 활동, 경영 등에만 전념할 수 있도록 하여, 궁극적으로는 국내
는 물론 세계적인 의료기관으로서 성장할 수 있도록 하는 것이며, '이것이 곧 경
쟁력이다'라고 할 수 있다.

(4) 병원보안 경호서비스 제안서(예)

가) 대응 중점

① 공통사항

㉠ 의료진 및 환자를 포함한 내외 방객에 대한 친절/서비스 마인드

⇒ 병의료기관의 고급화 및 우발상황 또는 의료분쟁 등 문제발생 시 우호적 환경조성 가능

㉡ 순찰활동/출입자 식별 능력 배양

⇒ 거수자 및 이상징후, 소란 등 문제발생 예상 시 최단시간 초동조치로 사태확산 및 혼잡, 혼란상황 방지 가능

㉢ 근무자의 장기근속 유지

⇒ 현장상황 수습능력 향상 및 근무의 질적(質的) 향상과 고품질 서비스 지속유지 가능

㉣ 예상상황 등에 대한 이미지 트레이닝과 철저한 교육훈련

⇒ 상황 및 사태발생 시 유연하고 안정적인 대응조치 가능

㉤ 고급호텔/기관수준의 근무자세 유지

⇒ 질서유지 및 정돈된 병원 내 분위기 조성을 통한 소란 및 일탈행위 심리 사전차단

㉥ 주요 수행 임무별 인적 자원 구성/특성화 교육

⇒ 시큐리티서비스 대상시설의 특성에 부합된 임무/팀원 구성으로 효율적 업무 및 상황대처능력 구비

② 주요 임무, 배치 기준

㉠ 공통 임무

ⓐ 구역 내의 인명보호, 시설물과 물품 및 장비 등의 보호

ⓑ 구역 내의 출입자 및 차량에 대한 친절한 안내와 통제관리 및 보호

ⓒ 구역 내의 의료행위, 연구, 직원의 업무방해 예방

ⓓ 구역 내의 화재예방 및 순찰활동

경
호
실
무

Ⅰ

ⓔ 기타 구역 내(대상시설물 전반적)의 인명, 시설, 물품 및 병원재산의 보호 및 보안관리

ⓕ 구역 내 관계자의 안전활동 지원 및 기타 필요업무 지원

ⓛ **경호팀**

ⓐ 병원 내 주요 지역, 의료분쟁 예상구역 등 핵심지역 배치(응급실, 수술실 등 출입제한/통제구역)

ⓑ 의료진(의사, 간호사 등) 및 병원 관계자 보호와 주요 시설 보호

ⓒ **보안팀**

ⓐ 병원 내 핵심구역에 대한 경호팀 지원과 일반구역에 대한 순찰, 출입통제/식별, 안내, 안전유지 등

ⓡ **주차팀**

ⓐ 의료진 및 관계자, 병원 내외 방객 출입차량에 대한 안전유도 및 차량절도, 절취 등에 대한 순찰예방 활동 등

ⓜ **지휘팀**

ⓐ 각 임무별 · 구역별 조정 및 지휘통제, 근무자 지도 · 감독 · 교육 · 훈련 · 점검 등

ⓗ **지원팀(본사)**

ⓐ 근무자의 행정지원, 교육훈련, 순회지도 · 감독 · 점검 등

나) 인적 자원 구성

① 인원선발 기준

구분		경호팀	보안팀	주차팀	지휘팀	비고
신체조건	신장(cm)	180 이상	175 이상	170 이상	170 이상	
	체중(kg)	65 이상	65 이상	60 이상	60 이상	
	시력	1.0 이상	1.0 이상	1.0 이상	1.0 이상	
연령		30세 이하	35세 이하	40세 이하	35~45세 이하	
학력		초대졸 이상	고졸 이상	고졸 이상	초대졸 이상	
전문교육		240시간	60시간	60시간	경력자	
자격증		경호원 3급 이상	경호원 3급 이상	무술유단자	경호원자격증	
자격조건 (경비업법)						

자격조건 (경비업법)	−금치산자 또는 한정치산자가 아닌 자 −파산선고를 받고 복권되지 아니한 자가 아닌 자 −금고 이상의 형을 선고받고 그 형이 실효되지 아니한 자가 아닌 자 −금고 이상 형의 집행유예 선고를 받고 그 유예기간 중에 있는 자가 아닌 자
공 통	−의료진에 대한 신체/생명보호 유지/안전관리 가능자 −음주소란 및 시설점거, 농성 제지 가능, 신속조치를 통한 사태조기수습 가능자 −도난예방/절도범 검거 가능자 −사건사고에 관련한 식별 및 인지, 상황조치 가능자 −사건 접근 및 해결에 필요한 형사법 이해

※ 각 팀원들의 상호보완적 임무수행이 가능하며, 전원 경호팀에 준하는 교육훈련 이수자

② 인적 자원 구성(소요인원)

구분		계	경호팀	보안팀	주차팀	지휘팀
인원수	총괄팀장	1				1
	총괄부팀장	1				1
	팀 장	3	1	1	1	
	부 팀 장	9	3	3	3	
	팀 원	120	12	60	48	
계		134	16	64	52	2
산출근거	기본	근무형태: 2인 1조, 8시간 근무 관리자급 1명 상황유지				
	비고	−응급실위주근무 −특실 등 주요지역 −위치 변경(필요시)	−20층 이상 관계자 외 출입통제 −병동10개 층 10~19층 −외래동 집중배치 −본관 중환자/수술실 −출입구일대	−주차장(5개소) −지상 2층~지하 3층 (지하층 각 350여 대) −입구, 정산소 등	순찰활동 지도감독 상황조기수습	

③ 조편성 기본계획

구분	계	경호팀	보안팀	주차팀	비고
20(VIP병동)~21F	6명(시간당 2명)	필요시	2인1조×3개조=6명		
병동(15~19F)	6명(시간당 2명)		2인1조×3개조=6명		
병동(10~14F)	6명(시간당 2명)		2인1조×3개조=6명		
중환자(9~8F)	6명(시간당 2명)	필요시	2인1조×3개조=6명		
연구/정원(6~7F)	6명(시간당 2명)		4인1조×3개조=12명		본관 외래동 포함
수술/중환자(4~5F)	6명(시간당 2명)		4인1조×3개조=12명		
외래/진료(2~3F)	6명(시간당 2명)		2인1조×3개조=6명		주차 정산소 포함 (2개소)
응급센타(1F)	6명(시간당 2명)	4인1조×3개조=12명	2인1조×3개조=6명	4인1조×3개조=12명	
주차(B1)	6명(시간당 2명)			4인1조×3개조=12명	지하주차장 주차면수 (층별 350대)
주차(B2)				4인1조×3개조=12명	
주차(B3)				4인1조×3개조=12명	
계	134명 (관리자급포함)	16명 (관리자급포함)	64명 (관리자급포함)	52명 (관리자급포함)	지휘팀

다) 인력운영/배치

① 조직구성/임무

㉠ 기본원칙

ⓐ 근무편성은 연중 24시간 지속적 임무실시 가능토록 한다.

ⓑ 근무주기는 1일 8시간 근무를 기준으로 하며, 각 팀장에 의해 팀원 수를 고려, 편성한다.

ⓒ 각 근무조는 2인 1조 편성을 원칙으로 하며, 부팀장 이상 관리자는 상호 조정하여 순찰/지도감독/지원업무를 수행한다.

ⓓ 연중 24시간 서비스/친절도 등 근무의 질적(質的) 저하가 없도록 한다.

ⓔ 긴급상황 및 인원증원 시는 총괄팀장의 판단에 따라 인력전환 운용토록 한다.

ⓛ 조직구성

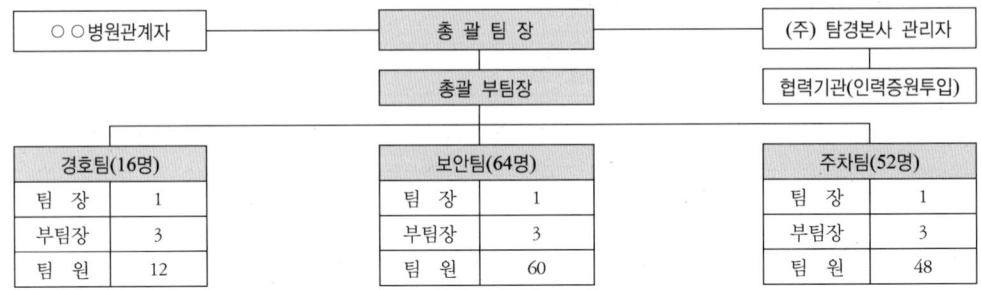

| ○○병원관계자 | 총괄팀장 | (주) 탐경본사 관리자 |
| | 총괄 부팀장 | 협력기관(인력증원투입) |

경호팀(16명)		보안팀(64명)		주차팀(52명)	
팀 장	1	팀 장	1	팀 장	1
부팀장	3	부팀장	3	부팀장	3
팀 원	12	팀 원	60	팀 원	48

ⓒ 임 무

구분	주요 임무
총괄팀장 (부팀장)	- 각 팀의 지도/감독/조정/통제/순찰/교육 등 - ○○병원 관계자를 통한 의사소통/요구사항 수렴 및 조치 - 시설물 전체에 대한 경호/보안/주차 등 안전관련 총괄
각 팀장 (부팀장)	- 팀원 교육 및 점검, 지도 - 순찰활동 및 조정, 통제 - 상황조치, 주요 시간 및 지점에 위치 후 지휘
팀원	- 각 팀별 부여된 고유 임무수행 - 출입통제 및 내외방객 안내, 친절서비스 - 거수자 식별 및 안전위해 요소에 대한 조치, 보고

② 근무시간/근무방식

ⓐ 기본원칙

ⓐ 1일 근무교대는 8시간 단위 3교대를 원칙으로 하며, 순환식으로 비번자를 운영한다.

ⓑ 근무교대는 대면 합동근무방식을 원칙으로 하며, 합동근무 간 인수인계를 한다.

ⓛ 근무시간/장소/인원

구분	경호팀	보안팀	주차팀	비고
근무시간	1조(07:00~15:00), 2조(15:00~23:00), 3조(23:00~07:00)			교대시간 30분 전 투입
근무장소	응급실(기본) 임원실	병원 내 각 구역 (10개 구역)	지상/지하 주차시설(4개 구역)	세부계획 참조
근무인원	4명+@	20명+@	16명+@	@: 팀장 또는 부팀장

※ 비상체제 운용: 비번자 비상근무 운영체제 수립 및 유지(추가 인원필요시 즉각 동원가능)

경
호
실
무
I

③ 비상계획(다수인력 또는 증원 필요시)

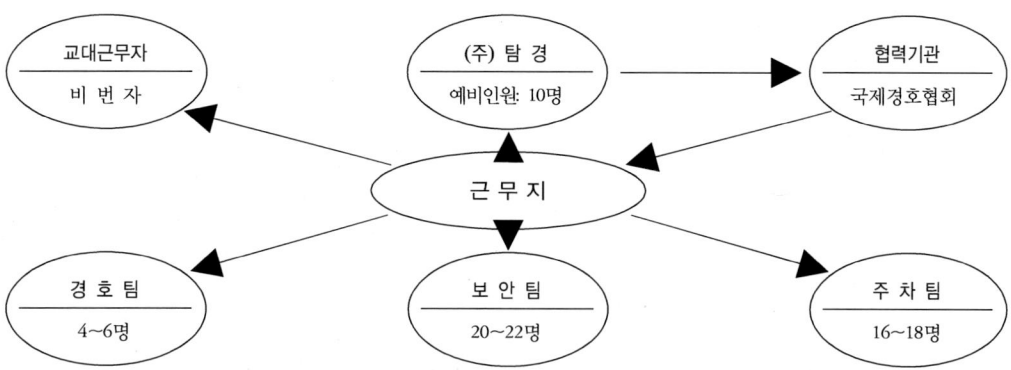

구분	대응 개념	세부 내용	비고
1단계	근무자 전환배치	각 근무배치지역 요원의 상황발생지역 전환운용	현장 즉각대응
2단계	비번 교대근무자 소집	현장상황에 따른 다수인력 필요시 근무자 비상소집	30분~1시간 이내
3단계	(주)탐경 예비인력 동원	현장 배치인력 외 추가 인력 필요시 본사(탐경) 예비인력 투입	1시간 내외
4단계	추가 증원요원 투입	다수의 인력 필요시 협력기관 투입 (자회사/업무협약 유관업체 등)	

라) 교육훈련/관리

① 교육훈련 중점

㉠ 교육구분(과정)

ⓐ 기초: 소양/서비스교육(직업의식 함양, 인사/언어/예절/복장 등)

ⓑ 기본: 신임교육(경비일반), 기술교육(장비사용법, 기기조작, 기술습득 등)

ⓒ 전문: 경호전문교육(240시간, 이론/실기/실습/시청각/사이버교육 등)

ⓓ 특성화: 근무지 특성교육(시설개요, 구조, 현장적응 등)

ⓔ 수시/지속 반복교육: 서비스, 해당직무, 근무태도 등

구분	기초과정	기본과정	전문과정	특성화/적응과정	기타
내용	소양/서비스교육	신임/기술교육	경호전문, 보안/주차	근무지 적응교육	수시/반복교육 직무/충원교육
대상	전원	전원	각 팀별	각 팀별	각 팀별
교육주관	본사	본사	본사/각 팀장	각 팀장	각 팀장/본사

ⓛ 교육훈련 시간(근무배치 후)

구분	일일	주간	월간	분기	반기
내용	서비스 교육(인사)/ 복장 및 장비점검	구술훈련 (상황조치)	관계법률 사건사고 사례 시설물구조숙지	안전시설물 위치조작요령 상황조치 대응훈련	업무평가 (종합)
시간	10~15분 내외	1시간	1시간	1시간 내외	1시간
책임자	팀장	팀장	총괄팀장	총괄팀장/본사	본사

ⓒ 교육훈련 주요 내용

ⓐ 예절교육 및 친절/서비스 마인드 교육

ⓑ 의료기관(응급실, 수술실, 진료실, 병동 등) 특성교육

ⓒ 관계법률(경비업법, 형사법: 정당방위, 업무방해, 소란죄 등)

ⓓ 무단출입자 통제요령(잡상인, 출입불허자 등)

ⓔ 보고/사고보고서 작성요령

ⓕ 거동수상자(절도, 절취자 등) 식별 및 통제요령

ⓖ 순찰요령과 위해상황 진단법

ⓗ 음주소란자 통제요령(폭언, 폭행 등)

ⓘ 무단시설 점거자 퇴출요령

ⓙ 호위호신술(무기사용 및 제압법 등)

ⓚ 집단폭력행위(폭행, 살인 등) 예방과 대응, 상황전파 요령과 긴급대처 방법

마) 지휘/통신

① 외부 체계

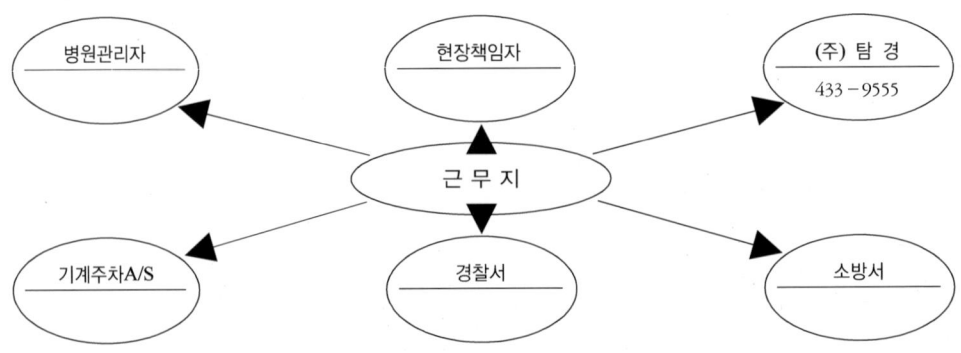

② 내부 체계

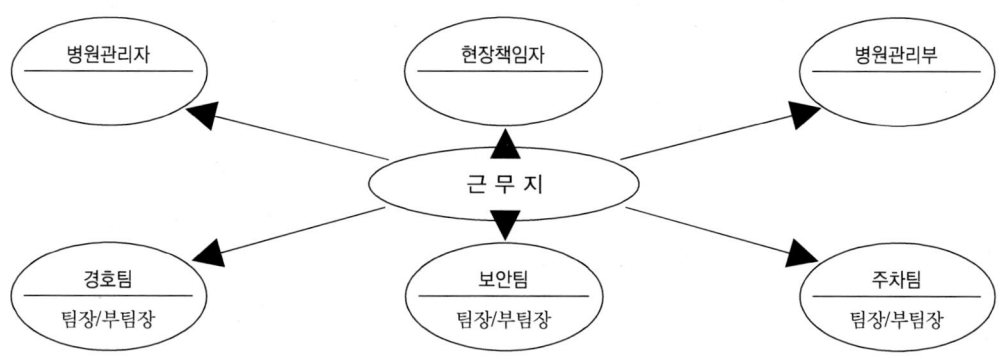

구분	대응 개념	세부 내용	비고
1단계	근무자 전환배치	각 근무배치지역요원의 상황발생지역 전환운용	현장 즉각대응
2단계	비번 교대근무자 소집	현장상황에 따른 다수인력 필요시 근무자 비상소집	30분~1시간 이내
3단계	(주)탐경 예비인력 동원	현장 배치인력 외 추가 인력 필요시 본사(탐경) 예비인력 투입	1시간 내외
4단계	추가 증원요원 투입	다수의 인력 필요시 협력기관 투입 (자회사/업무협약 유관업체 등)	

(5) 세부 계획(예)

가) T/F팀 활동

① 인적 자원 구성

구분	주요 내용	비고
신체조건	신장 170cm 이상/체중 60kg 이상/시력 1.0 이상	
연령	35~45세	
학력	초대졸 이상 학력소지자	
전문교육/경력	전공 및 전직 경력자 또는 전문교육 이수자	
기타	직업의식과 사명감, 조직관리능력, 위치대처능력 소지자	

※ 인적 자원구성의 기본 선발기준은 팀원 선발기준과 동일(단, 경력사항과 성실성, 위기대처 능력, 조직관리 능력이 검증된 자)

② 수행업무

　㉠ **업무(임무) 재평가**

　　ⓐ 배치시설에 관한 정보숙지(시설구조/배치목적/근무중점/예상상황 등)

　　ⓑ 전체 및 각 팀별 운영계획 보완, 발전

　　ⓒ 상호협력체제 구성

　　ⓓ 현장실사(배치지역/구역 등에 대한 현장 확인 및 보완)

　㉡ **팀원 선발/구성**

　　ⓐ 각 팀원 구성에 필요한 기준 마련 및 조치(인원선발/적임자 여부 검증 등) ─ 팀원 인성파악 및 관련지식 테스트

　　※ 배치시설의 전반적 이해와 팀원 간의 팀워크 형성을 통한 유기적 협력체제, 생각하고 조치하는 적극적인 현장체제 구축 및 가동 목적

나) 근무자 배치계획

① 기본원칙

　㉠ 배치시설(병원) 내 업무특성/위험(위협) 상황을 고려하여 3개 전문팀으로 구성

　㉡ 상황조치능력의 현실성을 고려 2인 1개 조 개념 운용

　㉢ 근무피로 누적방지를 통한 고품질의 서비스 유지를 위한 1일 8시간 근무개념

　㉣ 현장대응능력 제고를 위한 각 팀별 정/부 체제의 현장 관리자(팀장) 운영

　㉤ 근무교대 시 공백방지 및 원활한 인수인계를 위한 30분 전 투입 합동근무 방식 유지

② 배치 요도(기본계획)

전체 요도	비고

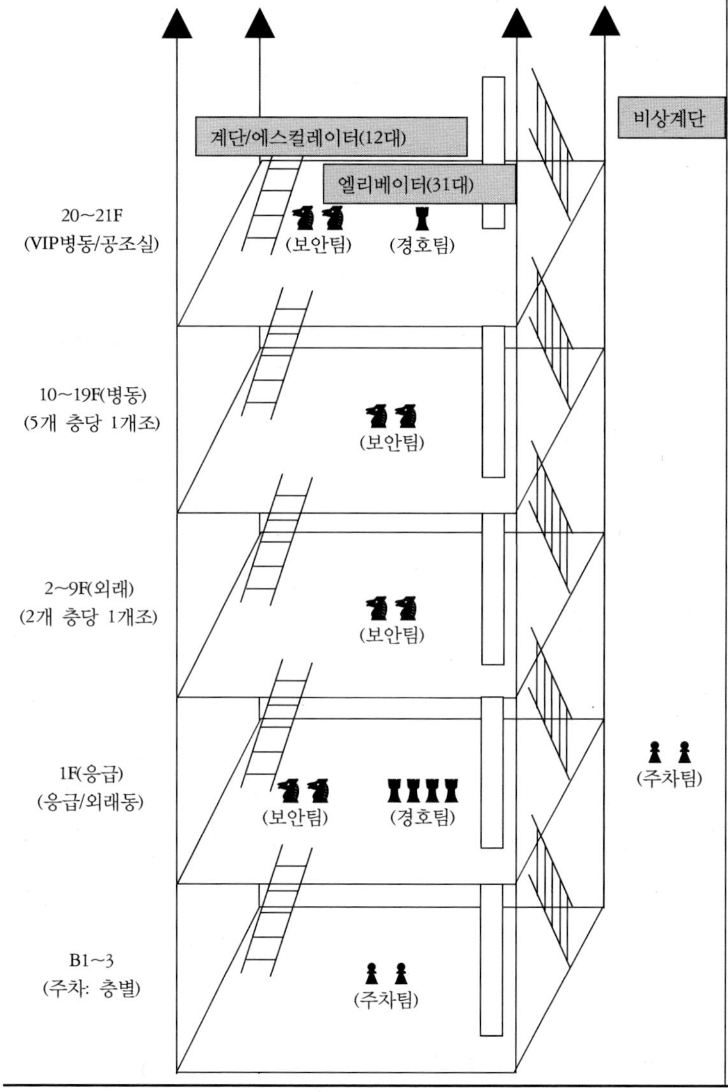

[좌측 도면 라벨]

계단/에스컬레이터(12대)

엘리베이터(31대)

20~21F
(VIP병동/공조실)
(보안팀)　(경호팀)

비상계단

10~19F(병동)
(5개 층당 1개조)
(보안팀)

2~9F(외래)
(2개 층당 1개조)
(보안팀)

1F(응급)
(응급/외래동)
(보안팀)　(경호팀)

(주차팀)

B1~3
(주차: 층별)
(주차팀)

[우측 비고]

▶ 경호팀
• 배치장소
  ▫ 1층(응급실), 특실, 기타
• 조편성
  ▫ 4인 1개조(응급실)
  ▫ 1인 1개조(특실/임원실/기타)
• 교대주기
  ▫ 3교대(8시간)
• 주요 임무
  ▫ 의료진 및 의료장비 보호
  ▫ 인원출입통제

▶ 보안팀
• 배치장소
  ▫ 1F~21F(1F/3F/5F는 2개조)
• 조편성
  ▫ 2인 1개조(본동, 외래동)
• 교대주기
  ▫ 3교대(8시간)
• 주요 임무
  ▫ 인원/차량안내 및 유도
  ▫ 거수자식별
  ▫ 순찰/관찰활동

▶ 주차팀
• 배치장소
  ▫ 지상 1F, B1~B3
• 조편성
  ▫ 4인 1개조(층별)
• 교대주기:
  ▫ 3교대(8시간)
• 주요 임무:
  ▫ 인원/차량안내 및 유도
  ▫ 안전유지, 순찰/관찰 활동
  ▫ 주차요금 정산소 병행

305

다) 직책/근무지별 임무

① 공통

  ㉠ 의료진 및 병원관계자, 환자 및 내외 방객에 대한 철저한 서비스 의식, 태도

  ㉡ 근무지 및 이동순찰 간 안전위해 요소 발견 노력경주(1일 1개선)

  ㉢ 상황발생 시 즉각 보고 및 현장조치

  ㉣ 각 근무지별 이탈금지(단, 지원상황 시 적극 대처)

  ㉤ 철저한 지휘통제 이행/배치시설에 대한 소속감과 공동체 의식 함양

  ㉥ 평소 직무숙지/관련지식 습득/자기관리 및 계발

② 직책별 임무(현장관리체제)

  ㉠ **총괄팀장(부팀장)**

    ⓐ 각 업무별(팀) 지도 및 감독, 조정, 통제, 순찰 등

    ⓑ 병원관리자와 업무협조 및 제안, 건의 등 능동적 업무수행체계 확립

    ⓒ 배치인원에 대한 교육계획 수립 및 시행

    ⓓ 상황조치 계획 및 훈련 실시, 미비점 수시 보완, 발전

  ㉡ **각 팀장(부팀장)**

    ⓐ 소관분야 팀원에 대한 교육/지도/감독

    ⓑ 순찰활동 및 조정, 통제

    ⓒ 안전위해 요소 발견노력 및 조치(1일 1개선 운동)

    ⓓ 소관업무별 대비계획 보완 및 발전

    ⓔ 상황발생 시 현장지휘 및 조치

  ㉢ **각 팀원**

    ⓐ 내외 방객에 대한 친절서비스

    ⓑ 근무지 특성/주요 업무 숙지 및 시행

    ⓒ 근무지 주변순찰/관찰활동 강화(위험요소 조기식별 노력)

    ⓓ 우발상황 대비 및 조치계획 숙지

    ⓔ 주요 안전시설물/장비 등 위치 숙지 및 사용요령 숙달

    ⓕ 지휘계통 이행/안전위해 요소 적극 건의 및 조치

경
호
실
무
Ⅰ

라) 주요 상황별 대응계획

① 기본개념

ㄱ 상황발생 이전 사전 징후 포착/차단

ㄴ 상황발생 시 신속한 초동조치/사태확산 방지

ㄷ 제3자 및 주변의 동요 최소화(군중심리 통제)

ㄹ 침착하고 객관적 판단자체 유지(심리적 안정, 평정심)

ㅁ 기본 대응모델에 따른 조치

② 주요 사건사고 유형별 대응

ㄱ 대응단계(총괄)

구분		주요 조치	비고
1단계	상황인지/ 보고	- 상황접수/전파 - 지휘계통 보고/관계기관 연락 및 협조 요청	CCTV 자료 확인 관계기관 신고
2단계	확산 방지	- 현장이동/주변통제 - 대화시도(안정유도)/장소이동 등	지원요원 투입여부 결정
3단계	수습/조치/ 해결	- 물리적 행동여부(제압/신병확보) - 관계기관(경찰, 소방 등) 현장도착 및 협조	과잉 또는 대응에 주의 (제2차 분쟁발생소지 제거)
4단계	정리	- 증거확보(사진, 목격자 등) - 주변정리 등 질서유지	-

※ 현장지휘는 원칙적으로 소관 팀장(또는 총괄팀장)에게 있으며, 필요시 병원 측 대표자 지시에 따른다.

307

ㄴ 소란행위: 고성/주취자 등

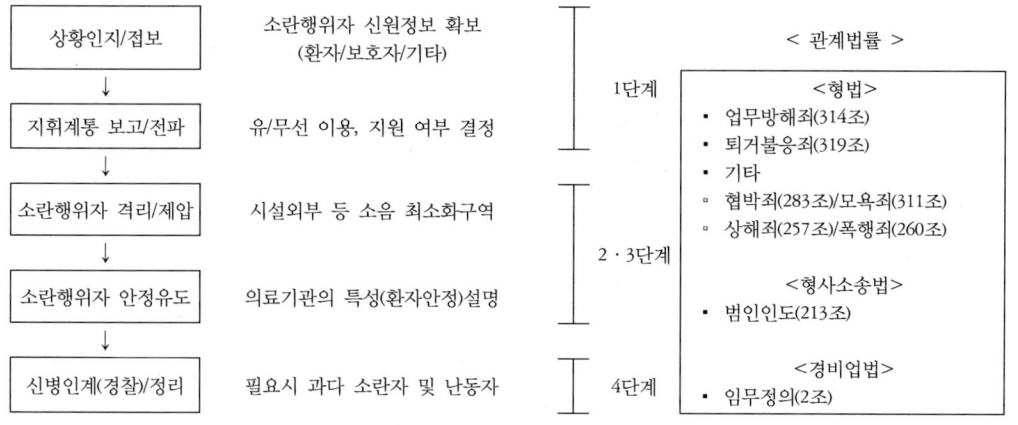

ⓒ 폭력행위: 난동/기물파손/싸움 등

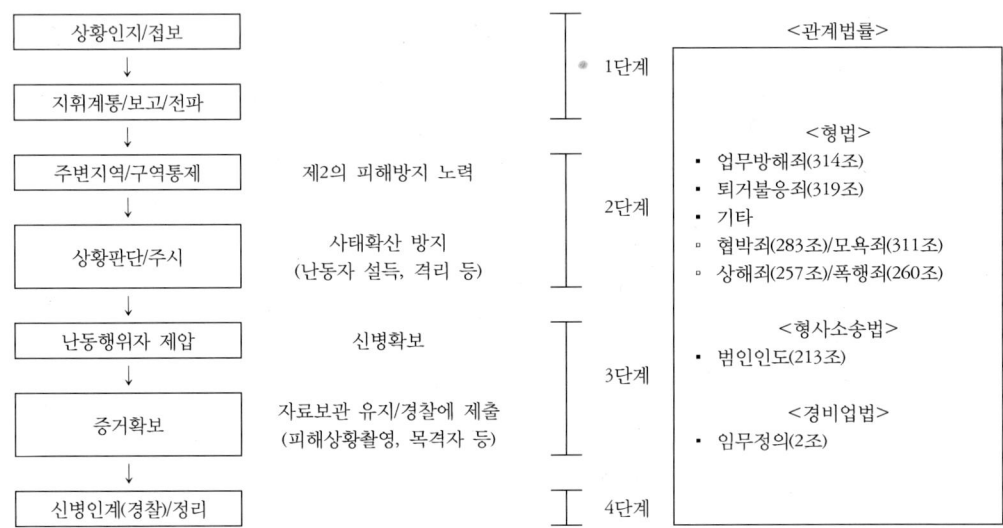

절차	내용	단계	관계법률
상황인지/접보		1단계	
지휘계통/보고/전파			**<형법>**
주변지역/구역통제	제2의 피해방지 노력	2단계	• 업무방해죄(314조) • 퇴거불응죄(319조) • 기타
상황판단/주시	사태확산 방지 (난동자 설득, 격리 등)		◦ 협박죄(283조)/모욕죄(311조) ◦ 상해죄(257조)/폭행죄(260조)
난동행위자 제압	신병확보	3단계	**<형사소송법>** • 범인인도(213조)
증거확보	자료보관 유지/경찰에 제출 (피해상황촬영, 목격자 등)		**<경비업법>** • 임무정의(2조)
신병인계(경찰)/정리		4단계	

㉹ 절도(절취)행위

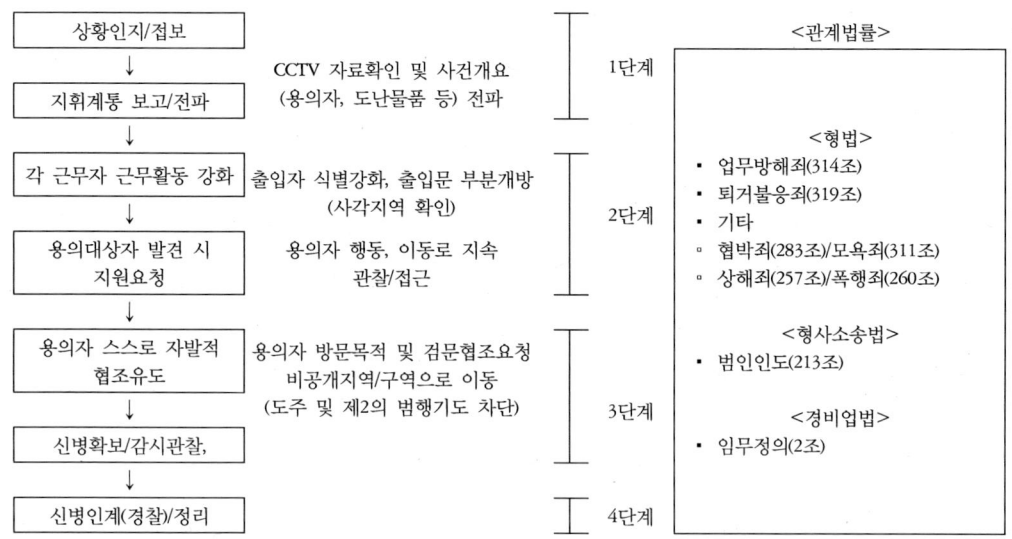

<table>
<tr><td>상황인지/접보</td><td rowspan="2">CCTV 자료확인 및 사건개요 (용의자, 도난물품 등) 전파</td><td>1단계</td></tr>
<tr><td>지휘계통 보고/전파</td></tr>
</table>

상황인지/접보
↓
지휘계통 보고/전파
→ CCTV 자료확인 및 사건개요 (용의자, 도난물품 등) 전파 ｜ 1단계

각 근무자 근무활동 강화
→ 출입자 식별강화, 출입문 부분개방 (사각지역 확인)
↓
용의대상자 발견 시 지원요청
→ 용의자 행동, 이동로 지속 관찰/접근 ｜ 2단계

용의자 스스로 자발적 협조유도
→ 용의자 방문목적 및 검문협조요청 비공개지역/구역으로 이동 (도주 및 제2의 범행기도 차단)
↓
신병확보/감시관찰,
↓
신병인계(경찰)/정리 ｜ 3단계 / 4단계

<관계법률>

<형법>
- 업무방해죄(314조)
- 퇴거불응죄(319조)
- 기타
  ▫ 협박죄(283조)/모욕죄(311조)
  ▫ 상해죄(257조)/폭행죄(260조)

<형사소송법>
- 범인인도(213조)

<경비업법>
- 임무정의(2조)

주의할 점

- 용의자 및 도난사건 관련 정보수집 및 신속전파(시간/장소/도난물품/용의자 인상착의 등)
- 최단시간 내 화장실, 비상계단 등 은밀하고 은거가능지역 확인(경계사각지역 확보)
- 출입문 등의 부분개방 또는 각 이동수단 근무자 고정배치, 거수자(용의자) 식별
- 용의대상자에게 접근 시 안전주의 및 방문목적 등을 정중히 묻고 자발적 참여유도, 협조요청 후 비공개장소로 이동
(공개장소에서의 불필요 소란행위 및 우발상황 대비)

㉺ 위협/협박행위: 의료사고 및 분쟁 시

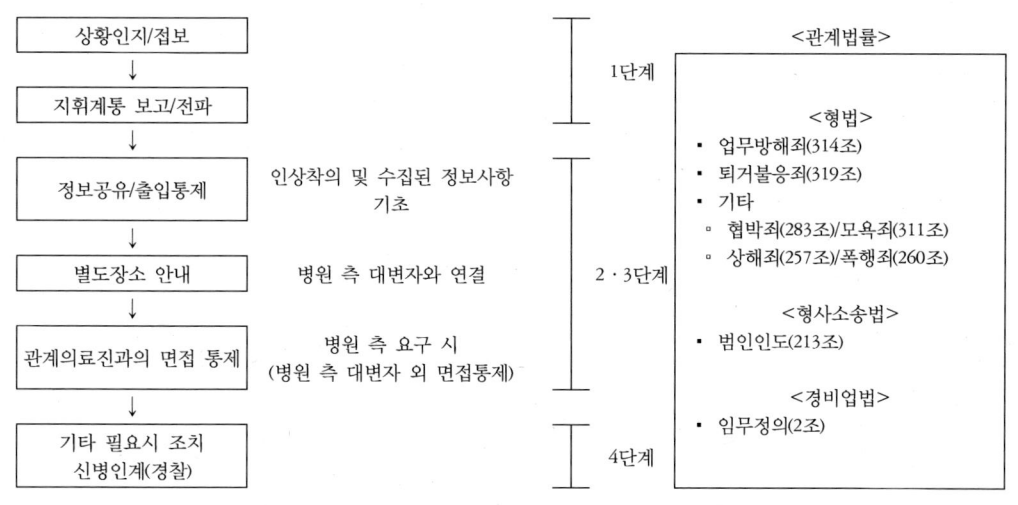

상황인지/접보
↓
지휘계통 보고/전파 ｜ 1단계

정보공유/출입통제
→ 인상착의 및 수집된 정보사항 기초
↓
별도장소 안내
→ 병원 측 대변자와 연결
↓
관계의료진과의 면접 통제
→ 병원 측 요구 시 (병원 측 대변자 외 면접통제) ｜ 2·3단계

기타 필요시 조치 신병인계(경찰) ｜ 4단계

<관계법률>

<형법>
- 업무방해죄(314조)
- 퇴거불응죄(319조)
- 기타
  ▫ 협박죄(283조)/모욕죄(311조)
  ▫ 상해죄(257조)/폭행죄(260조)

<형사소송법>
- 범인인도(213조)

<경비업법>
- 임무정의(2조)

주의할 점
- 상대의 인상착의 등 공개된 정보를 숙지하고 근무활동 - 정당한 당사자 외 출입통제 및 불법행위에 대한 적극 대처, 증거확보 - 병원 측 요구 시(병원 측 관계자의 근접 신변보호 활동)

㉫ 안전사고: 인원/차량/기계 등

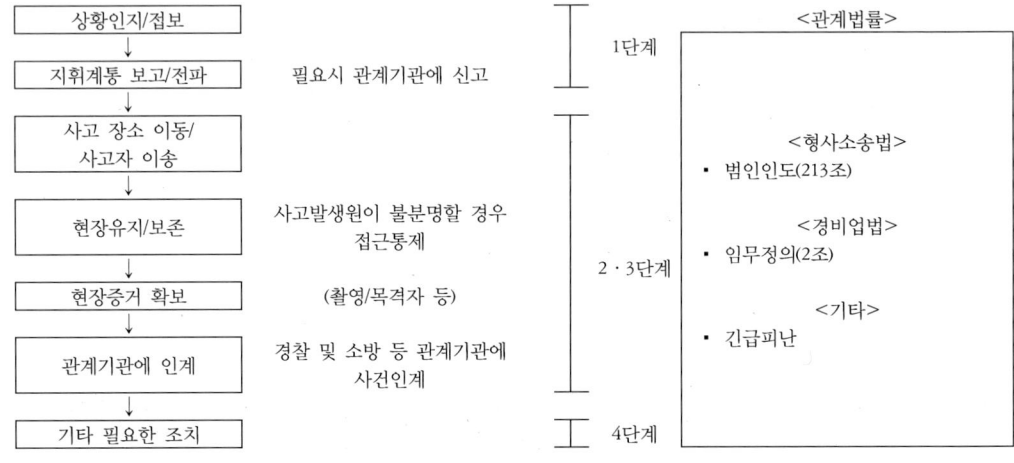

상황인지/접보
↓
지휘계통 보고/전파
↓
사고 장소 이동/ 사고자 이송
↓
현장유지/보존
↓
현장증거 확보
↓
관계기관에 인계
↓
기타 필요한 조치

필요시 관계기관에 신고 — 1단계

사고발생원이 불분명할 경우
접근통제

(촬영/목격자 등) — 2·3단계

경찰 및 소방 등 관계기관에
사건인계

4단계

<관계법률>

<형사소송법>
• 범인인도(213조)

<경비업법>
• 임무정의(2조)

<기타>
• 긴급피난

주의할 점
- 신속한 사고자 이송 및 구조 - 사고발생 원인 불분명할 경우 현장보존 및 접근을 철저히 통제 - 필요시 관계기관(경찰, 소방, 관리업체 등)의 협조요청에 적극 수용처리 - 사건발생 및 진행과 관련한 CCTV 자료, 목격자 등 확인

㉪ 화재사고

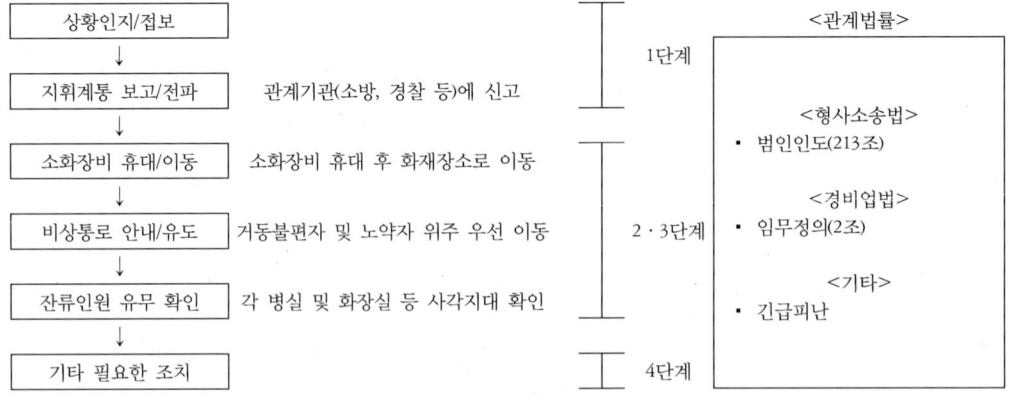

상황인지/접보
↓
지휘계통 보고/전파
↓
소화장비 휴대/이동
↓
비상통로 안내/유도
↓
잔류인원 유무 확인
↓
기타 필요한 조치

관계기관(소방, 경찰 등)에 신고 — 1단계

소화장비 휴대 후 화재장소로 이동

거동불편자 및 노약자 위주 우선 이동 — 2·3단계

각 병실 및 화장실 등 사각지대 확인

4단계

<관계법률>

<형사소송법>
• 범인인도(213조)

<경비업법>
• 임무정의(2조)

<기타>
• 긴급피난

③ 기타(안전사고대비 점검착안사항)

  ㉠ **소방시설 관련**

    ⓐ 소화기/자동확산 소화용구/옥내소화전/스프링클러/포소화설비/CO_2 소화설비/ 하론 소화설비/분말 소화설비/자동화재 탐지설비

    ⓑ 비상방송설비/피난설비/제연설비/연결살수설비/연결송수관설비/비상콘센트/무 선통신 보조설비/방화구획/비상탈출구/특별 피난계단/비상용승강기 연동시험/ 방염/위험물 시설/기타 등

  ㉡ **전기안전 관련**

    ⓐ 인입선 배선/배분전반(외함)/배선용 차단기

    ⓑ 가전기기/조명장치/기타기기

    ⓒ 구내전선로(가공케이블, 지중케이블)/발전설비(비상발전기 포함)

    ⓓ 특고압설비(인입구/책임분계점 개폐기, 가공/지중케이블, 배선, 피뢰기, 전력퓨즈)

    ⓔ 전기관련설비 내 외부인원 접근용이성 여부 등

311

  ㉢ **가스안전 관련**

    ⓐ 정압기/소형저장탱크/LPG용기보관실

    ⓑ 사용시설 배관/퓨즈코크/가스계량기/가스연소기

    ⓒ 가스누출 차단 및 경보기장치/기타 등

  ㉣ **기타**

    ⓐ 엘리베이터/에스컬레이터 가동상태

    ⓑ 출입문 등의 안전상태(유아 및 거동불편자의 손가락 등이 끼인 여부)

    ⓒ 구조시설 내 난간 등의 높이와 폭 등 안전설비 등

마) 교육훈련계획

① 단계별 교육훈련/관리

㉠ 기본개념

구분	배치 전	배치 후	기타(충원)	비고
내용	기초/기본/전문/ 특성화 교육	기초/특성화/적응/ 직무 교육	기초/기본/특성화/ 적응 교육	본사 관리자에 의한 순회지도감독/점검/ 교육
대상	전체	전체/각 팀별	교체인원/충원요원	
주관	본사	총괄팀장/각 팀장	본사/각 팀장	

㉡ 배치 전 교육

ⓐ 소양·서비스교육/신임교육(기초 및 기본교육)

구분	1일차	2일차	비고
1교시	입교/소양교육	기본훈련/호위호신술	근무투입배치 전 인원 (경호/보안/주차) 교육시간 (09:00~17:50)
2교시	서비스 교육		
3교시	관계법률 (헌법, 형사법포함)	불심검문요령	
4교시			
5교시			
6교시	시설방호	소방(방화/방재 등)	
7교시			
8교시	장비조작/사용법	평가/수료	

경
호
실
무

Ⅰ

ⓑ 경호전문요원 교육(전문교육: 3개월 240시간)

구분	교육과목	교육방법	비율(%)		배정시간
			이론	실기	
1	경호일반	이론	100	–	5
2	테러 및 범죄	이론	100	–	40
3	경호의전	이론 및 실기	30	70	5
4	경호보디랭귀지	이론 및 실기	50	50	5
5	경호실무	이론 및 실기	20	80	40
6	경호보안	이론 및 실기	80	20	5
7	경호경비	이론 및 실기	20	80	15
8	경호비서	이론 및 실기	80	20	5
9	경호장비 및 폭발물	이론 및 실기	50	50	5
10	경호무술	이론 및 실기	10	90	40
11	경호사격	이론 및 실기	10	90	5
12	경호운전	이론 및 실기	10	90	5

구분	교육과목	교육방법	비율(%) 이론	실기	배정시간
13	구급법	이론 및 실기	50	50	5
14	형법	이론 및 실기	90	10	10
15	경호관계법	이론 및 실기	100	–	5
16	현장실습 및 극기훈련	실기	–	100	45
계	16과목	이론/실기/실습/시청각	50	50	240

※ 교육시간: 주 5일(월~금) 1일 평균 4~5시간(1일 8시간 교육 시 2개월 집중교육)

ⓒ 현장적응교육(특성화교육: 근무지 확인, 주요 안전시설 및 구조 확인 등)
※ 현장적응/답사는 ○○대학교부속병원과 협조하 실시

ⓒ 배치 후 교육
ⓐ 일일 · 주간단위/수시교육(직무교육)

구분	주요 내용	주관	대상	비고
일일 (투입 전 10~15분 내외)	－복장, 두발, 소지품 등 점검 －장비점검(통신 등), 신분증 패용 －인사 및 응대법, 인사말 연습 등	팀장	근무투입인원	
주간 (1시간 내외)	－주간 근무평가/보완사항 －근무 간 예상 상황에 대한 상황조치(구술)		근무투입자 근무교대자	근무일정고려 (구술/서면)
수시	－근무 장소별 근무요령 및 장비사용법 －복장/근무태도 점검, 현지시정 교육		근무자	

ⓑ 보수/직무교육

구분	시기	주요 내용	교육방법	주관	대상
보수교육	월간	관계법률/사건사고사례 시설물구조 숙지	현장교육	총괄팀장	근무투입자 근무자
	분기	안전시설물위치/조작요령 상황조치 대응훈련	집합교육 (현장)	총괄팀장 본 사	근무투입자 비번자
	반기	업무평가 (보수/직무교육내용 종합)	집합교육 (본사)	본 사	비번자
직무교육	매일 (수시)	근무지별 해당직무	현장교육	팀 장	근무자

ⓒ 본사 상시교육(주간/월간)

- 파견직 요원에 대한 본사교육: 매주

※ 실기 및 무술교육(월/수/금), 이론(화/목), 무술(토/일)

- 파견사업장 지도방문/순회교육, 교육자료 제공

- 파견직 요원에 대한 인터넷 사이버교육(상시)

ⓔ 전환/충원인력 교육

구분		주요 내용	비고
1일차	기본교육	- 회사소개, 사업장 소개 - POST별, 개인별 임무	본사 (교육팀)
	근무자세	- 복장 및 예절, 인사 등(복장, 태도, 자세, 예절, 언어, 표정 등)	
	근무지답사	- 현장답사 및 근무지역 확인	현장팀장
	근무요령	- 일반사항 및 우발상황 등에 대한 대처방법 - 보안 및 근무수칙 교육	
2일차	실습	- 현장 적응 및 실습(시설물, 장비 및 기기조작 등)	합동근무
	근무자세	- 인사/언어/표정/복장/예절 등	
3일차	현장근무	- 현장배치 실무(합동근무)	합동근무
	현장근무	- POST별 임무수행	

바) 장비/복장계획

① 장비운용

구분		제원/성능
통신장비	 	- 장 비 명: 생활무전기 - 통화거리: 도심(1km), 교외(3km) - 출 력: 0.5W - 크기(mm): 102(길이)× 59.5(넓이)× 30.5(두께) - 중 량(g): 95(베터리 제외) - 채 널 수: 기본 25CH - 주 파 수: 448.7500~449.2625MHZ

구분	제원/성능
호위호신장비	- 장 비 명: 삼단봉 - 재 질: 강철합금 - 중 량(g): 460g - 크기(mm): 휴대(200mm), 사용(520mm) - 휴대방법: 벨트, 조끼, X반도 등
	- 장 비 명: 전자충격기 - 형 식: 핸드형 특고압 - 크기(mm): 151mm - 중 량(g): 143g - 출력전압: 300,000V이하 - 공급전원: DC 9V건전지(2개)
	- 장 비 명: 가스총 - 형 식: 리벌버형 실탄방식(총성폭음) - 재 질: 특수 알루미늄동합금 - 크기(mm): 175mm - 중 량(g): 320g - 발사거리: 5M - 발사횟수: 실탄 5발

315

구분		제원/성능
검색장비		−장 비 명: 휴대용금속탐지기 −형 식: 금속탐지, 경보음, 경보램프 −중 량(g): 375g −크기(mm): 400(길이)× 71(넓이)× 34.5(두께) −동작주파수: 90KHz

		−장 비 명: 유무선 도청/카메라 탐지기
		−성 능
		  유선/무선도청기, 2.4GHz대역의 몰래
		  카메라, 차량추적기 탐지/탐색
		−탐지거리: 5M(실제거리)
		−탐 지 률: 오작동률 5%미만
		−크기(mm): 90(길이)× 60(넓이)× 20(두께)
		−주 파 수: 10KHz ~ 3GHz
		−수신감도: -45dB ~ -65dB
		−공급전원: 12V건전지(1개)
		         220V아답터(전화기와 연결시)

기타장비		−장 비 명: 경광봉 −형 식: 전구 점멸식 −크기(mm): 500(길이)× 40(넓이) −공급전원: 1.5V건전지(2개) −사 용 처: 차량유도, 질서유지 등
		−장 비 명: 손전등 −크기(mm): 200(길이)× 150(넓이) −공급전원: 사각형 건전지 −사 용 처: 야간 순찰, 조명사각지대
		−장 비 명: 야간 X반도 −형 식: 형광물질에 의한 반사 −사 용 처: 야간 차량유도, 근무자 안전

② 복장 및 신분증 · 비표운용

구분	코트 착용	코트 탈의
동계		

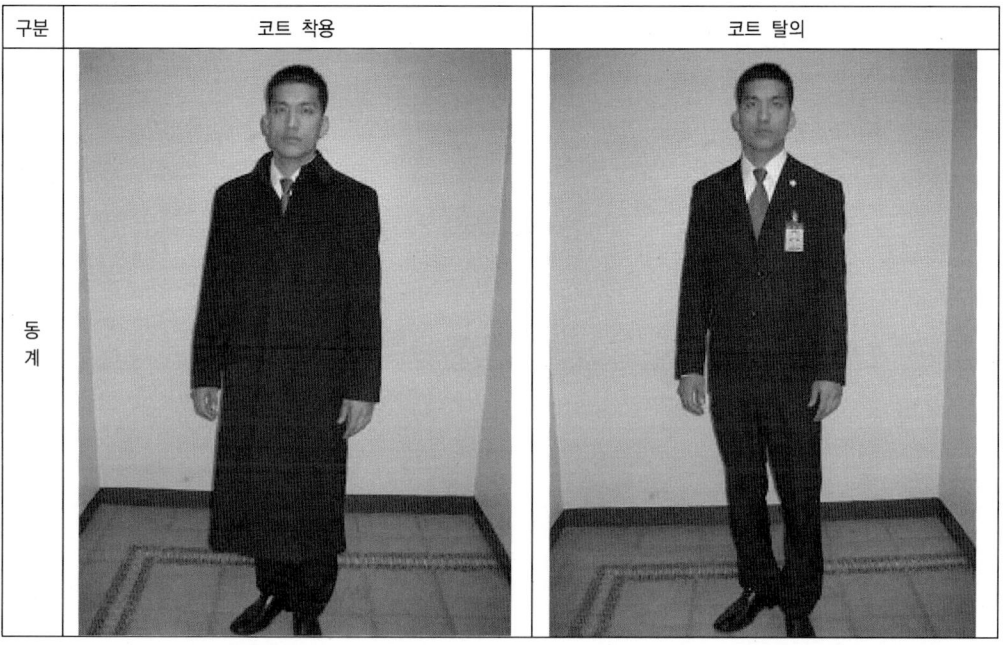

구분	앞	뒤
기타		

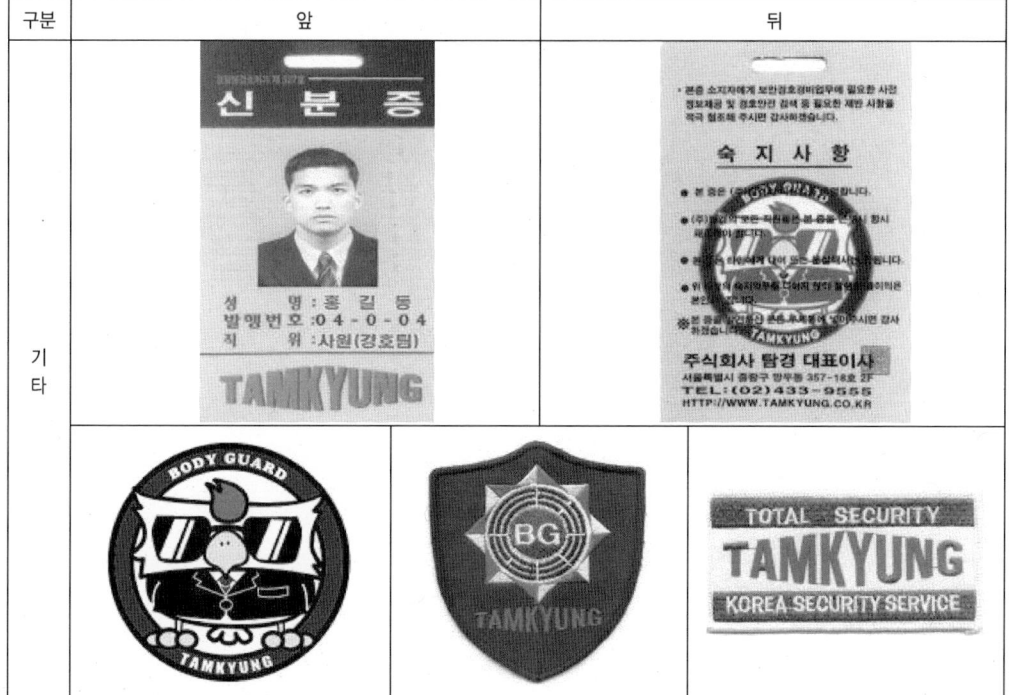

제**4**장
경호보안

제1절 경호보안

경호보안이란 단순하게 말하면 취급자 이외에는 알 수 없도록 취하는 일련의 행동으로 경호환경에서 위해할 수 있는 정보의 유출을 막기 위해 인적·물적 장비를 통한 보호활동을 하는 것을 말한다.

최근의 경호환경은 경호 인적 대상이 주 대상이라기보다는 경호대상이 취급하는 정보가 대상이 되고 있으며, 이 같은 환경은 정보의 가치가 정치·경제·사회적으로 크게 파급되는 효과로 인해 정보의 탐색을 위한 다양한 접근의 시도가 이루어지고 있어 이에 대한 대비가 필요하며, 현장 실무를 수행하는 경호원들에 있어서 매우 중요한 업무 중 하나로 자리하고 있다.

경호대상인 인적 대상과 경호대상이 취급하는 정보에 대한 보호 업무는 별개로 다루어서는 아니 된다. 서두에서 언급했듯이 정보의 탈취를 위해, 직간접적으로 위해할 수 있기 때문에 특히, 문서, 통신의 보안과 출입관리 및 통제 그리고 도청 및 산업정보를 훔치려는 산업스파이로부터 보호되게끔 이를 포함한 모든 업무를 관장하도록 해야 한다. 특히 정보 획득이 용이한 환경이 사전에 제공되지 않게끔 모든 보안 요건에 충실하도록 노력한다.

(1) 보안의 종류

① 문서보안
② 통신보안
③ 인원보안
④ 시설보안

(2) 보안분야 유형

① 군사보안
② 산업보안
③ 항공(선박)보안
④ 공항(항만)보안

(3) 보안수칙/근무수칙

① 책임지역과 기본임무를 확실히 수행한다.
② 책임지역에 특별히 지시된 사항을 염두에 둔다.
③ 근무교대에 의하지 아니하고는 근무지를 이탈하지 않는다.
④ 허가된 시간/장소 외에는 금지된 행위(음주, 식사, 흡연, 졸음, 오락 등)를 하지 않는다.
⑤ 책임지역 접근자에 대하여 철저히 통제, 감시한다.
⑥ 모든 사건사고에 대하여 즉각 저지하고 비상조치를 취한다.
⑦ 예절을 준수하고 공손한 언행으로 내방객을 대한다.
⑧ 인접지역 및 근무자와 협조체제를 유지하고 통신 상태를 항시 유지한다.
⑨ 근무교대 시간을 엄수한다.
⑩ 교대 시 후임자에게 책임구역의 상황을 정확히 인계한다.
⑪ 소속 상사의 명령에 복종한다.
⑫ 용모(두발 등) 및 복장을 단정히 한다.

1) 도청보안

도청의 사용은 비합법적으로 상대방의 대화내용이나 정보 등을 비밀리에 입수하여 다양한 목적에 의하여 사용된다. 이 같은 사례는 피해자에게 엄청난 경제적 · 심리적 부담과 손해를 줄 수 있다. 따라서 이를 보안, 유지해야 할 경호원들이 업무 수행에 있어서 도청으로부터의 보안유지로 경호대상자의 인격권과 재산권 등을 보호하는 데 또한 주의를 해야만 한다.

2) 도청의 원리

도청기는 전자장치의 일종으로 전파를 이용하는 전자장비다. 이 같은 장비는 전파의 송수신 기능이 내장되어 있으며 일정한 전파 채널로 교신하도록 고안되어 있다. 도청기술의 발달로 크기나 재질 모양이 다양해져 있으며 송수신 기능 또한 첨단화되어 있어 도청전파를 잡고서도 그 내용을 알 수 없기 때문에 정확한 정보를 수집할 수 없다. 특히 도청내용을 압축하는 기술이 발달하면서 수 시간 도청량을 수 초 만에 발신하기 때문에 도청여부를 감지하기란 매우 어렵다.

또한 송수신 거리가 장비 성능에 따라서는 지구 반대편에서도 가능하기 때문에 주변 환경에서 도청장비나 도청 유무를 알기란 매우 힘들다. 하지만 일반적으로 사용되는 도청기는 특별한 물건이 아니다. 우리 주변에서 흔히 볼 수 있는 무선 마이크의 크기를 작게 하고, 복잡한 부품을 마이크 칩으로 바꾸며, 전원을 절약할 수 있도록 저전력 설계를 하고, 일반적으로 사용하지 않는 주파수를 사용하는 것이 도청기이다. 때문에 도청기기를 판매하다 걸리면 불법무선기기(허가를 받지 않은 주파수 사용) 판매죄에 해당된다.

가장 최근에 나온 무선 도청기는 크기가 엄지손톱의 25% 정도의 크기까지 작아졌으며, 이런 크기라면 우리가 원하는 어떤 물건에라도 삽입이 가능하다. 물은 자신의 모양이 없고 담기는 병의 모양에 따라 모양이 변하듯 도청기도 삽입되는 물체의 모양에 따라서 도청기의 모양도 결정된다. 시계, 전화기, 계산기, 그림, 거울 등 일상 생활용품 등에 설치가 가능하기에 육안으로는 식별이 불가능하고 전문적인 탐색기기를 사용하여야만 찾아내기가 가능하다. 실제 모 기업에서는 사무용으로 사용하는 딱풀 속에서 발견되기도 했으며 또한 ○○기관에서는 전원연결코드 속에서도 발견되었다.

323

전 금속노조위원장은 경남 창원시 사파동 자택 냉장고 밑에서 담뱃갑 반만 한 크기의 도청기를 발견했다. 70㎝가량의 줄 안테나가 달려 있는 것이었다. 국내의 무선 도청은 대개 이 수준의 '고전적 도청기'를 통해 이뤄진다. 이들은 탐지기를 갖다 댈 경우 주파수가 발각되기 십상이다.

도청기로부터 나온 송신 전파의 주파수를 끊임없이 바꾸는 '전파 현혹기술', 도청기로부터 나온 송신 전파의 주파수를 라디오 주파수와 바싹 붙여 얼핏 도청 주파수가 아닌 것처럼 보이게 하는 '전파 은닉 기술'도 있다. 아예 먼 거리에서 레이저 광선을 창문에 쏘아 창문의 진동을 분석해 방 안의 대화를 도청하는 레이저 감청기도 있다.

유선 도청기 가운데는 전기선을 이용해 내용을 전달하는 것이 있다. '비밀 마이크가 콘센트 내에 숨겨져 있으며 벽 속의 일반 전기선을 통해 음성정보를 전달하는 원리'를 이용한 도청장비도 널리 사용된다.

또한 컴퓨터에 입력되는 내용들을 읽어 보는 기술도 있다. 언뜻 보아 키보드와 컴퓨터 본체를 연결한 잭처럼 생겼지만 사실은 타이핑 중인 내용을 읽어 들이는 장비, 모니터의 전자파를 분석해 화면 위에 뜬 내용을 파악하는 초단파 안테나 장비도 나왔다. 몰래카메라 역시 무선, 유선이 있다. 몰래카메라는 포르노필름을 만들기 위해 호텔 등 객실에 비밀리에 설치하는 데 가장 많이 이용된다. 이 경우 객실 침대 위 15도 각도에서 촬영한 것이 제일 높은 가격에 거래된다.

따라서 이 각도를 유지할 만한 위치의 가구나 가전기기에 몰래카메라를 숨긴다. 펜촉 끝만 한 크기의 렌즈를 객실 텔레비전 스피커 상단부에 내장하거나 화장용 거울 뒷면 중간 부분의 은분을 쌀알만큼 벗겨 내고 붙이는 사례가 많다.

도청기 구입 경로는 다양하다. 서울 세운상가의 일부 전자부품상 등에서도 구할 수 있다고 전문가들은 말한다. 인터넷으로도 주문할 수 있다. 미국 로스앤젤레스에 본사를 둔 한 업체의 경우 홈페이지에 한국어판도 있다. 한국인이 만든 것으로 보인다. 탁상시계형 몰래카메라, 재떨이형 도청기부터 레이저 감청기까지 판매 중이다. 주문만 하면 배달료 15달러에 한국 어느 곳에든 전해 준다고 밝히고 있다. 이 회사는 도청기뿐만 아니라 도청 탐지기까지 팔고 있다.

3) 법원 행정청의 통계

감청 건수가 1996년 2천 건, '97년 3천 3백 6건, '2010년 상반기 9천건으로 큰 폭의 증가세이지만 일반의 도청 건수는 헤아릴 수 없이 많다. 가까운 일본에서는 15만 개에 달하는 도청장비가 거래되고 있는데 이렇게 많은 도청은 산업기밀유출, 국가정보유출, 개인정보유출, 개인불안정신증을 유발한다.

4) 도청 관련 사례

미국 시장에서는 한 해 최소한 8억 달러의 불법적인 감시, 도청장비가 수입되고 있고 판매, 제조 및 각종 감시에 소요되는 불법적인 것들은 수조 달러에 달하는 것으로 추정되고 있다. 이러한 장비들은 인터넷이나 보따리상을 통해서 세계 각국으로 퍼져 나가고 있으며 우리나라에서도 실제 법원 행정처가 국회 법사위에 제출한 국감 자료에 따르면 수사기관의 감청 영장청구 건수는 '96년 2천 67건, '97년 3천 3백 6건에서 올해 1월부터 8월까지 2천 2백 89건으로 나타나는 등 큰 폭의 증가세를 보이고 있다. 현재 세운상가나, 용산전자상가에서는 불법 도청장비가 10만 원에서 3백만 원대로 꾸준히 팔리고 있다고 하나 아직까지 정확한 통계는 나오고 있지 않다. 가까운 나라 일본에서는 15만 개에 달하는 도청장비가 팔리고 있다고 한다.

도청의 폐해는 지금 신문지상이나 텔레비전 뉴스를 통해서 자주 우리가 소식을 접하고 있다. 지난 '98년 퇴직은행원 K씨는 광고 대행업자 P씨와 컴퓨터 전문가 ㄱ씨와 공모, 서울의 H은행 폰뱅킹 센터의 ARS교환기에 전화 교환기 업자를 가장 초소형 도청기를 부착했다.

이후 H은행에서는 약 70여 명의 계좌에서 3억 1천 6백여 만 원이 주인 몰래 인출되는 사건이 일어났다. 경찰은 폰뱅킹을 이용한 전화를 추적하여 K씨와 그 일당 등을 체포했다. 이들 일당 등은 무선 송신기를 이용하여 전화에 걸려 오는 전자음을 해독해 은행 고객의 비밀번호를 알아내었다고 한다.

또한 국내 진출 다국적기업이나 해외 사설 정보업체가 국내에서 산업기밀을 빼내기 위해 도청, 해킹, 매수 등 온갖 불법, 탈법 행위를 저지르고 있는 것으로 나타났다. 국가정보원이 산업스파이 색출에 정보 수사 역량을 총집결하겠다고 밝히며 관련법 개정까지 추진하고 나선 것은 국내의 산업기밀 유출실태가 그만큼 심각하다는 반증이다. 가장 심한 사례는 미국의 사설 정보업체인 ㅅ사의 경우이다. ㅅ사는 국내에 진출한 다국적기업들로부터 기업정보 수집 의뢰를 받아 공식 첩보기관을 방불케 하는 스파이 활동을 국내에서 벌였다.

이들은 각종 첨단장비를 국내로 들여와 정보수집 대상자가 지워 버린 컴퓨터 파일을 복원하고 전화통화 내용을 감청한 것으로 나타났다. 이들은 심지어 국내 이동전화 대리점을 매수해 대상자의 통화내역을 입수했으며, 정보수집 대상자가 자주 드나드는 룸살롱의 종업원을 매수해 감청장비를 설치하고 대화내용을 도청했다.

도청이 이러한 특수한 경우라고만 생각하는 사람이 많을 것이다. 하지만 도청은 이미 만연되어 있다. 왜 사고현장에 경찰보다 견인차량이 먼저 와 있는지 한번 생각해 봄 직도

하다. 최근 기업 간의 경쟁 심화와 기업 간 인수합병의 결과로 수많은 기업들이 이러한 도청 탐색 및 보안 장비에 비용을 지출하고 있다. 기업 간 또는 국가 간의 도청으로 인한 정보의 유출은 그 피해액을 이루 말할 수 없다. 지난 '95년 12월 미 정보기관인 국가안보국(NSA)이 세계의 각국 원수들의 집무실 대화를 도청해 왔다고 「볼티모어 선지」가 보도했다.

선지는 최근 6차례에 걸친 NSA에 관한 특집기사에서 "NSA가 특히 미국을 방문한 외국 대통령이나 총리들의 호텔방 대화를 녹음해 이들과의 회담을 앞둔 미국 대통령들에게 회담사전 준비 자료로 제공해 왔다"라고 폭로했다.

이 신문은 또 NSA가 워싱턴에 있는 외국 대사관들이 본국과 주고받는 국제전화를 모두 도청하고 있다고 보도했으며 지난해 북한 핵 위기 시 위성 도청을 통해 북한 측 입장을 상세히 파악해 낸 것 등이 구체적 사례에 속한다고 선지는 전했다.

가까운 나라 일본의 경우에도 하시모토 류타로 총리가 통산성 장관시절 미국과의 자동차 협상을 위한 기업관 회담내용이 CIA 동경지부에 도청되어 미국 본토에 수시로 보고되는 일도 있었다.

비단 국가 간의 도청만이 큰 문제가 아니다. 개인적으로 도청은 상대방을 아무도 믿지 못하게 만들고 불안감에 떨게 만들어 피해망상증을 유발시킨다고 한다. 누구라도 도청을 당할 수 있다. 그리고 재정적인 위치, 전문 기술 관계자, 법적 또는 서류관계자보다는 덜 위험한 위치에 있는 사람들이라도 예외가 될 수 없다.

① 도청동기(사례)

㉠ 보험회사나 금융회사들은 고객이나 금융사고자에 대하여 감시한다.
㉡ 회사나 세일즈맨은 고객들을 도청할 수 있다.
㉢ 정부 정보기관이나 경찰 관계자들은 용의자들을 감시한다.
㉣ 원한 관계자에 대하여 감시할 수 있다.
㉤ 연예인들은 항상 팬이나 관계인에 의하여 도청당할 수 있다.
㉥ 과학자나 엔지니어들은 다른 과학자나 엔지니어들의 정보를 항상 노리고 있다.
㉦ 소송 관계자들은 다른 소송 관계자들 또는 그들의 고객들을 도청할 수 있다.
㉧ 기업에 종사하는 사람들은 다른 경쟁 회사들을 도청할 수 있다.
㉨ 상대 배우자들은 외도의 가능성으로 서로를 도청할 수 있다.

ㅊ 부모가 자녀의 안전을 위해 감시할 수 있다.

ㅋ 채권자들은 채무자들을 감시할 수 있다.

5) 도청자 징후 판단

① 전화벨이 울려 받으면 이유 없이 끊어질 때

② 전화 통화 중 이유 없이 끊어질 때

③ 전화가 자주 울린다. 그러나 전화를 받아도 아무도 대답을 하지 않을 때

④ 전화를 끊었음에도 불구하고 전화기로부터 이상한 소리가 들릴 때

⑤ 전화 통화 중에 이상한 소리나 볼륨의 변화를 느꼈을 때

⑥ 전화 통화 중에 긁는 소리 또는 튀는 소리가 들릴 때

⑦ 라디오 또는 텔레비전이 이상한 전파 장애가 감지될 때

⑧ 도둑이 침입한 흔적이 있다. 하지만 아무것도 잃은 물건이 없을 때

⑨ 전기 스위치 또는 단자함, 조명등이 약간 움직인 것처럼 보일 때

⑩ 은밀히 추진하는 만남들이나 주문이 노출된 것 같이 느껴졌을 때

⑪ 문 잠금 장치가 제대로 작동이 안 된다고 느껴졌을 때

327

⑫ 이유 없이 장비가 정상 작동이 되지 않을 때

⑬ 가구들이 약간 틀어져 있다. 그러나 누구도 이유를 모를 때

⑭ 모든 것들이 샅샅이 흩어져 있다. 하지만 어떠한 것도 분실된 것이 없을 때

⑮ 자신과 친분이 가까운 사람이 아닌 사람이 비싼 제품을 선물한 경우

⑯ 동전 크기의 얼룩이 벽면에 갑자기 보일 때

⑰ 관계없는 사람이 특정한 자사의 기업정보를 알고 있을 때

⑱ 흰색 먼지나 오래된 재가 벽이나 바닥 또는 책상 위에 보일 때

⑲ 사무실이나 집 주변에서 전기나 전화, 인터넷 등의 선로 작업 중일 때

⑳ 운송회사 또는 서비스 차량이 자주 당신의 집 주변에 주차하고 있으면서 사람이 보이지 않을 때

㉑ 전화, 케이블, 배관공, 전기공 등이 아무런 요청이 없는데도 불구하고 공사 중일 때

6) 도청기 내부설치방법

설치목표지점에 은밀하게 위장 침입해 설치하거나 도청장치를 몰래 부착한 선물을 상대에게 보내는 수법으로 회의실이나 집무실 책상 위 등 가장 사적인 대화를 하는 장소에 놓게 하는 방법 등이 있다. 따라서 외부인의 침입방법 및 경로 등에 따라 설치할 수 있는 방법이나 위치 등이 달라질 수 있다. 따라서 허용된 시간이나 기법에 따라서 쉽게 노출되지 않도록 완벽한 도청기 설치가 가능하다. 또 다른 하나는 선물을 위장한 도청기 반입방법으로 어떤 선물인가에 따라서 놓이는 장소가 정해지는데 보내는 쪽은 보내기만 할 뿐 최종적으로 그것이 놓일 장소에 대해서는 통제할 수가 없다. 이것이 트로이목마 방식의 도청이 갖는 약점이다.

(1) 전화선 도청

유선전화 도청은 가장 손쉬운 도청방법으로 심부름센터 직원이나 경찰 및 정보 수집을 필요로 하는 기관들이 전화선 도청을 선호한다. 이유는 아주 단순하다. 작업하기가 용이하고 도청할 방이나 전화기 자체에 직접 접근하지 않아도 되기 때문이다. 전화선이나 기타 통신수단 회선에 침입하되, 송수신 장치를 이용해 또 다른 장소에서 들으면 되기 때문이다. 노출될 위험이 낮기 때문이다. 가장 흔한 전화선의 경우, 전화국 배선반과 상대의 사무실 또는 집 전화기 사이에 있는 어느 지점에서 접속해, 그곳을 통과하는 신호가 청취 포스트에 가게 한다. 그러나 전화국 내에서 법원의 허가를 받아 감청할 때에는 발견할 수가 없다. 그러나 다른 외부의 연결점에서 하는 것이라면 TSCM 기사가 발견할 수도 있다.

회선 도청지점에는 대개 송신기가 달려 있어 50~70m 반경 내 가까운 청취 포스트에 데이터를 보내게 돼 있다. 송신기가 있으면 원격지에서 대화를 감청할 수 있어 안정성이 높긴 하지만, 그 무선 주파수 신호 탓에 우수한 TSCM 기사의 탐사에 걸릴 가능성이 높다. 대체 수단으로 직접 감청하거나 회선 도청 지점에 녹음기를 설치하기도 한다.

또 하나는 상대의 전화와 연결되어 있는 배선 박스로 가서, 정확한 전화선을 찾아낸 다음 와이어를 꼬아서 녹음기나 송신기에 연결하기만 하면 된다. 정확한 전화선을 찾아 몇 초 안에 할 수 있는 방법도 있다.

(2) 도청(가상도)

원거리에 설치된 몰래카메라
유선도청 녹음기
광섬유 이용한 몰래 카메라
창문에 부착된 무선도청기
컴퓨터에서 발생하는 전자파 도청기
창문 진동감지 레이저 도청기
미세음 증폭 도청기
스위치에 설치된 무선도청기
벽속에 숨겨진 초단파 도청기
수화기속에 숨겨진 도청기
전화단자함 속에 설치된 도청기
타이핑 소리 감지 도청기

329

7) 도청장비 기술

'무엇이든지 엿들을 수 있다.'

첩보영화에서나 보던 새로운 도청방식이 연이어 등장하고 기기도 첨단화·소형화 추세가 뚜렷해지고 있다. 전화 회선에 발신기를 부착, 통화내용을 유·무선으로 가로채는 전화도청의 경우 전화단자함 등에 설치되던 발신기의 크기가 예전에는 성냥갑 정도였으나 최근에는 엄지손톱보다 작은 초소형이 개발돼 있다.

FM주파수를 이용해 수신하는 무선 전화도청·음성도청에 최근 들어 1㎞ 이상 떨어진 곳에서도 청취 가능한 UHF주파수대(帶) 수신 장치가 개발됐다.

1㎐~1㎓까지 넓은 수신권역을 가진 올밴드 수신기를 갖추면 무선전화나 경찰무선은 물론 항공기 조종사와 관제사 간의 대화까지 도청할 수 있다.

또한 레이저, 전자파, 적외선 등을 이용한 최첨단 기술로는 실외에서 창문에 레이저빔을 발사해 공기진동을 포착, 대화를 엿듣는 방식이 대표적이며 PC에서 발생하는 전자파를 잡아 모니터에 뜬 내용을 알아내는 도청도 이미 선진국에서 선보였다.

NSA(National Security Agency), 미 국가안전보장국

(1) 미국 국가안보국 NSA 세계 최대의 정보수집기관(에셜론 – 도청)

UKUSA의 미국과 영국 기관은 영어권 국가인 캐나다, 호주, 뉴질랜드의 기관과 1970년 대 후반 비밀한 동맹을 결성했다. NSA는 동맹국 기관들이 전 세계를 상대로 수행하는 '신호정보 작전'을 하나로 통합하는 극비의 소프트웨어를 개발했다. 소프트웨어는 5개국을 하나의 가상 국가로 통합하게 만들었다. 5개국 기관은 통합됐고 거대한 네트워크의 중심에는 NSA가 자리 잡았다. 이렇게 구축된 비밀동맹의 소프트웨어 암호명이 '에셜론(Echelon)'이다.

도청동맹이 결성되자 5개국 첩보기관은 도청망의 제약이 없어졌으며, 표적자료는 필요한 청음기지에 보내고, 정보는 공유하게 됐다. 도청망 에셜론의 전자거미줄은 전 세계를 뒤덮고 있다. 도청동맹의 거대한 안테나 시설인 청음기지와 도청 네트워크는 적국과 우방을 가리지 않는다.

NSA의 주 고객은 국방부, 국무부, 중앙정보국(CIA) 등 연방기관이다. 기관은 목표의 리스트와 자료를 NSA에 넘겨 감시를 의뢰한다. NSA는 감시 목표의 이름과 특정 단어, 전화번호 등 자료를 분류해 탐색코드를 붙인다. 목표 자료는 에셜론 소프트웨어를 통해 동맹국 도청기지로 보낸다. 도청기지 메인 컴퓨터는 안테나에 걸려드는 수백만 개의 신호정보 속에서 목표물의 이름과 단어를 검색하고 관련된 전화통화와 팩스, 이메일을 감시한다. 국제전화와 휴대전화 등 모든 통신 속에서 목표로 설정된 단어와 대화를 뽑아낸다.

한국이 캐나다와 1991년 'CANDU 원자로 건설'을 협상할 때였다. 캐나다 신호정보 첩보기관인 통신보안국(CSE)은 한국 대사관과 외무부 사이의 모든 통신을 도청했다. 이 사실은 캐나다 「파이낸셜 포스트」가 1998년 2월, CSE의 작전 담당요원이던 제인 쇼튼의 폭로를 보도하면서 드러났다. 뉴질랜드 기관 GCSB가 극비 전자통신망인 일본 외교 전문을 도청하기도 했다.

전자정보의 가치는 스파이도 대신할 수 없을 만큼 절대적이다. 미국은 국가 안보의 90% 이상을 신호정보에 의존하고 있으며 모든 정보는 NSA가 제공한다. 또한 NSA는 전 세계에 널린 청음기지와 국가정찰국(NRO)의 모든 스파이위성을 관장하고 있다.

NSA 본부는 메릴랜드의 포트미드에 있다. 이곳은 최고의 암호를 해독하는 곳이라 '암호도시'로 불린다. 이곳은 세계에서 가장 많은 수학자가 있는 기관이다. 수학자 외에도 언어요원, 암호 해독가, 컴퓨터 전문가, 육해공 각 군의 통신정보 장교들이 모여 비밀의 도시를 이루고 있다.

에셜론의 핵심역할을 맡고 있는 곳은 '비밀의 궁전'으로 불리는 NSA이다. NSA는 약 3만 8,000명의 직원이 근무하고 있고, 연간예산은 약 37억 달러로 추산되고 있다. 이는 CIA의 2배 규모로서 사실상 미국 정보기관의 최상급 기관이다

NSA의 국립암호학교에서는 통신위성에서부터 휴대전화까지 모든 통신의 도청방법을 가르친다. NSA에는 2년제 대학원 과정이 있다. 첩보에 관한 10과목의 전공필수와 전파신호의 4개 선택과목과 논문이 있다.

에셜론의 도청망은 120개가 넘는 위성을 기반으로 하고 있으며 국제전화, 팩스, 전자우편, 무선통신을 시간당 200만 개씩 감청할 수 있는 능력을 갖춘 것으로 모든 통신의 도청이 가능하다. 폭탄, 미사일 등 안보와 관련된 특정 단어가 뜨면 자동으로 저장돼 에셜론의 슈퍼컴퓨터로 들어간다. NSA가 전화와 이메일을 검색해 하루 17억 건을 처리하고 있으며, 최종 자료는 70개의 데이터베이스에 저장하도록 되어 있다. 외국인에 대한 정보는 삭제하지 않고 영구히 저장한다.

에셜론의 실체가 드러나기 시작한 것은 1998년 전후다. 캐나다 정보통신국(CSE)에서 퇴직한 마이크 프로스트는 2000년 2월 미국 CBS - TV의 「식스티 미니츠(60 minutes)」에서 에셜론의 가공할 실태를 폭로했다.

제2절 도청기의 유형

1) 무선 도청기

① 담뱃갑 내장형 무선 도청기
② DC 어댑터 내장형 도청기
③ 배터리 내장형 무선 도청기

2) 전화 도청기

① 초소형 무선 전화 도청기
② 전화 소켓 내장형 무선 전화 도청기
③ 전화기 내장형 무선 도청기

3) 위장용 도청기

① 만년필형 무선 도청 장비
② 휴대전화형 무선 도청 장비
③ 옷 액세서리형(단추, 브러시, 넥타이핀 등) 도청 무선장비
④ 라디오 시계에 내장된 무선 도청 카메라
⑤ 담배(가스) 경보기에 내장된 유·무선 도청 카메라
⑥ 온도 조절 장치에 내장된 유선 도청 카메라

⑦ 컴퓨터, TV 유·무선 도청장비

⑧ 유·무선 벽 볼펜형 도청 카메라

⑨ 벽걸이 시계형 도청 카메라

⑩ 손목 시계형 도청 카메라

⑪ 안경형 비디오 도청 카메라(Color, B/W)

⑫ 허리 가방에 숨겨진 도청 카메라

4) 기타 도청기

① 볼펜형 유선 도청기

② 초소형 마이크로폰 도청기

③ Portable Bionic Ear(BEE－100) 도청기

④ VHF형 무선 도청기

⑤ UHF 무선 도청마이크

⑥ 8㎓ 초장거리 무비 카메라 및 도청 송수신기

5) 도청기기 유형

① 무선 도청기

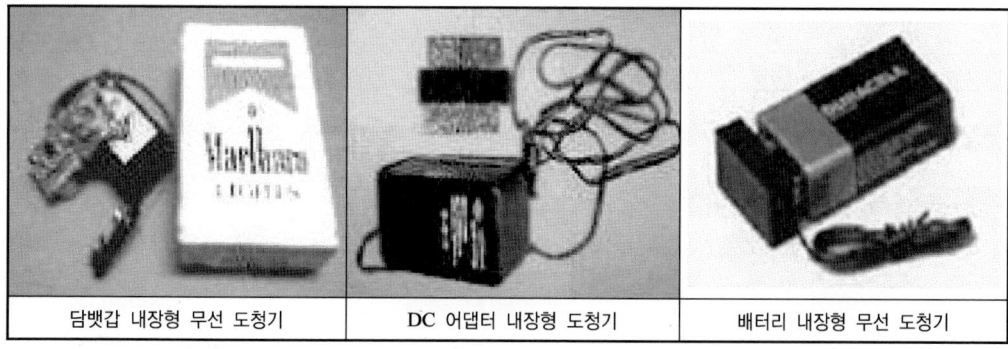

| 담뱃갑 내장형 무선 도청기 | DC 어댑터 내장형 도청기 | 배터리 내장형 무선 도청기 |

② 전화 도청기

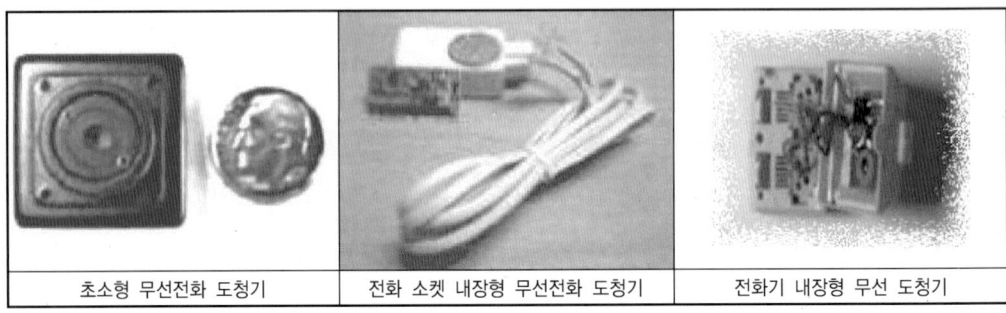

| 초소형 무선전화 도청기 | 전화 소켓 내장형 무선전화 도청기 | 전화기 내장형 무선 도청기 |

③ 위장용 도청기

| 옷 액세서리형(단추, 브러시, 넥타이핀 등) 도청 무선장비 | 만년필형 무선 도청 장비 및 휴대전화형 무선 도청 장비 |

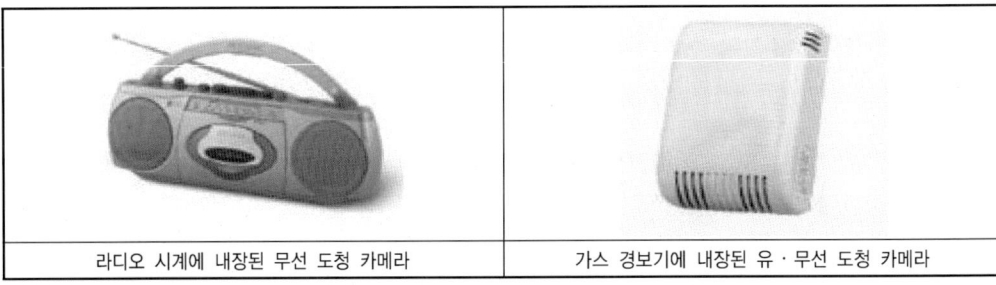

| 라디오 시계에 내장된 무선 도청 카메라 | 가스 경보기에 내장된 유·무선 도청 카메라 |

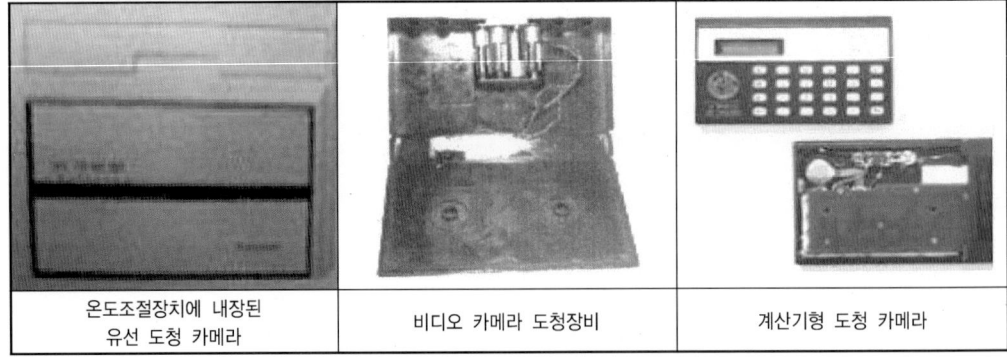

| 온도조절장치에 내장된 유선 도청 카메라 | 비디오 카메라 도청장비 | 계산기형 도청 카메라 |

벽걸이 시계형 도청 카메라	손목 시계형 도청 카메라	안경형 비디오 도청카메라(Color, B/W)

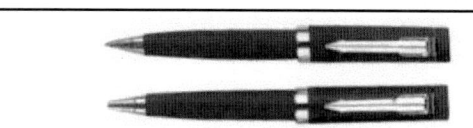

볼펜형 유선 도청기
초소형 마이크로폰 도청기 Portable Bionic Ear(BEE－100) 도청기 VHF형 무선도청기 UHF 무선 도청마이크 8㎓ 초장거리 무비 카메라 및 도청

허리 가방에 숨겨진 도청 카메라

④ 기타 도청기

㉠ 사운드 증폭기와 오디오 기기

ⓐ Secret Service Invisible 2－Way Headset

중량: 약 1g

주파수: 120~8500㎐

출력: 105db

초소형 헤드셋으로 귓속에 넣을 경우 눈에 띄지 않고 송수신할 수 있다. 비밀회의에서 효과적이다.

ⓑ SuperEar SE 4000x

중량: 약 85g

헤드폰 포함

커버리지: 100야드

출력: 1 AAA배터리

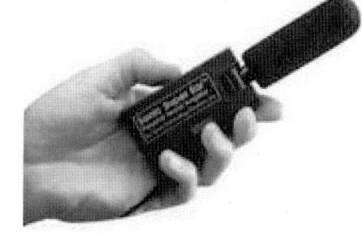

자연의 소리를 녹음하거나 이웃을 '염탐' 하는 데 적합할 듯. 포켓 사이즈의 사운드 증폭기

주차장 코너에서 속삭이는 소리가 궁금한가? SpyTechs의 사운드 증폭기를 옷 속에 감추어 두면 원하는 내용을 들을 수 있을 것이다.

ⓒ 디지털 녹음기가 부착된 시계

메모리: 256MB 플래시 메모리

녹음시간: 520분

전원: 내부 충전 배터리(시계용 배터리 별도)

최대 9시간까지 녹음이 가능한 256MB 용량의 플래시 메모리를 탑재했으며 MP3플레이어 기능도 있다.

520분량의 녹음이
가능한 시계

ⓓ 휴대용 음성 변조기

마이크: 62db

전원: 3V CR1616 배터리(포함)

배터리 수명: 음성 변조 모드에서 30시간

음성을 변조하고 싶을 경우 아이들 목소리나 애니메이션에서 들어 본 듯한 목소리로 바꾸게 해 준다.

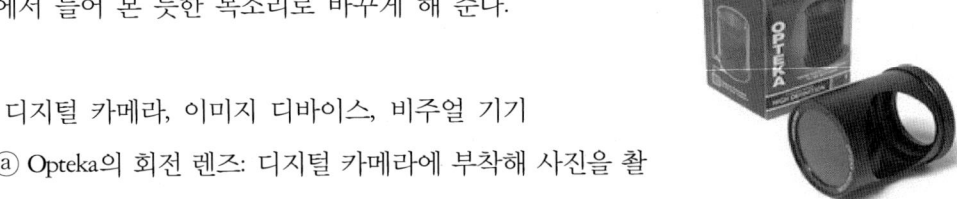

ⓛ 디지털 카메라, 이미지 디바이스, 비주얼 기기

   ⓐ Opteka의 회전 렌즈: 디지털 카메라에 부착해 사진을 촬영한다.

   ⓑ Bushnell 디지털 영상 쌍안경

배율: 8x binocular/8x camera

내부 메모리: 16MB

Playback/Review: 1.5인치 LCD 스크린

포트: USB

3.2M 화소의 카메라가 장착된 쌍안경으로 AVI 영상도 저장할 수 있다. 8배로 확대 가능하다.

Bushnell의 디지털 영상 망원경

ⓒ Opteka Voyeur Right Angle Spy Lens

사이즈: 3.5인치

적절한 앵글 파인더를 통해 피사체를 정확히 잡아낼 수 있다.

ⓓ 미니 컬러 핀홀 카메라

사이즈: 35x35㎜

렌즈: 3.7㎜ cone lens

비디오 출력: 1 Vp－p/75Ohms

오디오 출력: 2 Vp－p/50Ohms

전원 공급: DC12V10%

초소형 카메라로 눈에 띄지 않
게 감시할 수 있다.

비밀 장소에 이 카메라를 설치할 경우 아무도 모르게 촬영
이 가능하다. 유모나 보육자와 함께 있는 아이의 부모들에
게 적합하다.

ⓔ 야간투시경

중량: 255g

사이즈: 5"x2"x1"

배율: 1x (4x, 8x 옵션)

전원: 3v 리튬이온 배터리

야간투시경을 통해 약한 불빛으로도
사물을 명확히 볼 수 있다.

최고이자 최악인 것은 바로 스파이들이 야간을 틈타
활동한다는 것이다. 야간에도 사물을 효과적으로 볼 수 있
게 해 주는 고글은 추적대상을 놓치지 않도록 해 준다.

ⓕ 연기 탐지 무선 카메라

커버리지: 300~500피트

해상도: 180lines

전원: 19v 배터리(송신기) 19v 배터리(수신기): 또는 AC

초소형 무선 카메라로 흡연구역이 아닌 곳에서 담배를 피우
는 사람들을 효과적으로 감시할 수 있다.

3.1메가픽셀 카메라가 탑재된
망원경으로 JPEG 이미지를
저장할 수 있다.

ⓖ 비디오 캡처 기능 갖춘 망원경

광학률: 15x~45x

전원: 4AA 배터리(비포함)

디스플레이: 2.5인치 LCD

15x~45x 배율의 망원경에 3.1메가픽셀의 카메라가 탑재된다면 먼 곳의 이미지를 즉시 저장할 수 있을 것이다. SD 카드 슬롯도 포함되어 있다.

ⓗ 벽을 통과하는 키트

높이: 0.19"

작동 길이: 3.4" ~ 7"

뷰 필드: 55°

가시 각도: 15°

닫힌 문 뒤에서 무슨 일이 일어나는지 알고 싶은가? Instrument Technology Inc의 키트를 사용한다면 엑스레이가 필요 없을 것이다.

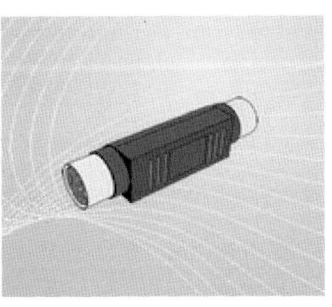

키고스트 키스트로크 로거(KeyGhost Keystroke Logger)는 키보드 케이블과 PC 간의 상호 작용을 파악해 모든 키스트로크를 잡아낸다.

ⓘ 방수 내시경

길이: 18" 케이블

옵틱스: 고해상도 40° FOV 렌즈

조도: 2.5V 할로겐 전구

전원: 2AA 배터리(비포함)

방수 렌즈와 케이블이 연결된 내시경으로 5.8㎜에 불과한 구멍으로도 들어갈 수 있어 벽 뒤에 감춰진 물건을 볼 수 있다.

ⓒ 키보드 로거

　ⓐ 키고스트 키스트로크 로거

　키스트로크 스토리지 용량: 512KB, 1MB, 2MB

　암호화: 128-bit

스펙터소프트(SpectorSoft) 소프트웨어는 키보드로 입력된 내용을 알아낼 수 있게 해 준다.

옵션: 고속 다운로드

시스템 사양: 데스크톱 IBM PC/PS/2 키보드

키보드의 입력 내용을 캡처하는 장비로 2백만 건의 키스트로크를 저장할 수 있다.

ⓑ 키람마 GB USB 키로거

메모리: 2GB 플래시 디스크

맥의 키보드 입력 내용을 수집 및 저장할 수 있는 USB 형태의 키로거
이다.

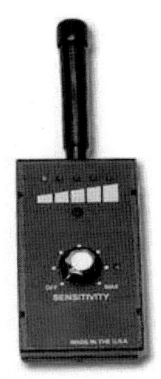

ⓒ 스펙터 프로 키로거 소프트웨어

운영체제: 윈도

㉣ 버그 탐지기

　ⓐ 휴대전화 스파이 데이터 탐지

유선과 무선 카메
라가 숨겨져 있는
지를 알아낼 수 있
는 장비

사이즈: 2 3/4"×1 1/4"×1/8"

하드웨어: USB SIM Card Spy Recovery Pro Reader

소프트웨어: SIM Card Spy Recovery Pro 소프트웨어 CD

삭제된 텍스트 메시지나 주소록을 탐지하고 복구할 수 있다.

　ⓑ '몰카' 탐지기

사이즈: 4.25"×2.25"×1.25"

LED와 오디오 톤을 통해 감시
카메라의 위치를 파악한다.

무게: 230그램

전원: 29v 배터리

'몰카'가 숨겨져 있는지 주파수를 탐지해 파악하는 장비이다.

　ⓒ 미니 버그 탐지기

중량: 235g

사이즈: 1/2"×3"×7/8"

전원: 9-Volt 배터리

이 소형 버그 탐지기는 50㎒에서 3㎓ 대역에서 구동한다.

ⓓ Wi-Spy 2.4x 스펙트럼 분석기

6) 방청

국내에서 가장 강력한 방청 수준을 갖춘 곳으로 꼽히는 것은 역시 청와대라고 할 수 있다. 정부 과천종합청사에 출입하는 한 기자는 "3, 4개월마다 한 번씩 휴대전화 송수신이 일절 불가능한 것을 경험했다고 한다. 알고 보니 대통령이 각료회의를 주재하기 위해 방문한 날이었다"라고 말한다. 이 같은 현상으로 볼 때 모종의 기술을 사용해 허용된 전파 외에는 원천적으로 차단하는 방법을 쓰고 있는 것으로 보인다.

외교가의 방청 기술도 대단하다. 외교통상부는 수십억~수백억 원을 들여 만든 암호체계를 국외 공관에 보낸다. 새 암호체계를 '신서사'라 불리는 직원이 공관에 전달한다. 신서사들은 암호체계가 든 특수가방의 분실을 막기 위해 가방과 손목을 수갑으로 연결한 채 비행기에 탄다.

주요 국가의 주한 대사관들은 '챈서리(Chancery)'라 불리는 방에서 암호 전문을 발신한다. 한국인 직원들의 출입이 금지된 일종의 '철갑' 방이다. 일체의 전파가 근접할 수 없게 돼 있다.

최근 서울 정동에 새 건물을 세운 주한 러시아 대사관은 건물을 지을 당시 챈서리를 만든 것은 물론 공사에 쓰이는 벽돌 한 장, 시멘트 한 움큼까지 점검했다. 도청기가 들어 있는지 확인한 것이다.

전문가들은 각국의 국가기관이 국경을 넘어 도청, 방청 및 탐지기기를 운반할 때는 보안검색을 당하지 않는 '외교 행낭'을 사용하는 것으로 추정하고 있다. 한편 주요 기업 최고경영자들의 집무실, 회의실, 연구소 등은 외부로부터의 무선 도청 등을 원천적으로 막기 위해 벽지 형태로 전파 차단 막을 치는 '실딩(Shielding)' 시공을 한 경우가 많다.

이 밖의 방청 장비로는 전화기를 통해 전달되는 음성을 암호화하는 비화기, 사람이 들을 수 없는 '백색 잡음'을 발생시켜 레이저 감청을 막는 노이즈 방출기 등이 있다. 국내에서도 보안업체들을 통해 구할 수 있다. 한편 미 국방부는 컴퓨터 모니터를 읽는 초단파를 방해하기 위해 템페스트(TEMPEST)라는 비밀 프로그램을 운영하고 있다.

7) 비화기

전화 통화 내용을 암호로 변환시켜 전달하는 기기, 팩스 전용 비화기도 있다. 미국 제품인 프라이비텔의 경우 통화 때마다 암호 코드를 바꾸게 돼 있어 해킹이 대단히 어렵다.

8) 실딩(Shielding)

중요 사무실, 회의실, 연구실 등을 외부 도청 세력들로부터 원천적으로 막고자 할 때 쓴다. 벽지처럼 시공돼 이상 전파의 침입은 물론 유출까지 막는다. 입자 형태의 니켈 등이 주성분이다.

제3절 암호(비밀코드)

암호는 국가 안보상 필요한 정보기술 등에서 사용되어 온 기술이라고 해도 과언이 아니다. 그러나 오늘날 급속도로 늘어나고 있는 인터넷 쇼핑, 전자금융, 전자우편 등을 사용할 때 알 수 있듯이 최근의 우리 생활에서 핵심적 위치를 차지하고 있다. 이제 몇 개의 패스워드를 기억하는 것은 현대인의 일상생활에서 중요한 부분이 되었다. 자신이 만든 암호가 해독될 경우 그 개인은 엄청난 금전적 손실을 입을 각오를 해야 한다.

특히 경호기관에서 사용되는 암호가 노출되어 도청된다면 경호대상에 대한 커다란 위협이 될 수 있다. 오늘날 암호가 현대사회에서 중요한 역할을 하게 되면서, 암호를 만드는 기술의 발달과 함께 상대방의 정보를 알아내기 위한 암호해독 기술도 동시에 발전하고 있다.

1) 암호해독의 위협

전쟁 중의 통신 내용, 특히 국가의 안보와 직결되는 통신문이 적성국에 의해 해독될 경우, 전쟁에 패할 가능성이 매우 높다. 역사상 가장 유명했던 적국의 통신문 해독 사례는 1917년 1월 17일 독일의 외무장관 아서 치머만(Arthur Zimmermann)이 워싱턴 주재 독일 대사에게 보낸 '코드0075'로 명명된 암호 전문을 영국이 중간에서 가로채 해독한 사건이었다. 당시 치머만 장관이 워싱턴 대사를 통해 멕시코시티로 보낸 이 전문에는, 만약 멕시코가 미국과의 전쟁을 선포한다면 텍사스, 뉴멕시코, 애리조나 등 멕시코의 '빼앗긴' 영토를 돌려주겠다는 내용이 포함돼 있었다. 영국은 이 암호 전문을 해독한 뒤 미국의 윌슨 대통령에게 알렸고, 분노한 미국은 한 달 뒤 1차 대전에 참전하게 되면서, 전세는 독일에 불리하게 기울어졌다.

통신문을 암호화하는 가장 간단한 방법은 문자들의 위치를 바꾸거나 다른 문자나 숫자로 치환하는 것이다. 물론 실제 암호화할 때는 이 두 방법을 모두 사용하기도 하며, 심지어는 복잡한 대수 방정식을 이용하기도 한다. 응용 가능성이 거의 없어 보이는 순수 수학 분야인 정수론은 암호학 분야에서 큰 역할을 한다.

한편 암호를 해독하는 가장 대표적 방법은 자주 등장하는 문자의 빈도를 분석하는 것이다. 예를 들어 각국의 알파벳 가운데 가장 많이 등장하는 문자를 가정해서 이것을 바탕으로 암호문의 해독을 시작하거나, 서로 비슷한 빈도로 등장하는 단어들을 조합해서 해독하는 방식이다. 물론 이런 정보만으로 암호문이 완전히 해독되지 않기 때문에 수많은 시행착오를 거쳐 암호를 해독하게 된다.

정보화 사회의 총아로 자리 잡은 컴퓨터가 등장하는 데에도 암호해독 발달은 커다란 몫을 담당했다. 2차 대전 중 영국은 런던 근교의 블레츨리 파크에서 많은 인력과 장비를 동원해 독일군의 암호 체계를 해독하려고 노력했다. 현대 컴퓨터의 창시자 가운데 하나였던 앨런 튜닝(Alan Turing, 1912~1954)은 바로 이 암호해독 장치 개발 도중 10세기 후반 이후의 정보화 사회를 이끌어 갈 컴퓨터를 개발했던 것이다.

1943년 12월 튜링은 몇몇 동료들과 함께 세계 최초의 전자계산기로 일컬어지는 '콜로서스(Colossus)'를 개발했다. 콜로서스에는 약 1,800개의 진공관이 활용되었는데, 1초에 약 5,000자를 종이테이프를 통해 기계에 공급할 수 있었다. 그 뒤 콜로서스는 계속 개량되어 지상 최대의 작전으로 불리는 연합국의 노르망디 상륙 작전이 시작되기 5일 전인 1944년 6월 1일 본격적인 가동을 시작했다. 콜로서스는 현대적인 컴퓨터로 세상에 나타날 수 있었음에도 불구하고 전후에도 계속 암호해독과 같은 특수한 용도로만 쓰였으나, 그 정확한 형태는 비밀에 부쳐져 사람들에게 알려지지 않았다. 그러나 영국 정부는 32년간의 공식적인 침묵 끝에 1975년 10월에 비로소 콜로서스의 사진을 일반에 공개했다.

2002년 오스트리아에 살고 있는 마루쿠수라는 17세 소년이 미국의 핵미사일의 위치 등이 들어 있는 미 국방부 웹사이트를 해킹하는 데 성공하였다. 2001년 미 무역센터 9·11 테러 사건 이후 미국 정부는 기밀보호를 위해 14조 원을 추가로 투자하여 보안 System을 구축했으나, 이 소년이 자신의 개인용 컴퓨터를 이용해 미 국방부의 최고급정보가 있는 비밀 사이트에 들어가 이로 인해 14조 원이라는 막대한 자금이 투입된 이 보안장치(암호체계)를 무용지물로 만들었다.

휴대전화와 같이 디지털 통신장치의 도·감청의 경우에는 암호키(디지털 신호를 음성으로 풀기 위한 암호의 연산 방식)를 해독하는 것이 중요한 이슈가 된다. 휴대전화를 도·감청하기 위해서는 통신 회사의 협조가 있거나 휴대전화에서 사용하는 암호키를 해독해야만 가능하기 때문이다. 국가가 첨단장비를 이용해 도·감청을 하거나 극비로 암호해독 프로그램을 진행시키는 것은 모두 국가 안보상의 필요성 때문에 어느 정도 용인되고 있다.

제4절 산업스파이(보안)

　스파이 하면 냉전시대 국가의 군사 첩보기관들을 연상한다. 하지만 냉전시대가 종식되고 경제 전쟁이라는 새로운 전쟁이 시작되면서 각국의 군사첩보 기관들이 자국 내의 업체들의 산업정보 보호와 외국의 산업정보 수집을 위한 일련의 활동 등이 증가되고 있다. 특히 최근 국가경쟁력 확보를 위해 기업 인수합병(M&A), 외자 유치 등 기업 구조조정이 추진되는 가운데 잠시의 방심과 부주의 속에 기업 경쟁력 유지에 절대 필요한 기업비밀이 유출되어 기업은 물론 국가에게도 커다란 손실을 끼치는 경우가 많이 있다.

　글로벌경영시대에는 기업조직이 방대하고 활동영역이 넓어 기업들이 다양한 위협에 노출되어 있기 때문에 절도, 테러, 해적, 마약, 컴퓨터해킹 등 각종 위협으로부터 기업의 인원과 재산을 보호하는 것이 매우 중요하다. 그러나 무한경쟁시대에는 무엇보다 산업스파이로부터 영업비밀을 보호하는 것이 가장 중요하다고 생각한다. 2006년 미국 방첩당국의 발표에 의하면 1994년 미국에서 산업정보 수집활동을 한 나라는 23개국이었으나, 2005년에는 이 숫자가 108개국으로 늘어난 것으로 나타났다.

345

　백악관 추정에 따르면 미국 경제가 산업스파이와 재산정보 절도로 인해 입는 손해는 연간 1,000억 달러에 달한다고 한다. 기업의 공정, 특허, 판권, 제품 등에 관한 재산정보가 경쟁사에 의해 누설, 표절, 복제, 절도되는 경우가 심각한 수준을 이미 넘고 있다고 보고 있다.

　일찍이 앨빈 토플러가 예견한 대로 산업스파이가 가장 인기 있는 호황사업의 하나가 되고 있는 셈이다. 그러나 더 중요한 것은 산업스파이의 유형이나 수법이 크게 달라지고 있다는 점이다.

　1990년대까지의 산업스파이는 대부분 아마추어들이였지만 21세기의 산업스파이는 프로스파이들로, 이는 각국 정보기관들이 산업스파이 활동에 적극적으로 가담하고 있기 때문이다. 따라서 기업의 산업보안 업무도 프로페셔널들이 담당해야 한다. 미국 대기업들이 일찍부터 CIA나 FBI 출신들을 산업보안 요원으로 채용하고 있다는 점도 눈여겨볼 필요가 있다.

흔히들 산업보안 전문가는 산업보안을 위한 사내규정의 제정, 각종 보안시설의 설치 및 운영, 네트워크와 영업비밀 관리 등의 업무만 잘하면 되는 것으로 생각하지만 오늘날의 산업보안 전문가는 더욱 다양한 능력을 갖추어야 한다. 정보화 사회에서 기업이 살아남을 수 있도록 직원들에게 정보마인드와 보안의식을 심어 주는 교육자의 역할을 해야 하고, 경영진이 산업보안에 관심을 가지도록 설득할 수 있는 전문지식과 커뮤니케이션 능력도 갖추어야 한다. 또한, 산업보안 업무는 성과가 잘 드러나지 않는 반면, 잘못된 일은 낱낱이 밝혀져 책임추궁을 당해야 하는 어려운 업무다. 따라서 투철한 책임감과 애사심을 가진 사람만이 담당할 수 있는 업무라고 할 수 있다.

우리나라에서 발생하는 산업스파이 사건을 보면 대부분 엄격한 규정과 철통같은 보안시설을 갖추고 있는 대기업에서 발생하고 있다.

이는 대기업에서의 보안업무가 형식화되고 있다는 것을 의미한다. 최신식 보안시설과 전담인원을 두고 있지만, '무늬만 전문가'인 경우가 많고 모든 규칙과 절차도 형식화되어 건성으로 운영되고 있는 경우가 많다. 임기 내 성과에 신경을 써야 하는 CEO들로서는 이익실현이나 주가관리에 직접 도움이 되지 않는 보안업무에 예산과 관심을 쏟기가 어렵다. 따라서 사건이 터지고 나서야 자기 회사의 보안실태를 제대로 알게 되는 것이다.

미국, 독일, 일본 등 선진국에서는 민간 기업들의 자발적 노력이 산업보안활동의 핵심이 되고 있으며, 정부의 역할은 기업 활동을 지원하는 구조로 되어 있다. 그러나 우리나라에서는 최근 몇 년간 많이 달라지고 있기는 하지만, 아직도 산업보안 업무가 정부주도하에 이루어지고 있고 기업들은 수동적으로 따라가는 경우가 많다.

산업스파이는 먼 나라 이야기가 아니고 우리 주변에서 우리와 함께하고 있으며 그들은 너무나 은밀하여 그 실체를 파악하기 어려운 실정이나 관심을 가지고 자세히 관찰해 보면 그들의 공통점을 발견할 수 있다.

1) 산업스파이 피해규모

최근 국내첨단기술을 해외로 불법 유출하려다 적발된 건수가 지속적으로 증가하고 있는 것으로 나타났다. 특히 전·현직 직원에 의한 유출 기도가 80% 이상을 차지하고 있고, 유출을 기도한 첨단기술분야도 전자·정보통신 분야에서 다양한 분야로 확대되고 있다.

국가정보원 산업기밀보호센터에 따르면 2004년부터 지난 6년간 국내 첨단기술을 해외로 불법 유출하려다 적발된 건수는 총 203건으로 집계됐다.

연도별로는 2004년 26건에서 2005년 29건, 2006년 31건, 2007년 32건, 2008년 42건, 2009년 43건 등으로 꾸준히 증가하고 있으며 최근 58건 적발된 산업기술 유출사고로 관련업체들은 200조원의 피해가 발생된 것으로 보고 있다.

같은 기간 유출을 기도한 기술 분야도 전기전자 48.3%, 정보통신 14.8%, 정밀기계 14.3%, 정밀화학 5.4%, 생명공학 3.9% 등으로 거의 전 분야를 망라했다.

산업기밀보호센터는 '대기업에 비해 중소·벤처기업에서의 기술유출 사건이 지속적으로 늘어나고 있다'고 분석했다. 기술 유치 주체는 전직 직원 56.2%, 현직 직원 24.6% 등 전·현직 직원이 절대다수를 차지했으며, 협력업체 11.3%, 유치과학자 3.9%, 투자업체 1.5% 등이었다.

2) 산업스파이 식별요령

① 이유 없이 과도한 친절을 베풀려 하는 사람
② 이유 없이 휴가나 휴직을 하겠다고 하는 사람
③ 이유 없이 모르는 사람을 소개시켜 주려는 사람
④ 이유 없이 동료직원이 없는 시간에 남아 있는 사람
⑤ 이유나 목적 없이 동료직원에 대한 비리나 약점을 잡으려는 사람
⑥ 이유 없이 업무를 대신해 주거나 도와주겠다고 하는 사람
⑦ 사람이 없을 때 동료 컴퓨터에 무단 접근하여 조작하는 사람
⑧ 연구 활동보다 연구 성과물 확보에 지나치게 집착하는 연구원
⑨ 주요 부서에서 근무하다가 이유 없이 갑자기 사직을 원하는 사람
⑩ 자신의 업무와 관계없이 다른 부서 일에 특별히 관심을 갖고 있는 사람

⑪ 잔무처리를 이유로 일과 후나 공휴일에 빈 사무실에 혼자 남아 있는 사람

⑫ 주요 기밀자료를 업무의 구실로 복사하여 개인적으로 보관하고 있는 사람

⑬ 평상시와 다르게 동료와의 접촉을 회피하거나 최근에 정서 변화가 심한 사람

⑭ 연구실이나 실험실 등 회사 기밀이 보관되어 있는 장소에 접근을 시도하는 사람

⑮ 시찰, 견학을 하면서 지정된 방문코스 외에 다른 시설에 관심을 갖고 있는 방문객

3) 산업보안

회사가 기업 활동을 위해 보호할 가치가 있는 인원, 장비, 시설, 문서, 기술 등 제반 산업기밀의 침해 방지 및 관계없는 자에게 누설되지 않도록 보호하는 활동이다.

4) 산업기밀보호 필요성

국제무역기구인 WTO 출범 이후 선진 각국은 상호 시장개방을 표방, 자국 산업 보호를 위한 정보화 사회에 진입하면서 지식과 정보력이 기업의 운명 좌우 연구개발관리 소홀로 생산활동 차질 초래 기술, 상품, 시장, 고객변화에 능동적으로 대처키 위한 산업기밀 보호 활동 강화가 필요하다. 특히 기업경영 및 생산 활동에서 발생되는 인원, 문서, 시설, 정보통신 등 기술상, 영업상의 각종 정보로 비밀성을 유지하는 것이 매우 중요시되고 있다.

5) 산업보안대상

① 핵심 기술과 인력

② 영업활동전략 및 시장정보

③ 산업스파이의 탐지대상 기술

④ 각종 연구 프로젝트 등 관련 정보

⑤ 정상적인 기업 활동에 영향을 주는 제반요소

⑥ 설비 · 공정 등 고부가가치 경제성 보유 시설

6) 산업기밀 인적 탐지수법

① 매수
② 합법가장
③ 스카우트
④ 위장취업
⑤ 기술협력
⑥ 산업연수
⑦ 비합법적
⑧ 도청, 해킹
⑨ 시찰, 견학

7) 산업기밀 유출 유형

① 고위층 친인척, 자녀 채용
② 새로운 산업기밀 탐지 유형
③ 기업 인수 · 합병(M&A), 금융거래
④ 제3자 이용, 전문가에게 연구용역
⑤ 국제 품질인증, 경영자문 컨설팅 등 활용
⑥ 정보브로커(전문적 산업정보 거래조직) 이용
⑦ 전 · 현직 고위공직자 초빙강연 및 퇴직자 활용

8) 보안관리 조직구성

인사 · 예산 · 문서 · 시설을 관장하는 실질적인 권한보유자가 맡는 것이 합리적이다. 그리고 분야별 보안업무수행 조직 구성, 책임소재 명확히 규정(사각지대 발생방지) 보안제도, 연구발전 및 위규사항 처리를 위한 '보안심사위원회' 기구를 설치 기업이라면 기업 이익창출을 뒷받침할 수 있도록 보안관리 조직 운영하는 것이 바람직하다.

9) 보안관리체제

　　보안관리체제는 현장 규모와 특성 등을 고려하여 실정에 적합한 보안관리체제를 운영하여 접근이 허용 안 된 사용자의 접근시도는 로그로 남길 수 있도록 하고 실시간으로 보안관리자에게 해당 사실을 통보할 수 있는 시스템을 갖추는 것이 중요하다.

10) 보안업무 담당별 임무

① 보안심사 위원회 기능

　　㉠ 기업체(연구소) 보안제도 연구 발전
　　㉡ 보안위규자의 심사처리 및 비밀공개 여부의 심의
　　㉢ 제반 보안업무에 관한 기획, 조정, 감독 및 통제
　　㉣ 기타 보안업무의 기본계획 수립과 이행에 관한 사항
　　㉤ 인원, 문서, 시설 등 분야별 보안대책 강구에 관한 사항

② 보안 총책임자: 사장(기관장)

　　㉠ 보안심사위원회 운영 등
　　㉡ 보안관리규정 제정/개정 사항
　　㉢ 기업보안업무 기본계획 수립 시행
　　㉣ 기업의 비밀 관련 기획, 조정, 감독유지관리

③ 보안관리 책임자: 보안실장

　　㉠ 보안지도감사/보안교육
　　㉡ 보안심사위원회 실무운영
　　㉢ 보안업무 제반 지원/규정 이행 상태 점검
　　㉣ 자체 보안활동계획 수립/책임수행/조정 감독

④ 분임보안담당관: 각 부서장

　　㉠ 보안교육 실시

ⓛ 비밀생산, 보관, 반출, 등급분류 담당

⑤ 보안 실무자: 선임보안요원 및 사원

ㄱ 일일보안점검/시건장치 확인
ⓛ 분임보안담당관 지시사항 이행
ⓒ 기타 보안실무 수행

11) 기업보안

일반적으로 보안을 위해서는 그 대상에 대한 특성 등을 고려하여. 방향을 설정하고 제조업, 유통업, 서비스업인 최첨단 아이티 정보통신분야나 전자, 반도체, 자동차, 철강, 선박, 우주항공, 로봇, 태양광 분야 그리고 금융 및 의료정밀 바이오산업 등 산업전체에 따른 환경과 생산시설, 연구시설, 경영지원실 등 시설 구조 등에 따라, 보다 세밀한 기본 원칙을 두고 각각의 기업 환경에 맞도록 보안계획을 수립하는 것이 중요하다. 우리나라 기업들은 이제 세계 신기술을 선도하는 초일류기업으로 성장했고 이로 인해 전 세계 산업 스파이들을 한국으로 불러들이고 있다.

(1) 기업보안 계획의 원칙

① 최고경영자로부터 보안에 필요한 권한과 예산을 받도록 그 필요성을 인식시키기 위해 사업장에 대한 인적 · 물적 취약요소에 대하여 진단결과를 제공하도록 한다.
② 보안은 실내 · 외로 구분하고 인적 대상 또한 내 · 외부인을 구분하고 방문자, 출입자와 입출고되는 물품에 대한 출입관리 및 통제대책을 강구해야 한다.
③ 보호 자산가치가 있는 순으로 위해감소대책을 강구하여 침입접근에 어려움이 가중되도록 한다.
④ 주 출입문의 개폐방법에 대한 보안카드와 감시카메라 그리고 각종 검색 및 탐지 시스템 들을 집중 설치하도록 한다.
⑤ 보안목록에 따라 보안등급을 부여하고 취급자에 대해서만 접근 및 열람하도록 한다.
⑥ 천재지변 또는 화재로부터 유실 또는 파손되지 않도록 특수공법을 통한 시공을 한다.

⑦ 투자대비 효과 면에서 투자효율이 높아야 한다.

⑧ 보안으로 인해 직원의 사기저하와 활동의 제한을 가중시켜 업무의 효율을 떨어뜨리는 결과가 발생치 않도록 해야 한다.

⑨ 보안시스템의 침투가 일어났을 때 즉각 인지될 수 있도록 설계해야 한다.

⑩ 탐지와 대응시간이 침투에 걸리는 시간보다 짧아야 한다.

⑪ 보안은 원칙적으로 예방이지만 보안손실 최소화라는 차선적 가치도 있다. 결국 대응능력과 시간과의 싸움이다.

⑫ 보안대책은 위험에 상응한 수준으로 계획되고 시행되어야 한다.

⑬ 보안은 크고 작은 사고 유형이 있다. 사고의 유형과 빈도 등을 기록해 지속적인 분석 자료를 DB화해 관리하도록 한다.

⑭ 막거나 뚫지 못하는 창과 방패는 없다. 아무리 첨단화된 장비라고 해도 취약점은 있게 마련이므로 여러 시스템이 상호 보완적이고 중첩될 수 있도록 설계해 보안 유지될 수 있도록 해야 한다.

(2) 기업손실 위험과 유형

기업손실 위험은 범죄 유형의 모든 것이 존재한다고 보아야 한다. 강절도, 폭행, 살인, 인질, 납치, 사기, 횡령, 방화, 독극물 주입, 이상 물질 주입, 컴퓨터범죄, 폭탄협박, 문서위조, 제품위조와 상표권위반, 각종 산업스파이에 의한 해킹, 도청 등의 범죄손실이 기업이나 산업 활동을 통해 발생하는 가장 일반적인 범죄 유형으로 내·외부인들에 의해 발생된다.

① 내부자에 의한 물품 반출 절도

② 내부자의 취급 부주의로 인한 물품 파손

③ 취급자의 착오로 인한 미기록 물품 반출

④ 각종 안전 부주의로 인한 사고 부상, 사망, 시설파괴, 화재 등

⑤ 자연재해(폭풍, 홍수, 지진, 폭설), 건물붕괴

⑥ 산업스파이 활동으로 인한 생산시설 및 핵심기술 유출

⑦ 납품대금 미수

⑧ 생산 공정 및 원자재 문제로 인한 불량률

⑨ 노동쟁의 및 기타 전기 단전으로 인한 생산차질

⑩ 환경, 세무, 관계법규 위반으로 인한 경영진과 임직원의 법적 책임

(3) 기업보안관리 구분

① 직원에 대한 보안(고용, 퇴직, 신체사고, 절도 등)

② 시설(생산시설, 연구시설, 교육시설, 경영관리시설 등)

③ 비밀문건(설계도면, 경영분석자료, 연구결과물, 신제품 등)

(4)기업보안점검 구분

① 평상점검: 일상적으로 실시하는 점검

② 정기점검: 세밀한 점검을 위해 일일, 일주일, 한 달 주기로 정해서 실시하는 점검

③ 수시점검: 보안 이상 징후 발생 시 그 대상에 대한 정밀점검

④ 특별점검: 보안유출 확인 시 발생원인, 발생장소, 발생방법 등에 대한 정밀점검

(5) 위해를 가하는 직원 유형

① 작업장을 떠날 때 생산된 물품을 입고 나가거나 속옷이나 호주머니에 숨겨 간다.

② 소지한 가방이나 책, 우산 등에 숨기거나 모자, 머리카락 등에 숨기는 경우도 있다.

③ 쓰레기통이나 쓰레기더미에 숨겼다가 나중에 갖고 간다.

④ 퇴근 후에 열쇠를 가지고 회사에 되돌아와서 물건을 갖고 간다.

⑤ 연료나 수리비용으로 처리하고 나중에 현금을 수령한다.

⑥ 임직원들이 부풀린 비용 청구서를 제출한다.

⑦ 공급자로부터 높은 가격으로 제품을 구매한 다음 구매부서가 뇌물을 받는다.

⑧ 사업장의 물품을 운송하는 트럭 운전자와 검수직원이 결탁해 물품을 반출한다.

⑨ 판매원들의 현금판매금액을 거래 장부에 기록하는 것을 고의로 누락한다.

⑩ 근무시간과 급료지불명세서 지급비율을 부풀린다.

⑪ 존재하지 않는 직원의 급료지불명세서를 유지하고 나중에 자신이 수령한다.

⑫ 엉터리 계산에 의하여 직원들에게 지급될 가짜 청구서를 만든 다음 그 자신이 사용한다.

(6) 내부인 절도의 수법과 징후

내부인, 즉 직원들의 절도방법은 직원들이 퇴근 시 그들의 옷이나 가방 또는 승용차 속에 훔칠 물품을 숨기는 것이다. 그러나 오늘날 보편화된 더욱 지능적인 방법은 회계기록을 치밀하게 조작하는 행위를 포함한다. 이러한 경우에는 몇몇의 직원들이 외부인과 공모하는 경우도 있다.

특히 훔치는 물건의 크기에 따라 수단적 방법이 각기 달라지는 특성이 있으며, 반출경로나 시간 등도 각기 다를 수 있다. 제품 또는 물품이 고가의 장비거나 아니면 부피가 큰 경우에는 분리해 부품별로 장시간에 걸쳐 반출하여 외부에서 조립하는 경우도 있다.

(7) 절도발생 징후

① 재고조사 기록과 창고 재고가 다름
② 원자재 입고와 생산된 제품의 수량이 다름
③ 출고된 수량과 납품된 수량이 다름
④ 반품된 수량과 입고된 물품의 수량이 다름
⑤ 불량 및 유실률이 납품 및 재고량과 다름
⑥ 부적절한 장소에 있는 제품
⑦ 보안장비가 손상되거나 작동되지 않는 것
⑧ 잠겨 있어야 할 창문이나 문들이 열린 경우
⑨ 허가되지 않는 구역에서의 직원
⑩ 비정상적으로 빨리 출근하거나 퇴근하는 직원
⑪ 결근 또는 지각, 조퇴가 빈번한 직원
⑫ 근무위치를 자주 이탈하는 직원
⑬ 그들 자신의 열쇠를 가지고 있는, 감시되지 않는 퇴근 후의 청소원
⑭ 주된 업무보다 타 업무에 관심이 높은 직원
⑮ 자신의 소득 수준보다 분에 넘치게 생활하는 직원

(8) 비상계획

비상계획은 우선 비상상황에 대한 유형별 대처방법을 착안하고 이후 기업이 중요하게 생각하는 자산 가치에 따른 우선순위를 정해 두어야 한다. 물론 이에 앞서 인명 위험은 최우선적인 조치를 원칙으로 해야 한다.

① 비상상황 전파를 최단시간 내 최대 인원에게 신속, 정확하게 전달한다.

② 인간의 생명을 최우선으로 보호한다.

③ 개인적인 부상을 방지하거나 최소화한다.

④ 중요자산에 대한 우선순위별 손실을 최소화한다.

⑤ 위험에 대한 노출을 줄일 수 없는 경우에는 자산손실 관리를 최적화한다.

(9) 비상계획 시나리오

산업현장은 안전하게 운영되고 있다고는 하지만 내·외부적 원인에 의하여 언제든지 재난이 발생할 수 있다. 따라서 재난으로부터 인명과 재산을 보호하고 손실을 최소화하기 위해서는 이에 대한 대비가 필요하다. 우선 재난의 유형과 위치의 특성 등을 고려하여 긴급피난, 후송, 구조 등으로 나누어 시나리오를 구성하도록 해야 한다.

화재, 폭발, 붕괴 등에 대한 직전·직후의 상황에 따른 대책과 구조 시의 팀 구성, 구조 장비 등의 강구와 부상자에 대한 구조 및 응급조치, 후송 등 외부의 구조팀이 오기 전까지의 내부자에 의한 역할분담 등을 포함해 비상시 대책을 작성하고 교육, 훈련하고 관리하도록 해야 한다.

355

다음은 비상기획과 재난의 복구를 위한 기본적인 지침이다.

① 재난관리는 재난관리 전문성을 갖춘 전문가에 의하여 대비하도록 한다.

② 기업은 재난에 대비한 재난관리 정책과 절차를 준비하고 지휘체계를 구축한다.

③ 재난에 대한 대비계획과 복구 시에는 전문적인 체크리스트를 활용한다.

④ 재난관리계획은 부상과 사망의 예방, 재산보호, 업무연속성에 중점을 둔다.

⑤ 기업의 중요한 기록들은 위험분산을 위해서 2곳의 장소에 분산, 보관한다.

⑥ 관계기관 경찰, 소방서, 비상의료서비스, 공공설비, 기타 관련 기관들과 같은 모든 유관부서들의 재원과 서비스 상황을 확인한다.

⑦ 일반적인 통신 채널을 이용한 지휘소의 설치를 계획한다.

⑧ 재난을 복구하는 동안 업무를 대체할 장소로의 이동 가능성을 연구한다.

⑨ 테러 및 전쟁에 대비한 안전관리 및 대책을 강구한다.

⑩ 모든 직원들을 비상문 개폐방법과 소화기 작동방법 등에 대해 훈련시킨다.

⑪ 비상 훈련을 실시하여 취약점을 개선해 대처능력을 향상시킨다.

⑫ 기업의 위험과 생존을 관리하는 데 도움이 되도록 보험사와 같이 협조한다.

⑬ 필수적 서비스인 전기, 전화, 컴퓨터, 식수, 위생물품의 보급중단에 대비한다.

⑭ 기업의 비상절차와 장비는 재난관리 관계법의 규정을 지키도록 한다.

⑮ 부상, 가족과 수송수단과 같은 직원의 문제를 고려한다.

⑯ 언론통제 및 대책 등에 관련하여 담당자를 정하고 역할 등을 검토한다.

⑰ 사고복구에 필요한 중요한 시설과 사람과 장비의 목록을 만든다.

⑱ 피해복구에 필요한 인력이나 조직의 전화번호부를 준비한다.

⑲ 모든 시나리오는 작성 관리하고 훈련계획에 따라 정기적인 훈련을 실시하고 결과에 따른 개선점을 검토, 보완한다.

(10) 기업보안상태 점검

다음은 영업비밀을 보호하기 위해서 고려해야 할 기본적인 체크 항목들이다.

① 보안취급자를 정해 놓는가?

② 보안성이 요구되는 항목을 정해 놓았는가?

③ 형성된 기밀을 위해 정해진 절차가 준비되어 있는가?

④ 형성된 기밀취급자에 대한 관리기준은 마련되어 있는가?

⑤ 주 출입통로 및 구역을 취급자에 따라 구분되어 있는가?

⑥ 특급기밀취급에 대한 복수관리체계를 두고 있는가?

⑦ 출입관리를 경호경비원에 의하여 직접 관리되고 있는가?

⑧ 보안취급지역에 대한 감시 및 탐지 시스템을 가동하고 있는가?

⑨ 외부인 출입허가 절차에 필요한 매뉴얼이 마련되어 있는가?

⑩ 출입을 관리하는 경호경비원이 해당기업의 제품구성에 대한 특징을 이해하고 통제하는가?

⑪ 통신이나 컴퓨터 보안에 해당 전문지식을 갖고 있는 전문가에 의하여 이루어지고

있는가?

⑫ 외국어 가능한 보안경호경비원에 의하여 출입통제 및 관리가 되고 있는가?

⑬ 중요한 기업정보는 암호화되거나 비밀스럽게 코드화되는가?

⑭ 기밀정보에 접근할 수 있는 시간, 거리, 각도의 허용 공간 여부는?

⑮ 기밀정보 보호에 방호벽은 물리적인 공격으로부터 내구성이 충분한가?

⑯ 반·출입 물품에 대한 품목을 제한하고 있는가?

⑰ 직원들에 대한 소지품 검색을 정기적으로 실시하는가?

⑱ 직원이 사용하는 컴퓨터에 대해 원격감시를 하는가?

⑲ 직원이 사용하는 휴대전화를 업무용과 개인용을 구분해 사용케 하는가?

⑳ 인쇄된 내부문건을 버릴 때 분쇄기를 이용하는가?

㉑ 직원이 갖고 있는 컴퓨터와 외장하드를 통제하는가?

㉒ 영업비밀 중요성에 관해 직원들에게 주기적으로 재교육과 재훈련을 시키는가?

㉓ 퇴직자 직원에 대한 기업비밀유지 서약서를 작성케 하는가?

㉔ 회사에 불만을 표출한 직원에 대한 관리를 따로 하는가?

㉕ 경영진, 연구진, 주요 핵심공정 전문가에 대한 보안테스트 동의서를 받았는가?

12) 산업스파이공작

공작이란 기업이나 조직이 요구한 필요한 정보수집을 위해 가장 효율적이고, 최상의 목적을 달성하기 위하여 비밀리에 취해지는 상대 기업에 대한 제반적인 전략과 전술로서 기업의 생산설비, 연구성과, 구성조직 및 구성원에 대한 필요한 정보를 비밀리에 수집하여 기업이나 조직이 요구하는 목적을 달성하는 행위를 말한다.

(1) 산업스파이 습득기술

공작개론, 정보개론, 협상개론, 공작보안, 침투, 도청, 절취, 수집, 가장, 위장, 변장, 연락, 포섭, 처세술, 촬영, 녹취, 은닉, 미행, 역미행, 암살, 폭파, 납치, 마취, 탈출, 도피, 생존술, 격술, 사격술, 운전 및 기타 장비 조작술, 정보전달, 정보분석 및 판단 등이다.

(2) 산업스파이 대상

회사, 인물, 목표이다.

(3) 산업스파이 4무 3불

① 無: 산업스파이는 일반인 속에서 평범하게 처신한다.
    ㉠ 무명: 스파이의 이름을 가명 사용, 본명 기밀보안 유지한다.
    ㉡ 무취: 스파이의 언행에 있어서 스파이 종사자 느낌이 없도록 한다.
    ㉢ 무색: 스파이의 시간, 장소, 공간에서 비노출한다.
    ㉣ 무형: 스파이의 흔적, 형태 없다.
② 不: 타인이 업무 및 임무에 대하여 알려고 하지 말아야 한다.
    ㉠ 불청: 임무와 무관한 사항에 대하여 듣지 않는다.
    ㉡ 불견: 임무와 무관한 사항에 대하여 보지 않는다.
    ㉢ 불언: 임무에 대해서는 침묵하며, 무덤까지 가져간다.

(4) 산업스파이의 보안사항

① 조직구성: 점조직으로 운용, 조직전체구성도, 지휘체계 은폐
② 사용시설: 시설의 위치, 주소, 규모, 형태, 설치 및 사용 장비 은폐
③ 공작인원: 조직전체 구성원 편제, 직책, 은폐 및 동일부서 외 인원접촉 차단
④ 공작문건: 모든 문건은 비밀관리, 파기준수
⑤ 임무장비: 모든 장비는 비밀 관리하고 외부노출 보안
⑥ 사용용어: 조직구성원 간 용어는 은어 또는 약정어 사용

(5) 산업스파이 가장 및 변장

① 가장: 목표대상 시설 및 산업스파이에 대해 신분상 노출을 은폐하기 위해 인적 사항 및 신분을 타인으로 위장하거나 가명 등을 이용하여 제3자의 추적이 불가능하도록 바꾸는 것을 말한다.
② 변장: 이미 노출된 얼굴이나 신체의 특징들을 제3자로부터 인지되지 않도록 신체 일

부 또는 전체를 변형하는 것으로 분장, 가발, 안경, 복장을 바꾸는 것들로 요즈음은 첨단의료기술로 성형기법 등이 이루어지고 있다.

※ 가장방법은 목표물에 장시간에 걸쳐 진행해야 하기 때문에 위장취업, 이웃, 거래처, 기자 등으로 위장하기도 한다.

※ 변장방법은 임무수행 중 특정 지역, 공간 시간, 대상에 따라 요구되기도 하며 노출된 신분을 감추고 도피하기 위해 하기도 한다.

③ 가장 및 변장의 목적

　㉠ 산업스파이들은 공작 무관계자에게 은폐

　㉡ 산업스파이들은 활동 간 보안유지 및 활동의 용이성 제고

　㉢ 공작대상자, 기업으로부터 의심 회피

　㉣ 체포 시 대신문 능력부여/가장구실에 의한 신문회피 가능

　㉤ 상대기업의 탐지기관 및 국가 관계기관/요원으로부터 조직과 인원보호

　㉥ 임무수행 간 검문검색 대비/도피탈출 간 적보안기관 감시 회피

④ 가장의 요건

　㉠ 처음부터 끝까지 합당 및 타당성이 유지되게 한다.

　㉡ 가장 내용이 본인을 중심으로 전후좌우 및 과거와 현재가 일치하도록 한다.

　㉢ 시설과 장비는 가능한 한 고정화하고 노출을 최소화한다.

359

　㉣ 주변 환경에 비해 특이한 가장은 피한다.

　㉤ 나이와 경력에 맞는 가장 직업과 신분, 지식을 갖춘다.

　㉥ 뒷조사 시 가장에 대한 제반요건이 일치되게 하고 노출가능 또는 우려 시 문제수 습이 되도록 한다.

⑤ 변장의 요건

　㉠ 환경과 어울리는 변장을 한다.

　㉡ 유행과 시대상황에 맞는 변장을 한다.

　㉢ 본래 인상과 변장 후의 모습은 완전히 다르다.

　㉣ 특이한 형태의 변장으로 타인의 관심을 유도한다.

　㉤ 영구/장시간 변장을 요구하는 임무수행 시는 성형수술, 체형변형 등의 변장을 한다.

　㉥ 긴급 시에는 2차, 3차 수시변장을 시도하여 상대방 감시로부터 벗어나려 한다.

　㉦ 긴급 시 또는 도피탈출 시에는 현장에서 변장가능 도구를 획득하여 활용하기도 한다.

⑥ 가장의 형태

    ㉠ 조직가장

        ⓐ 정의: 조직구성 전체를 고유의 임무와 다른 형태로 가장

        ⓑ 내용: 사용시설, 구성인원, 조직편제, 임무 및 기능, 장비 등

    ㉡ 인원가장

        ⓐ 정의: 조직구성 요원을 고유 신분과 다른 신분으로 가장

        ⓑ 내용: 출신/성장과정, 직책, 신분증 등

    ㉢ 완전가장: 조직전체를 고유임무와 전혀 무관한 형태로 완전하게 가장하는 것

    ※ 협회등록증, 사업자등록증, 주민등록증, 신분증/여권, 명함, 전화부 등록 등

    ㉣ 부분가장: 임무수행의 효율성 제고를 위해 필요 분야만 부분적으로 가장하는 것

⑦ 변장 방법/형태 세모

    ㉠ 준영구 변장: 성형수술, 체중조절, 모발삭발 및 염색 등

    ㉡ 일시적 변장: 가발, 안경, 모자착용, 턱수염, 흉터, 비만형 등

(6) 산업스파이 연락

① 정상선: 최초 정해진 정상적인 절차와 체계에 의해 평상시 사용

② 보조선: 정상선 노출 우려 또는 연락업무 과중 시 사용

③ 예비선: 정산선 사용이 불가한 경우 사용

④ 비상선: 긴급 및 비상상황 발생 시 사용

⑤ 연락수단

    ㉠ 연락종류: 인원회합, 편의주소, 비밀서법, 약정은어, 암호, 통신

    ㉡ 연락매체: 인원, 장소, 전화, 팩스, 이메일, 방송, 신문, 잡지, 우편, 무전기, 책자,

        파우치 등

(7) 은닉 및 비장요령

① 은닉: 정보공작적인 측면의 은닉은 비장보다는 가벼운 의미로 사용되며, 통상 가벼운 물건(마이크로필름, 지령문, 보조기억장치, 디지털카메라 메모리칩 등)을 사람의 신체 내에 숨기는 것을 말한다.

② 비장: 정보공작적인 측면의 비장은 은닉보다는 무거운 의미로 사용되며, 통상 사람의 신체에 감추기 어려운 정보공작 임무수행에 필요한 물건들(공작 장비, 부피가 큰 실물자료/수집물, 다량의 공작자금 등)을 일정한 장소에 감춤으로써 적 또는 제3자로부터 발각 또는 노출방지를 위해 취하는 제반조치를 말한다.

③ 은닉/비장의 차이점

구분	규모	적용 시기	장소	유동성	기간측면	대상물
은닉	소규모 (소량)	체포 시, 공항/항만출입금지	인체 및 휴대품	많음 (유동적)	단기간 (일시적)	MF, 칩, 카드 보조기업매체 등
비장	대규모 (대량)	목표지역 활동 시	일정한 지침	적음 (고정적)	중/장기 또는 단기간	권총, 통신장비, 자료 등

④ 은닉 요령/방법

ㄱ 신체 내 은닉: 피부절개, 발바닥 굳은 살 절개, 항문 내, 자궁 내, 귓구멍 속, 두피 절개 방법 등

ㄴ 착용의복/장신구 내 은닉: 신발밑창 내, 단추, 혁대바클/가죽, 가발 속, 브라자/거들 내부, 모자챙 내부 등

ㄷ 휴대품 이용 은닉: 가방 내·외부, 중간, 골프채 헤드/샤프트 내부, 담배 속, 카메라내부, 화장품, 내용물, 치약/비누내부, 수출입이 되고 있는 각종 곡물, 생선, 기계부품, 컨테이너 내부 등

(8) 출처별 수집기술/방법

① 인간정보

ㄱ 해건 및 절취 공작: 공작요원이 목표지점에 직접 투자하여 적의 주요 기밀문건 또는 프로젝트, 교범, 새로운 장비, 물자 등을 몰래 훔쳐 오는 것을 말한다(해건: 자물쇠의 잠금장치를 해제시키는 것).

※ 해건구: 해건에 필요한 기계를 말하며, 쇠톱형태의 다양한 모양과 자동해건구 등이 있다.

※ 해건술: 각종 잠금장치를 최단시간 내 해제시키는 기술로서, 장기간 숙달/연구가 요구된다.

ⓛ 테러, 폭파, 저격, 암살공작: 정보공작스파이가 공작 대상국으로 직접 침투하거나 대상기업 주요 핵심인물에 대해 폭약, 무기 등을 이용, 타격을 가함으로써 본래의 기능마비 및 부상 또는 사망케 하는 행위를 말한다.

※ 테러/폭파에 사용되는 무기: 막대식/액체형 C－4폭약(원격조종, 타임식), 휴대용 로켓포

※ 저격/암살에 사용되는 무기: 저격용/레이저빔 총기, 총기 수류탄, 독극물, 무성무기(단도, 교살구, 성편, 취시, 블랙잭, 쓰바, 석궁, 전자충격기 등)

ⓒ 유인/납치 공작: 유인공작은 정보공작스파이가 대상기업 주요 인물을 직간접적 수시 접촉을 통해 각종 조건을 제시함으로써 자신의 신변을 스스로 아 측에 넘겨줄 수 있도록 유도하는 것이며, 납치공작은 정보공작스파이 3명 이상이 조(납치조, 경계조)를 편성, 대상 주요 인물이 위치하는 지역에 은밀 침투, 목표인물을 강제로 아 측으로 이송하는 것으로 이는 유인 및 납치된 주요 인물에 대한 신문을 통해 상대국의 주요정보를 획득함과 동시에 상대국의 정책변화 유도와 사기를 저하시키기 위한 공작수단이다.

※ 유인/납치에 사용되는 물품: 전자충격기, 마취제, 납치낭, 수갑, 입제갈, 포승줄 등.

ⓔ 포섭, 회합/면담유출 공작: 포섭공작은 대상기업에 대한 첩보수집 및 핵심정보에 접근 가능한 인물을 각종 혜택(금전/사업지원 등) 부여로 아 측 정보공작 활동에 가담케 하는 것이며 회합/면담유출 공작은 취업경험이 있는 상대기업 인물 또는 기 포섭된 인원을 접촉하여 대화(사전신문/질문요항 준비)를 통해 상대기업에 관련된 주요첩보 및 정보를 유출해 내는 것이다.

경
호
실
무
Ⅰ

(9) 수집출처 종류

① 인간정보: 사람(정보공작요원)을 이용, 정보공작 임무를 수행하는 공작해건/절취, 테러, 저격, 암살, 관찰묘사, 폭파, 파괴, 납치, 포섭, 회합/면담유출 등

② 영상정보: 사진, 영상자료 등을 분석하여 추출하는 첩보(항공사진, 일반사진, TV, 영상촬영, 디지털영상, 위성사진, 열상장비 등)

③ 전자/통신 정보: 유무선 통신 도·감청을 통한 첩보수집(암호문건 입수/해독, 컴퓨터 인터넷/해커, 라디오, A3 수신기 등)

④ 기술정보: 상대국이 보유한 신형 장비에 대한 기술분석/정보수집/무기/장비/물사분석, 신무기/장비, 첨단과학 기술, 전략무기 관련 정보수집

⑤ 시호정보: 상대방 상호 간 약정된 신호접수/해역을 통한 첩보수직전파, 모스 부호, 수기신호, 청각신호 등

⑥ 신문첩보: 상대국 측에 몸담았던 사람을 대상으로 문답을 통한 첩보추출 귀순자(군인, 민간인 포함), 포로, 망명자, 이민자, 목표지역 방문/체류 경험자

⑦ 심리전: 상대국 국민/군인(주민)들의 마음을 움직여 와해시키는 공작(방송/영상 이용, 전단지/물품 살포, 회유, 귀순/투항 공작, 모략/와해 공작 등)

⑧ 공개첩보: 대내외에서 발행 또는 보도되는 각종 언론매체를 통한 첩보수집(상대국 관련 신문, 잡지, TV, 소문, 발표문, 신년사, 담화문, 법령개정, 연구논문 내용 등)

⑨ 산업정보: 첨단과학 기술개발 및 산업 정보수집 공작[IT(군사, 과학, 산업), 첨단기술, 특허, 연구개발 내용, 연구요원 회유, 매수/포섭 등]

⑩ 기타 모든 출처를 이용한 첩보수집

(10) 신문첩보

① '신문'이란 '알고 있는 사실을 캐물음'의 뜻이다.

② 신문 시에는 질문요항에 의거 신문을 실시하며, 주요 인물에 대해서는 수개월에서 수년 동안 계속적으로 신문을 실시한다.

③ 신문방법으로 신문대상자의 신뢰성 확인을 위해 최초신문 후 오랜 기간이 지난 다음 동일한 질문을 함으로써 신문대상자의 답변에 차이가 있는지에 중점을 둔다.

④ 정보공작요원이 명시해야 할 사항은 '신문'보다도 '대신문'에 대비하는 평상시 정신자세가 더욱 더 중요하다. '대신문'은 본인이 적에게 체포되었을 시 본인이 알고 있는 아 측의 정보와 첩보를 어떻게 하면 적에게 말하지 않느냐 하는 것이다. 이를 위해서 정보공작 요원들은 아래와 같은 기본적인 준비가 필요하다.

　㉠ 처음부터 끝까지 일관된 가다 대책/가장대책구실 숙지: 출생, 성명, 성장과정, 직업 등

　㉡ 어떠한 고문에도 불언, 불청원칙 준수

　㉢ 언젠가는 아 측에서 본인을 구출할 것이라는 희망을 간직

    ⓔ 기본적인 내용 또는 공개된 내용만 조금 조금씩 말함

    ⓜ 상대측이 수긍할 수 있는 정신 이상 증세표출 또는 자해소동을 벌임

    ⓗ 개인보다 기업(정부)조직에 우선적으로 생각하고 최악의 경우에는 자신희생 각오

13) 산업정보보안

    정치, 경제, 산업, 군사 등 전 분야와 기술경쟁에 있어서 특히 전 세계적으로 경쟁력을 갖고 있는 IT정보통신, 반도체, 선박, 플랜트, 자동차, 철강, 핵 발전, 지능형로봇, 줄기세포와 같은 산업 첨단기술 정보를 보호하고 정보유출 기도자 및 산업스파이들의 활동을 감시, 통제하기 위한 인원, 통신, 문서보안 계획을 수립, 지시, 통제, 관리할 수 있는 고도의 지식과 기술 요한다.

(1) 보안계획 및 보안관리

    첨단기술을 보유한 산업체와 연구소를 대상으로 국내외의 산업정보 수집활동을 전개하는 산업스파이 활동에 대응하여 이를 차단하는 한편 첨단기술과 핵심인력을 보호하고 산업정보가 외부로 유출(침입촬영, 도청, 해킹, 복사, 복제, 도난, 매수)될 수 있는 경로를 미연에 차단할 수 있도록 보안, 관리한다.

    ① 산업정보 문서보안관리 계획

    ② 산업정보 인원보안관리 계획

    ③ 산업정보 시설보안관리 계획

    ④ 산업정보 정보통신 보안관리 계획

    ⑤ 기술자료(문서, CD, 정보통신)를 보안 관리

    ⑥ 중요 연구프로젝트 수행 시 보안(인원, 문서, 시설, 정보통신) 관리

    ⑦ 첨단기술 보유 산업체 및 연구소의 보안관리체계 구축

    ⑧ 첨단기술 및 핵심인력의 보호 및 보안 관리

    ⑨ 산업스파이를 식별 또는 색출

    ⑩ 기만정보를 관리 운용

(2) 보안조사

철저한 보안유지를 위해 감사기관 및 감사(지정자) 요원을 통하여 정보누출 및 유출, 비밀누설 등의 위험으로부터 보호하기 위한 조치를 강구하기 위해 보안측정, 보안감사, 보안점검, 보안사고 조사를 실시하고 이를 통하여 보안사고를 사전에 예방하고 정보의 보안을 유지할 수 있도록 한다.

① 보안정보누출 위험을 차단, 보호하기 위해 보안측정 계획
② 보안측정대상에 대하여 보안상 취약성 확인
③ 보안상태의 불량 및 정보누출이 의심되는 경우 보안감사 계획
④ 감사계획(정기, 감사, 불시)에 따라 보안감사 실시
⑤ 보안 상태를 점검하고 보안점검을 계획에 따라 실시
⑥ 정보누출 및 비밀누설 등의 보안사고를 조사하여 확인
⑦ 보안(인원, 문서, 시설, 정보통신)사고 시 이를 해결하기 위한 각급의 보안조치
⑧ 보안사고 사례를 분석하여 보안사고 예방조치에 활용

14) 첩보장비

		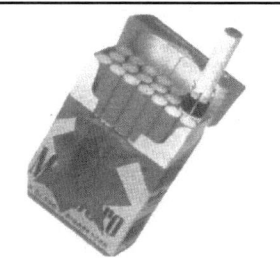
타자기 모양으로 생긴 독일의 암호생성기 수수께끼라는 뜻의 '에니그마'로 이름 붙여진 이 기기는 2차 대전 당시 널리 사용되었다.	**라이터 수류탄** 불을 붙여 던지면 심지가 타 들어가면서 라이터 안의 뇌관이 터져 폭발하는 라이터. 사막에서 바람이 불어도 꺼지지 않는 것으로 유명한 지포 라이터로 만들었다.	**담배 폭탄** 담배를 뽑으면 필터 쪽에 붙어 있는 황마찰제와 성냥의 인이 마찰, 불이 붙어 폭파되는 담배폭탄. 미국의 말보로 담배가 폭탄으로 사용된다는 사실이 발각된 이후에는 다른 담배 케이스가 이용되기도 했다.

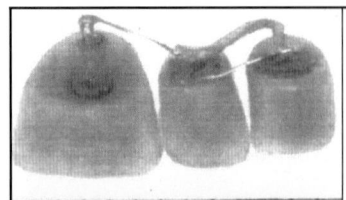
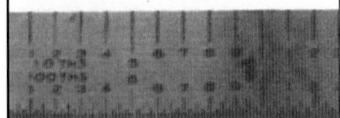

치아 송신기
치아를 부딪쳐 모스 부호로 아군에게
보내는 송신기이다.
길이가 1.3인치(약 3.3㎝)인 이 장치는
생니를 뽑아내고 심어야 하는 고통이
뒤따랐지만 상대방이 눈치 채지 못하게
보낼 수 있는 장점이 있다.

신발 폭탄
아메리칸 항공(AA) 여객기 폭파 미수
용의자 리처드 리드가 폭발물을 감추었
던 신발이다.

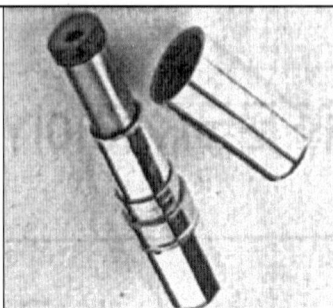

KGB '립스틱 총'

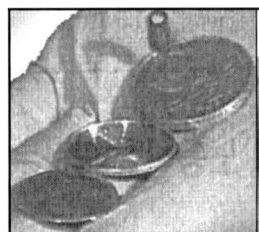
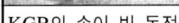

KGB의 속이 빈 동전

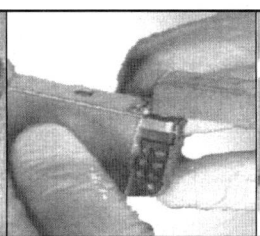

미 공군 '라이터 카메라'

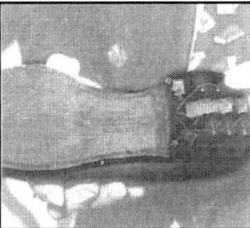

KGB '신발 전파 송신기'

감시 장치를 단 비둘기
오래전부터 비둘기는 최고의
공중 감시 도구였다. 2차 대
전 중 독일군은 비둘기 몸통
에 카메라를 달아 적군진영
으로 날려 보냈다.

제5장
경호협상

제1절 경호협상

제1절 경호협상

경호업무 중 협상업무는 경호위해 영향 정보수집업무와 같이 **빼놓을** 수 없는 중요한 업무 중 하나다. 그러나 저자가 국내에서는 또 처음으로 경호협상업무를 소개하는데, 이를 계기로 새로운 경호서비스 문화와 학문적 발전 등으로 우리사회에 크게 기여하리라는 긍정적인 인식에서 소개한다. 앞으로 우리 사회에 얼마나 올바른 서비스문화로 정착해 나갈지 궁금하다.

아직, 우리나라에서는 생소할 수 있으나 미국과 같은 나라에서는 전문화되어 있는 경호업무 중 하나이다. 우리나라에서도 협상협회라는 단체가 있어 사회 여러 분야의 전문가들이 모여 학술 세미나 등을 정기적으로 실시하고 있으며, 기업과 기업 간, 개인과 개인 간 또는 기업과 개인 등 여러 이해관계에 있어 합리적이고, 효율적인 방안과 제안으로 이해 관계자를 설득하여 원만한 관계회복에 힘쓰고 있다.

그러나 현재 우리나라에서 거의 대부분의 협상업무는 재산[동산, 부동산(토지, 건물) 예금, 증권, 채권, 특허권, 사업권 등]에 관련한 순수재산권에 한정하고 법률분쟁에 관련한 협상으로 변호사 또는 국제경제 문제에 있어서는 통상법률 전문가에 의한 조율업무를 하고 있다.

따라서 거의 대부분 법률 전문가에 의하여 이루어지고 있으며, 현존하는 법률관계의 모호성으로 인하여 법률 전문가가 아니면 실존법을 위반하는 것으로 보는 경우가 많다. 특히, 변호사법에 의하여 그 해석상 범위가 넓어 사회 관념상 문제가 없을 수 있는 것도 실존하는 변호사법에 의하여 실정법 위반으로 해석하는 경우가 대부분이다. 그리고 먼저 기술했듯이 우리나라의 협상은 거의 대부분 재산권분쟁에 관련한 법률상의 것으로 경호위해환경에 의하여 생명과 신체에 직결된 협상업무와는 거리가 있다. 그러나 경호 위해환경에서의 협상은 생명과 신체의 안전이 직결되는 것으로 암살, 폭파, 인질, 납치, 공갈, 협박 등 폭력행위 등의 위험이 존재해 있기 때문에 단순한 재산권 법률분쟁과는 다른 성격에서 보아야 하며, 테러범 및 위해기도범에 의한 위협목표나 경호대상에 대한 신변안전을 위하여 경호협상 전문가에 의한 협상이 아니면 위험하기 때문에 경호 전문가에 의한 경호협상이 매우 중요하다고 하겠다.

1) 경호협상업무의 정의

경호협상업무는 테러 또는 범죄목적에 의하여 특정 인적 대상에 대한 신체·생명을 위협하거나 중요시설에 대한 강점 또는 파괴 위협으로부터 목표가 된 대상 또는 관계인을 대신해 위해기도자 또는 그 배후자와 협상하여 경호대상의 신체 및 생명을 보호하고 소유재산권에 대한 손실을 최소화하며, 안전이 신속히 확보되도록 도와주는 업무라고 할 수 있다.

2) 테러범 및 위해기도범의 행동양상

신체·생명을 위협하는 위해기도자 및 테러범들은 사전 계획된 시나리오에 의하여 범죄를 감행하기 때문에 자신들이 무엇을 하고 있는지를 잘 알고 있으며, 최악의 경우 협상과정에서 사살 제압되거나 체포되어 종신형 또는 극형에 처해질 수 있다는 것을 알고 있기 때문에 매우 극단적이며, 폭력적인 양상을 보인다.

따라서 자신들의 의도대로 범죄의 대상 및 관계인이 그들의 요구조건을 적극적으로 수용하지 않거나 대응하지 않을 때에는 인질, 납치한 인물을 일부 희생시키기도 하며, 폭파 시에는 건물 또는 중요 시설물을 파괴한다든지 유통되고 있는 식음료에 독극물을 주입한다든지 하는 방법으로 자신들의 강한 의지를 표출하여 대상 또는 관계인이 자신들의 요구조건을 거부하지 못하도록 하고 협박 및 협조를 종용하기도 한다.

특히 이들은 단계별 수행단계를 설정하는 등의 사전계획을 치밀하게 세워 실시하기 때문에 비전문가에 의하여 대응하게 되면 사태를 더욱 악화시킬 수도 있다. 따라서 위해기도자 및 테러범의 행동양상을 잘 이해하고 있는 전문 경호협상가에 의한 대응이 매우 중요하다고 하겠다.

3) 인질 및 납치

  인질 납치는 남미의 혁명분자들이 1960년대 초에 주로 사용하던 방법으로 현재는 테러리스트들이 항공기 납치사건만큼 즐겨 쓴다. 우선 이미 관계당국에 체포, 구금된 동료의 석방조건을 내세운다거나 어떤 정책 입안된 문제를 바꿔 달라고 한다거나 인질을 조건으로 자신들에 대한 공격 완화를 요구한다거나 자신들의 조직운영에 필요한 경제지원과 같은 물질적인 양보 등을 요구하고 정치적 선전과 같은 목적을 달성하기 위해 사용하는 하나의 전술이다.

  최초로 유명한 사건으로는 1977년 9월 바더-마인호프라는 단체가 서독경영자협회 회장인 슐라이어를 납치해 인질로 삼고 독일정부에 자신들의 동료 11명의 석방을 요구한 사건이다. 독일정부는 이들과의 협상을 시도하면서 다른 한쪽으로 그들의 은거지를 공격하여 결국 인질도 보복 살해됐다.

  1980년 전후하여 전 세계적으로 2,500여 건이 발생되었고 이후 2000년대 전후하여 구소련의 붕괴와 이라크전쟁 등과 관련된 인질 및 납치 사건이 소규모에서 대규모로 바뀌었고 그 빈도수가 크게 증가되어 사건 통계를 더 이상 집계할 수 없을 정도로 크게 증가되었다.

  최근에는 정치적인 목적이라기보다는 조직유지에 필요한 재정충당과 범죄단체의 신사업분야로 발전되어 과거와 달리 매우 조직적이고 대규모적이며, 최첨단무기와 선박, 항공기, 위성전화 등을 갖추고 항공기, 선박 등을 납치해 석방합의를 종용하는 사건이 동남아, 아프리카, 남미 지역에서 고르게 발생되고 있다. 최근에는 경영자만이 아니라 일반 여행객들을 단체로 납치, 구금하고 협상을 요구하는 사례가 증가되면서 우리나라 사람이 그 대상이 되기도 하며, 우리나라에서도 납치인질 석방의 대가로 벌이는 범죄가 늘어 가고 있는 추세다. 아직 국내는 외국과 달리 초보적이고 단독범 또는 소규모 조직에 의해 발생되고 있는 수준이기는 하지만 문제는 우리나라에서도 인질, 납치 범죄가 증가되면서 향후에는 이 같은 범죄에 대해 체계적이고 전문화된 조직이나 전문가에 의하여 대응할 수 있는 체계가 요구된다는 사실이다.

(1) 협상대상 범죄 유형

① 인질극: 범죄자가 수사망을 피해 도주, 탈출을 위한 목적의 수단으로 하거나 또는 개인이 자기의 목적을 이루려 무고한 사람을 인질로 붙들어 놓고 벌이는 범죄행위 또는 소동

② 유괴범죄: 생물학적 약자인 어린이, 여성, 노인 등을 납치, 약취 및 유인하여 유괴함으로써 재물 또는 재산상의 이익을 취득함을 목적으로 한 범죄

③ 납치범죄: 개인 또는 다수의 인명을 조직적으로 납치, 약취, 감금하여 인질로 삼아 재물 또는 재산상 이익을 취득하기 위한 목적을 이루기 위한 수단의 범죄행위

④ 납치산업(Kidnapping & Ransom Business): 개인 또는 조직을 이룬 납치범들이 재물과 재산상 이익의 취득을 목적으로 납치범죄를 감행하며 특히, 납치조직(대규모 납치범들)은 납치팀, 호송팀, 억류팀, 협상팀 등으로 역할을 세분화하고 점조직화하는 등 광역화·전문화되어 있으며 납치를 주요 수입원으로 하고 있다.

(2) 납치집단의 인질납치 테러범죄의 동기 및 원인

① 정치적 동기: 독립투쟁, 영토분쟁, 민족갈등, 내전, 민족갈등, 종족분쟁, 종교 이념적 분쟁 등

② 경제적 동기: 테러단체의 존립과 운영(조직, 무기, 활동 등), 테러지원국 제재

(3) 수단과 방법

① 요인납치: 정치적(국가, 종교, 종족)으로 영향력을 가진 중요 요인을 납치테러의 대상으로 하여 조직으로 계획 차량납치 또는 습격하여 피랍

② 불특정대상 납치: 불특정 다수를 습격하거나 차량으로 대량 납치하여 피랍

③ 이동수단 납치: 항공기 및 선박 등 대형 이동수단을 점령하여 인질 억류

(4) 외국 주요 대형 인질극 일지

① 1978년 4월 22일: 니카라과 산디니스타 게릴라들이 니카라과궁 장악, 의원 60명을 포함한 400여 명 상대 인질극, 인질 14명 사망

② 1985년 10월 7～9일: 팔레스타인해방기구(PLO) 소속무장단원들이 지중해에서 이탈리아 선적 여객선 아킬레 라우로호 납치, 승객과 승무원 450여 명 잡고 인질극, 유대계 미국인 지체장애자 인질범에게 총 맞고 사망, 인질극은 범인들 투항으로 3일 만에 끝났음

③ 1995년 6월 9～24일: 체첸반군, 페르보마이스카야 등의 마을에서 주민 2,000여 명 붙잡고 인질극, 50～100명 사망

④ 1996년 4월 9일: 라이베리아 크란족 민병대, 자신들의 기지에 외국인 포함 600여 명 억류

⑤ 1996년 12월 17일: 페루 좌익반군단체 투팍 아마루 혁명운동, 리마의 이론 대사관저 장악, 외교관·각료 등 600명 이상을 인질로 잡고 5개월여에 걸쳐 인질극, 페루군의 대사관 진압과정에서 희생자 14명 발생

⑥ 1999년 1월 28일: 이슬람 분리주의 세력 모로이슬람 해방전선(MILF) 반군, 필리핀 남부 초등학교 학생 500여 명과 교사 70명을 인질로 잡았으나 다음날 모두 석방

⑦ 2000년 1월 24일: 카렌족 반군단체 '신의 군대' 태국의 한 병원에 난입, 700여 명 잡고 인질극, 인질범 9명은 모두 사살되었고, 인질 모두 무사히 풀려남

⑧ 2000년 5월: 시에라리온의 혁명연합전선(RUF) 소속 반군, 유엔평화유지군병력 500여 명 상대 인질극, 마지막 인질 올해 7월 석방

⑨ 2001년 4월 23일: 체첸 출신 무장괴한들, 터키 이스탄불 스위스호텔에서 120명 인질로 억류했다가 12시간 만에 석방하고 경찰에 투항

⑩ 2001년 5월 15일: 콜롬비아 우파민병 자위대(AUC), 북동부 빌라누에바 시에서 농민 200여 명 납치했다가 48시간 만에 석방

⑪ 2002년 10월 23일: 체첸 출신 무장괴한이 러시아 문화궁전 극장을 점거 700명을 인질로 4일간 대치 중 러시아 특수부대에 의해 진압, 이 과정에서 인질범 50명을 포함해 160명이 희생

⑫ 2004년 9월 5일: 러시아 북오세티야국 체육관 1,500여 명 중 인질 1,000여 명 사상

⑬ 2010년 8월 24일: 필리핀 관광버스 전직 경찰이 경찰복귀 요구 중 인질극 8명 사망, 수 명 사상

4) 경호협상의 준비

신체 및 생명에 대한 공갈협박과 같은 위협이나 위해기도자에게 이미 인질, 납치되었거나 또는 특정 식음료에 독극물을 넣었거나, 시설물에 폭발물을 설치한 유형에 따라서 협상준비를 각기 그 유형과 상황에 따라 조치해야 하며, 테러범 및 위해기도범들에 대한 보다 정확하고 더 많은 정보를 수집하도록 하는 준비를 우선적으로 조치되어야 한다.

특히, 계속 변화되는 상황 등에 대하여 적시에 파악할 수 있는 시스템구축이 최우선적으로 이루어져야만 한다.

또한, 대상 및 관계인과의 권한 위임의 범위와 관계범위에 의한 책임한계를 검토해야 하며, 납치 시에는 현지의 관련 법규를 법률 전문가들과 상담하여야 하고, 협상에 영향을 미칠 수 있는 보험조건, 정부수사기관 및 언론기관의 개입 여부 등을 고려해야 하며, 협상 실패 시 또는 만족에 불만을 가질 수 있는 피랍자 또는 관계인이 법률적 책임에 대한 소송제기 등에 대비하여 명확히 하고, 소송에 대비하여 대책상황도 자세히 기록하도록 한다.

가능한 한 테러범들의 심리상태 및 수단의 유형에 따라 협상을 준비하고 협상초기부터 상당한 권한과 유연성을 확보하도록 해야 한다. 가능한 한 무한 권한을 받도록 한다.

만약 이 같은 권한과 유연성을 확보하지 못한다면 협상자는 이들에 대한 적극적인 태도를 취할 수 없으며, 이로 인해 테러범들은 대상 및 관계인이 소극적이라고 판단하여 피랍자의 희생을 강요할 수도 있기 때문이다.

또한, 과거에 일어났던 납치사건들의 사례들을 연구, 참조하고 그 유사성을 파악, 적응하도록 한다. 그러나 여기에 너무 중점을 둘 필요는 없다.

그리고 테러범 및 위해기도범은 그들의 요구조건을 상대방이 충분히 받아들일 수 있는 수준을 요구하기 때문에 자신들의 요구를 결국 수용하게 될 것이라고 믿는다.

만약 기업인들을 납치했다면 필요한 기업정보 및 석방 합의금 등을 회사 측에서 지불할 것이라는 것을 알고 있으며, 협상자도 이것에 대한 믿음에 협조해 준다면 피랍자를 석방해 준다는 것을 믿고 협상해야 한다. 그러나 피랍 사건은 많은 변수에 따라 상황이 급변하는 사례가 많다. 특히 상호신뢰에 대한 의심으로 결국 피랍자가 피살되는 경우가 있으므로 아주 세심한 주의를 기울여야 한다.

5) 경호협상팀 구성

경호협상팀의 구성은 필요한 전문가 및 인원으로 구성하되 판단을 위하여 홀수로 구성하는 것이 좋다. 아무리 훌륭한 경호협상 전문가들이라고 하지만 긴박하게 돌아가는 상황에서 필요한 판단이 얼마만큼 신속히 이루어지는가가 매우 중요한 요인으로 작용하기도 하기 때문이다.

각 분야에 대한 전문가를 구성할 때에는 피랍자와 개인적으로 친한 사람 또는 이해관계에 있는 사람들은 배제시키는 것이 좋다. 오히려 이들은 협상진행에 있어 각종 저해요소를 작용시킬 수 있는 문제를 갖고 있다.

그리고 각 분야에 대한 전문가라고 하더라도 가능한 한 테러범 및 위해기도범과 일치하는 점이 많은 사람으로 구성하는 것이 좋다. 언어와 문화관습 등의 차이에서 발생할 수 있는 오해를 예방할 수 있는 이점이 있으며, 협상 시에는 가능한 한 테러범과 연령적으로 비슷한 전문가를 기용하는 것이 좋고, 테러범 및 위해기도범이 가능한 한 잘 알 수 있는 유사 분야의 인물로 구성하는 것 또한 좋다.

이 같은 이점은 테러범 및 위해기도범들 스스로 협상자들이 자신들의 행동을 조금은 이해하고 통할 것이라고 생각하고 싶어 하는 심리를 이용하여 보다 깊은 대화로 가능한 한 더 많은 시간을 확보하는 데 유리하기 때문이다. 결국 이 같은 조건은 테러범으로부터 더 많은 양보를 얻어 내어 손실을 줄이는 데 결정적인 역할을 기대할 수 있기 때문이다.

특히 테러범 및 위해기도범이 가능한 한 알 수 있는 인물을 기용하는 것도 중요하다. 만약 테러범이 경호협상 전문가에 대한 얼굴이나 이름까지 알고 있다면 더 유리할 수 있다. 즉 테러범들은 자신들의 요구조건에 대한 비협조를 가장 우려한다.

그러나 민간경호 전문가의 협상자는 피랍자의 관계인들이 자신들은 요구조건을 수용하기 위한 적극적인 자세로 받아들이게 되며, 그들 스스로 반은 성공이라는 성공심리를 갖게 하여 초기에 일어날 수 있는 피랍자에 대한 신체·생명에 대하여 극단적인 위해행동을 예방하는 효과를 갖는 이점이 있다.

그리고 석방 합의금(피랍자의 몸값)이 많으면 많을수록 또 협상자의 능력과 인지도가 높을수록 자신과 비교하여 스스로 우월하다고 착각, 과신하게 하여 경호협상자에게 유리하게 협상이 진행될 수 있도록 위해기도범으로부터 기회제공을 얻을 수 있다.

6) 경호협상의 실체주의

경호협상은 매우 미묘한 관계를 형성한다. 예를 들어 테러범 및 위해기도범들과의 협상은 일반적으로 실정법을 위반하여 진행되는 경우가 허다하다. 따라서 관계당국의 개입이나 언론기관의 개입 등은 테러범 및 위해기도범들뿐만 아니라 피해당사자까지 곤란하게 만들기도 하며, 언론 개입 시에는 정부당국에 곤혹스러운 정책부담을 안겨 줄 수 있다.

물론 일반적인 테러들은 공개적이길 원하고 홍보적 효과만을 위하여 행해지는 경우도 있기는 하지만 일반 위해기도범은 경제 목적만을 위해 중요 요인 및 경제인 그리고 일반인들을 목표로 인질 납치를 하여 석방 합의금만을 요구하는 사례가 증가하고 있는 실정이다. 특히 국제적인 범죄단체들은 위폐, 마약 등을 주요 사업으로 하고 있기도 하지만 최근에는 납치 및 인질을 중요사업으로 인식하고, 세계유명 경제인 및 회사를 목표로 납치와 인질사업을 벌이고 있다.

이런 목적을 위한 경우에는 대부분 조용하게 처리되기를 바라는 것이 당사자들이다. 그러나 정부나 언론이 개입될 때에는 미묘한 변화가 일어나게 되는데, 예를 들어 보면 어느 한쪽만을 단정해 실시할 수 없다. 안전과 법집행이라는 목적을 위해 두 가지 다른 목표로 성공할 수밖에 없다. 그러나 현실적으로 두 가지 모두를 안전하게 달성할 수 있는 확률은 매우 미미한 실정이며, 이 같은 이유로 해서 피해당사자들은 정부의 개입을 기피하는 원인이 되기도 한다. 또한 언론은 그 속성상 이 같은 좋은 기삿거리를 기사화하지 않을 수 없는 입장이다. 언론이 갖고 있는 매체의 홍보효과는 엄청난 파장과 함께 위해기도범 및 피해자 모두에게 엄청난 부담으로 오게 된다.

이 같은 부담은 위해기도범들이 피랍자에 대한 피살을 촉발시킬 수 있는 문제도 있으며, 피해 해당기업은 언론에 의하여 위해기도범들이 알지 못하여 요구하지 않았던 새로운 요구조건 등을 제시하는 경우도 있으며, 해당기업 직원들의 사기저하로 인한 기업매출 감소 등이 우려될 수 있어 언론의 개입 또한 원치 않게 되는 것이다.

따라서 이 같은 미묘한 관계에 대하여 매우 주의가 요구된다고 할 수 있다.

7) 경호협상에 임하기 전의 자세

경호협상은 상황의 변화에 따라 그 결과에 대하여 예측할 수 없는 문제라는 것을 인식

경
호
실
무
Ⅰ

해야 한다. 특히 처음부터 테러범을 쉽게 믿는다거나 또는 피랍자를 쉽게 포기한다는 것과 같은 자세를 취해서는 안 된다.

인내를 갖고 최선을 다해야 하며, 어떤 경우라도 협상자가 먼저 포기하는 경우는 없어야 한다. 협상은 최초의 상황과 과정에서의 변화된 상황 그리고 결과로 나타나는 상황은 의외의 좋은 결과가 있을 수 있기 때문이며, 경우에 따라서는 몇 시간, 며칠 안에 협상타결이 이루어지는 경우도 있으나, 반대로 몇 주 또는 몇 개월이 걸리는 경우도 많기 때문이다.

그리고 빼놓을 수 없는 것 중 하나는 경호협상자는 본연의 업무에 충실하기 위하여 피랍자를 테러범 및 위해기도범으로부터 안전하게 석방시키기 위해 다양한 접근방식을 강구하게 된다. 그러나 피랍자 스스로 과도한 공포감과 자신 스스로 구출될 수 없다는 생각으로 자살 또는 식욕부진 등으로 탈진한다면 구출기회마저 가질 수 없다. 따라서 피랍자를 관계자들이 구출하기 위하여 백방으로 노력하고 있음을 경호협상 전문가는 피랍자에게 알리는 노력을 반드시 병행하여 구출될 수 있다는 희망을 잃지 않도록 조치하는 것 또한 빼놓지 말아야 한다.

8) 공적 기관에 대한 조치

테러범 및 위해기도범들에 의한 공격 목표가 되었다는 진위를 판단하여 사실로 밝혀지게 되면 우선 어떤 공적 기관이 있는지 조사해 보고 협조요청 시 절차는 어떤 것이 있는지 알아본다. 그러나 위해기도자들과의 요구조건 그리고 협상진행 정도에 따라 공적 기관에 대한 협조를 구할 것인지를 판단해 본다. 그러나 협상능력에 문제가 있어 공적 기관에 대한 협조를 구할 때에는 반드시 비공개적으로 해 줄 것을 요구해야 한다.

사건해결을 위한 신속성을 요하는 것이 공적 기관이며 인명구출 우선정책에 따른 정책이슈로 인하여 공적 기관의 정책은 순식간에 바뀔 수 있는 단점이 있다는 것을 예상하여 공적 기관에 대한 협조는 매우 신중을 기해야 한다.

협상결렬에 대비하여 공적 기관에 전달할 내용을 정리해 둔다. 협상진행일지, 사건발생일, 협상과정, 요구조건내용, 수용단계 등과 협상과정에 취득한 정보 등을 알려 주어 공적 기관으로 하여금 신속한 조치가 이루어지도록 조치한다.

(1) 다양한 정보채널을 통한 정보 확보

① 동기 및 목적
② 집단의 편성, 규모, 구성
③ 집단의 성격 및 조직의 장·단기 목표
④ 중요 제원
⑤ 전문성 기획수립능력, 실행능력, 지휘능력
⑥ 무장방법 및 공급능력
⑦ 조직력 기강
⑧ 선호하는 전술 및 작전의 특징
⑨ 인명살상 성향
⑩ 집단에 대한 충성심, 자기희생성향
⑪ 외부지원 및 교류
⑫ 비무장 활동성향
⑬ 집단운영에 필요한 재원충당 방법 및 능력
⑭ 수단적 공격성향(저격, 암살, 인질, 납치, 폭파)
⑮ 무장의 특징(총, 중화기, 미사일, 전투기, 생화학 또는 바이오무기 등)

9) 매스컴(언론)대책

사건이 발생하면 언론의 속성상 사건 전말을 기사화하여 대중에게 보도하는 속성을 가지고 있다. 이 같은 속성은 언론만이 지니고 있는 특성이기는 하지만 사건에 관계된 테러범 또는 피해자에게 영향을 주어 원만한 협상타결이 어렵게 만들 수 있는 문제점이 있다.

TV, 라디오, 신문은 테러범과 피해자 측의 관계자에게도 실시간 전달될 수도 있으며, 특히 테러범들에게 유익한 필요 이상의 정보를 주게 되어 협상 자체가 처음부터 크게 불리하게 전개될 수 있다.

따라서 납치 시에는 석방교섭 방해요인으로 인하여 새로운 조건이나 최초의 요구조건의 수준보다 높은 수준의 석방 합의금을 요구하여 더 큰 경제적 손실을 갖게 할 수 있으며 테러범에게 자극적인 정보를 주어 피랍자가 살해되는 사태로 몰고 갈 수도 있다. 또한 예외적인 경우에는 테러범과는 전혀 관계없는 자들이 공범 또는 조직의 일원이라는 등의 주장을 하여 경호협상에 혼란을 초래할 수도 있다.

10) 경호협상 시 주의사항

경호협상 시의 주의할 점은 매우 많다. 모두 기술하기에 한계가 있어 중요부분만을 기술하기로 한다.

① 납치범에게 적극적인 자세를 보여 주어야 하며 납치범에 대한 공격적 자세를 갖지 않도록 한다.
② 납치범 요구조건 사항에 대하여 면밀히 분석하여 수용 여부를 알리고 설득시킨다.
③ 납치범들은 심리적 불안요인으로 매우 날카로운 심리상태라는 것을 잊지 않는다.
④ 가능한 한 납치범들이 요구하는 협상장소를 우선해 따른다.
⑤ 납치범들이 여러 명일 때에는 가능한 한 결정권이 있는 자와만 대화한다.
⑥ 협상 시에는 먼저 주고받는다. 그리고 반드시 주고 요구한다.
⑦ 동일한 대화는 피하고, 항상 새로운 화제를 동원하여 시간을 갖도록 한다.
⑧ 협상 시에는 긴장을 유지하되 반드시 유머 있게 대한다.

379

⑨ 납치범이 가짜일 가능성에 대한 확인 절차를 갖는다.
⑩ 피랍자의 생존 여부를 꼭 확인한다. 피랍자의 생존 여부를 확인할 때는 가능한 한 육성과 영상이 있는 것이 좋다.
⑪ 가능한 한 피랍자의 최근의 건강상태를 확인할 수 있는 것을 요구한다.
⑫ 납치범들의 목표와 능력 및 신뢰성에 대한 검증과 판단을 해야 한다.
⑬ 협상이 필요 이상으로 길어지게 되면 피랍자를 살해할 가능성이 있다.
⑭ 과도한 요구조건을 계속해 제시하는 납치범들은 다른 목표를 갖고 있을 수 있다.
⑮ 납치범들의 제3의 인물로부터 지시받고 있는가를 확인한다.
⑯ 요구조건이 다양하거나 변덕이 심할 경우 정신 이상자일 가능성이 크다.
⑰ 조건제시가 단계별 정확한 경우에는 전문가로 보아야 한다.
⑱ 무장 정도 및 훈련 정도에 따라 납치범에게 일방적으로 협상에 이끌려 갈 수 있다.
⑲ 일방적으로 납치범에게 협상이 이끌려 갈 때에는 권한을 축소하거나 권한이 없다고 설득한다.

⑳ 협상조건에 따라 피랍자와 교환 시에는 가능한 한 같은 시간·장소를 선택하도록 요구한다.

㉑ 석방 합의금 대가의 액수를 결정할 때에는 납치범들이 피랍자 또는 관계인이 지불할 능력이 있는가를 사전에 확인하여 알고 있는지를 판단한다. 협상은 어떠한 경우라 하더라도 먼저 포기해서는 안 된다.

11) 경호협상 전문가의 자세

① 테러범 및 위해범들에게 신뢰감을 줄 수 있는 성격적 능력이 필수적으로 요구된다.

② 테러범 및 위해기도범들의 요구조건에 필요 이상의 거부감을 갖지 않도록 해야 한다.

③ 테러범 및 위해기도범들은 그들 스스로의 행동에 대하여 심리적으로 과민하기 때문에 변수요인이 발생되어 협상자의 인내심이 크게 요구된다.

④ 테러범 및 위해기도범들은 인신을 담보로 협상을 벌이기 때문에 협상이 원만히 이루어지지 않는다고 판단될 경우에는 협상자를 직접 살해할 수 있다. 따라서 경호협상자는 희생정신이 강해야 한다.

⑤ 테러범 및 위해기도범들과 피랍자 측의 뜻을 전달하는 중재자이기 때문에 객관성을 잃지 않아야 한다.

⑥ 항상 밝고 건강하며 유머감각을 잃지 않도록 해야 한다.

⑦ 세련되고 위엄 있는 용모와 태도를 갖고 테러범 및 위해기도범들에게 진지한 태도를 유지한다.

⑧ 매우 노련한 심문자로서의 풍부한 경험을 바탕으로 테러범들과의 협상을 리드해 간다.

⑨ 투철한 직업의식과 사명감을 갖고 용기 있게 테러범들을 대한다.

⑩ 테러범 및 위해기도범들과 사적인 친근감을 가질 수 있도록 폭넓은 대화를 지향해 소기의 목적을 달성하도록 노력한다.

⑪ 테러범 및 위해기도범들과 협상 시에 먼저 그들의 요구조건을 가능한 한 수용해 그들의 체면을 세워 주도록 한다.

⑫ 테러범 및 위해기도범들의 추가요구 조건 중 무기나 인질의 추가조건을 절대 수용하여서는 안 된다.

⑬ 테러범 및 위해기도범들에게 유형적 이득이 없도록 협상을 유도해야 한다.

⑭ 테러범 및 위해기도범들과의 협상에서 사기적 협상은 사태를 더욱 악화시킬 수 있어 절대로 사기적 교섭은 하지 않아야 한다.

⑮ 협상자는 테러범 및 위해기도범들과의 대화시간을 늘려 가능한 한 인간적 친밀도를 늘리도록 힘쓴다.

⑯ 협상자는 협상 결렬에 대비하여 최후의 가이드라인을 설정하여야 한다.

⑰ 협상자는 협상결렬에 대비하여 경찰협조 요청과 같은 최후의 대책을 강구하도록 해야 한다.

12) 테러범 및 위해기도범에게 제시할 요구조건 단계

① 테러범 및 위해기도범의 신분을 요구한다.

② 테러범 및 위해기도범에게 요구조건이 무엇인지 밝혀 줄 것을 요구한다.

③ 테러범 및 위해기도범이 피랍자를 납치한 진범이라는 것을 입증할 수 있는 증거를 요구한다.

④ 피랍자의 생존 확인을 요구한다.

⑤ 협상 중 정기적으로 피랍자의 생존을 확인할 수 있는 조치를 요구한다.

⑥ 피랍자에 대한 구타, 고문, 모욕감을 주는 행동을 금지하도록 요구한다.

⑦ 숙식에 필요한 일체의 조건이 충족되도록 요구한다.

⑧ 병약자, 노약자, 어린아이, 부녀자 순으로 인도적 석방을 요구한다.

⑨ 테러범 및 위해기도범들의 요구조건을 수행할 수 있는 충분한 시간을 요구한다.

⑩ 피랍자의 인도 절차를 가능한 한 테러범의 요구조건 사항과 동시에 교환할 것을 요구한다.

381

13) 테러범 및 위해기도범들의 행동변화

① 교섭협상을 위해 피랍자를 살려 둔다.

② 요구조건에 대한 수용이 지연이 되어도 문제 해결을 위하여 계속 교섭을 한다.

③ 다양한 요구조건에 대하여 수용이 안 된다 하여도 모두 관철시키기 위하여 교섭을 계속한다.

④ 협상기간 여부에 따라 피랍자를 일부 희생시키기도 한다.

⑤ 피랍자를 살해하거나 석방하고 항복 또는 탈출을 시도한다.

14) 경호협상실무 전략

인질범 중 흥분을 쉽게 하는 유형의 인질범은 논리적 협상을 일반적으로 불가능하게 한다. 매우 충동적으로 심리적 변화가 일어나기 때문에 협상 내용을 잘 이해하지도 못하며 자신이 요구한 내용을 정확히 기억하지도 못하는 경우도 있기 때문에 단순한 대화로 접근하는 것이 보다 효과적인 경우가 많다고 할 수 있다.

그러나 가장 중요한 요소는 시간을 가능한 한 지연할 수 있도록 하는 것이 중요하기 때문에 요구 내용에 대한 대답은 쉽게 또는 빨리 하면서 즉답은 피한다. 그리고 인질범들에게 '요구 내용을 잘 듣지 못했다' 또는 빨리 하면서 즉답은 피한다. 그리고 인질범들에게 요구 내용을 잘 듣지 못했다 또는 이해하지 못했다는 등의 이유로 시간을 버는 것이 좋다.

이 같은 방법으로 인질범과 대화를 길게 유도할 수 있으며 대화 내용도 폭넓게 확대해 나가면서 인간적인 유대감을 형성할 수도 있다. 그리고 협상가는 인질범에게 당신 또는 당신들을 이해하며 이해할 수 있는 사람도 나쁘이라는 식의 믿음을 주도록 한다.

인질범들은 일반적으로 납치와는 달리 공개적이기를 바라며 나를 이해해야 한다는 식의 요구가 강한 특징이 있다. 그리고 자신 또는 자신들의 요구사항에 대한 관심이 높다. 조기에 직답이 있기를 원한다. 때문에 더욱 긴장되며 흥분하는 것이다. 따라서 경호협상 시에는 인질범으로 하여금 요구사항에 대한 집착을 강화시켜 인질을 해치지 못하도록 유도하는 방법도 효과가 있다.

인질협상 중 특히 주의를 해야 하는 점은 처음부터 끝까지 당신을 이해한다고 반복해 주는 것이다. 그리고 인질범이 적대시하는 대상을 원망 시에는 그 대상에 대한 원망으로 동조해 주는 답변이 필요하다. 그리고 경호협상가도 인질범과의 동일한 환경에 있으며 현재 처해진 입장만 다를 뿐이라는 식으로 가능한 한 심리적 접근을 하는 것도 좋은 방법이 된다.

흥분을 쉽게 하는 사람들의 특징처럼 흥분을 쉽게 하는 인질범들도 흥분 고조단계에서 저단계로 전환될 때에는 급속도로 흥분이 가라앉는 경우도 있다. 이때를 경호협상가는 기회로 삼아야 한다. 협상과정에서 인질범들은 그 누군가에 의해 인질상황이 조기 수습되기를 바라는 내면 자포자기식 심리를 갖고 있는 경우도 있다.

경호협상가의 의식과 사고는 폭넓은 유연성이 요구되는 이유가 이같이 다양한 환경의 변화가 있기 때문이다. 따라서 경호협상에 임하는 경호협상가는 뛰어난 인내심과 체력, 지구력 등이 크게 요구되는 것이라 할 수 있다.

경호협상은 경우에 따라 수 분 만에 끝나는 경우도 있으나 수일·수월·수년이 걸리는 경우까지 있기 때문에 단정 지을 수 없지만 일반적으로 인질범들과 대면하게 되면 협상 기간이나 협상 내용에 대한 절충 여부와 종료 등에 대해 대략 판단할 수 있다.

그리고 단순인질과 다른 유형의 인질형태가 있다. 즉 유괴 및 납치 후 인질협상을 벌이는 경우가 그렇다. 이와 같은 경우에는 인질이 어디에 위치해 있는지 아니면 인질범이 인질과 같이 있는지를 전혀 알 수 없으며 추측하기도 어렵다. 이러한 경우 간혹 진범이 아닌 범인에 의하여 연락이 오는 경우까지 일어나기도 한다. 또한 협상은 인질범과 육성협상이 어려우며 일방적으로 걸려 오는 유·무선 전화통신에 의하여 협상을 진행해야 하는 어려움이 있다.

이로 인하여 직접 협상이 어려우며 인질범에 의하여 협상 내용에 리드되는 불리한 상황이 된다. 인질범은 일방적으로 대화도중 통신을 두절하고 불특정 시간을 이용하여 경호협상가를 힘들게 한다.

해외의 전문 테러리스트들은 일반적으로 테러 구성원을 홀수로 구성하는 경우가 많은데, 이는 배신한 동료에 대한 즉결처분권을 갖는 팀장 1명을 여성으로 하고 남성조직원은 짝수로 하기 때문이다. 일반적으로 위험이 존재하는 경우에는 여성이 남성에 비해 초심이 좀처럼 변하지 않는다는 판단에 따른 것으로 보인다.

인질범들이라고 해서 모두가 똑같은 것은 아니다. 테러형의 인질범과 개인적 원한에 의한 인질범은 크게 다르다. 우선 인질인원이 테러형인 경우에는 비행기 승객이나 선박 승객, 극장의 관객 또는 기차의 승객 등 수백·수천 명을 인질로 하는 경우가 많다.

그러나 개인적 동기에 의한 인질은 1명 또는 수 명에 지나지 않는다. 그리고 협상기간도 개인적 동기에 의한 인질상황은 수 시간 만에 종료되는 것이 일반적이다.

그러나 테러형 인질상황은 장기적으로 가는 것이 일반적이다. 그러나 개인적 동기에 의한 인질이라고 해도 금전을 요구하는 유형의 유괴 및 납치에 의한 인질은 상당히 장시간 지연되기도 한다.

(1) 경호협상은 협상가가 먼저 준다

경호협상이 인질범과 시작되는 단계에서는 가능한 한 상황을 더 악화시키지 않는 범위에서 인질범이 요구하는 조건들을 우선 수용하여 인질들의 신변안전을 확보하는 데 목표를 우선해야 한다. 따라서 이에 대한 노력이 필요하다.

인질범들은 일반적으로 인질범행을 모의하는 단계부터 피로가 누적되고 인질을 확보하게 되면 다소 흥분이 고조되었다가 가라앉게 되면 배가 고프고 피로가 몰려온다. 이때 경호협상가가 인질범에게 "배가 고픈가? 목이 마른가?" 등으로 협상에 필요한 대화를 시도한다. 인질범들은 처음부터 죽으려는 계획이 없으면 필요한 요구사항을 먼저 말한다.

그리고 요구조건에 대한 수용의사의 결정권자와의 협상을 직접 요구하거나 개인적 동기에 의한 인질범들은 부모나 애인과의 대면, 형량 감면 등을 요구하며 물과 음식 등을 요구한다. 이때 협상가는 절대로 '노(No)'라고 말하지 않는 것이 협상의 기본이지만, '공짜'는 없다는 것을 인질범에게 인식시킨다["빵과 우유를 달라."(범인), "좋다. 빵과 우유를 주는 대신 인질을 위협하거나 해치지 마라." 또는 "임산부와 아이들은 풀어 줘라. 내 얼굴을 세워 줘야 재량권을 더 발휘할 것 아닌가."(협상가)] 음식은 가능한 한 최고급으로 제공한다. 비싸고 맛있는 음식을 먹으면서 범인은 '지금 죽으면 이런 음식도 더 이상 먹지 못하겠지' 하는 아쉬움과 함께 생에 대한 애착을 갖도록 유도하는 효과를 얻을 수도 있다.

그러나 범인 요구에 앞서 음식을 더 제안하거나 하여 과잉 친절을 베푸는 것은 금물이다["배가 고픈가? 목이 마른가? 음식과 음료수를 줄 수 있다."(협상가) "음식에 독약 넣었지? 콜라에 수면제 탔지?"(범인)] 범인은 순간적으로 '음모를 꾸미는 나쁜 자(경찰)들을 응징하리라' 하고 착각하는 '정의의 사도(師徒) 콤플렉스'에 빠져 인질을 해친다. 협상가는 단 한 번의 거짓말을 위해 아흔아홉 번을 정직하게 말해야 한다. 역설적이게도 인질범은 협상자의 행동을 두고 도덕적인 판단('저 자가 정직한가')을 내린다.

(2) 인질범과의 협상거리

인질범과의 대면 시에는 인질범으로 하여금 경호협상가가 자신과의 공통점이나 동질감을 보고 느끼도록 유도하는 것이 매우 중요하다. 특히 시각적으로 보이는 외모나 복장, 어투 등은 인질범의 심리적 경계심을 완화시키는 데 중요한 요소로 작용되기 때문이다.

즉 뉴스를 진행하거나 쇼프로를 진행하는 앵커나 사회자같이 말끔한 외모와 말은 오히려 도움이 되지 않는다. 인간은 누구나 자신과 공통점이 많은 사람에게 우호적인 호감을 표현하는 본능을 갖고 있기 때문이다.

가급적 제복이 아닌 사복을 입고, '당신을 이해한다'는 말을 빈번하게 한다. 목마른 범인 앞에서 물이나 음료수를 마시는 것도 범인의 상대적 박탈감을 자극하는 금기사항이다. 높임말을 쓰는 것이 기본이지만 범인이 아주 어린 경우 의도적으로 반말을 써 '부모-자식' 같은 관계 설정을 무의식에 심는다. '복종'을 유도하는 것이다.

(3) 인질범의 거짓말

인질범은 솔직할 수도 있으며 반대로 솔직하지 않을 수 있다는 전제하에서 협상을 진행해야 한다. 즉 인질범이 속임수를 쓸 수도 있다. 따라서 요구 내용이나 약속한 내용에 대해 얼마나 솔직하게 말하고 있는가를 면밀히 분석, 판단하여야 한다. 인질범 스스로 자신이 거짓말을 하고 있다는 사실을 알려 주거나 알게 하지는 않는다.

이때 경호협상가는 인질범의 협상전략을 빨리 간파하는 방법으로 말에 대한 불일치 부분이나 말과 행동이 다른 면이나 또는 이해할 수 없는 몸짓 등을 관찰하여 진위 여부를 간파해 나가야 한다. 이 같은 방법은 체계적인 훈련과 오랜 현장경험에서 얻는 노하우로 가능한 부분들이라고 할 수 있다.

385

일반적으로 거짓말을 하려는 사람은 자신이 하는 말들을 믿게 하려는 의도에서 보다 큰 어조와 행동을 보이는 것이 특징이다. 특히 단정적으로 표현하는 어조는 거짓말일 가능성이 매우 크다("이렇게 하면 하겠다." "나는 죽을 각오가 되어 있다." "당장 인질을 죽이겠다" 등등).

반면 턱을 안으로 집어넣거나 눈을 감고 이성적으로 말하는 경우는 진실일 경우가 많다. 욕설이 급작스레 줄거나 "내 말대로 하면 인질에게 절대로 손대지 않겠다"라고 말하는 경우 협상은 절반의 성공이나 다름없다. 그러나 도덕적·윤리적 요소들을 버리고 자신의 어머니에 대해 욕을 한다면 인질범이 협상을 포기했을 가능성이 높다.

(4) 협상은 심리조종술이다

상인이 물건을 팔거나 아이가 용돈을 달라고 할 때도 협상은 이루어진다. 단지 내용이 다를 뿐이다. 중요한 것은 서로가 원하는 것을 얼마만큼 원하는 기준에서 협상이 이루어졌는가에 대한 만족 여부를 생각하게 된다.

그리고 당시 협상 내용을 생각하며 '그 말은 좋았어' 그리고 '그 말은 부적절했어' 하며 감정이 교차되는 것을 느낀다. 그 이유는 상대를 나에게 보다 유리한 방향에서 내가 설득할 수 있었을 텐데 하는 아쉬움을 갖게 한다. 이처럼 모든 협상은 상대방에게 나의 의견을 가능한 한 반영되도록 하는 심리조종술인 것이다. 이 심리조종술은 반드시 말로만 하는 것은 아니다.

'심리 조종'을 하는 것이다. 어머니를 인질범과 대면시키는 것도 효과적이다. 국내 범죄자들은 유교사상의 효(孝)의식을 지닌 경우가 많다. 사형수도 최후 진술 중 '부모님께 죄송하다'는 말을 가장 많이 한다고 한다. 그러나 아버지와의 만남은 적절하지 않다. 범죄자 중 다수는 '내가 이렇게 된 것은 아버지의 무능과 어렸을 때의 이해할 수 없는 학대 때문'이라고 생각하는 경우가 많다.

인질범에 따라 애인과의 대면도 협상에 치명타가 되는 경우도 있다. 인질범이 애인에게는 극도의 수치심과 자존심이 상함을 느낀다. 모성(母性)은 무조건적이지만, 사랑은 조건적이다.

15) 협상사례

기업인들을 납치한 테러범들의 대부분은 엄청난 액수의 석방 합의금과 조건을 제시하게 된다. 납치가 가장 많이 일어나고 있는 중남미 국가들은 기업 손실의 64%가 석방 합의금으로 지불되는 손실이라고 알려지고 있다. 우리나라에서도 이 같은 납치의 사례는 많이 일어나고 있었지만 대부분 치안당국의 보안과 해당 피해자들의 은폐 등으로 대부분 알려지지 않는다.

1994년 최○○ 영화배우의 소속사 배○○ 사장을 납치하여 살해한 사건과 이○○ 초등학교 모델 영화배우 납치사건, 국회의원에 출마했던 장인 이○○ 씨 납치 살해사건, 금융업을 하는 최○○ 씨 납치 살해사건, 1995년 대구 화성산업 이○○ 사장 납치사건, 1998년 김○○ 미수사건, 2000년 신동아화재 김○○ 사장 피습사건, 2001년 3월 경기도 분당에 살고 있는 서 모 씨(부동산 임대업 1,000억 원대의 재산가)를 납치하여 60억 원을 요구한 사건 등 몇 가지만이 알려졌을 뿐이다.

그러나 알려진 대부분의 사건들을 피해자가 대부분 피살되었다는 사실이다. 그렇다면 대부분 범죄의 특성상 그리고 검거 · 체포의 가능성을 고려할 때 알려지지 않은 사례는 대단히 많은 것으로 추정된다.

필자는 지금까지 경호업에 종사하면서 이 같은 위험에 있는 의뢰자를 직접 목격해 왔으나 필자 또한 이를 밝힐 수 없는 입장이기 때문에 더 구체적으로 기술할 수는 없다. 그러나 우리나라에서도 분명히 현실로 일어나고 있는 상황이며, 이 같은 피해사례를 줄이려면 경호협상 전문가의 역할과 활동이 크게 요구된다. 인신을 담보로 한 협상은 결렬 그 자체가 피랍자의 희생을 감수해야만 한다. 이런 사실 때문에 체계적이고 신속한 대응이 필요하며 어떤 여하한 경우라 하더라도 절대적으로 협상을 실패해서는 안 된다.

16) 외국 협상사례

(1) 서독 기업인 납치 살해사건

서독의 사업가인 한스마틴 슐레어를 납치한 테러범은 바더－마인호프 단원들이었는데 이들은 자신들의 동료들을 석방하도록 회사가 알선하게끔 요구하는 것이었다. 그러나 정부의 정책을 바꿔야 하는 문제로 회사의 협상 중재인들은 회사의 능력으로는 그러한 역할을 할 수 없다고 설득하려 했으나 모두 허사였다. 서독정부는 결국 바더－마인호프만 조직원들의 석방을 불허하였으며 결국 슐레어는 살해되었다.

(2) 미국 기업인 납치사건

미국의 엑손(EXXON) 석유회사의 빅터 사뮤엘슨을 구출하기 위하여 석방 합의금으로 납치범들과 5개월 동안 협상 끝에 1,420만 달러를 납치범들에게 지불하고 피랍되었던 빅터 사무엘슨을 구출하였다. 이런 사례를 보면 끈기를 갖고 끝까지 납치범과 협상을 해야 한다는 것을 알 수 있다. 절대 협상은 포기하지 말아야 한다.

(3) 필리핀 반군과의 인질협상

2001년 필리핀 반군 아부 사야프에 인질로 10개월째 억류되어 있는 미국인 선교사를 석방시키기 위해 미국 정보국이 경호협상을 진행했다. 당시 미국인 선교사 마틴번햄 부부는 2001년 5월 27일 필리핀 팔라와 주의한 휴양지인 아부 사야프에서 복면을 한 필리핀 반군 요원들에 의하여 납치되어 2002년 3월까지 인질로 잡혀 있게 되었다. 번햄 부부를 납치한 필리핀 반군은 성명을 통해 미국의 중동정책 때문에 미국인과 유럽인, 다른 서방 국민들을 목표로 하고 있다고 주장했다.

이 사건에 관련하여 마틴번햄 부부가 소속된 선교단체 뉴트라이브스미션 측의 경호협상 전문가들은 필리핀 반군들이 마틴번햄 부부를 이미 살해했을 것이라고 주장하며, 필리핀 반군 측에 생존 여부에 관한 의문을 제기하였다. 가장 신빙성 있는 주장으로 필리핀 반군 측이 촬영해 보내온 사진 속의 마틴번햄 부부의 인상착의를 지적했다.

첫째, 시력이 나쁜 마틴에게 안경을 최근 전달했지만, 그가 안경을 쓰지 않았고,

둘째, 번햄 부부가 인질 기간에 비하여 입고 있는 옷이 비교적 깨끗하다는 점,

셋째, 이전에 보내온 비디오 사진에서보다 건강상태가 더 양호하게 보인다는 점으로 생존 여부에 대한 의구심을 제기하였다.

당시 진행되어 온 기간으로 볼 때 이들 부부는 매우 심리적으로나 육체적으로 지쳐 있을 수밖에 없는데, 그런 모습이 전혀 없고, 매우 긴장하고 있는 모습뿐이라는 게 그 이유로 들었다.

(4) 체첸 반군과의 인질협상

지난 2002년 10월 체첸 반군에 의하여 일어난 러시아인 인질사건에서 경호협상 중 러시아 특수부대의 강경 진압작전으로 최소 168명의 희생자(인질 118명, 인질범 50명)가 나왔다. 당시의 사건에 대하여 대부분의 전문가들은 인질범들의 조기진압 결정은 경솔했다고 평가하고 있다.

특히 인질범들은 4일간 인질범행 중 인질을 다치게 하거나 사살한 사실이 없다. 오히려 매우 차분하게 러시아 정부와 협상을 진행했다. 물론 인질경호협상은 인질범들의 목적에 따라서 달라지기도 하지만 시대적·상황적 여건변화에 따라 달라지기도 한다. 체첸 반군에 의하여 일어난 러시아인 인질사건 진압사례는 러시아 정부의 정치적 이유에 의하여 조기 수습차원에서 인질들의 희생을 감수한 것으로 보인다.

① 체첸 반군, 모스크바 극장 700여 명 인질극 협상과 진압과정

기관단총 등으로 무장한 체첸인 50여 명이 2002년 10월 23일 오후 9시(한국시간 24일 오전 2시)쯤 러시아 수도 모스크바 중심가의 공연장인 '문화궁전'을 점거, 700여 명의 관객과 배우들을 인질로 삼고 러시아 정부에 대해 체첸 전쟁 즉각 중지와 1주일 내 러시아군 철수를 요구하며 인질극을 벌였다.

당시 인질범들은 극장을 점령하는 과정에서 20대 여성 인질 1명을 사살했다.

이들은 23일 오후 9시쯤 「노르드 오스트(북동풍)」라는 제목의 뮤지컬 제2부가 시작될 무렵, 검은색 승용차 여러 대에 나눠 타고 한꺼번에 극장 앞에 도착, 안으로 진입해 천장을 향해 총을 쏘며 '우리는 체첸 전사'라고 밝히고 객석과 무대를 장악했다. 그리고 극장 주위에 폭발물을 설치했다고 주장하며, 만약 러시아 정부가 자신들을 공격할 경우에는 극장 전체를 폭파하겠다고 위협하였다. 인질범들은 23일 밤과 24일 오전에 걸쳐 어린아이들과 이슬람 신자, 여성관객 등 150여 명을 풀어 주었으며 24일 오후에는 5명을 추가로 석방했다. 석방자 중에는 오스트리아 외교관 1명도 포함된 것으로 알려졌다.

당시 러시아 정부는 특수부대 등 1,000여 명의 정예 병력을 극장 주변에 배치해 놓은 가운데 러시아 당국은 24일에 이어 25일에 인질범들과 3차례 이상 협상을 시도했으나 성과를 거두지 못했다. 체첸 반군들은 과거에도 대형 인질극을 여러 차례 자행했고, 인질을 '인간방패'로 사용한 바 있어, 이번에도 적잖은 인명 피해가 있었다. 진압작전 도중 사망한 사람은 117명이었으며 특이사항은, 117명의 인질 중 총상에 의한 사망은 1명을 제외한 전원이 가스 중독으로 인한 사망이었다. 당시 646명이 병원에 입원했으며 이 중 150명이 중환자실에 있으며, 특히, 이들 중 45명은 '매우 위중한' 상태로 이후 대부분이 사망하였다. 당시 진압작전에 사용된 가스가 일종의 향정신성 물질이며, '고농도'로 분사될 경우 의식불명이나 호흡, 혈액 순환 장애 등 신체의 기본 기능에 영향을 미치는 가스로 밝혀졌다.

그동안 체첸에서의 인질극은 삶의 일부로 받아들여질 만큼 자주 일어났다. 러시아의 대문호 레오 톨스토이는 『코카서스의 죄수』라는 작품을 통해 체첸에서 납치된 러시아 병사

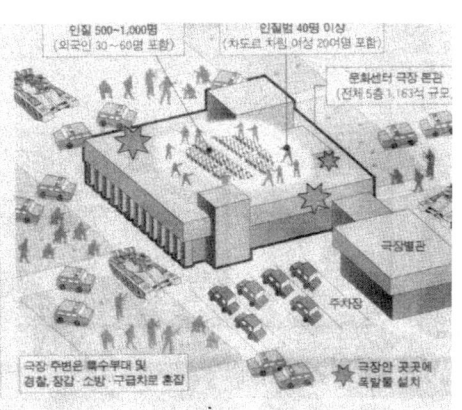

들 이야기를 묘사한 바 있다. 최악의 인질극은 1995년 6월 체첸 공화국 변경지역인 부드요노브스크의 한 병원에서 1,000여 명의 인질을 잡고 대치하다가 민간인·경찰·군인 등 100여 명이 사망한 사건. 당시 러시아군은 반군 지도자 샤밀 바사예프가 주도한 인질극을 해결하기 위해 병원 건물에 2차례 진입을 시도했으나, 반군들의 저항으로 엄청난 수의 사상자를 낸 채 인질범 체포에 실패했다.

② 23일 밤부터 나흘간 계속된 모스크바 인질극 일지

㉠ 10월 23일: 체첸 분리주의자 무장괴한 50여 명이 자동화기와 폭발물로 무장한 채 오후 9시(한국시간 24일 새벽 2시)께 총기를 난사하며 모스크바 남동부에 위치한 '돔 꿀뜨르이(문화회관)' 극장에 진입, 외국인 75명을 비롯해 인질 700여 명을 억류한 채 인질극 시작함

인질극 주도한 체첸 반군 지도자 아르비 바라예프의 조카인 모프사르 바리예프는 일주일 안에 러시아군이 체첸에서 철수할 것을 요구하며 이에 응하지 않을 경우 극장을 폭파하겠다고 위협. 또한 인질범 1명이 사살될 때마다 인질 10명 살해하겠다고 위협. 어린이와 외국인 포함해 인질 30여 명 첫 석방

㉡ 10월 24일: 러시아 당국. 새벽 러시아군의 체첸 철수를 요구하는 무장괴한들과 인질 석방 협상 시작. 체첸 인질범들 오후 2시께 영국인 1명 포함해 인질 5명 석방. 블라디미르 푸틴 대통령, 오후 4시께 멕시코에서 열리는 제10차 아시아·태평양경제협력체(APEC) 정상회의 참석 취소 발표

인질로 잡혀 있던 젊은 여성 2명이 오후 6시 30분께 창문을 통해 극장에서 탈출. 카타르의 알−자지라 위성 방송이 한 체첸 분리주의자 여성의 발언을 TV로 방송. 유엔(UN) 안전보장이사회 오후 11시 25분께 만장일치로 인질극 비난하고 인질의 무조건 석방을 요구

㉢ 10월 25일: 남녀 인질 7명 오전 6시 30분께 석방. 오후 12시 30분께 스위스 소녀 1명을 포함해 8~12세 어린이 8명 석방. 러시아 연방보안국(FSB)의 니콜라이 파트루셰프 국장이 인질을 석방하면 인질극 벌이고 있는 체첸 분리주의자들의 목숨을 보장할 것이라고 약속. '모스크바 메아리' 라디오 방송은 체첸 결사대가 요구 조건이 충족되지 않을 경우 26일 오전 6시(현지시간)부터 인질들을 살해할 것이라고 경고했다고 보도

ㄹ 10월 26일: 새벽 3시 30분께 극장 부근에서 산발적인 총성과 폭발음이 울림. 새벽 5시 30분께 러시아 특수부대가 극장에 마취 가스를 살포하며 극장 건물 벽에 뚫은 구멍을 통해 극장에 진입 시작, 인질범 사이에서 총격전 벌어짐. 총격전에서 인질극 주도한 모프사르 바라예프와 자폭 폭발물 벨트를 매고 있던 모든 여성 대원을 비롯해 체첸 인질범 32명, 현장에서 사살

③ 러시아 특수부대 인질범 진압과정

러시아 특수부대원들은 26일 아침 6시 20분께 인질범들이 인질 2명을 살해하자 가스를 분사하며 극장 안으로 진입, 전격적으로 진압작전에 돌입했다. 이때 크렘린에서 남동쪽으로 4km 떨어진 극장 앞 4차선 도로에 장갑차(APC) 두 대가 근접하는 장면이 목격됐고 이윽고 차에서 내린 보안국 특수요원들이 극장 바로 앞 구조물 뒤에 몸을 숨겼다.

인질범들이 요구조건을 받아들이지 않으면 인질들을 살해하겠다고 위협했던 데드라인인 아침 6시를 조금 넘어선 시간이었다. 출입구가 있던 극장 벽 쪽에 폭파장치를 사용한 듯 큰 구멍이 뚫렸고 엄청난 양의 가스를 분사하며 진입하였다. 당시 50여 명의 인질범 중 32명을 사살하였으며 특히 몸에 자폭용 폭탄 띠를 두르고 있는 모습이 TV에 방영된 체첸 여성 결사대원들을 전원 사살하였다.

④ 체첸 반군 '대형 인질극' 수차례 자행 전력

체첸 반군은 과거에도 대형 인질극을 수차례 자행한 바 있고 특히 인질들을 '인간방패'로 사용한 전력도 있었다. 체첸 반군이 그동안 저지른 인질극 중 최악의 사건은 지난 1995년 6월 체첸 공화국 변경지역인 부드요노브스크의 한 병원에서 1천여 명을 인질로 잡고 대치하다 민간인과 경찰, 군인 등 100여 명이 사망한 사건이다.

당시 러시아군은 반군 지도자 샤밀 바사예프가 주도한 인질극을 해결하기 위해 병원 건물에 두 차례 진입했으나 반군들의 저항으로 엄청난 수의 사상자를 낸 채 인질범 체포에는 실패했다. 인질범들은 군과 석방 협상을 한 뒤 산악지대로 도주했으며 러시아 당국의 수배를 받고 있는 주모자 바사예프는 아직도 체첸지역의 최대 군벌 중 한 명으로 암약하고 있다.

지난 1996년 1월에는 살만 라두예프가 이끄는 반군 조직원들이 러시아 남부 키즐야르의 한 병원을 습격해 수백 명의 민간인들을 인질로 잡고 군과 대치했으며, 특히 인질들을

'인간방패'로 쓰는 대담성을 보이기도 했다. 당시에도 군이 인질극을 성공적으로 해결하지 못해 78명이 사망했으며, 범행을 주도한 라두예프는 직후 체포되어 그해 12월 종신형을 선고받았다. 체첸 반군은 또 러시아 영토를 넘어 터키에서도 종종 인질극을 벌였다. 2002년 5월 이스탄불 스위스 호텔에서 체첸 출신 무장괴한들이 120명을 인질로 억류했다가 12시간 만에 석방했고 경찰에 투항했다. 그동안 벌인 인질극에서 체첸 반군의 요구사항은 한결같이 러시아군의 철수였다. 체첸 반군은 인질극 외에 여객기 납치 등 테러행위도 자행했다.

2001년 3월 이스탄불에서 이륙한 러시아 여객기가 체첸 반군에 의해 공중 납치돼 사우디아라비아로 향한 사건이 발생했으며, 사우디군의 진압과정에서 납치범 1명과 인질 2명이 사망했다. 1996년에는 터키 출신 테러리스트들이 러시아군의 체첸 진압에 항의하며 흑해에서 여객기 한 대를 납치한 뒤 폭파하겠다고 위협한 적도 있다.

1995년 발생한 최대 규모의 인질사건의 배후인 체첸 군벌 바사예프는 러시아로 돌아오기 전인 1991년에도 러시아에서 터키로 향하던 여객기 납치사건을 주도했다. 체첸에서 인질극은 심지어 삶의 일부로 받아들여질 만큼 자주 일어났으며 그 역사도 깊다. 대문호 톨스토이가 『카프카스 인질』이라는 작품을 통해 1850년대 체첸 지역에서 납치된 러시아 군인들의 이야기를 그렸을 정도이다.

▲ 체첸 반군 지도자
러시아 모스크바의 문화궁전에서 인질극을 벌이고 있는 체첸 반군 지도자 바라예프(오른쪽)가 25일 복면을 한 다른 동료와 함께 극장 내부의 어떤 공간에 앉아 있는 장면이 러시아 NTV에 의해 방영된 장면

▲ 불안한 인질들
러시아 모스크바의 문화극장에 잡혀 있는 여성 인질들과 이들을 인질로 잡고 있는 체첸 반군 소속 인질범(오른쪽)이 무엇인가를 진지한 표정으로 쳐다보고 있다. 이 사진은 인질범으로부터 취재 허가를 받고 문화극장 안으로 들어간 러시아 NTV방송이 촬영했다.

▲ 손엔 총, 몸엔 폭탄
폭탄으로 추정되는 물체가 여성 인질범의 몸에 장착돼 있다.

▲ 체첸 반군의 여성 인질범
   온몸을 검은 부르카로 가린 채 총을 들고 있다.

(5) 월스트리트저널 기자 경호협상사례

「월스트리트저널(WST)」의 대니얼 펄(38세) 기자는 2002년 1월 23일 파키스탄 카라치에서 한 이슬람조직 지도자를 인터뷰하러 갔다가 실종된 것으로 알려졌다. 이후 한 무장조직이 이메일을 통해 펄 기자를 자신들이 납치했으며, 미국이 쿠바에 구금 중인 탈레반 전사와 알카에다 조직원에 대한 처우를 개선하는 등 무장조직의 요구조건을 들어 주지 않으면 펄 기자를 사살하겠다고 협박해 왔다.

이후 미국과 「월스트리트저널」은 펄 기자의 석방을 위해 다양한 채널을 이용하여 경호협상을 진행해 왔다. 그러나 「월스트리트저널」의 대니얼 펄 기자는 결국 납치된 지 한 달 만에 처참하게 살해되었다. 그리고 이 무장단체는 대니얼 펄 기자를 살해하는 장면을 비디오로 촬영하여 녹화한 3분짜리 테이프를 미 연방수사국(FBI)과 카라치에 있는 미 영사관에 각각 전달하였다.

당시 테이프의 살해 장면은 펄 기자의 목을 칼로 잔혹하게 잘라 살해하는 장면이 녹화되어 있었다. 펄 기자는 살해되기 한 달 전 폭발폭탄 테러용 의자 리처드리드와 연관된 이슬람 무장단체 지도자와 인터뷰 약속을 한 뒤 파키스탄 카라치에서 납치된 것으로 보고 있다. 파키스탄 주권회복을 위한 국민운동 소속이라고 밝힌 펄 기자를 납치한 무장단체 납치범들은 억류 중인 파키스탄인 포로들을 석방하지 않으면 펄 기자를 24시간 안에 살해하겠다는 강력한 메시지를 보내었다.

이슬람 급진주의자들에게 납치된 이후 감금되었으며, 비교적 안전하게 있었던 것으로 추정하고 있다. 이들은 펄 기자를 납치하여 감금한 후 펄 기자의 사진을 찍어 미 영사관과 「월스트리트저널」 신문사에 보내왔는데, 당시 사진 속의 펄은 외상의 흔적이 없었으며, 영양상태도 비교적 원만하게 보였던 것으로 추정했었다.

당시, 경호협상을 진행한 책임자가 누구였는지는 알려지지는 않았으나, 결과만으로 볼 때에는 실패한 사례로 기록될 것이 확실하다. 미국정부는 대테러 정책에 대하여 테러범이나 테러단체의 요구조건에 대해서는 협상할 수는 없다는 정책을 펼쳐 왔으나, 자국민의 생명을 전제로 한 거부권 행사는 미국이 갖고 있는 미 국민에 대한 안전 우선 정책과는 크게 상반되는 문제가 있다.

이 같은 미국의 정책은 경호협상 전문가에 의한 경호협상에 있어서 아무 역할도 기대할 수 없게 하였을 것이다. 아무리 경험이 많은 유능한 경호협상 전문가라 하더라도 절대적 권한이 주어지지 않는 상황에서는 경호협상에 있어 그 한계가 존재할 수밖에 없음을 보여 주는 하나의 사례로 볼 수 있다.

즉 경호협상은 협상 전문가에게 주어지는 권한의 한계에 따라 피랍자 석방 여부에 대한 성공 여부가 크게 좌우될 수 있음을 인식해야만 한다. 살해당한 펄 기자는 스탠퍼드대학교에서 커뮤니케이션을 공부했으며, 이후 1990년에 「월스트리트저널」에 입사, 12년간 기자생활을 해 왔다.

(6) 인질 납치 석방 합의금 요구 사건사례

캐나다인 1명을 포함한 승객 160명을 인질로 잡고 5일째 납치극을 벌인 인도 항공 A300 여객기 납치범들은 1999년 12월 28일 카슈미르 회교 분리독립 게릴라 35명의 석방과 몸값 2억 달러를 인질석방의 조건으로 추가, 경호협상이 난관에 봉착했다. 자스완트 싱 인도 외무장관은 이날 뉴델리에서 각료회담을 마친 후 기자들에게 납치범들과 인도정부 협상단과의 이틀째 협상경과를 설명하면서 납치범들이 이 같은 요구조건을 추가 제시했다고 밝혔다. 납치범들은 또 지난 1994년부터 인도령 카슈미르에서 수감돼 오다 올해 일어난 교도소 폭동 당시 인도 치안군에 의해 사살된 회교 강경파 게릴라 지도자 사자드 아프가니의 시신을 넘겨 달라는 요구도 새로 내놓았다.

납치범들이 그동안 요구했던 인질석방 조건은 아프가니와 함께 지난 94년 체포돼 수감 중인 파키스탄 회교지도자 마울라나 마수르 아자르를 비롯한 일부 게릴라들의 석방이었다. 한편 피랍 여객기에는 5명으로 알려진 납치범과 인질로 잡혀 있는 160명의 승객이 탑승하고 있는 가운데 대치상태가 장기화하면서 환자가 발생하는 등 기내 상황이 크게 악화되고 있는 것으로 알려졌었다.

(7) 콜롬비아 내 인질 납치사건

최근 남미 콜롬비아에서는 국내 내전이 지속되면서 반군조직들에 의해 몸값을 노린 인질 납치사건이 빈발하고 있다. 콜롬비아에서는 '콜롬비아 무장혁명군(FARC)', '민족해방군(ELN)' 등 반정부 무장세력들이 정부 측과의 평화회담 진행을 사이에 두고 대정부 테러 활동을 지속 자행하고 있으며 반정부 활동을 위한 자금조달을 위해 금전을 노린 인질납치가 빈번히 자행되고 있다. 특히, 2010년 2월 4일에는 카르타헤나에서 전파상을 운영하는 한국교민 1명이 '민족해방군(ELN)'에 의해 인질 납치되는 사건이 발생하기도 하였다.

(8) 필리핀 내 외국인 인질납치테러 빈발

최근 필리핀에서는 회교도 분리주의 반군조직에 의한 외국인 인질 납치사건이 빈발하고 있다. 지난 4월 24일 이슬람 반군단체 '아부 사야프 그룹(ASG)'이 말레이시아 휴양지인 시파단 섬에서 프랑스 · 독일 · 핀란드인 등 다수의 외국인들을 납치하여 필리핀의 술루 섬 밀림지역에 억류한 바 있다.

언론보도에 의하면, 이 조직은 2010년 8월 27일 리비아 카다피 정부로부터 거액의 몸값을 받고 인질 중 5명을 석방하였으나 하루 만인 8월 28일 또다시 미국인 관광객 1명을 납치하였다. 이 같은 외국인 인질납치는 반정부 활동을 지속하고 있는 반군조직들이 국제적 관심 유발과 자신들의 입지를 제고하기 위해 빈번히 자행하고 있는 것으로 판단된다.

17) 멕시코 기업인 연쇄납치사건

중남미 국가의 기업들은 인질 납치사건의 주된 목표가 되고 있으며 기업 손실 중 63% 이상을 몸값으로 지불하는 것이다. 1990년 이후 200여 차례에 걸쳐 백만장자만 납치한 다니엘 아리스멘 데로페스가 1998년 경찰에 체포되었다.

18) 테러의 목적성 변화와 경제이득을 위한 국제변화

세계는 교통수단의 첨단화와 더불어 이념, 종교, 문화와 국경 등을 넘어 교류되고 있으며, 전 세계가 하나의 시장권으로 형성되어 다양한 교류를 이루고 있는 시대에 살아가고 있다. 이 같은 흐름은 기술개발에 의하여 더욱 많은 인적 · 물적 교류가 이루어지고 보다 더 신속한 교통수단 등 방법에 의하여 앞으로 지구가 하나의 완전한 일일생활권이 될 것으로 보인다.

이같이 변화되어 가는 환경은 과거와는 전혀 다른 새로운 사회문제가 형성될 것이다. 특수한 집단의 이기주의가 형성되어 시장경제원리에 의한 시장지배계층과 피지배계층이라는 새로운 형태의 계층형성은 새로운 분쟁형태를 갖게 할 것이다. 과거에는 정치적 · 종교적 이념에서 비롯된 계층형성과 이에 기반을 둔 국가라는 커다란 집단체제의 질서가 형성되었으나, 정치적 · 종교적 이념의 쇠퇴와 자본주의적 시장경제체제의 새로운 변화로 하나의 커다란 이익집단이 형성되어 힘 있는 이익집단이 다른 집단을 통제하는 통제력을 갖게 되면서 새로운 형태의 사회문제를 촉발시키게 될 것이며, 새로운 21세기의 신질서가 등장할 것으로 보인다.

우리나라의 1년 예산이 80조억 원인데 삼성전자의 한 기업이 26조억 원이라는 기업매출을 이루고 있으며, 시장가치기준에 따라서 코카콜라의 브랜드가치는 무려 100조억 원이 넘고 있으며, 미국의 마이크로소프트사의 자산가치는 우리나라를 통째로 사고 남을 만한 규모의 가치를 갖고 있다. 또한 특정기업의 정보기술 수준이 특정국가의 정보기술 수준을 능가하고 한 기업에 종사하는 종사원이 국가단위의 인구수보다 많은 수백만 명이 되는 공룡기업이 탄생하고 있는 것이 현실이다.

세계적인 은행들은 그들의 역량으로 특정국가의 자본시장을 좌지우지할 수 있는 막대한 규모의 금융자산을 운용하고 있어, 국가경제 및 안보의 유지를 위해서는 특정기업과의 협상까지도 염두에 두어야 하는 상황까지 와 있다. 이 같은 여건과 환경은 순 기능적인 것에 대한 역기능적인 새로운 불만계층 및 세력을 형성할 수 있으며, 이미 이 같은 문제들이 세계 여러 나라에서 나타나고 있다. 대표적인 것이 세계적인 범죄조직들인데 이들의 조직규모와 활동무대들은 거의 무한대와 같다.

미국의 마피아, 일본의 야쿠자, 중국의 트라이어드(삼합회), 중남미의 마피아조직, 러시아지역의 범죄단체 등이 그 대표적인 단체로 볼 수 있는데 이들의 조직원 수는 수십만에서 수백만 명으로 조직되었으며 돈이 되는 합법적·불법적 수익사업으로 병행하여 운용하고 있으며, 그 시장은 전 세계를 무대로 하고 있다.

미국의 정보기관에 의하면, 이들의 지하경제 규모는 연간 우리나라 돈으로 약 6천조억 원으로 보고 있을 정도이며, 조직의 유지를 위해 조직의 법을 자체적으로 만들어 적용하고 있고, 그들만의 체제유지를 위한 여러 형태의 규율과 문화를 갖고 있는 것이 또 하나의 특징이다.

범죄단체들은 그들의 조직을 보호하기 위하여 세계 각국의 중요요인을 포섭, 가담시키고 있으며, 위기 시에는 이들을 통한 대응과 필요시 정부 중요요인에 대한 노비책으로 사용하고 이것에 실패했을 때에는 인질, 납치, 폭파 등 방법으로 폭력행위를 통한 그동안의 특유한 방법으로 방어에 나서고 있다.

그리고 막대한 자본과 인원을 이용하여 자체적으로 군대형태의 조직과 무장을 갖추기도 하는 등의 형태를 이루고 있다. 특정기업 및 정부가 이들 조직을 통한 문제해결을 취하고 있어 상호 우호적 교류를 이루는 경우도 있는 것으로 알려지고 있다.

이처럼 경제이득을 위한 국제환경 변화에 의하여 테러의 목적성도 순수 경제이득을 목표로 변화되고 있어 기업인 등에 대한 테러목표는 앞으로 더욱더 증가될 것으로 전망된다. 아울러 이들에 대한 경호조치 및 협상이 늘어날 것으로 전망하며, 향후 이 같은 문제를 해결할 수 있는 경호협상 전문가의 역할이 크게 중요시될 것으로 단언한다.

19) 한국납치의 특성

한국의 범죄 유형은 매우 다양성을 이루고 있다. 특히 한국의 납치사건은 외국의 일반적인 납치사건과는 달리 추리하고, 예측하기가 힘들다는 특성을 갖고 있다.

물론 정신 이상자에 의한 범죄는 일정한 특징을 보여 주기 때문에 쉽게 판단할 수 있지만 몸값을 요구하기 위하여 납치하는 일반인에 의한 납치 범죄는 일정한 행동양식이 없다는 데 어려움이 있다.

이 같은 특징은 여러 상황적 변화와 문화적 특성, 사회학적 영향에 의하여 각기 다른 형태로 나타나는 현상도 있지만 한국의 경우는 특수하게 형성된 지리적 특성이 작용되기 때문이라고 판단하기도 한다. 한국의 지리적 특성은 국토가 작고 3면이 바다로 막혀 있으며, 한쪽으로는 철책선으로 가로 막혀 있기 때문에 범죄 후 도주로 확보에 한계가 있기 때문에 피랍자를 결국 살해하여 매장 또는 수장하는 방법으로 증거를 인멸하거나 또는 피랍자를 살해할 용기가 없어 쉽게 중도에서 포기하는 등의 결과로 나타나는 특성이 있다.

현재 우리나라에서 일어나는 연간 실종사건이 발생하는 건수는 무려 40만 건이나 되고 있다. 선진국에 비하면 인구 비례할 때 대단히 높은 수준의 수치이다.

물론 스스로 가출한 가출자들을 포함한 수이기 때문에 모두 납치사건과 연관하여 볼 수는 없지만 그래도 인구의 1/100배율은 일반적인 수치보다 높은 것은 사실이다. 대구에서 있었던 '개구리 소년 실종사건'과 같이 미궁의 사건으로 남는 사건만 보더라도 범죄에 직접 연관되지 않았다고 볼 수는 없다.

따라서 범죄의 대상 또는 테러범에 의하여 납치되었을 때에는 외국과는 달리 요구조건을 수용하든, 하지 않든 간에 한국에서는 살해될 가능성이 매우 높고 또한 한국은 빈부의 격차가 심하고 사회보장(복지)제도가 선진국에 비하여 부족하기 때문에 유명인 또는 상류계층이 아니더라도 테러범에 의한 납치율이 높다고 할 수 있다.

특히 피해자 측의 인식부족에 의하여 정부수사기관의 맹목적 의존도가 높아 피랍자의 희생률을 높이고 있다. 그러나 한국은 선진국과는 달리 경찰ㆍ검찰기관 외로는 달리 도움을 청할 만한 전문기관이 많지 않다는 데 더 큰 문제가 있다.

20) 피랍 전후의 상황

대부분의 유괴 및 납치는 사전 치밀한 계획으로 이루어지므로, 이러한 관점에서 볼 때 이상 징후에 대한 예감을 너무 무시해서는 안 된다. 즉 피랍자와 가족들은 사건발생 전 여러 가지 형태의 이상한 분위기나 흔적 또는 감시 행위를 느끼는 경우가 많다. 예를 든 다면 집이나 사무실 근처에 자주 나타나는 의심쩍은 얼굴 또는 서로 사랑하는 것같이 보이지 않는 젊은 연인들, 집 주변에 차를 주차시켜 놓고 감시하는 등과 같은 것이 있다. 따라서 경호원은 이웃과 주위환경을 늘 주의 깊게 살펴볼 필요가 있으며 만일 하찮은 것이라도 평상시와 다른 것은 무심히 넘기지 말고 잠시 동안 확실하게 살펴보는 것이 좋다.

최근에 주로 피랍되는 장소는 사무실이나 자택이 아니라 자동차 속 또는 집 밖이나 집무실 밖의 장소에서 빈번히 납치된다. 테러범들이 유괴 및 납치를 실행하는 순간에는 그들이 매우 흥분되어 있으며 공격적이고 긴장되어 있어 쉽게 놀랄 가능성이 높다. 따라서 신체·생명을 위협하는 행동을 하지 않도록 조심하여야 할 것이다. 갑작스러운 행동은 도망갈 낌새로 해석되기 쉽다. 머리를 긁기 위하여 손을 머리 위로 올리는 행동일지라도 범인들로 하여금 치명적인 반응을 보이게 할 수 있다. 일단 피랍된 경우에는 놀라움과 두려움 및 고통이 폭발되나 피랍자가 살해되는 사례는 아주 적다는 사실을 기억함으로써 조용하게 냉정을 되찾고 불평이나 저항을 금하며 수동적이고 공손한 행동들을 피랍자가 취할 때 희생을 줄일 수 있다.

납치된 사람의 의지를 꺾기 위하여 범인들은 공갈·협박이나 구타 같은 방법으로 그들의 강인성을 보여 주려고 시도하기 쉽다. 납치된 사람은 무서워질 것이고 죽음을 두려워하게 될 것이다. 그들은 바로 이것을 기대하는 것이다. 때로는 납치당하는 사람이 고립될지도 모른다. 그리고 휴대전화나 시계는 다른 물건들과 같이 압수당할 것이며 낮과 밤을 구별하기도 어려울 것이다. 갈피를 잡지 못한 채 낯선 주위환경에서 첫 밤을 지내고 나면 암담하고 우울하게 되고 잔인한 현실은 반복되며 그것이 악몽이 아니라는 것을 직시하게 될 것이다. 격리된 자신을 발견하게 되고 현실과 동떨어진 고독과 무서움이 엄습한다.

몇 주일간은 체중감소와 식욕감퇴에 대비하여야 한다. 만일 고립된 조그만 독방에 감금된다면 밀실공포증에 걸리거나 환각에 빠지는 경우도 생길 수 있다. 예를 들어 목소리를 듣지도 물체를 보지도 못할 정신적인 상태에 빠질 수도 있다.

그러나 이런 일로써 치명적인 손상을 입지는 않는다. 과거에 피랍되었던 경험자들의 말을 들어 보면 감금되어 있는 동안 몸과 마음을 잘 유지하는 것이 중요하다고 한다. 인질들은 감금된 장소가 좁더라도 그곳에서 운동을 하든지 혼자서도 떠들든지 선잠을 자든지 등의 여러 가지 방법으로 고립감을 극복하여야 한다.

TV, 라디오나 책 등을 청구해 보는 것이 좋으며 납치된 날짜를 기억하고 있어야 하며, 가능한 한 납치된 이후의 날짜를 세어 가는 것이 절망적인 느낌을 벗어나는 데 도움을 줄 것이다. 질병의 증세를 느낄 때에는 곧 약을 요청하여야 하며, 범인들이 약을 준다면 받아 먹는 것이 현명하다. 납치범들이 인질을 살해할 목적으로 약을 사용하는 경우는 없다고 해도 과언이 아니기 때문이다. 인질의 생명은 인질 자신에게도 중요하지만 테러범들에게도 중요한 것이다. 어떤 경우에는 납치 직후 약을 먹이기도 한다. 대개의 목적은 감금을 신속히 하기 위하여 인질을 잠들게 하거나 조용하게 하는 데 있다. 인질들은 범인들이 자기를 죽이기 위하여 투약하는 것은 아니라고 하더라도 해로운 약을 먹이는 것이 아닌가

하는 두려움을 가질 것이다.

첫째로 범인들이 해로인, LSD, 수면제 등을 투약하여 환각이나 마약중독 또는 몸이 오그라드는 것과 같은 고통을 받을 수 있다. 그러나 이러한 약물은 물론 인간의 신체구조에 좋을 리야 없지만 영구적인 효력은 없다.

둘째로는 '진실토로약'과 같은 약물을 인질에게 먹일 수 있다. 그러나 이런 약물의 효력은 알코올과 비슷하여 대체로 자제력이 저하되고 평상시보다 좀 더 수다스러워질 것이다. 그러나 그런 정도로 인하여 꼭 간직해야만 될 비밀사항을 불어 버리게는 안 될 것이다. 납치범들과 대화가 가능할 때도 있고 그렇지 못할 때도 있다. 만일 범인들이 이야기하기를 원하는 기미가 있거든 그들과 대화하는 것을 겁낼 필요는 없다. 이러한 대화 속에서 발견된 정보는 후에 자기 자신이나 다른 인질들의 석방에 도움을 줄 수 있다. 많은 테러 사건들, 특히 항공기의 납치 같은 사건에 있어서도 노약자, 부녀자 및 어린이들은 빨리 석방되는 경향이 있다. 이들은 물론 모든 피랍자들이 관찰해 둘 만한 주요 사항으로는 ① 인상착의, 무기 유형 등 테러범들의 내부불화, 테러범들의 면모 ② 흥분상태, 합리성 등 테러범 개개인의 행동 ③ 명령계통 내부불화, 테러범들의 상호영향 등이 있으며, 이러한 사항들을 가능한 한 많이, 그리고 자세히 관찰해 두는 것이 중요하다.

끝으로 가족사진을 항상 휴대하는 것이 도움이 된다. 가족사진은 그리움과 고통에서 피랍자를 벗어나게 할 수 있으며, 아주 희귀하기는 하지만 경우에 따라서는 테러범을 회유시키는 데도 기여할 수 있기 때문이다. 시간은 인체의 편이다. 납치된 시간이 경과하면 할수록, 인질이 무사할 전망은 점점 높아지므로, 피랍자가 더욱 침착하고 안정되게 행동할 것이 요구된다. 피랍자가 석방되면 정서적인 문제에 다시 잘 적응할 수 있도록 가족, 친지, 소속기관과 사회 등이 합심하여 지원하여야 할 것이며, 희생자보다 테러범을 보다 더 유념하고, 희생자의 인권을 유린하는 문화적 편향에서 벗어나야 할 것을 테러 전문학자들은 강조하고 있다.

이 같은 환경에 직면해 있을 경우를 대비하여 경호대상에게 가능한 한 많은 행동지침을 평소에 전달하도록 하는 것도 중요하다. 만약 당신이 경호하는 대상이 이 같은 환경에서 살아남을 때 경호원 당신에게 평생 잊지 못할 뜻하지 않은 행운을 줄 수도 있을 것이다.

21) 협상 종결

협상과정의 종결단계는 더욱 긴장된다. 협상은 반드시 좋은 결과만을 낳지 않는다. 협상 타결 또는 결렬의 단계이기 때문에 어떤 형태의 종결이든 상황은 종결된다는 의미에서 분노, 증오, 슬픔 또는 기쁨, 희망, 희열 등 다양한 감정이 교감을 이루면서 흥분감을 갖게 할 수 있다. 즉 누구라도 이 단계에서는 흥분하게 되어 있다.

이때 협상자는 조금도 감정의 변화에 동요하지 말아야 하며, 자기 감정조절에 성공해야 최초 협상자의 의도대로 좋은 결과를 얻을 수 있다. 즉 경호협상 과정에서 아무리 좋은 협상과정이 있었다고 하더라도 좋은 결과를 갖지 못한다면 의미가 없다고 할 것이다.

따라서 협상 종결시점에서 일어날 수 있는 위험과 변수에 대하여 더욱 긴장하고 예상 상황을 충분히 예견하고 이에 따르는 대책을 강구하도록 생각해 두지 않으면 안 된다.

22) 인질납치 협상실무

(1) 협상실무

401

인질극, 유괴범죄, 납치범죄 등에 의하여 경호대상자의 가족, 친척, 회사에 대하여 권리 행사를 방해하거나 의무 없는 요구조건을 들어 주게 함으로써 이익을 도모하려는 자 및 조직에 대하여 경호대상자, 또는 그 가족 및 관계인을 대신하여 인질의 신체 및 생명을 안전하게 보존하여 인계받을 수 있도록 하기 위한 협상계획수립 및 협상진행을 할 수 있도록 한다.

① 일반분석(기본분석, 세부분석 등)
② 종합분석(납치조직 및 인질범의 환경적 분석 등)
③ 기본대응전략 및 방침 수립
④ 보안계획(정보 보안유지 및 언론 등)
⑤ 협상기본계획(협상팀 구성, 협상기본전략, 협상협조체계, 협상 준비 등)
⑥ 협상세부계획(안전확보, 정보조사, 요구조건 조정, 보안, 협조체계 가동 등)
⑦ 협상진행(실무협상 - 협상대상 기본조사, 기본요구사항 조치, 요구조건 조율, 인질의 석방 및 교환방식 등)

⑧ 단계별 · 수준별 협상계획

⑨ 인질구출 작전계획

(2) 경호협상계획 예

가) 필수 요구사항

① 일반분석

　　㉠ 기본분석서(피랍장소 및 인원, 수단 및 방법, 피해상황 등)

　　㉡ 세부분석서[테러조직(범죄조직)개요, 납치범(인질범)분석, 성향]

② 종합분석

　　㉠ 납치조직의 환경적 분석(사례 및 결과, 내부적 환경, 외부적 환경)

③ 기본 대응전략 및 방침

　　㉠ 전문가 회의 결과

　　㉡ 납치조직의 납치목적 및 예상 요구사항 분석(초기단계 정보활동)

　　㉢ 기본 대처 전략 및 방침

　　㉣ 보안계획(언론, 정보)

④ 협상기본계획

　　㉠ 비상대책조직구성(전략, 정보, 보안, 협상실무, 지원팀 단위 조직)

　　㉡ 기본 협상전략수립(협상카드 수준별 · 단계별 진행 목록)

　　㉢ 협상협조체계분석(우방국, 주변국, 중요인사, 유관기관 등)

　　㉣ 협상준비

⑤ 협상진행(계획)

　　㉠ 피랍자 안전 확보(생존 여부확인, 신체손상 여부확인, 기본 상태확인 등)

　　㉡ 정보 · 조사 활동

　　㉢ 구체적 요구조건 도출

　　㉣ 요구조건의 분석(요구수준, 외교적 분석, 법률행정적 분석, 제정적 분석 등)

　　㉤ 보안유지

　　㉥ 협상협조체계 진행(가동)

⑥ 실무협상

　㉠ 협상방침

　㉡ 기본조사(조직 및 인질납치범의 성향, 심리, 문화, 이념, 종교, 경력사항 등)

　㉢ 전화협상 지침

　㉣ 대면협상 지침

⑦ 단계별 · 수준별 협상계획

　㉠ 피랍자 살해 및 신체손상 시 협상진행

　㉡ 단기협상계획(15일 내)

　㉢ 중기협상계획(2개월 내)

　㉣ 장기협상계획(2개월 이상)

⑧ 인질구출작전계획

　㉠ 기본계획

　㉡ 세부계획

(3) 협상절차

① 일반분석

　㉠ 기본분석서(피랍장소 및 인원, 수단 및 방법, 피해상황 등)

　㉡ 세부분석서[테러조직(범죄조직) 개요, 납치범(인질범) 분석, 성향]

② 종합분석

　㉠ 납치조직의 환경적 분석(사례 및 결과, 내부적 환경, 외부적 환경)

③ 기본 대응전략 및 방침

　㉠ 전문가 회의 결과

　㉡ 납치조직의 납치목적 및 예상 요구사항 분석(초기단계 정보활동)

　㉢ 기본 대처 전략 및 방침

　㉣ 보안계획(언론, 정보)

④ 협상기본계획

　㉠ 비상대책조직구성(전략, 정보, 보안, 협상실무, 지원팀 단위 조직)

　㉡ 기본 협상전략수립(협상카드 수준별 · 단계별 진행 목록)

ⓒ 협상협조체계분석(우방국, 주변국, 중요인사, 유관기관 등)

ⓔ 협상준비

⑤ 협상진행(계획)

ⓐ 피랍자 안전 확보(생존 여부확인, 신체손상 여부확인, 기본 상태확인 등)

ⓑ 정보 · 조사 활동

ⓒ 구체적 요구조건 도출

ⓓ 요구조건의 분석(요구수준, 외교적 · 정치적 분석, 법률행정적 분석, 재정적 분석 등)

ⓔ 보안유지

ⓕ 협상협조체계 진행(가동)

⑥ 실무협상

ⓐ 협상방침

ⓑ 기본조사(조직 및 협상대표자의 성향, 심리, 문화, 이념, 종교, 경력사항 등)

ⓒ 전화협상 지침

ⓓ 대면협상 지침

⑦ 단계별 · 수준별 협상계획

ⓐ 피랍자 살해 및 신체손상 시 협상진행

ⓑ 단기협상계획(15일 내)

ⓒ 중기협상계획(2개월 내)

ⓓ 장기협상계획(2개월 이상)

⑧ 인질구출작전계획

ⓐ 기본계획

ⓑ 세부계획

(4) 공갈 · 협박 위해감소 및 손실축소 협상

경호대상자에 대한 내 · 외적 약점을 볼모로 부당한 이득을 취하려 하거나 조직적 개입을 통해 공갈 · 협박, 업무방해, 납치기도, 가족위협 등의 위법 부당한 방법으로 재물과 재산의 이득을 취하거나 강탈하려는 목적으로 위협과 범죄 행위를 자행하는 경우의 상황에서 경호대상자 및 주변의 생명권, 자유권, 소유재산권의 안전을 보장하고 경호활동 및 법률적 보호수단을 강구하여 경호대상자가 정상적 업무를 수행할 수 있도록 하여야 한다.

가) 대응절차

① 위해 분석
  ㉠ 위협 분석(협박의 목적, 협박의 유형·수준·방법)
  ㉡ 위협대상 분석(협박자 및 조직의 분석, 규모, 신상, 주변환경, 사례)
② 신변 및 주변환경의 경호 대책마련
  ㉠ 경호대상자의 경호계획
  ㉡ 사업체 안전관리계획
  ㉢ 가족 및 지목된 보호대상자 경호계획
③ 협상준비
  ㉠ 계약 및 약정의 정당성과 성립조건 분석
  ㉡ 공갈·협박 및 법률적 위반 행위에 대한 근거와 증거 조사·수집·확보
  ㉢ 법률분석(법률전문가 자문 검도, 법률적 조치 마련)
  ㉣ 타협의 수준 및 가능성 분석
  ㉤ 손실의 최하수준 결정

④ 협상진행
  ㉠ 기본원칙 및 방침 수립
  ㉡ 동행협상(신변위협 저지, 피난 및 호위, 증거확보, 현행범 체포)
  ㉢ 위임에 의한 직접협상(조정 및 위법불법 행위 차단)
⑤ 대응방안 수립
  ㉠ 법률적 대응(위법행위 및 범죄행위 법률대응)
  ㉡ 유관기관협조(경찰수사 유도)
  ㉢ 물리적 위해 방지(경호요원 확충, 접근금지, 출입통제, 경찰신고, 현행범 체포인계)

장명진

동국대학교 행정대학원 수료 공안행정 제59기
국민대학교 정치대학원 졸업(정치학석사) 제11기
고려대학교 경영대학원 수료 최고경영자과정 제54기
중국연길시공안국 보안전문대학교 명예교수
선문대학교, 충청대학 강사
국립경찰대학교 수사보안연수소(인질협상/경호전략) 강사
경찰청 수사연수원(경호무술) 강사
초당대학교 경호학과 겸임 교수
고려대학교 사범대학원 석사과정(경호무술) 강사
국무총리실 국가재난관리본부 자문위원
한국안전교육학회, 한국경호경비학회 운영위원
사단법인 한국경비협회 신변보호분과 운영위원
주식회사 탐경(경호전문회사) 대표이사
국제경호협회 회장
국제경호아카데미 원장
사단법인 한국경호무술진흥회 회장
사단법인 한국직능단체총연합회 상임부회장
제10기 민주평화통일 자문위원(대통령)
전통무예원류적통자모임 간사
한국을 움직이는 인물선정(1998년 중앙일보)
경호산업문제분석과 발전방안에 관한 연구논문 외 다수
『경호무술』,『경호실무』저술(1994~2011년 개정 8권)
『경호직무능력표준』,『경호자격규정집』저술(2004~2005년)
윗몸일으키기(14,824회) 기네스기록보유
대통령표창(2002년), 국무총리표창(2007년)
경호무술 창시자

경호실무 I

초 판 인 쇄 | 2011년 1월 15일
초 판 발 행 | 2011년 1월 15일

지 은 이 | 장명진
펴 낸 이 | 채종준
펴 낸 곳 | 한국학술정보㈜
주　　소 | 경기도 파주시 교하읍 문발리 파주출판문화정보산업단지 513-5
전　　화 | 031) 908-3181(대표)
팩　　스 | 031) 908-3189
홈 페 이 지 | http://ebook.kstudy.com
E-mail | 출판사업부 publish@kstudy.com
등　　록 | 제일산-115호(2000. 6. 19)

ISBN　　978-89-268-1801-5 14690 (Paper Book)
　　　　　　978-89-268-1802-2 18690 (e-Book)
　　　　　　978-89-268-1799-5 14690 (Paper Book Set)
　　　　　　978-89-268-1800-8 18690 (e-Book Set)

이담 Books 는 한국학술정보(주)의 지식실용서 브랜드입니다.